Jörg Strübing
Qualitative Sozialforschung

Jörg Strübing

Qualitative Sozialforschung

———

Eine komprimierte Einführung

2., überarbeitete und erweiterte Auflage

DE GRUYTER
OLDENBOURG

ISBN 978-3-11-052991-3
e-ISBN (PDF) 978-3-11-052992-0
e-ISBN (EPUB) 978-3-11-053015-5

Library of Congress Cataloging-in-Publication Data
Names: Strübing, Jörg, author.
Title: Qualitative Sozialforschung : eine komprimierte Einführung für
   Studierende / Jörg Strübing.
Description: 2., überarbeitete und erweiterte Auflage. | Boston/Berlin : De
   Gruyter, [2018] | Series: Soziologie kompakt
Identifiers: LCCN 2018007274| ISBN 9783110529913 (softcover : alk. paper) |
   ISBN 9783110529920 (PDF) | ISBN 9783110530155 (EPUB)
Subjects: LCSH: Social sciences--Research--Methodology. | Qualitative
   research.
Classification: LCC H62 .S7868 2018 | DDC 300.72/1--dc23 LC record available at
   https://lccn.loc.gov/2018007274

Bibliografische Information der Deutschen Nationalbibliothek
Die Deutsche Nationalbibliothek verzeichnet diese Publikation in der Deutschen
Nationalbibliografie; detaillierte bibliografische Daten sind im Internet über
http://dnb.dnb.de abrufbar.

© 2018 Walter de Gruyter GmbH, Berlin/Boston
Einbandabbildung: ipopba/iStock/Getty Images Plus
Satz: Meta Systems Publishing & Printservices GmbH, Wustermark
Druck und Bindung: CPI books GmbH, Leck

MIX
Papier aus verantwor-
tungsvollen Quellen
FSC
www.fsc.org   FSC® C083411

www.degruyter.com

Für Harry, dem ich mehr verdanke, als er sich wohl vorstellen kann.

Vorwort

Dieses Buch gibt es nun in einer zweiten, überarbeiteten und erweiterten Auflage. Es beansprucht, eine komprimierte und in einigen Teilen eher exemplarisch angelegte Einführung in die wichtigsten theoretischen und praktischen Aspekte qualitativ-empirischen Forschens in den Sozialwissenschaften zu sein.[1] Es wendet sich damit an Menschen, die sich in kurzer Zeit hinreichende Grundlagen für die eigene Forschungsarbeit aneignen wollen – also z. B. Studierende in den Bachelor- und Masterstudiengängen an Universitäten und Fachhochschulen, aber auch Praktiker, die sich in ihren Arbeitskontexten über die Verfahrensweise qualitativer Methoden informieren wollen. Seit dem Erscheinen der Erstauflage im Jahr 2013 hat das Buch einen intensiven Praxistest durchlaufen und – soweit ich sehen kann – recht gut bestanden. Eine Konsequenz aus den Erfahrungen mit dem Gebrauch des Buches besteht darin, dass zwei Themen, die bislang nur als Themen benannt, aber nicht ausgeführt waren, nun angesichts ihrer wachsenden Bedeutung mit eigenen Kapiteln zur Geltung gebracht werden; es ist die Frage der Gütekriterien qualitativer Forschung (s. Kap. 7) und die der Forschungsethik (s. Kap. 8).

Wie der Untertitel dieses Bandes andeutet, ist dies nicht der Platz für Vollständigkeit und Detailreichtum. Doch wenn Sie dieses Buch durcharbeiten, werden Sie ein paar wichtige Dinge für Ihre Praxis als empirisch forschende Sozialwissenschaftlerin lernen. Insbesondere werden Sie wichtige Unterscheidungskompetenzen hinzugewinnen. Sie werden Kriterien kennenlernen, anhand derer Sie sich informiert für oder gegen die Verwendung einer qualitativ-interpretativen Forschungsmethodik insgesamt oder einzelner spezieller Verfahren entscheiden können, und Sie lernen einzuschätzen, welche Voraussetzungen und welche Konsequenzen die Entscheidung für ein bestimmtes Verfahren mit sich bringt.

Was dieses Buch nicht leisten kann, ist, Sie zu kompetenten qualitativ-interpretativen Forscherinnen zu machen. Gerade die zunehmende Kodifizierung von Methoden, d. h. die genaue Darstellung methodischer Werkzeuge und Verfahrens-

---

[1] Dieses Buch verzichtet aus Gründen der Benutzerinnenfreundlichkeit auf Fußnoten. Diese allerdings ist unvermeidlich: Zur besseren Lesbarkeit und zur inhaltlichen Konsistenz des Buches haben viele Kolleginnen und Kollegen beigetragen, die einzelne Kapitel oder gar das ganze Buch in der Entstehung mit jener kritischen Distanz begleitet haben, die mir selbst unterdessen abhanden gekommen ist. Sie alle hier aufzuführen, würde den Rahmen sprengen, daher sei hier stellvertretend für sie Oliver Berli, Anno Dederichs, Maik Krüger und Ursula Offenberger herzlich für kritische Kommentare, kluge Stilkunde und ihren Adlerblick für Tipp- und Kommafehler gedankt. Mein Dank gilt außerdem Prof. em. Otto-Walter Müller, der die erste Druckauflage aus völlig freien Stücken mit beeindruckender Akribie durchgesehen hat – auch wenn wir in Sachen geschlechtersensible Schreibweise wohl nie ganz einer Meinung sein werden. Für den erklecklichen Rest an Unzulänglichkeiten bin ich selbst verantwortlich. – Rückmeldungen zum Buch, Kritik und Anregungen nehme ich gern entgegen, um sie in zukünftige erweiterte Fassungen einfließen zu lassen: joerg.struebing@uni-tuebingen.de.

https://doi.org/10.1515/9783110529920-203

schritte, erweckt leicht den falschen Anschein, als könne man sich Methodenkompetenz „anlesen". Tatsächlich aber ist qualitative Sozialforschung wie Fußball oder Ballett: Neben Talent und theoretischem Wissen erfordert es üben, üben, üben.

Ein Buch ist jedoch höchst angemessen, um einen Blick auf Grundlagen und Systematiken von Methoden zu werfen: Wie entstehen Methoden, woraus beziehen sie ihre Legitimation und welche Vorannahmen liegen ihnen zugrunde? Wie verhalten sich unterschiedliche Methoden zueinander? An welchen Punkten ähneln sich Verfahren und wo sind Unterschiede so gravierend, dass eine Kombination keinen Sinn hätte? Welche Rolle kann und welche Rolle muss Theorie in der qualitativ-empirischen Forschung spielen? Und: Wie kann man gute von schlechter Forschung unterscheiden?

Um die Bedeutung qualitativer Methoden ist es in den verschiedenen sozialwissenschaftlichen Fachdisziplinen durchaus unterschiedlich bestellt. In der Soziologie und in den Erziehungswissenschaften mittlerweile sehr etabliert und als besonders leistungsfähige Form empirischer Forschung anerkannt, fristen qualitative Verfahren in weiten Teilen der Psychologie und der Politikwissenschaft und erst recht in den Wirtschaftswissenschaften noch ein Nischendasein. Das ist vor allem deshalb bedauerlich, weil die Erklärungsleistungen auch dieser Fächer von der spezifischen Leistungsfähigkeit qualitativer Verfahren profitieren können. Dies gilt insbesondere im Angesicht der gewachsenen Dynamik und Komplexität ihrer Gegenstände. Dieses Buch richtet sich daher, wenngleich von einem Soziologen geschrieben, an Sozial- und Wirtschaftswissenschaftlerinnen insgesamt. Zwar gibt es in einzelnen Fächern spezielle Problemzuschnitte, die nach besonders darauf angepassten Methodendesigns verlangen (z. B. arbeiten Politikwissenschaftler häufig in vergleichender Perspektive mit sehr großen ‚Fällen'), grundsätzlich aber geht es in all diesen Fächern um die Erforschung sozialer Prozesse und menschlichen Handelns – genau darauf sind qualitative Methoden ausgerichtet.

Zum Schluss ein paar praktische Hinweise: Jedes Kapitel beginnt mit einer kurzen Ankündigung auf das, was Sie darin erwartet, und es endet mit einigen Stichworten dazu, was sie durch die Lektüre gelernt haben sollten. Es ist natürlich möglich, einzelne Kapitel zu einem Thema gezielt auszuwählen und nur diese zu lesen. Geschrieben ist das Buch aber mit Blick auf die Zusammenhänge zwischen den Themen. Daher werden Begriffe, die zuvor bereits behandelt wurden, in späteren Kapiteln nicht noch einmal erläutert. Hier führt ein Blick auf das Personen- und Sachregister zurück zu den einschlägigen Erläuterungen. Mitunter, immer wenn ein Begriff mit „→" markiert ist, gibt es auch eine kurze allgemeine Erläuterung im Glossar. Für viele Themenbereiche ist zudem – wenn die Neugierde sich mit diesem Buch nicht stillen lässt – sinnvolle weiterführende Literatur am Ende des Kapitels vermerkt.

Tübingen, im Februar 2018   Jörg Strübing

Inhalt

1 Was ist eigentlich qualitative Sozialforschung?

In diesem Kapitel wird unser Gegenstand zunächst begrifflich genauer gefasst und abgegrenzt: **!** Was ist qualitative Sozialforschung und was ist gerade keine qualitative Sozialforschung? Woran lässt sich das festmachen? Woher kommt und was umfasst qualitative Sozialforschung? Welche Arten von Fragen lassen sich mit ihr sinnvoll bearbeiten? Es wird aber auch ein Blick in die Geschichte und Entwicklung der qualitativen Sozialforschung geworfen, um den Zusammenhang von Methoden-, Wissenschafts- und Gesellschaftsentwicklung zu verdeutlichen. Und schließlich geht es auch um die Frage von Grundprinzipien, die nahezu alle – ansonsten recht unterschiedlichen – Ansätze der qualitativen Sozialforschung weitgehend miteinander teilen.

1.1 Ein Begriff als Programm oder als Residualkategorie?

> If you can measure it, that ain't it.
> (Kaplan 1964: 206)

Von „qualitativer Sozialforschung" zu sprechen, ist eigentlich eine ganz unmögliche Redeweise. Selbstverständlich hat jede Art der Sozialforschung eine bestimmte Qualität, sie mag gut sein oder schlecht und dies jeweils in Abhängigkeit von bestimmten, noch zu definierenden Kriterien. Das aber ist mit dieser Formulierung gar nicht gemeint. „Qualitative Sozialforschung" steht als Begriff in Abgrenzung zu „quantitativer Sozialforschung". Über die Angemessenheit dieser beiden Begriffe kann man mit Fug und Recht diskutieren (s. Kap. 1.3), hier aber soll uns zunächst interessieren, dass sie sich merkwürdig asymmetrisch zueinander verhalten: Steht hinter der Idee einer quantitativen Sozialforschung ein weitgehend einheitliches wissenschaftliches Paradigma, so versammeln sich unter dem Oberbegriff der qualitativen Sozialforschung eine Vielzahl unterschiedlicher Ansätze, die nicht nur methodisch, sondern auch methodologisch und wissenschaftstheoretisch teilweise sehr unterschiedlich ausgerichtet sind. Ihre augenscheinlichste Gemeinsamkeit aber ist, dass sie sich in der Regel in kritischer Abgrenzung von quantifizierenden und standardisierenden Methoden definieren: „(...) qualitative research, that is, non-numerical research" schreiben etwa die britischen Sozialpsychologen Bauer und Gaskell (2000: 5) in ihrem Lehrbuch.

Man könnte also meinen, qualitative Sozialforschung sei nicht mehr als eine Residualkategorie, die, von der Außenabgrenzung abgesehen, keinen eigenen identitätsstiftenden Kern aufweist. Bei genauerer Betrachtung zeigt sich allerdings, dass die meisten jener Ansätze, die sich selbst als „qualitativ" bezeichnen und dieser Kategorie von anderen zugerechnet werden, einige wichtige Grundprinzipien miteinander teilen, die sie zugleich von anderen methodischen Orientierungen, also insbesondere von quantifizierenden, hypothesentestenden Verfahren unterscheiden (vgl. Hollstein/Ullrich 2003).

https://doi.org/10.1515/9783110529920-001

Warum ist diese Frage überhaupt von Belang? Nun, Homogenität oder Heterogenität des Feldes qualitativer Methoden sind ausschlaggebend dafür, ob wir von allen qualitativen Verfahren das Gleiche erwarten dürfen, sprich: Ob wir an sie die gleiche Messlatte anlegen dürfen. Das zeigt sich etwa an der Frage der Reichweite von Gütekriterien für die qualitative Forschung (s. Kap. 7) oder beim Vergleich von Ergebnissen, die mit unterschiedlichen Verfahren erzielt wurden.

1.2 Qualität. Interpretation. Rekonstruktion

Die drei Schlagworte ‚qualitativ‘, ‚interpretativ‘ und ‚rekonstruktiv‘ werden gerne bemüht, wenn Methoden der qualitativen Sozialforschung charakterisiert werden sollen. Betrachten wir also etwas genauer, was sich hinter diesen drei Begriffen verbirgt und welche methodologischen Basisannahmen sie implizieren.

Der am wenigsten präzise Begriff ist zugleich derjenige, mit dem die hier behandelten Verfahren am häufigsten summarisch bezeichnet werden: Als *qualitativ* werden diese Methoden bezeichnet, obgleich die Methoden und Verfahren selbst nicht qualitativ sind. Sie arbeiten vielmehr üblicherweise mit empirischem → Material, das im analytischen Prozess vor allem in Bezug auf seine qualitativen Momente und eben nicht in Bezug auf Quantitäten in Betracht gezogen wird.

Wenn Verfahren dagegen als *interpretativ* bezeichnet werden, dann wird damit auf eine besondere Eigenschaft von qualitativem empirischem Datenmaterial hingewiesen: Wie sich am Beispiel von Textmaterial wie Interviewtranskripten oder Dokumenten aus dem Feld oder auch von ethnographischen ethnografischen Protokollen leicht sehen lässt, weist es hinter der Ebene manifester Sprachsymbole noch weitere, latente Sinnstrukturen auf, die dem Text nur in interpretativen Akten abzuringen sind. Obwohl hier im Kontext von Wissenschaft thematisiert, handelt es sich dabei doch um Aktivitäten, die zutiefst in unserer Alltagspraxis verankert sind. Ob es der Gesichtsausdruck unseres Gegenübers ist oder ein in den Fernsehnachrichten verlesenes politisches Statement der Regierung: Immer lautet die in unserer Rezeption mitlaufende Frage: Was will uns das über den manifesten Text hinaus sagen? Es gehört geradezu zu den unabdingbaren Alltagskompetenzen, interpretieren zu können. Das zeigt sich deutlich daran, dass Zeitgenossen, die jedes gesprochene oder geschriebene Wort ausschließlich so verstehen, wie es gesprochen oder geschrieben wurde, schnell als inkompetent oder gar sozial unangepasst wahrgenommen und sanktioniert werden. Die Interpretationsbedürftigkeit von empirischem Material in den Sozialwissenschaften ist darauf zurückzuführen, dass dieses Material hervorgebracht wird von Akteuren, die mit Absichten und mit Deutungskompetenz ausgestattet sind. Und es entsteht in Situationen und Praktiken, die dieses Material in vielfältiger Weise rahmen. Gerade jene Absichten, Weltdeutungen und Rahmungen sind es, die wir in interpretativen Akten analytisch zugänglich machen wollen.

Rekonstruktion ist daher die Leistung, die mit dem Prozess wissenschaftlich-methodischer → Interpretation erbracht wird. Es sind die auf alltagsweltlichen Interpretationsleistungen beruhenden Sinnzuschreibungen und Situationsdefinitionen der Akteure in den von uns erforschten Feldern, die es im qualitativ-interpretativen Forschungsprozess zu rekonstruieren gilt. Weil uns diese Deutungen nicht direkt zugänglich sind, sondern nur über die Hervorbringungen sozialer Praxis, die sich uns dann als Datenmaterial darstellen, müssen wir aus diesem Material unter Einsatz unterschiedlicher Datenanalyseverfahren eine adäquate Version dieser Deutungen und Situationsdefinitionen erst herstellen, also *re*konstruieren. Mit der Rede von der → Rekonstruktion ist häufig jedoch noch eine weitere Annahme über menschliches Handeln und Sozialität impliziert: Im miteinander Handeln und in unserem Reden darüber realisiert sich ein Sinn, der den Handelnden weder vor, noch während, noch nach dem Handeln in vollem Umfang bewusst und verfügbar ist. Handeln und Interaktion sind nicht allein das Resultat expliziter Intentionen der Handelnden, es drückt sich in ihm auch ein impliziter, in der Regel vorbewusster Bezug auf z. B. milieu- oder generationsspezifische Wertorientierungen und auf kulturelle Distinktionsmuster aus, den es in der rekonstruktiven Analyse zu erhellen gilt.

1.3 Qualitativ versus quantitativ?

Wer sich unbefangen und neu in das Feld der empirischen Sozialforschung begibt, kommt kaum umhin, das etwas angespannte Verhältnis zwischen quantitativen und qualitativen Verfahren bzw. einigen ihrer Vertreter zu bemerken. Für die Entfremdung zwischen beiden methodischen Richtungen gibt es eine Vielzahl von Gründen, die an dieser Stelle nicht weiter vertieft werden sollen. Gleichviel, ob quantifizierende, standardisiert verfahrende oder qualitativ-interpretative Sozialforschung, beide erbringen – richtig gemacht – wichtige Leistungen für die „Wirklichkeitswissenschaft" Soziologie und ihre Nachbardisziplinen. Für kompetentes Handeln im Feld empirischer Methoden gilt es allerdings, Unterscheidungsvermögen zu gewinnen und die Rhetoriken der verschiedenen Richtungen zu verstehen.

Gerade für Anfänger im Feld der empirischen Forschung ist es frappierend, wie vielgestaltig die Differenz zwischen qualitativen und quantitativen Methoden in Methodendiskursen ausgedrückt wird. Dabei ist es durchaus wichtig, die unterschiedlichen Bedeutungsebenen unterscheiden zu können, auf die verschiedene geläufige Begriffspaare zur Kennzeichnung von Methodendifferenzen verweisen. Bei näherer Betrachtung zeigt sich nämlich, dass z. B. „qualitative" Forschungsdesigns mitunter auch Gebrauch von quantitativen → Daten machen oder dass auch mit qualitativen Daten hin und wieder nomologisch-deduktiv, also hypothesentestend verfahren wird. Ohne die wesentlichen Unterschiede damit einzuebnen, zeigt eine differenzierte Betrachtung der unterschiedlichen Bedeutungsebenen, dass die auf den ersten Blick fundamental und wechselseitig exklusiv wirkende Entgegensetzung von qualitativ vs. quantitativ durchaus Unschärfen und Übergangszonen aufweist. Damit ist zwar nicht umstandslos qualitative und quantitative Sozialforschung miteinander kombinierbar, wir gewinnen so aber die erforderlichen Argumente und Kriterien, um diese Frage differenziert und gegenstandsangemessen entscheiden zu können.

(1) Beginnen wir also mit dem geläufigsten Gegensatzpaar, der besagten Unterscheidung von *qualitativ* und *quantitativ*. Diese mutet auf den ersten Blick seltsam an: Man sollte doch erwarten, dass auch quantitativ ausgerichtete Studien eine hohe Qualität aufweisen. Auch ist die große Quantität von Arbeit kaum von der Hand zu weisen, die eine gute qualitative Untersuchung den Forschenden abverlangt. Tatsächlich zielt die Unterscheidung von qualitativ vs. quantitativ im Kern nicht auf die Methode, sondern auf die Art und den methodischen Status von Daten, die im Laufe der Forschungsarbeit produziert werden.

    Qualitative Methoden der Datengewinnung erzeugen → Material, dessen Gehalt sich mit formalen, quantifizierenden Auswertungen nicht angemessen erschließen lässt: Es bedarf in erheblichem Maße der → *Interpretation*, des *Verstehens*. Beispiele hierfür sind die offene Beobachtung mit dem Ergebnis ausführlicher Beobachtungsprotokolle oder das narrative Interview mit dem Ergebnis einer wörtlichen Abschrift (Transkript) des Gesprächsverlaufs. In beiden Fällen erhalten wir umfangreichen Text als Material, das dann in der analytischen, interpretativen und rekonstruktiven Bearbeitung – oft zusammengefasst als „qualitative Datenanalyse" bezeichnet – zu qualitativen Daten verarbeitet wird. Ein besonderes Merkmal qualitativer → Daten ist deren Kontextfülle: Nicht partialisierte Einzelinformationen, sondern ineinander eingebettete und aufeinander verweisende Wissenselemente machen die Qualität qualitativer Daten aus und ermöglichen die analytischen und interpretativen Verfahren der qualitativen Sozialforschung. Wissen wird hier als Relation zwischen Material und Forscher verstanden: Erst die analytische Einstellung der Forscherin, erst der durch die Forschungsfrage gerichtete Blick transformiert z. B. Ausschnitte eines Interviewtranskripts in relevantes Wissen und in diesem Sinne in Daten.

    Mit *quantitativen* Methoden sind hingegen solche gemeint, die soziale Phänomene und ihre Eigenschaften zählen und messen und sich zur Auswertung vor allem statistischer, also mathematischer Verfahren bedienen. Das klassische Beispiel hierfür sind die Daten, die ein vollstandardisierter Fragebogen oder auch ein psychologisches Experiment erbringt. Beide Instrumente standardisierter Datenerhebung setzen jeweils Stimuli und zeichnen die Reaktionen als Daten auf, die dann aggregiert und in ihrer Aggregation – eben als Quantitäten – verarbeitet werden. Dies impliziert, dass in der Datenaufbereitung und im analytischen Zugriff die Einzelinformationen von ihrem Kontext getrennt und erst auf höheren Aggregationsebenen wieder aufeinander bezogen werden.

Qualitative bzw. quantitative Daten sind jedoch nicht von vornherein gegeben, sondern sie sind das Ergebnis zielgerichteter Herstellungsprozesse. Das ist auch der Grund, weshalb in diesem Buch die Unterscheidung von → Material und → Daten bemüht wird. Erst die Art seiner Gewinnung, Aufbereitung und Auswertung macht unser Material zu qualitativen oder quantitativen Daten. Ob wir mit einer erwerbslosen alleinerziehenden Mutter dreier Kinder in einer strukturschwachen ländlichen Region ein narratives, d. h. biografisch-erzählgenerierendes Interview führen oder ihr einen standardisierten Fragebogen zusenden, ob wir das Material umfassend als Text oder Video bearbeiten oder die Einzelinformationen in einer Datenmatrix abbilden, ob wir den einzelnen Fall in seiner Gesamtheit untersuchen, ihn mit anderen vergleichen oder die Einzelinformationen mit denen anderer Fälle zusammenfassen und dann erst vergleichen: In diesen Schritten konstruieren wir die Daten für unsere jeweilige Untersuchung.

(2) Eine andere häufig gebrauchte Unterscheidung ist die zwischen *erklärenden* und *verstehenden* Zugängen zu den Daten. Diese Unterscheidung zielt also auf die Ebene des *Erkenntnismodus*: Es geht, grob gesagt, darum, ob wir entweder Phänomene in ihrem jeweiligen Zusammenhang und in ihrer Besonderheit nachvollziehen oder ob wir sie als Exemplar eines allgemeinen Zusammenhangs bestimmen wollen. Dieser Unterschied zwischen Erklären und Verstehen ist in methodologischen Debatten seit dem Ende des 19. Jahrhunderts immer wieder zu einem unüberbrückbaren Gegensatz stilisiert worden. Dies berührt die grundsätzliche Frage, ob alle Gegenstandsbereiche der Forschung, in Naturwissenschaften und Medizin ebenso wie in Sozial- und Geisteswissenschaften, mit ein und derselben Methode zu erforschen sind (Methodenmonismus) oder ob aus der Unterschiedlichkeit der Forschungsgegenstände auch das Erfordernis grundlegend unterschiedlicher Methoden resultiert (Methodendualismus).

Als Johann Gustav Droysen etwa um die Mitte des 19. Jahrhunderts die Methodendualismus genannte Position aus geisteswissenschaftlicher Perspektive zu vertreten begann, wollte er erreichen, dass der Geschichtswissenschaft nicht zugemutet wird, ihre Wissenschaftlichkeit an der naturwissenschaftlichen Forschungslogik kausalen Erklärens ausrichten zu müssen, denn diese wäre dem Forschungsgegenstand der Geschichtswissenschaften fremd. Es gehe dort schließlich nicht um die immer gleichen Gesetzmäßigkeiten, bei denen definierte Ursachen die immer gleichen Folgen verursachen. Anders als in der deterministischen Betrachtungsweise der Naturwissenschaften, gehe es in der historischen Forschung um die Auseinandersetzung mit menschlicher Willensfreiheit und mit der Möglichkeit sittlicher Entscheidungen. In die heutige Sprache übersetzt könnte man sagen: Es geht um die Kontingenz menschlichen Handelns und darum, dass in sozialen anders als in vorsozialen Prozessen immer schon Sinnzuschreibungen vorliegen und analytisch in Betracht gezogen werden müssen (darauf kommen wir noch ausführlich zurück). Wilhelm Dilthey argumentierte rund ein halbes Jahrhundert später noch stärker erkenntnistheoretisch: Weil sich die Geisteswissenschaften stärker mit der Singularität kultureller Hervorbringungen befassten, bedürften sie eines anderen Zugangs zur Wirklichkeit als ihn die Naturwissenschaften für sich entwickelt hätten. Insbesondere erfordere das Verständnis des Singulären „nicht nur die äußere Beobachtung, sondern ebenso den inneren Nachvollzug des Gegebenen" (Kelle 1994: 59). Zwar reiche die reine Introspektion nicht hin, es müsse also schon mit den Sinnestatsachen begonnen werden. Es sei aber noch etwa „Inneres" (Dilthey) zu ergänzen: „Wir nennen den Vorgang, in welchem wir aus Zeichen, die von außen sinnlich gegeben sind, ein Inneres erkennen: Verstehen" (Dilthey 2004/1900: 22).

Der Gedanke, dass die bloße Anschauung empirischer Tatsachen und deren vergleichende Betrachtung noch nicht zu Erklärungen historischer oder sozialer Phänomene führt, sondern die Forschenden als kompetente Akteure an der Entschlüsselung der wahrgenommenen Wirklichkeit innerlich beteiligt sind und sein müssen, nimmt vorweg, was spätere Sozialtheorien etwa von Alfred Schütz, George Herbert Mead oder Karl Mannheim für die Sozialwissenschaften näher bestimmen sollten: Die Entschlüsselung der Sinnzuschreibungen, auf deren Basis Menschen sozial handeln, kann nur gelingen, wenn die Forscherinnen ihre eigene Kompetenz als soziale Wesen in einen interpretativ-verstehenden Zugang auf das Datenmaterial einbringen. Diese Position hat als erster Max Weber mit seiner berühmten Definition von Soziologie entwickelt: „Soziologie soll heißen: eine Wissenschaft, welche soziales Handeln deutend verstehen und dadurch in seinem Ablauf und seinen Wirkungen ursächlich erklären will" (Weber 1980/1922).

Für ein problematisches Missverständnis im Verhältnis von Verstehen und Erklären hat Droysen selbst gesorgt, denn wenn er schreibt „(d)ie historische Forschung will nicht erklären" (zit. n. Kelle 1994: 58), dann ist damit jene falsche Polarisierung angelegt, die noch heute in methodologischen Diskursen anzutreffen ist. Mit dem Hinweis auf die Unabdingbarkeit eines verstehenden Zugangs zu sozialen Prozessen ist – wie Max Weber schon früh gezeigt hat – nicht notwendig ein Verzicht auf die Bestimmung kausaler Zusammenhänge verbunden. Allerdings bedarf es dann eines Begriffs von Erklären, der auf die Behauptung einer quasi-mechanischen Kopplung von Folgen aus Ursachen verzichtet und die Kontingenz menschlichen Handelns mitdenkt. Damit ergibt sich als Erkenntnisweg sozialwissenschaftlicher Forschung der Zweischritt von Verstehen *und* Erklären, wobei Ersteres Voraussetzung des Letzteren ist.

(3) Der mit wissenschaftlicher Forschung erarbeitete Zugewinn an Wissen findet in der Regel seinen Niederschlag in Theorien. Auf der Ebene der Forschungslogik ist daher das Verhältnis von Theorie und Empirie bestimmungsbedürftig. Hier finden sich wiederum zwei gegensätzliche Vorstellungen: *Theorietestende* Forschung und *theoriegenerierende* Forschung. So versteht die kritisch-rationalistische Wissenschaftstheorie empirische Sozialforschung als fortgesetzten Test von → Hypothesen, die mit Blick auf einen fraglichen Gegenstandsbereich aus dem Bestand vor-

handener Theorien abgeleitet werden (vgl. dazu genauer Kromrey/Roose/Strübing 2016: 34 ff.). Damit werden theoretische Konzepte und Kausalaussagen an empirische Zusammenhänge herangetragen und es wird geprüft, ob diese Zusammenhänge den in den Hypothesen behaupteten theoretischen Zusammenhängen widersprechen. In diesem Fall wären die jeweiligen Hypothesen widerlegt (falsifiziert), ansonsten würde ihre vorläufige Geltung zumindest so lange angenommen, wie keine ihr widersprechenden empirischen Befunde beigebracht werden können.

An dieser auch als hypothetiko-deduktiv oder nomologisch-deduktiv bezeichneten Vorgehensweise ist vielfach Kritik geübt worden. Insbesondere wurde moniert, dass die Adäquatheit der aus der Theorie deduzierten, also logisch schlüssig aus ihr abgeleiteten, Konzepte und Begriffe, in denen die jeweils zu prüfende Hypothese formuliert ist, nicht als gegeben betrachtet werden kann.

Demgegenüber setzen theoriegenerierende Verfahren, wie sie in der qualitativen Sozialforschung üblich sind, am empirischen Material an und betrachten theoretisches Vorwissen als diesem gegenüber nachgeordnet. Die auf den Forschungsgegenstand bezogene Theorie soll aus der Interpretation und Analyse des Materials erwachsen, die Frage der Anschlüsse an bestehende Theorien ergibt sich erst im zweiten Schritt. Dies soll die Gegenstandsangemessenheit der entstehenden Theorie sicherstellen, indem theoretische Konzepte an den konkreten empirischen Phänomenen entwickelt werden, für die sie stehen sollen.

Sozialtheoretisch basiert die theoriegenerierende Forschungslogik auf der Vorstellung, dass Menschen im sozialen Miteinander immer wieder aufs Neue Objekte, Beziehungen und Strukturen erzeugen. Dass also, selbst wenn in einem bestimmten Kontext immer wieder in gleicher Weise gehandelt wird, dies nicht geschieht, weil dieses Handeln aus einer allgemeinen Gesetzmäßigkeit resultiert, sondern weil Menschen in besagten Kontexten über längere Zeit hinweg stabil die weitgehend gleichen Interpretationen entwickeln und auf dieser Basis ihr Handeln organisieren.

(4) Ein weiteres, eher auf der Ebene der Wissenschaftstheorie angesiedeltes Begriffspaar ist die Unterscheidung in ein normatives und ein interpretatives Paradigma. Diese Unterscheidung geht zurück auf Thomas P. Wilson (1981/1973), der mit „normativ" den Umstand bezeichnet, dass theorietestende Verfahren mit einem festen, vordefinierten Begriffsraster an die soziale Wirklichkeit herangehen. Wenn etwa „fremdenfeindliche Gesinnung" als individuelle Haltung definiert und entsprechend empirisch operationalisiert wird, dann muss das nicht der Lebenswirklichkeit bestimmter zu untersuchender Milieus entsprechen, mit anderen Worten: Eine so angelegte Untersuchung würde relevante Aspekte der Realität verfehlen oder falsch abbilden. Vertreter nicht-normativer Verfahren hingegen legen Wert darauf, sich ihre Begriffe und ihr Gesamtverständnis des zu erforschenden sozialen Prozesses im Akt der empirischen Erhebung selbst zu bilden, also interpretativ mit den gewonnenen Informationen umzugehen.

Wilson, der stark von der damals durch Harold Garfinkel entwickelten Ethno-methodologie geprägt ist, bezeichnet mit dem interpretativen Paradigma nicht ein-fach eine methodische Differenz, sondern tatsächlich eine grundsätzlich ‚andere' Soziologie. Daher ist der Begriff „Paradigma" durchaus angemessen (als Über-blick zum interpretativen Paradigma s. Keller 2012). Diese andere, eben interpreta-tive Soziologie hat dann aber methodologische Konsequenzen – deshalb kommt Wilsons Unterscheidung hier zur Sprache. Den methodologischen Argumenten vor-gelagert ist ein Verständnis unseres Gegenstandes ‚Gesellschaft', das diesen we-sentlich als in fortwährenden Interpretationsprozessen begründet versteht: Weil Gesellschaftlichkeit in wechselseitigen Interpretationen hergestellt wird, muss dann auch unsere empirische Befassung mit allen gesellschaftlichen Phänomenen diese Interpretationen rekonstruktiv erschließen, d. h. wir müssen auch metho-disch interpretativ vorgehen (s. Kap. 2.2).

(5) Auf der Ebene des in der Forschung jeweils dominierenden Modus logischen Schließens ist schließlich die fünfte Unterscheidung angesiedelt, die im Methoden-diskurs häufig bemüht wird: Schlussfolgerungen können, so heißt es, entweder *deduktiv* oder aber *induktiv* gezogen werden. Damit ist im Fall der deduktiven Er-kenntnislogik gemeint, dass vom Allgemeinen einer Gesetzmäßigkeit, einer Regel, einer Theorie auf das Spezielle eines oder bestimmter Fälle geschlossen wird. Das ist das wesentliche Schlussverfahren in hypothesentestenden oder hypthetiko-deduktiven Forschungsdesigns. Induktives Schließen geht gerade den entgegenge-setzten Weg: Aus dem Vergleich empirischer Fälle wird auf allgemeine Regeln und Zusammenhangsmodelle geschlossen, die dann als Theorie formuliert werden.
Allerdings ist die dichotome Entgegensetzung von entweder rein deduktiv oder rein induktiv aus mehreren Gründen problematisch, ja in methodologischer Per-spektive sogar falsch: Induktion in Reinform ist als erfahrungswissenschaftliches Prinzip nicht möglich. Die von Francis Bacon am Beginn der Neuzeit als kritischer Gegenentwurf zur scholastisch-metaphysischen Spekulation vorgeschlagene In-duktion setzt auf die Möglichkeit eines theoriefreien ‚direkten' Zugangs zur Empi-rie. Allein der streng erfahrungswissenschaftliche Vergleich empirischer Beobach-tungen soll die Formulierung von Gesetzesaussagen oder Theorien anleiten. Wie viele nachfolgende Vertreter des Induktivismus verkennt Bacon dabei allerdings, dass Erfahrung nie unabhängig von Theorie zu gewinnen ist. Immer wenn rein physische Sensationen wie Hitze, Druck, Helligkeit o. Ä. als Erfahrung wahrgenom-men werden, geschieht dies in begrifflicher Form, wobei die Begriffe unserer Spra-che Resultat mindestens alltagstheoretischer Prozesse sind: In Struktur und Inhalt unserer Sprache ist das bisherige Wissen unserer Gesellschaft abgelegt. Reine In-duktion wäre also vergleichbar mit Münchhausens Versuch, sich selbst am eigenen Schopf aus dem Sumpf zu ziehen. Schon die Auswahl dessen, was wir beobachten, erst recht aber die Art, wie wir es in Begriffe fassen, ist geprägt durch Vorwissen (vgl. dazu auch Poppers Diskussion des Basissatzproblems; s. Kap. 2.3).

In der geläufigen Entgegensetzung von Deduktion als Schluss von der Theorie auf empirische Fälle (unter benannten Randbedingungen) und Induktion als Schluss von empirischen Fällen auf Regeln und Gesetze wird gerne übersehen, dass empirisch begründete Theoriebildung, also der in der qualitativen Forschung dominierende Erkenntnismodus, es mit zwei unterschiedlichen Aspekten empirischer Beobachtungen zu tun hat: wir können auf bekannte oder unbekannte Phänomene stoßen, auf solche also, die wir ohne große Mühe in den Bestand unseres bestehenden Wissens einordnen können, und solche, die uns im ersten Moment als fremd, unbegreiflich oder zu unserem Wissen in Widerspruch stehend erscheinen. Im erstgenannten Fall haben wir es mit einem Zuordnungsproblem zu tun, bei dem noch kein wirklich neues Wissen entsteht, analog etwa zur Orientierung in einer uns bekannten Stadt, wo es um das Wiedererkennen von Wegmarken, Gebäudesilhouetten oder Straßenverläufen geht. Charles S. Peirce (vgl. zur Abduktion ausführlicher Reichertz 2003; Strübing 2014/2004: 46 ff.) hat diese Art von Wahrnehmungs- und Zuordnungsproblem als „qualitative Induktion" bezeichnet. Etwas anderes ist es mit Wahrnehmungen, die wir auf Anhieb nicht zuordnen können. Für sie müssen wir eine Lösung des Zuordnungsproblems erst noch schaffen, indem wir „eine Idee entwickeln", uns also etwas einfallen lassen. Diesen Prozess hat Peirce als Abduktion bezeichnet. Der wichtige Unterschied zwischen diesen beiden Varianten besteht darin, dass Abduktionen weder systematisch noch logisch-zwingend geschlussfolgert werden können. Abduktive Schlüsse sind erkenntnispraktischer Art und insofern tentativ oder hypothetisch: Ob sie die Lösung des Forschungsproblems darstellen, muss sich in weiteren Forschungsschritten der empirischen Überprüfung und Bewährung zeigen.

Auch aus diesem Grund funktioniert die einfache Gegenüberstellung von deduktiver und induktiver Forschungslogik nicht. Tatsächlich kommen, wenn man Forschungsprozesse vollständig betrachtet, in den meisten Untersuchungen induktive, abduktive und deduktive Vorgehensweisen zum Tragen. So etwa wenn hypothesentestende Verfahren Theorien testen, die eher induktiven Feldexplorationen entspringen oder wenn induktive und abduktive Theoriebildung in empirisch-experimentellen Überprüfungen getestet werden. Nur selten allerdings wird dieser Gesamtzusammenhang des Forschungsprozesses in Forschungsdesigns einzelner Projekte oder in der Gesamtdarstellung einer Methode oder eines Forschungsstils vollständig berücksichtigt. Eine Ausnahme stellt hier der Forschungsstil der Grounded Theory dar (vgl. dazu etwa Strauss 1991/1987: 37 ff. sowie die Darstellung in Kap. 5).

Diesen fünf dichotomen Entgegensetzungen (s. auch Tab. 1.1 im Überblick) ließen sich noch weitere geläufige hinzufügen, wie etwa strukturiert/unstrukturiert oder standardisiert/nicht standardisiert, doch der Zweck der Darstellung ist hier nicht Vollständigkeit. Vielmehr geht es mir darum, zu zeigen, dass die Gegensatzpaare, die in der Rhetorik der Methodendarstellungen und der wechselseitigen Abgrenzungen zur Anwendung kommen, nicht alle pauschal einen Typ von Methoden

Tab. 1.1: Bezugsebenen und Begriffspaare im Überblick (eigene Darstellung).

Bezugsebene	Gegensatzpaar
Datentyp	qualitativ/quantitativ
Erkenntnismodus	Erklären/Verstehen
Forschungslogik	theorietestend/theoriegenerierend
Wissenschaftstheorie	normativ/interpretativ
Schlussverfahren	deduktiv/induktiv (und abduktiv)
Methoden/Instrumente	standardisiert/„offen"

oder gar von methodologischen Grundorientierungen bezeichnen, sondern jeweils eine bestimmte methodologische Bezugsebene adressieren. Eine Forschungslogik ist ebenso wenig quantitativ bzw. qualitativ wie Schlussverfahren normativ bzw. interpretativ oder Daten deduktiv bzw. induktiv sind.

Wenn in diesem Buch dennoch von qualitativen Verfahren die Rede ist, dann lediglich im Sinne eines eingeführten Labels, von dem alle, die damit arbeiten, wissen sollten, dass es je nach Bezugsebene auch Unschärfen aufweist und irreführend sein kann.

1.4 Zur Geschichte qualitativen Forschens

Von der Geschichte qualitativen Forschens zu sprechen, muss damit beginnen, dass in den Anfängen empirischer Forschung ein Bewusstsein der Unterschiedlichkeit von quantitativ-standardisierender einerseits und qualitativ-interpretativer Forschung andererseits noch gar nicht verbreitet war. Empirische Methoden wurden auch in der Frühzeit der Sozialforschung vor allem entlang praktischer Forschungsprobleme entwickelt; als Material wurde genutzt, was zuhanden war und dienlich zu sein versprach: Mal waren das aggregierte Daten, wie die Sterberegister in der Politischen Arithmetik des 17. Jahrhunderts, mal gebündelte Briefwechsel, wie sie Thomas und Znaniecki ihrer frühen Migrationsstudie *The Polish Peasant in Europe and America* um 1918 zugrunde gelegt haben. Und auch die Auswertung des Datenmaterials kam häufig eher hemdsärmelig daher.

Doch wo überhaupt beginnen? Wo liegen die Ursprünge der empirischen Sozialforschung insgesamt, insbesondere aber der qualitativen Methoden? Man könnte mit Horst Kern den Ausgangspunkt in der frühen Neuzeit bei der Entstehung der Universitätsstatistik in den Kleinstaaten Deutschlands wählen und diese mit besagter Politischer Arithmetik kontrastieren, die sich etwa zur gleichen Zeit im frühindustriellen England entwickelte. Worum ging es dabei?

Als der deutsche Gelehrte Herman Conring (1606–1681) im Wintersemester 1660/61 an der Braunschweigischen Universität zu Helmstedt die erste reguläre Statistikvorlesung hielt, ging es keineswegs um das, was wir heute unter diesem

Begriff verstehen: ein mathematisch basiertes Verfahren zur Analyse quantitativer Datensammlungen. Was Conring begann und Martin Schmeitzel (1679–1747) 1723 in Jena als „collegium politico statisticum" fortführte, sollte von dessen Schüler Gottfried Achenwall (1717–1779) an der Universität Göttingen – mittlerweile als „Universitätsstatistik" benannt – zur Blüte geführt werden: eine beschreibende Annäherung an die ökonomischen, politischen und sozialen Ressourcen eines Staatswesens (Kern 1982: 19 ff.). Achenwall notierte dazu:

> Es bemüht sich (…) jemand aus dem unzählbaren Haufen derer Sachen, die man in einem Staatscörper antrifft, dasjenige sorgfältig herauszusuchen, was die Vorzüge oder Mängel eines Landes anzeigt, die Stärke oder Schwäche eines Staates darstellt, den Glanz einer Crone verherrlicht oder verdunkelt, den Unterthan reich oder arm, vergnügt oder mißvergnügt; die Regierung beliebt oder verhaßt; das Ansehen der Majestät in und außerhalb des Reiches furchtbar oder verächtlich macht, was einen Staat in die Höhe bringt, den anderen erschüttert, den dritten zu Grunde richtet, einem die Dauer, denen anderen den Umsturz prophezeyet, kurtz alles, was zu gründlicher Einsicht eines Reichs, und zu vortheilhafter Anwendung im Dienst seiner Landesherrn etwas beytragen kann: was erlangt ein solcher? Die Staatswissenschaft ei*nes Reiches.* (Achenwall zit. n. Kern 1982: 20)

Die Methode, die Achenwall seinen Studenten anriet, bestand aus „statistischen Reisen", d. h. er forderte dazu auf, durchs Land zu reisen und die für das Staatswesen typischen, wichtigen, es charakterisierenden Merkmale vor Ort zu besichtigen und in deskriptiver Form zu verzeichnen. Die Etablierung noch vorindustrieller, aber doch schon neuzeitlicher Produktions- und Wirtschaftsweisen resultierte für die kleinstaatlich-feudalen Herrscher in einem zunehmend prekären Wissensmangel darüber, was in ihrem Land vorgeht und wie die wirtschaftliche Wohlfahrt des Staatswesens zu sichern ist. Die Universitätsstatistik stellte eine recht pragmatische Antwort auf dieses Problem dar.

Einem ähnlichen Problem, freilich in komplexerer Form sah sich das frühindustrielle Großbritannien gegenüber: Die aufkommenden Industriebetriebe benötigten Rohstoffe und sie mussten wissen, wie viel wovon vorhanden war. Der Staat wiederum traf auf eine neue Unübersichtlichkeit der Verhältnisse. Vieles war nur noch in großen Aggregaten zu übersehen – und dies auch nur, wenn diese in ihrer Größe vermessen wurden: Wie viele Arme gibt es? Wie viele Waren werden produziert, wie viele Steuern lassen sich darauf erheben? Sehr wichtig war auch die Frage, wie lange Menschen typischerweise leben und wie viele Männer, Frauen, Kinder ein Land bevölkern. Das war nicht nur für Fragen der Besteuerung von Bedeutung, sondern auch für die Kriegszwecke: Wenn nicht mehr jeder Landritter seine ihm persönlich bekannten Bauern in die Schlacht führt, sondern ein König die allgemeine Mobilmachung verkünden will, dann wüsste er schon gerne, wie viele seiner Untertanen diesem Ruf voraussichtlich folgen müssten. Die aufkommenden Industriebetriebe wiederum hätten gerne gewusst, wie viele Arbeitskräfte im Prinzip verfügbar sind und wie lange sie wohl zu arbeiten in der Lage sein könnten.

Es ist deshalb kein Zufall, dass sich John Graunt (1620–1674), einer der beiden Begründer der Politischen Arithmetik – wie die frühe quantitative Sozialforschung in England zunächst genannt wurde – mit den Daten des Sterberegisters der Stadt London befasste und daraus die erste bekannt gewordene Sterbetafel berechnete. Graunt verfolgte damit bereits analytische Interessen, er suchte nach Regelmäßigkeiten und Verlaufsmustern, die es ihm überhaupt erst ermöglichten, die Lebenserwartung von Geburtsjahrgängen, Kohorten und Geschlechtern zu berechnen (vgl. Diekmann 2007/1995: 92 ff.). William Petty (1623–1687), ein Zeitgenosse Graunts, wandte die neuen empirischen Methoden der Politischen Arithmetik als Generalarzt Oliver Cromwells bei der Eroberung Irlands (1649–1653) und der ‚gerechten‘ Verteilung der erbeuteten Ländereien auf die Sieger an. Dabei nutzte er erstmals einen Survey, eine systematische Vollerhebung aller irischen Grafschaften. Zur Begründung notiert er:

> Die Methode, welche ich hier einschlage, ist noch nicht sehr gebräuchlich, denn anstatt nur vergleichende und überschwängliche Worte und Argumente des eigenen Geistes zu gebrauchen, wähle ich als einen Versuch der politischen Arithmetik, (...) den Weg, mich in Zahl-, Gewichts- oder Maßbezeichnungen auszudrücken; mich nur sinnfälliger Beweise zu bedienen; nur solche Ursachen in Betracht zu ziehen, welche ersichtlich in der Natur der Dinge selbst ruhen; jene Ursachen dagegen, welche von den wechselnden Meinungen, Neigungen, Leidenschaften einzelner Menschen abhängen, anderen zu überlassen. (Petty, zit. n. Kern 1982: 29)

Deutsche Universitätsstatistiker und Vertreter der politischen Arithmetik in England befehdeten sich auf das herzlichste. Erstere nannten letztere in durchaus beleidigender Absicht „Zahlenmänner" und „Tabellenknechte" und ihre Produkte wurden als „hirnloses Machwerk" herabgewürdigt (vgl. Kern 1982: 25) – was die Gegenseite ebenso saftig zu erwidern wusste („Ammen- und Schnürleiberanecdota") (Maus 1962: 20). Es hat also den Anschein, dass das Methodenschisma in der empirischen Sozialforschung bereits eine lange Tradition hat. Man könnte freilich einwenden, den Beginn der qualitativen Sozialforschung mit einem Verfahren wie der Universitätsstatistik zu assoziieren, reduziere den Kern qualitativer Methoden auf das Deskriptive, denn nicht mehr und nicht weniger hatten Achenwall und andere dabei im Sinn. Kern merkt denn auch kritisch an: „Daß unter der erscheinenden Oberfläche überindividuelle Regelhaftigkeiten verborgen sein können, die der äußeren, ‚oberflächlichen‘ Beobachtung nicht zugänglich sind – dafür bestand noch kein Verständnis" (Kern 1982: 23).

Daher ist es sinnvoller, für die Entstehung der qualitativen Sozialforschung einen anderen Ort und eine andere Zeit als Ausgangspunkt zu nehmen. Es sollten nach der Hochzeit der Universitätsstatistik noch einmal anderthalb Jahrhunderte vergehen, bis eine theoretisch fundierte und systematische Form qualitativer Sozialforschung Gestalt annahm. Und dies geschah auch nicht in England oder Deutschland, sondern in den USA.

Zwar hatte die Ausformulierung einer geisteswissenschaftlichen Hermeneutik durch Wilhelm Dilthey (1833–1911), die handlungstheoretische Fundierung einer

„verstehenden Soziologie" durch Max Weber (1864–1920) und schließlich auch der Entwurf der Dokumentarischen Methode durch Karl Mannheim (1893–1947) um die vorletzte Jahrhundertwende wichtige Anstöße vor allem zur methodologischen und sozialtheoretischen Fundierung einer qualitativ-interpretativen Sozialforschung geliefert, eine breite Tradition *praktizierter* qualitativer Sozialforschung entstand daraus jedoch zunächst noch nicht.

Dies gelang – und wie wir sehen werden: nicht zufällig – an einem ganz anderen Ort: In Chicago wurde 1892 durch Albion Small (1854–1926), einem Schüler des deutschen Soziologen Georg Simmel (1858–1918), die erste soziologische Fakultät der USA gegründet. Dort bildeten sozialreformerisches Engagement, fachübergreifendes Denken und ein pragmatisches Verständnis von Wissenschaft einen idealen Nährboden für die empirische Erforschung sozialer Phänomene. Auf dem philosophischen und erkenntnistheoretischen Fundament des frühen amerikanischen Pragmatismus (C. S. Peirce, W. James, J. Dewey, G. H. Mead) entstand was man später die *Chicago School* nennen sollte: Eine reiche und differenzierte Praxis nicht ausschließlich, aber doch vorwiegend qualitativ-interpretativer Forschung zu aktuellen sozialen Problemen. Der Aktualitätsbezug dieser Forschung muss betont werden, denn anders als die zu jener Zeit andernorts dominierende, auf Systematik und Abgrenzung bedachte „Lehnstuhl-Soziologie", deren empirische Bezüge eher kursorischer Natur waren, stand in der Chicagoer Soziologie die akute soziale Dynamik der Stadt Chicago und der sich erst entwickelnden US-amerikanischen Gesellschaft im Mittelpunkt. Die zu lösenden gesellschaftlichen Probleme hatten entscheidenden Einfluss auf die Methodenentwicklung. Zwei Umstände können als entscheidend für diese Entwicklung betrachtet werden: Zum einen stand die Stadt Chicago um 1900 im Zentrum einer heute kaum mehr vorstellbaren sozialen und wirtschaftlichen Dynamik. Durch ihre besondere Lage mitten im Kontinent, aber mit schiffbarem Zugang zum Atlantik verband die Stadt spätestens mit Ausbreitung der Eisenbahn die Fleischproduzenten des mittleren Westens mit den Nahrungsmittelmärkten in Europa und im Nordosten der USA. Die Fleischindustrie – meisterhaft beschrieben in Upton Sinclairs Roman *Der Dschungel* –, um sie herum aber auch zunehmend andere Zweige großindustrieller Massenproduktion, erzeugten eine Arbeitskraftnachfrage, die im von ökonomischen Krisen und einer großen Enge der sozialen und politischen Verhältnisse geprägten Europa verarmten Bevölkerungsschichten als Chance und Verheißung erschien. In der Folge nahm die Migration nach Nordamerika und insbesondere nach Chicago und New York enorme Ausmaße an – und erzeugte in den rasant zu Großstädten heranwachsenden Orten eine Vielzahl sozialer Probleme, die von einer neuen Qualität waren: Ganz unterschiedliche Sprachen und Alltagskulturen prallten aufeinander, anstelle der Stabilität sozialer (auch Ungleichheits-)Verhältnisse, erwiesen sich die großen Einwanderungsstädte eher als soziale Durchlauferhitzer, in denen hunderttausende von Migranten temporär unterkamen, ihre soziale und ökonomische Lage mehr oder minder nachhaltig konsolidierten, um dann zu einem großen Teil in andere Gegen-

den der USA weiterzuziehen – während nach ihnen bereits die nächste Migrations-
kohorte, oft aus wiederum anderen Herkunftsländern in die frei werdenden Slums
der Städte drängten. Aus soziologischer Sicht war Chicago damit so etwas wie ein
Echtzeitexperiment, an dem Prozesse zu untersuchen waren, die es so anderswo
noch nicht gab, von deren Ausbreitung aber ausgegangen werden musste. Genau
in diesem Sinne bezeichnete Robert Ezra Park (1864–1944), der die empirische Tradition der Chicago School prägen sollte wie kein anderer, „die Stadt" – und damit
waren aufkommende Großstädte wie Chicago und New York gemeint – aus soziologischer Perspektive als „Labor" (Park 1915). Die Geschwindigkeit der sozialen
Umwälzungen und die Neuartigkeit der Phänomene machten dabei nicht nur eine
intensive empirische Erforschung vor Ort erforderlich, sondern auch ein großes
Maß an Einfallsreichtum und Experimentierfreude bei der Entwicklung angemessener Methoden der Gewinnung und Analyse von Datenmaterial. In soziologisch-
systematischer Perspektive konnte die Erforschung derartiger sozialer Dynamik vor
allem dazu beitragen, Antworten auf die Frage der Organisation von sozialem Zu-
sammenhalt zu finden, denn das faszinierende an einer Stadt wie Chicago in jener
Zeit war, dass der weitaus größte Teil der Bevölkerung innerhalb weniger Jahre
durch Migrationsbewegungen ausgetauscht wurde, die soziale Ordnung der Stadt
sich deshalb aber nicht etwa auflöste. Wie also wird diese Stabilität im Wandel
hervorgebracht?

Nicht nur existierte zu Zeiten der frühen Chicagoer Soziologie noch kein klares
Verständnis eines Unterschieds oder gar Gegensatzes von qualitativen und quantitativen Zugängen zu empirischen Forschungsgegenständen, auch gab es noch kein
ausgeprägtes Bewusstsein einer Trennung von Forschung und Anwendung: Journalismus, Sozialarbeit, Sozialpolitik und Soziologie waren vielfältig miteinander
verbunden und befruchteten sich in ihrer Praxis gegenseitig. Im *Social Reform
Movement* fanden sich linke und liberale Philosophen, Politikerinnen, Soziologen
und Psychologinnen mit bildungsbürgerlich-presbyterianischen Gutmenschen in
dem Bemühen vereint, die Lebensverhältnisse verarmter Slumbewohner nicht nur
durch materielle Zuwendungen, sondern vor allem durch praktische Sozial- und
Bildungsarbeit vor Ort zu verbessern. In sogenannten „Settlement Houses", einer
Art früher Gemeindezentren und Volkshochschulen, gaben auch hochmögende
Universitätsprofessoren Kurse, hielten Vorträge oder organisierten Ausstellungen –
und betrieben zugleich mehr oder weniger systematisch Sozialforschung (vgl. etwa
Hull House 1895).

Eine der ersten großen empirischen Studien der Chicago School führten William Isaac Thomas (1863–1947) und Florian Znaniecki (1881–1958) durch. Thomas,
ein studierter Völkerkundler, der bereits ab 1895 am Soziologie-Department in Chicago lehrte und promovierte und 1910 einer der ersten Soziologieprofessoren der
University of Chicago wurde, begann sich bereits früh für das Verhältnis zwischen
sozialen Normen und Strukturen einerseits und den individuellen Handlungsmotiven andererseits zu interessieren. Die in Chicago eintreffenden Migranten aus

Europa erschienen ihm dabei als ideale Studienobjekte, denn diese ließen mit der Migration wesentliche Teile der sozialen und kulturellen Einbettung in ihren Heimatländern zurück. An ihnen sollte sich also studieren lassen, wie individuelle Handlungsorganisation und deren soziokulturelle Rahmung ineinandergreifen. Nachdem Thomas sich auch aufgrund von Finanzierungsproblemen von der Idee verabschiedet hatte, ganz unterschiedliche nationale Herkunftsmilieus in die Studie aufzunehmen, beschränkte er sich auf polnische Migranten, die aus dem damals russisch okkupierten und als Staat nicht existierenden Polen in besonders großer Zahl nach Chicago kamen. Zur Unterstützung und Koordination der empirischen Arbeiten engagierte er den jungen polnischen Wissenschaftler Florian Znaniecki, der im Verlauf der Studie selbst in die USA übersiedelte und als Koautor der ab 1918 in zunächst fünf Bänden erscheinende Studie *The Polish Peasant in Europe and America* (Thomas/Znaniecki 1927) wesentlichen Anteil am Gelingen der Untersuchung hatte – und später als erster Soziologieprofessor Polens die Methoden und die Forschungsgegenstände der dortigen Sozialforschung für mehrere Generationen prägen sollte.

Die Polish-Peasant-Studie ist aus mehreren Gründen zu einem Klassiker der empirischen Sozialforschung geworden. Zum einen werden mit ihr gleich zwei Forschungsgebiete der Soziologie neu begründet: die Migrations- und die Biografieforschung. Zum anderen entwickelten Thomas und Znaniecki methodische Zugänge, die es so zuvor noch nicht gegeben hat und die sie – auch das ein Novum – in einer ausführlichen „methodological note" dem ersten Band der Studie voranstellten. Sie werteten Sozialamts- und Gerichtsakten über Migrantinnen aus, nutzten also offizielle Datenquellen. Sie kauften aber auch Briefwechsel zwischen Migranten und ihren Familienangehörigen in Polen auf und ließen einen Migranten gegen Bezahlung seine Autobiografie verfassen, um sie später auszuwerten. Diese „personal documents" sollten – im Unterschied zu Akten staatlicher Stellen – die subjektive Wahrnehmung der Handelnden dokumentieren und der Forschung zugänglich machen – ein damals völlig neuartiges Verfahren.

Die methodischen Innovationen blieben in der sich etablierenden soziologischen Fachwelt nicht ohne kritisches Echo. Dies ging so weit, dass das amerikanische „Social Science Research Council" in den 1930er-Jahren eine Tagung veranstaltete, um Kritikerinnen und Autoren zu einer gemeinsamen Diskussion zusammenzuführen. Kritik kam dabei von zwei Seiten: Einerseits beanstandete die sich allmählich formierende quantifizierende Sozialforschung die mangelnde Objektivität der verwendeten *personal documents* sowie die mangelnde Systematik der Fallauswahl. Doch gab es andererseits auch vonseiten der qualitativen Sozialforschung und der interaktionistischen Sozialtheorie kritische Einwände. So bemerkte Herbert Blumer, dass Thomas und Znaniecki sich ausschließlich auf schriftliche Zeugnisse beziehen, nicht aber – etwa durch teilnehmende Beobachtung – die Situationen selbst untersuchen, in denen die Migranten ihre soziale Welt handelnd organisieren und interpretieren (Blumer 1939). Thomas und Znaniecki standen der Kritik durchaus aufgeschlossen gegenüber, verteidigten aber das notwendig Provisorische ihrer Pionierarbeit und die Bedeutung von *personal documents*, denn, wie Thomas später notierte, „even the most highly subjective record has a value for behavior analysis and interpretation" (Thomas 1966/1931). Znaniecki ging 1934 noch einen Schritt weiter und verfasste einen eigenen Entwurf einer systematischen qualitativen Forschungsmethodik, die sogenannten „Analytische Induktion" (Znaniecki 1934; vgl. auch Znaniecki 2004/1934), die in dieser Form nur wenig Nachahmer fand (für eine der wenigen Ausnahmen s. Cressey 1953), allerdings wichtige Stichworte für spätere Entwürfe qualitativer Methodologien lieferte.

Thomas schied bereits nach wenigen Jahren aus der Universität aus; ihm folgte Robert E. Park nach, der ab 1915 seinem programmatischen Anspruch folgend ein umfassendes empirisches Forschungsprogramm rund um die Stadt und ihre sozialen Problemlagen anstieß. So entstanden zwischen 1920 und 1935 in kurzer Folge eine ganze Reihe qualitativ-empirischer Forschungsmonografien, etwa zu Wanderarbeitern (Anderson 1923), der Kultur von Amüsierlokalen (Cressey 1932), Jugenddelinquenz (Shaw/Burgess 1930), jüdischer Alltagskultur (Wirth 1956/1928) oder Straßengangs (Whyte 1993/1943), die – trotz der aus heutiger Sicht mangelnden Systematik und Methodenreflexion – bis in die Gegenwart als Pionierleistungen in der Entwicklung neuer qualitativ-empirischer Verfahren gelten müssen.

Während dieser Zeit entwickelten sich in Chicago nicht allein die qualitative Sozialforschung, sondern ebenso und zunehmend erfolgreicher erste Ansätze einer quantifizierenden und mithilfe statistischer Verfahren auch analytischen Forschungsmethodik (Bulmer 1984). Diese Entwicklung bekam in den 1930er- und 1940er-Jahren einen starken Schub durch die sich damit neu eröffnenden Möglichkeiten der Vorhersage von Wahlergebnissen, aber auch durch die Anfänge einer empirisch basierten Marktforschung. Gleichzeitig bildet sich eine differenziertere Wahrnehmung der Unterschiede zwischen qualitativen und quantitativen Verfahren heraus, insbesondere erschien die qualitative Forschung angesichts der Erfolge der Kodifizierung statistisch basierter Verfahren zunehmend als ein Auslaufmodell, das mit den Ansprüchen einer ‚modernen', an den Normen der Naturwissenschaften orientierten Sozialforschung nicht mitzuhalten vermochte.

Dies gilt auch für die Entwicklung in Europa, wo unter den wenigen qualitativen Studien vor allem die von Maria Jahoda, Paul Lazarsfeld und Hans Zeisel verfasste Arbeit „Die Arbeitslosen von Marienthal" (Jahoda/Lazarsfeld/Zeisel 1982/1933) bis heute nachwirkt. Diese hatten in einer methodisch breit angelegten und in Teilen ethnografischen Studie ein Industriedorf in der Nähe Wiens untersucht, in dem 1929/1930 durch die krisenbedingte Schließung der einzigen Fabrik am Ort auf einen Schlag fast die gesamte männliche erwerbstätige Bevölkerung arbeitslos wurde. Dem Forschungsteam bot sich damit die seltene Möglichkeit, die Wirkungen anhaltender kollektiver Erwerbslosigkeit fast wie in einer Laborsituation zu studieren. In einer sehr pragmatischen Kombination ganz unterschiedlicher Verfahren der Datengewinnung wurden qualitative wie quantitative Daten gewonnen, die durch systematische Vergleiche und Zuspitzungen zu einer – wie die Autoren das damals nannten – „Soziographie" der Verhältnisse in Marienthal verarbeitet wurden. Damit war die Studie ausdrücklich deskriptiv orientiert, hatte also keinen im engeren Sinne erklärenden Anspruch. Allerdings kamen die Autorinnen zu einer Reihe von Befunden, die auch kausal gelesen werden können. So stellten sie in verdeckten Beobachtungen fest, dass sich bei den arbeitslosen Männern im Unterschied zu ihren mit der Versorgung der Familien mehr als reichlich beschäftigten Frauen mit fortschreitender Erwerbslosigkeit ein Verlust des Zeitgefühls einstellte. Mit Tätigkeiten wie dem Überqueren einer Kreuzung, die sonst nur wenige Momente dauerten, brachten sie nun mitunter eine ganze Stunde zu. Jahoda und ihre Kollegen entwickelten als Resümee ihrer Arbeit ein Set von „Haltungstypen" und beschrieben Arbeitslosigkeit als einen Prozess des sukzessiven Hinabgleitens entlang der Stufenleiter dieser Haltungstypen. Sie konnten damit zeigen, wie Erwerbslosigkeit zu psychischer Verarmung und zur Auflösung sozialer Zusammenhänge beiträgt.

Die Studie, die der Beginn einer Tradition qualitativ-empirischer Studien in Mitteleuropa hätte werden können, erwies sich im Lichte der historischen Ereignisse eher als deren vorläufiger Endpunkt: Alle Autorinnen waren im „Roten Wien" der Zwischenkriegszeit Mitglieder sozialistischer Bewegungen und überdies hatten sie jüdische Wurzeln. Der heraufziehende Nationalsozialismus zwang sie sämtlich ins angelsächsische Asyl und ihre bahnbrechende Studie konnten sie in der ersten Auflage 1933 nur unter dem Pseudonym der auftraggebenden „Österreichischen wirtschaftspsychologischen Forschungsstelle" veröffentlichen. Trotz dieser Diskontinuität sind wesentliche Ergebnisse dieser Arbeit in der Arbeitslosigkeitsforschung bis heute von grundlegender Bedeutung.

Faschismus und Krieg brachten die Methodenentwicklung in Europa weitgehend zum Erliegen. In den USA dagegen entwickelte sich unter diesen Vorzeichen vor allem die quantifizierende und zunehmend hypothesentestende Sozialforschung weiter, angetrieben auch durch die militärisch wichtige Propagandaforschung. Hier war es wiederum Paul Lazarsfeld, der Koautor der Marienthalstudie, der als einer der führenden Köpfe der Columbia School in New York sich nun vollends auf die quantitative Forschung verlegte und wichtige Beiträge zur Methodenentwicklung beisteuerte.

In der Bundesrepublik Deutschland der Nachkriegszeit gründeten sich die im Faschismus durch Judenverfolgung und politisch motivierte Zwangsschließungen weitgehend aufgelösten sozialwissenschaftliche Forschungsinstitute erst mit einiger Verzögerung wieder oder neu. In den 1950er-Jahren war es vor allem die Arbeits- und Industriesoziologie, die, verbunden mit Namen wie Hans-Paul Bahrdt (1918–1994) und Heinrich Popitz (1925–2002) (Popitz/Bahrdt 1957), eine phänomenologisch orientierte empirische Forschungstradition etablierte. Von einer systematischen Methodenentwicklung konnte hier allerdings noch nicht die Rede sein. Ein zweites Zentrum qualitativ-empirischer Forschung bildete das nach der Rückkehr von Theodor W. Adorno (1903–1969) und Max Horkheimer (1895–1973) aus dem Exil in den USA wiederbegründete Frankfurter Institut für Sozialforschung, das eine stark sozialphilosophisch angeleitete Soziologie betrieb, daraus aber auch methodologische Imperative ableitete. Die wenigen empirischen Studien der Frankfurter Schule (Pollock 1955) können jedoch nicht darüber hinwegtäuschen, dass die in Frankfurt betriebene Kritische Theorie forschungspraktische Innovationen nicht leistete. Wichtig für ein wiedererwachendes Interesse an qualitativ-interpretativen Forschungsmethoden war die Frankfurter Schule aber dennoch, ging von ihr, genauer: von Adorno, doch der Impuls zum „Positivismusstreit" aus (Adorno et al. 1991, Habermas 1967). In dieser auf dem Soziologentag 1961 in Tübingen ihren Ausgang nehmenden Kontroverse warf Adorno dem kritischen Rationalismus Karl R. Poppers stellvertretend für die etalierte Praxis quantifizierender Sozialforschung eine unangemessene Empiriegläubigkeit vor und forderte gegen die von Popper vertretenen These von der Einheit der Methoden in den Sozial- und Naturwissenschaften einen besonderen methodischen Zugang zum Gegenstand ‚Gesellschaft' ein.

Impulse für eine Renaissance und Neubegründung qualitativer Verfahren entstanden (nicht nur in Deutschland, sondern auch in Nordamerika) zu jener Zeit auch, weil der „orthodoxe Konsens" (Joas 1988: 11) strukturfunktionalistischer Sozialtheorien und der mit ihnen wahlverwandten hypothesentestenden, quantifizierenden Forschungsmethoden gemeinsam mit der modernistischen Vorstellung einer planbaren Gesellschaft in eine Legitimationskrise gerieten. Die gut geölte Maschine immer neuer Umfragen und Einstellungsmessungen erwies sich als immer weniger geeignet, Wandlungsprozesse der im Umbruch befindlichen ‚modernen' Gesellschaften zu erklären. Auch die Defizite von Theoriemodellen, die auf die Dominanz und Determinationskraft von Normen und sozialen Strukturen setzten, wurden in der gesellschaftlichen Dynamik von Bildungsreform, Studentenbewegung und erster Massenarbeitslosigkeit in der Wohlstandsgesellschaft deutlich sichtbar.

Während der Positivismusstreit auf einer sehr grundsätzlichen Ebene Voraussetzungen und Möglichkeiten empirischer Forschung und werturteilsfreier Theoriebildung thematisierte, machte sich eine junge Generation kritischer Soziologinnen ab den 1960er-Jahren daran, jenseits des quantifizierenden und hypothesentestenden Mainstreams der damaligen Sozialforschung neue methodische Zugänge zum Problem der Vermittlung von Theorie und Empirie praktisch zu entwickeln. Dabei knüpften sie sowohl sozialtheoretisch als auch forschungsmethodisch oft an ältere Vorarbeiten an. Anselm Strauss (1916–1996) und Barney Glaser (geb. 1930) entwickelten ihren auf einer Systematisierung von Vergleichsheuristiken basierenden Forschungsstil der Grounded Theory (Glaser/Strauss 1967) im Rahmen eines ethnografisch angelegten Forschungsprojekts über Tod und Sterben in Krankenhäusern, aber zugleich mit starken sozialtheoretischen Bezügen auf den Interaktionismus und den amerikanischen Pragmatismus, also in Fortführung des Programms der Chicago School. Dabei nahmen sie mit ihrem Theorieverständnis auch Anleihen bei Robert K. Mertons Konzept der Theorien mittlerer Reichweite (Merton 1949), mit dem dieser sich kritisch von umfassenden Großtheorien der klassischen Soziologie abgrenzte. Forschungspraktisch entwickelten sie Verfahrensweisen weiter, die Everett C. Hughes (1897–1983) bereits ausgangs der 1950er-Jahre in seinen ethnografischen Arbeiten über Professionen und Organisationen entwickelt hatte (Hughes 1971).

Ebenfalls in den 1960er-Jahren setzt Harold Garfinkel (1917–2011), ein kritischer Schüler von Talcott Parsons, zu einer radikalen Kritik der soziologischen Perspektive an. In dem von ihm als „Ethnomethodologie" bezeichneten Forschungsprogramm, das an Karl Mannheims „Dokumentarische Methode" anknüpft, versucht er, die praktischen Methoden der Konstitution der Alltagswelt empirisch mit „Krisenexperimenten" zu entschlüsseln (Garfinkel 1967). Auch wenn sich die Ethnomethodologie nie selbst zu einer qualitativ-empirischen Forschungsmethode entwickelt hat (Bohnsack 2001: 329), war sie doch die Blaupause für die von Harvey Sacks (1935–1975) entwickelte „Konversationsanalyse" (Sacks/Jefferson 1992), die sich in einer Art Mikroperspektive auf die sprachliche und parasprachliche Herstellung von Interaktionsverläufen und -mustern spezialisierte.

Die konstruktiven Ansätze zur Entwicklung stärker kodifizierter, d. h. in ihren Ablaufschritten und in ihren Begründungsmustern weitgehend explizierter Forschungsmethoden abseits von Quantifizierung und Hypothesentest wurden begleitet von zunehmend schärferer Kritik am damaligen methodischen Mainstream. So kritisierte etwa Aaron Cicourel (geb. 1928) mit seiner Arbeit über „Methode und Messung in den Sozialwissenschaft" (Cicourel 1974/1964) die Instrumentengläubigkeit und Entsubjektivierung der standardisierten Sozialforschung, und Herbert Blumer (1900–1987) bestritt in einer Serie von Publikationen die Angemessenheit *ex ante* definierter Konzepte und Hypothesen für die empirische Forschung (Blumer 1954, 1956). Auch andere Stimmen, so etwa Thomas P. Wilson (1981/1973) mit seiner Entgegensetzung von „normativem" und „interpretativen Paradigma", traten dem Alleinvertretungsanspruch der hypothesentestenden Sozialforschung entgegen und reklamierten einen eigenständigen, wenn nicht gar *den* eigentlichen methodischen Zugang zu Sozialität.

Die deutsche Soziologie greift die Anstöße aus den USA ab Anfang der 1970er-Jahre auf und verbindet sie teilweise mit den erwähnten sozial- und geisteswissenschaftlichen Ansätzen in Europa. Drei frühe Zentren der Entwicklung qualitativer Forschungsmethoden bilden sich in jener Zeit heraus: Zum einen formiert sich um den Lehrstuhl von Joachim Matthes (1930–2009) an der Universität Bielefeld eine „Arbeitsgruppe Bielefelder Soziologen", die viele englischsprachige Schlüsseltexte des kritischen Theorie- und Methodendiskurses ins Deutsche übersetzt (Arbeitsgruppe Bielefelder Soziologen 1976, 1981) und damit in der deutschen Soziologie verbreitet. Zugleich gingen aus der Arbeitsgruppe wichtige methodische Innovationen hervor. So entwickelt Fritz Schütze das narrative Interview samt einer darauf abgestimmten erzähltheoretisch fundierten Analysemethode vor allem für die Biografieforschung, und Ralf Bohnsack greift Karl Mannheims Vorstellungen einer

Dokumentarischen Methode auf und entwickelte daraus ein mittlerweile verbreitetes Verfahren der rekonstruktiven Sozialforschung. Etwa zur gleichen Zeit nimmt eine Forschungsgruppe um Ulrich Oevermann das eigene Scheitern bei dem Versuch eines quantifizierenden hypothesentestenden Forschungsdesigns im Projekt zu „Elternhaus und Schule" zum Anlass, eine völlig neue Art der Analyse natürlicher Daten zu entwickeln, die sie „Objektive Hermeneutik" nennen (Oevermann et al. 1979). In Konstanz schließlich etabliert sich um den aus den USA zurückgekehrten Alfred Schütz-Schüler Thomas Luckmann (1927–2016) ein Kreis von jüngeren Forschern, der zum Teil die ethnomethodologische Konversationsanalyse weiterentwickelt (z. B. Bergmann 1981), zum Teil eine Form soziologischer Ethnografie zur Erforschung alltagsweltlicher Milieus betreibt (z. B. Hitzler 1994; Honer 1993).

In den letzten 40 Jahren hat sich die qualitativ-interpretative Sozialforschung weiter ausdifferenziert und ist mehr und mehr Bestandteil des soziologischen Ausbildungskanons geworden. So hat etwa die Deutsche Gesellschaft für Soziologie 2002 den soziologischen Studiengängen eine gleichberechtigte Ausbildung in qualitativen und quantitativen Methoden als Standard empfohlen.

Im historischen Rückblick zeigt sich, dass wichtige Impulse zur Methodenentwicklung immer wieder aus der Veränderung gesellschaftlicher Problemlagen resultieren. Die Entbindung feudaler Kleinstaaten aus den starren Formen mittelalterlicher Zunftwirtschaft im Falle der frühen Universitätsstatistik; die beginnende Industrialisierung und unübersichtlicher werdende Herrschaftsgebiete großer Nationalstaaten für die Politische Arithmetik; die zunehmende Dynamik, Heterogenität und Anonymität der Lebensverhältnisse in den von Massenmigration geprägten amerikanischen Großstädten für die Entwicklung der Chicago School oder die rasche Ausdifferenzierung spätmoderner westlicher Gesellschaften ab den 1960er-Jahren. Immer sind es gesellschaftliche Umwälzungen, die Veränderungen im Verhältnis von Wissenschaft und Gesellschaft, aber auch von Theorie und Methoden anstoßen.

Zugleich zeigt sich, dass empirische Forschungsmethoden nicht Ergebnisse methodologischen Forschens sind, sondern pragmatische Erfindungen als Antworten auf gesellschaftliche Problemlagen. Die gefundenen Lösungen beziehen sich dabei zunächst implizit und später, in der Legitimation der Verfahren, zunehmend explizit auf den Stand der jeweils aktuellen erkenntnis-, wissenschafts- und sozialtheoretischen Diskussion, die selbst wiederum Ausdruck gesellschaftlicher Verhältnisse und Problemlagen ist: In der Politischen Arithmetik wie in der Universitätsstatistik zeigen sich Ergebnisse der Entwicklung neuzeitlicher Wissenschaften; Pragmatismus und Social Reform Movement verdanken sich neben geistesgeschichtlichen Einflüssen aus Europa auch der pragmatisch-problemlösungsorientierten ‚Frontier-Mentalität' einer rasch expandierenden und zunehmend multiethnischen Gesellschaft; der Positivismusstreit hat seinen Ursprung in einer Gesellschaftskritik, aus der dann auch wissenschaftstheoretische Konsequenzen gezogen wurden.

Die methodologischen und sozialtheoretischen Hintergründe qualitativ-empirischer Verfahren konnten in dieser historischen Rückblende nur gestreift werden, auf sie wird wenigstens in Ausschnitten in Kapitel 2 noch näher eingegangen. Zunächst aber beschäftigen wir uns mit einigen Grundsätzen qualitativer, interpretativer und rekonstruktiver Forschung, die den identifikatorischen Kern eines gemeinsamen Verständnisses als „qualitative Methoden" darstellen.

1.5 Nahezu allgemeine Grundsätze qualitativ-interpretativen Forschens

(1) Von Erving Goffman (1922–1982), dem für die Erforschung von Alltagsinteraktion vielleicht wichtigsten Soziologen, stammt ein Zitat, das in seiner sarkastischen Überspitzung sehr prägnant zum Ausdruck bringt, wie die kritischen jungen Sozialforscherinnen der 1960er-Jahre den Mainstream quantifizierender, hypothesentestender Sozialforschung wahrgenommen haben. Über die einheitswissenschaftlich orientierte Sozialforschung schreibt er:

> Die Wissenschaftlichkeit des Ganzen ist dabei durch die Verwendung von Laborkitteln und Regierungsgeldern sichergestellt. Die Arbeit beginnt mit dem Satz: „Wir stellen eine Hypothese auf, daß …"; dann kommt eine eingehende Diskussion über die in der vorgeschlagenen Versuchsanordnung enthaltenen Unterstellungen und Grenzen, gefolgt von Gründen dafür, wieso die Versuche dadurch nicht sinnlos werden; das Ganze gipfelt schließlich in einer bemerkenswerten Anzahl von hinreichend signifikanten Korrelationen, die einige der Hypothesen weitgehend bestätigen – als ob die Aufdeckung von Strukturen des sozialen Lebens so einfach wäre. Es scheint sich hier um eine Art kongeniale Magie zu handeln, der die Überzeugung zugrunde liegt, daß, wenn man die Handlungen vollzieht, die der Wissenschaft zugeordnet werden, das Resultat Wissenschaft sein müsse. Das ist aber nicht der Fall. (Fünf Jahre nach ihrer Veröffentlichung erinnern zahlreiche solcher Unternehmungen an die Experimente, die Kinder mit ihren Physik- oder Chemiekästen machen sollen: „Folge der Anleitung und Du wirst bald ein richtiger Chemiker sein, genauso wie der Mann auf dem Kastendeckel".) Mit solchen Methoden wurden weder neue Bereiche naturalistischer Forschung zugänglich gemacht, noch Konzepte entwickelt, durch die unsere Auffassung des sozialen Handelns neu strukturiert worden wäre, noch Bezugssysteme ausgearbeitet, in die eine ständig wachsende Zahl von Fakten eingeordnet werden könnte. Von einem Anwachsen des Verstehens alltäglichen Verhaltens kann keine Rede sein – zugenommen hat höchstens die Distanz davon. (Goffman 1974: 18 f.)

Nun ist Goffman gänzlich unverdächtig, selbst eine auf systematisch gewonnenen und ausgewerteten, empirischen → Daten aufbauende Methode der Sozialforschung entwickelt zu haben; sein eigener Empiriebezug ist eher kursorisch und impressionistisch (wenn auch unvergleichlich fein in der Beobachtung; vgl. zu Goffman die sehr gute Einführung von Raab 2008). Er reklamiert in der zitierten Passage allerdings einen Grundsatz, den alle qualitativen Verfahren miteinander teilen: Das *Prinzip der Gegenstandsangemessenheit*. Dieses Prinzip ist nicht identisch mit dem aus der standardisierten Sozialforschung bekannten Gütekriterium der „Validität", also der Gültigkeit einer Messung. Gegenstandsangemessenheit meint vielmehr eine Anpassung des Forschungsdesigns und der Methoden der Datengewinnung und -analyse an die spezifischen Gegebenheiten des jeweiligen Forschungsfelds vor dem Hintergrund der jeweils interessierenden Forschungsfrage. Gegenüber standardisierten Methoden wird in der qualitativen Sozialforschung damit eine Umkehrung des Verhältnisses Forschungsgegenstand – Forschungsmethode vorgenommen: Statt Forschungsprobleme nach der Struktur der geläufigen Methoden auszusuchen und das Untersuchungsdesign den Standardvorgehensweisen dieser Methoden anzupassen, wird gerade umgekehrt vorgeschlagen von einem relevanten Problem auszugehen und geeignete Methoden zu wählen und ggf. auch neu zu entwickeln, um empirisch basierte Lösungen für dieses Problem (bzw. Antworten auf entsprechende Forschungsfragen) zu erarbeiten.

Die Ausgangsüberlegung ist die, dass nicht jedes Forschungsproblem quantifizierbar ist und dass erst recht nicht für jede relevante Forschungsfrage vorab Hypothesen aufzustellen sind, die dann empirisch getestet werden könnten. Im Gegenteil: Viele relevante gesellschaftliche Fragen lassen schon deshalb keine hypothetischen Antworten zu, weil sie aus der Dynamik gesellschaftlicher Verhältnisse resultieren, die zunächst einmal empirisch untersucht werden muss, um zu verstehen, wie es zu den Phänomenen kommen konnte, die das Forschungsproblem konstituieren. Allein nur zu wissen, dass oder um wie viel Jungen gegenüber Mädchen im Schulunterricht ins Hintertreffen geraten, ist noch keine Antwort auf die Frage, welches die Ursachen dafür sind und wie diese Prozesse tatsächlich verlaufen. Was also passiert alltäglich im Schulunterricht? Welche Interaktionen erzeugen welche Resultate? Wie nehmen die Beteiligten die Situationen wahr? Und wie kann ein systematischer methodisch-empirischer Zugang gestaltet werden, der uns Aufschluss zu diesen Fragen liefern kann? An solchen Ausgangslagen setzt die Entwicklung qualitativ-empirischer Forschungsdesigns an und versucht einen dem Forschungsproblem angemessenen methodischen Zugang zu etablieren, aus dem sich gegenstandsbezogene, empirisch begründete Theorien entwickeln lassen (vgl. dazu auch Flick 2007: 27 ff.).

(2) Ein anderes zentrales Prinzip qualitativen Forschens, das *Prinzip der Offenheit*, erklärt sich aus dem Interesse qualitativer Forschung an der Spezifik und Tiefgründigkeit sozialer Phänomene. Darin ist zugleich eine Kritik am „methodischen Filtersystem" (Lamnek 1988: 22) standardisierter, quantifizierender Verfahren enthalten: Batterien geschlossener Fragen, selektive Beobachtungsschemata oder vordefinierte inhaltsanalytische Kategoriensysteme können im Wesentlichen nur überprüfen, was vorab bereits gewusst oder genauer: theoretisch begründet vermutet wurde. Offenheit zielt dagegen auf eine initiale Öffnung des Forschungsprozesses gegenüber dem im empirischen Feld vorhandenen Wissen. Wir wollen uns überraschen lassen, wollen unseren Gesprächspartnern Möglichkeiten organisieren, um im Interviewgespräch Dinge zu äußern, die wir nie vermutet hätten. Wir wollen im empi-

rischen Feld auf Phänomene aufmerksam werden und im Detail verstehen lernen, deren Existenz wir zuvor nicht einmal geahnt hatten. Das beginnt bereits mit der Art der Fragestellungen, denn in der qualitativ-interpretativen Sozialforschung stehen Fragen des „Wie" und des „Was" im Vordergrund. Auch wird zugestanden, dass Forschungsfragen im Untersuchungsverlauf Veränderungen erfahren: Gerade weil wir a priori noch nicht genau wissen können, wie unser Forschungsgegenstand beschaffen ist, wird im Verlauf der Forschung in der Regel eine Präzisierung der Forschungsfrage erforderlich sein.

Offenheit ist auch das zentrale Charakteristikum für die Prozesse und Methoden der Datengewinnung. An die Stelle des in der standardisierten Forschung dominierenden Motivs der Vergleichbarkeit tritt in der qualitativen Forschung das Ziel einer maximalen Ausschöpfung des spezifischen Informationspotentials. Statt starrer Fragebögen etwa werden flexible, situativ zu variierende Interviewleitfäden verwendet, statt der selektiven Messung einzelner Variablen ein offenes Spektrum kontextreicher Informationen angestrebt. Und umfassende, länger andauernde teilnehmende Feldforschung ersetzt die punktuelle Beobachtung und Zählung isolierter Ereignisqualitäten. All dies zielt darauf, im Verlauf des Forschungsprozesses und im Lichte einer intensiven Materialkenntnis zur Formulierung und dann auch Überprüfung von Hypothesen zu gelangen.

(3) „Datengewinnung ist eine kommunikative Leistung", schreibt Christa Hoffmann-Riem (1980). Damit ist – im Sinne des *Prinzips von Forschung als Kommunikation* – gemeint, dass die angestrebte Ausschöpfung des spezifischen Informationspotenzials in der Datengewinnungssituation nur gelingen kann, wenn wir unseren Kontakt mit dem Forschungsfeld konsequent als sozialen Prozess der Kommunikation und Interaktion verstehen. Gemeint ist ebenfalls, dass wir unsere Informanten im Feld als „orientierungs-, deutungs- und theoriemächtige Subjekte" (Schütze 1978: 118) auffassen, statt sie zu Fällen oder Probanden zu degradieren, an denen uns nicht die Person, sondern allein die Ausprägung definierter Variablen interessiert. Auch wenn dies eher wie ein forschungsethischer Imperativ klingen mag: Hinter Prinzipien wie Offenheit und Kommunikation steckt wesentlich ein Qualitätsargument: Nur wenn wir unsere Forschung an diesen Prinzipien ausrichten, können wir die angestrebte Spezifität und Tiefgründigkeit unserer Ergebnisse erreichen.

Forschung als Kommunikation bedeutet daher, dass wir die Situation der Datengewinnung konsequent an den Strukturen des Alltagshandelns ausrichten müssen, also statt artifizieller Datenerhebungssituationen eher alltagsähnliche Situationen des Gesprächs und des Mithandelns nutzen müssen, um relevantes Wissen über unsere Forschungsgegenstände zu erlangen. Dies ist insbesondere deshalb von hoher Bedeutung, weil ein wesentlicher Teil unseres Forschungsgegenstands immer auch die Motive, Reflexionen, Hintergrundkonstruktionen der handelnden Menschen betrifft, die sich uns nur in kommunikativen Prozessen erschließen können.

(4) Das *Prinzip der Prozesshaftigkeit* adressiert zwei Aspekte: Einerseits ist Forschung als Kommunikation ersichtlich als Prozess zu verstehen. In dem Sinne, dass ein Forschungsvorhaben immer eine gewisse Zeit beansprucht, ist diese Feststellung trivial. Gemeint ist hier aber, dass die Gewinnung der Daten nicht als einmaliger Akt des Messens, sondern als fortgesetzter Interaktionsprozess mit den Akteuren im Feld konzipiert ist. Damit werden die Forscherinnen unvermeidlich selbst zu einem Teil des Forschungsprozesses und seiner Ergebnisse. Wichtiger noch ist die zweite Bedeutung von Prozesshaftigkeit qualitativer Forschung: Auch der Gegenstand qualitativ-interpretativer Forschung wird als ein prozessual hergestellter verstanden: Die soziale Wirklichkeit, die wir untersuchen, wird von sozialen Akteuren fortwährend hervorgebracht, erhalten und modifiziert. Soziale Realität ist in fortwährendem Wandel begriffen, selbst vermeintlich Statisches muss immer aufs Neue interaktiv erzeugt werden (s. auch Kap. 2). Es sind genau diese Hervorbringungsprozesse, für die sich qualitative Forschung interessiert: Wie entstehen Gruppen oder Netzwerke? Aber auch: Wie werden sie erhalten, verändert, weiterentwickelt oder auch aufgelöst? Wie geht der Wandel gesellschaftlicher Institutionen, wie etwa Ehe oder Familie, tatsächlich vonstatten? Wie definieren Akteure Situationen als z. B. kritisch oder belastend und wie gehen sie interaktiv damit um?

(5) Auch mit dem *Prinzip der Reflexivität* ist die qualitative Sozialforschung in doppelter Weise befasst: Zunächst einmal gilt, dass kein Objekt und keine Äußerung aus sich selbst heraus eine Bedeutung hat, sondern diese erst in einem reziproken Verweisungszusammenhang von Objekt, Äußerung und Kontext entsteht. Sowohl für die soziale Wirklichkeit, die wir erforschen, als auch für den Forschungsprozess selbst gilt, dass je nach Referenzrahmen eine Situation, ein Objekt oder eine Äußerung anders interpretiert wird. Dieses reflexive Verhältnis von Einzelnem und Ganzem, das Wilson (1982) als „Indexikalität" bezeichnet hat, war schon der implizite Hintergrund der Hermeneutik, jener ‚Kunst' der Auslegung also, die sich mit der → Interpretation des Sinns von Artefakten (Texten, Bildern, Objekten) befasst, und von einer Zirkularität von Sinnkonstitution und Sinnverstehen ausgeht. So wie das Einzelne erst im Kontext des Ganzen verstehbar ist, so erschließt sich auch die Bedeutung des Ganzen erst aus der Bedeutung des Einzelnen – dies wird auch als hermeneutischer Zirkel bezeichnet.

Zugleich aber existiert Reflexivität auch im Verhältnis von Forschungsfrage und Forschungsgegenstand: Auch unser Forschungsinteresse und unsere konkrete Forschungsfrage sind mitentscheidend dafür, welche Bedeutung wir bestimmten empirischen Phänomenen im Feld und bestimmten Daten, die wir über sie gewonnen haben, zuweisen. In einem gewissen Umfang richtet die Fragestellung also die Daten zu, beeinflusst mithin, was die Daten uns bedeuten. In diesem Sinne spricht etwa George Herbert Mead davon, dass wir als Handelnde unsere Objekte aus der Welt „herausmeißeln" müssen (1938: 660) und dass Tatsachen nicht einfach vorhanden sind und aufgesammelt werden könnten, sondern dass sie als Daten herauspräpariert werden müssen (1938: 98).

Schließlich kann von Reflexivität auch im Sinne einer gemeinsamen Teilhabe von Forscher und erforschtem Feld an der Sozialwelt gesprochen werden. Dies bedeutet zweierlei: Zum einen sedimentiert sozialwissenschaftliches Wissen in den Wissensvorrat der Gesellschaft und tritt uns als Teil dieser Gesellschaft in der weiteren Forschung wieder entgegen (denken wir etwa an die Veralltäglichung des Begriffs ‚Sozialisation‘). Zum anderen sind wir als Forscherinnen in den anthropologischen Ausgangsbedingungen unseren Forschungs‚objekten‘ gleichgestellt und im Wesentlichen den gleichen kulturellen Erfahrungen ausgesetzt. Daher wissen wir immer schon mehr über unsere Forschungsgegenstände, als uns bewusst sein mag. Allerdings ist dieses Wissen nicht nur hilfreich, sondern auch prekär, weil es im Sinne einer Vorurteilsstruktur empirisch induzierte Erkenntnisprozesse auch behindern kann (ohne dass wir es immer merken würden).

Zweifelsohne haben verschiedene Schulen und Richtungen in der qualitativen Sozialforschung divergierende Grundannahmen über Sozialität, aber auch über wissenschaftliches Forschen (s. dazu genauer in Kap. 2). Die in Kapitel 1.5 benannten und in Tabelle 1.2 noch einmal zusammengefassten Prinzipien jedoch liegen allen qualitativen Verfahren – wenn auch mit variierenden sozialtheoretischen Begründungen und unterschiedlicher Akzentuierung – zugrunde.

Tab. 1.2: Gemeinsame Prinzipien qualitativer Sozialforschung (eigene Darstellung).

Prinzip	Bedeutung
Gegenstandsangemessenheit	Anpassung des Forschungsdesigns und der Methoden der Datengewinnung und -analyse an die spezifischen Gegebenheiten des jeweiligen Forschungsfelds vor dem Hintergrund der jeweils interessierenden Forschungsfrage
Offenheit	grundsätzliche Öffnung des Forschungsprozesses gegenüber dem im empirischen Feld vorhandenen Wissen und bewusster Verzicht auf definitive Vorannahmen
Kommunikation	Ausschöpfung des spezifischen Informationspotenzials in der Datengewinnungssituation gelingt nur, wenn wir unseren Kontakt mit dem Forschungsfeld konsequent als sozialen Prozess der Kommunikation und Interaktion und unsere Informanten als deutungsmächtige Akteure auffassen
Prozesshaftigkeit	empirisches Feld, gegenstandsbezogene Theorien und empirische Forschung stellen aufeinander verweisende, handelnd realisierte Prozesse dar
Reflexivität	Bedeutung entsteht aus reziprokem Verweisungszusammenhang von Objekt, Äußerung und Kontext; Forschungsfrage und Forschungsgegenstand formen einander wechselseitig; sozialwissenschaftliches Wissen schlägt sich in gesellschaftlichem Wissensvorrat nieder und tritt uns in den Daten wieder entgegen.

1.6 Wie fragt die qualitative Forschung?

Wir können uns der Spezifik qualitativer Forschung auch so nähern, dass wir fragen, welche Art von Fragen sie bei der Untersuchung der sozialen Wirklichkeit stellt und welche Forschungsziele damit verfolgt werden. Ein Blick auf die Forschungsfragen ist schon deshalb aufschlussreich, weil sie eine notwendige – wenn auch keine hinreichende – Bedingung dafür sind, was wir an unseren Forschungsgegenständen wahrzunehmen in der Lage sind. Forschungsfragen richten den Blick, weiten ihn oder sorgen für spezifische Fokussierungen. „Daten" entstehen erst aus dem Zusammenspiel von Forschungsfeld und Forschungsfrage, weil mit der Frage zentrale Relevanzentscheidungen getroffen werden.

Wenn wir nicht Hypothesen aus bereits vorliegenden Theorien ableiten und empirisch prüfen wollen, dann versetzt uns das in besonderer Weise in die Lage, gerade jene Felder sozialer Praxis zu untersuchen, die „neu" sind in dem Sinne, dass die Sozialwissenschaft noch nichts oder nur wenig über sie weiß. Die Welt steht nicht still, permanent werden mitten im Routinierten und Bekannten neue Phänomene sichtbar: neue Milieus, Lebensstile, Praktiken, Handlungsmuster: Wie werden die Menschen in Japan ihren Alltag im Angesicht der nicht für möglich gehaltenen atomaren Katastrophe von Fukushima neu einrichten? Wie gestalten irische Mittelschichtfamilien ihren beruflichen und privaten Alltag nach dem Finanzcrash? Wie handeln DJs und Tänzerinnen bei Technopartys aus, was als tanzbare Musik gelten kann?

Eine dem Prinzip der Offenheit (s. Kap. 1.5) verpflichtete Sozialforschung tut gut daran, ihre initialen Forschungsfragen nicht zu genau und eng zu fassen. Das Grundrezept ist eine Form allgemeiner, umfassender wissenschaftlicher Neugier, die der Kulturanthropologe Clifford Geertz einmal auf die knappe Formel „What the hell is going on here?" (Geertz 1973; zit. n. Amann/Hirschauer 1997: 20) gebracht hat. Dabei impliziert das „here" die Nähe der Forscher zum interessierenden Phänomen oder Feld. Wir müssen uns unserem Forschungsgegenstand annähern, aus der Ferne betrachtet wird er sich uns nicht erschließen. Eine zweite wichtige Bestimmung ist in Geertz' Frage ebenfalls getroffen: Es geht um soziale *Prozesse*, um das, „was da vor sich geht": Nicht die Momentaufnahme – wie sie in der quantifizierenden Forschung etwa durch ein Survey erzielt wird – ist das Ziel, sondern nachzuvollziehen, wie die Dinge geschehen, wie Interaktionen, Rituale, Integrationsprozesse, politische Entscheidungen oder technische Erfindungen konstituiert werden und ablaufen.

Eine zentrale Ausgangüberlegung für das Forschungsinteresse einer qualitativen, interpretativ und rekonstruktiv orientierten Sozialforschung ist die Idee der Kontingenz sozialer Prozesse. Der kanadische Soziologe Everett C. Hughes, dessen Feldforschungspraxis eine ganze Generation junger Forscher in Nordamerika geprägt hat, riet seinen Studentinnen und Mitarbeitern, sie sollten bei der Arbeit mit empirischem Material immer bedenken, dass „it could have been otherwise"

(Star 1988: 198). Das war nicht etwa als grundsätzliches Misstrauen gegenüber dem Wahrheitsgehalt der Aussagen von Informanten aus dem Feld gemeint, sondern als Hinweis auf die Bedeutsamkeit dessen, was wir in jedem Einzelfall empirisch vorfinden: Gerade weil Menschen in ihrem Handeln nicht determiniert sind, sondern sich, gleichviel ob bewusst oder unbewusst, aus einer prinzipiell offenen Vielfalt von Handlungsmöglichkeiten für eine bestimmte entscheiden, besteht eine der spannendsten Aufgaben empirischer Sozialforschung gerade darin, zu rekonstruieren, wie und warum die Handelnden im untersuchten Feld so und nicht anders gehandelt haben. Mit einer solchen Perspektive gelingt es uns, alltägliche Prozesse dem Status der Selbstverständlichkeit zu entheben. Nichts ist so „alternativlos", wie es den Akteuren oft erscheint oder wie Politikerinnen uns glauben machen wollen.

Anstatt nach dem Bild des Großen und Ganzen zu fragen, orientiert sich qualitative Sozialforschung besonders auf die Erklärung der Variation sozialer Praxis. Es geht ihr darum, die Vielfalt der Muster und Differenzierungen in ihrer Entstehungs- und Verlaufslogik zu rekonstruieren. Darum ist die Frage nach dem *Wie* bestimmter Handlungsweisen wichtiger als die Bestimmung, *dass* eine bestimmte Handlungsweise vorliegt. Beispielsweise ist es sicher interessant, einen Zusammenhang zwischen Drogenkonsum und Kleinkriminalität empirisch aufzuweisen; spannender und theoretisch gehaltvoller aber ist es, in detaillierten Vergleichen herauszuarbeiten, welche unterschiedlichen Formen dieses Zusammenhangs empirisch auffindbar sind, in welchem Kontext sie existieren und wie sie sich jeweils erklären lassen.

In theoretisch unterschiedlich begründeter Weise beziehen sich die meisten Vertreterinnen einer qualitativ-interpretativen Sozialforschung auf eine im weitesten Sinne sozialkonstruktivistische Position: Handelnde erfahren die Welt durch ihre leibliche Positionierung in ihr aus einer je spezifischen Perspektive und sie zeigen einander im Handeln, vor allem im Sprechhandeln die Bedeutung von Objekten und Situationen wechselseitig an, handeln gemeinsam geteilte Bedeutungen interaktiv aus. In dieser sozialtheoretischen Grundorientierung sind die Dinge der Welt nicht als solche gegeben, sondern das Produkt von Prozessen der interaktiven Aushandlung von Bedeutungen. Methodisch betrachtet ist dies eine konsequenzenträchtige Entscheidung. Unter anderem resultiert aus ihr auch eine besondere Fragehaltung der empirischen Forschung: Wir wollen wissen, wie einzelne Akteure, mehr aber noch Dyaden, Gruppen, Gemeinschaften, Organisationen oder Milieus zu gemeinsam geteilten Weltsichten, Handlungsorientierungen oder Situationsdefinitionen gelangen und wie mit divergierenden Perspektiven umgegangen wird. Damit fragen wir also nach dem subjektiven, aber zugleich auch nach dem sozialen Sinn von sozialen Praktiken. Wir können auch noch viel basaler ansetzen und fragen: Wie sind soziale Beziehungen, Interaktion, Fremdverstehen, gemeinsam geteilte Perspektiven, die Grundelemente von Sozialität also, überhaupt möglich, wie werden sie praktisch, im Handeln hergestellt, aufrechterhalten und modifiziert?

1.7 Zusammenfassung

Wie wir gesehen haben, lässt sich qualitativ-interpretative Sozialforschung, vor allem in ihrem identifikatorischen Kern, am besten mit dem Kontrastmittel der quantifizierenden und hypothesentestenden Sozialforschung darstellen. Auch wenn es hier nicht darum gehen soll, eine Richtung der empirischen Sozialforschung zu verteufeln: Festzuhalten bleibt, dass die Entwicklung qualitativ-interpretativer Methoden vor allem ab den 1960er-Jahren ohne das Moment der kritischen Abgrenzung von quantifizierenden Verfahren ebenso wenig zu verstehen ist, wie sich die Bedeutung der identitätsstiftenden grundlegenden Prinzipien qualitativen Forschens ohne die Reflexion der methodologischen und praktischen Probleme hypothesentestender Sozialforschung erschließen würde. Im historischen Rückblick hat sich zudem gezeigt, wie eng Theorie- und Methodenentwicklung mit gesellschaftlichen Entwicklungen und Problemlagen zusammenhängt.

Mit den Prinzipien von Gegenstandsangemessenheit, Offenheit, Kommunikation, Prozesshaftigkeit und Reflexivität schält sich bei aller Unterschiedlichkeit qualitativer Ansätze doch ein gemeinsamer Kern qualitativer Methoden heraus, auf den sich die einzelnen Verfahren in leicht variierender Form beziehen. Zu diesem Kern gehört auch die Ähnlichkeit der Forschungsperspektiven und -fragen, mit denen unterschiedliche qualitative Methoden ihrem Gegenstand näher treten.

In Kapitel 2 werden wir uns vertieft mit dem Verhältnis von Methode, Methodologie und Theorie befassen. Dabei werfen wir einen Blick auf einige zentrale wissenschafts- und sozialtheoretische Annahmen, die in unterschiedlicher Weise den verschiedenen qualitativen Verfahren hinterliegen, versuchen aber auch zu klären, welchen Begriff von Theorie qualitative Methoden vertreten, d. h. wie sie mit vorgängiger soziologischer Theorie umgehen und welche Art von Theorien sie selbst wiederum hervorbringen.

! Nach der Bearbeitung dieses Kapitels sollten Sie
- qualitative Sozialforschung von anderen Arten empirischer Sozialforschung unterscheiden können.
- die unterschiedlichen Begriffe, mit denen qualitative Verfahren auch bezeichnet werden, verstehen und einem Argumentationszusammenhang zuordnen können.
- grundlegende Prinzipien qualitativ-interpretativen Forschens benennen und erläutern können.
- eine Vorstellung davon gewonnen haben, mit welcher Art von Forschungsfragen qualitativ-interpretative Forschung an ihre empirischen Gegenstände herantritt.

⚡ Hier können Sie weiterlesen:
- Zu den allgemeinen Grundlagen und Prinzipien qualitativer Sozialforschung finden sich ausführliche Darstellungen auch in: Przyborski/Wohlrab-Sahr (2014): Qualitative Sozialforschung, 4. Aufl., München: Oldenbourg.
- Der Gegenentwurf zur hier präsentierten Position einer qualitativ-empirischen Sozialforschung findet sich besonders pointiert ausgearbeitet in: Schnell/Hill/Esser (2011): Methoden der empirischen Sozialforschung, 9. Aufl., München: Oldenbourg.

– Das Verhältnis von Theorie und qualitativer Empirie wird ausführlich und aus verschiedenen Perspektiven beleuchtet in: Kalthoff/Hirschauer/Lindemann (Hrsg.) (2008): Theoretische Empirie, Frankfurt a. M.: Suhrkamp.
– Zur Geschichte der empirischen Sozialforschung: Kern (1982): Empirische Sozialforschung – Ursprünge, Ansätze, Entwicklungslinien, Frankfurt a. M.: Campus.

2 Zum Verhältnis von Theorien und Methoden

> [!] In diesem Kapitel geht es um Methodologie im Sinne eines Schnittpunkts zwischen Methodenpraxis und unterschiedlichen Typen von Theoriediskursen. Wir werden sehen, dass Theorie gleichermaßen Voraussetzung und Ergebnis empirisch-methodischer Praktiken und im besten Sinne als ‚andere Seite der Medaille' zu denken ist. Dabei werden wir Unterscheidungen von Theorietypen kennenlernen und sehen, dass die Unterscheidungen oft mit dem Verhältnis der Theorien zur Empirie zusammenhängen. Zugleich werden wir aber auch feststellen, dass die klaren kategorialen Trennungen in der Forschungspraxis an Schärfe und Bedeutung verlieren – und auf jeden Fall nicht dazu gedacht sind, Theorie und Empirie als voneinander getrennt zu denken.

2.1 Methodologie

> Forschung ist ein praktisches Unterfangen, das mit falschen Anfängen,
> verschwendeter Zeit, Ideenblitzen und zufälligen Entdeckungen arbeitet.
> (Bude/Dellwing 2013: 21)

Der Begriff der → Methodologie begegnet uns im Zusammenhang mit empirischer Sozialforschung immer wieder und mit guten Gründen. Allerdings gibt es unterschiedliche Verwendungsweisen des Begriffs und auch sehr unterschiedliche Erwartungen an das, was er bezeichnet. Im US-amerikanischen Sprachgebrauch etwa wird „methodology" sehr häufig wie ein Synonym von „methods" verwendet und zur Bezeichnung der praktischen Handlungsregeln methodischen Forschens benutzt. Im deutschsprachigen Raum – und den betrachten wir hier vorrangig – wird Methodologie hingegen klar von Methoden unterschieden. Was genau aber ist mit Methodologie im Unterschied zu Methoden gemeint? Und was leistet sie im Kontext empirischer Sozialforschung?

Am einfachsten kann man das Verhältnis von Methodologien und Methoden als ein Verhältnis von Theorie zu Praxisregeln verstehen: Methodologien liefern den *theoretischen Begründungsrahmen* für methodische Vorgehensweisen. Sie liefern die Argumente für die Legitimation der jeweiligen Methoden *als* wissenschaftlich angemessene Verfahren des Erkenntnisgewinns. Diese Verbindung argumentativ herzustellen ist von zentraler Bedeutung, denn es kann die unterschiedlichsten Methoden geben, aber nur wenn sie ihre Wissenschaftlichkeit plausibel darlegen können, werden sie in der *Scientific Community* Akzeptanz finden. An dieser Stelle zeigt sich die Verbindung von Methodologien mit Sozial- und → Wissenschaftstheorien, denn die methodologische Argumentation referiert auf ein bestimmtes Verständnis von Wissenschaft und von Sozialität. Was Wissenschaft ist und sein kann, das ist Gegenstand von Wissenschaftstheorien – die wiederum ohne erkenntnistheoretische Grundannahmen nicht auskommen. Bei den in Kapitel 1 erwähnten Gegensatzpaaren zur Unterscheidung von quantitativen und qualitativen Metho-

https://doi.org/10.1515/9783110529920-002

den konnten wir schon sehen, dass sie teilweise auf methodologischer, teilweise auf wissenschaftstheoretischer und teilweise auf erkenntnistheoretischer Ebene ansetzen. Sozialtheorien dagegen enthalten Annahmen darüber, wie soziales Handeln, Kommunikation und Wissensgenese funktionieren und rahmen damit sowohl unseren Forschungsgegenstand also auch den sozialen Prozess des Forschens.

Wichtig ist aber auch, festzuhalten, dass das Verhältnis von Methodologien zu Methoden kein Ableitungsverhältnis ist: Empirische Forschungsmethoden werden nicht aus Methodologien deduziert, sie entstehen vielmehr – wie wir gesehen haben – aus der Forschungspraxis heraus als Antworten auf Handlungsprobleme. Es gibt ein paar eindrucksvolle Beispiele aus der Methodengeschichte, an denen wir diesen Zusammenhang verfolgen können. So haben etwa Thomas und Znaniecki in der *Polish-Peasant-Studie* eine Vielzahl methodischer Innovationen in die empirische Forschungspraxis eingeführt, doch erst Jahre nach dem Erscheinen der Erstauflage und vor dem Hintergrund anhaltender Methodenkritik sahen sie sich schließlich dazu veranlasst, der zweiten Auflage der Studie jene ‚methodological note' voranzustellen (Thomas/Znaniecki 1927), die den ersten Versuch der methodologischen Begründung einer qualitativ-empirischen Forschungspraxis darstellt (s. Kap. 1.4). Auch die Entstehung der Grounded Theory verdankt sich zunächst der empirischen Arbeit an einer großen Feldforschungsstudie zu Sterbeprozessen in amerikanischen Krankenhäusern. Die dort entwickelten Verfahren (vgl. genauer in Kap. 5), wurden erst am Ende des Projekts genauer ausbuchstabiert und mit einer methodologischen Rahmung versehen, und zwar in einem legitimatorischen Diskurs der Abgrenzung gegenüber der quantifizierenden und standardisierenden Sozialforschung.

Was aber ist genau damit gemeint, wenn wir von Methoden als Ergebnissen forschungspraktischer Problemlösungsprozesse sprechen? Offensichtlich ist es so, dass wir uns in den sozialen Prozessen empirischer Forschung basaler Sozialkompetenzen bedienen, die allen Gesellschaftsmitgliedern (unterschiedlich stark ausgeprägt) zur Verfügung stehen. Denken wir an Empathie, die Fähigkeit also, sich in die Perspektiven anderer Menschen hineinzuversetzen und sie so zu verstehen, oder an unsere Fähigkeit, Vergleiche zu ziehen: Alltägliche Bemerkungen wie „Frau Maier, was haben Sie denn mit Ihren Haaren gemacht?" oder „Junge, wie siehst Du denn schon wieder aus?!" verweisen nicht nur auf unsere alltägliche Beobachtungskompetenz, sondern auch darauf, dass jedes Beobachten immer auch Vergleiche impliziert.

Wir entwickeln und verwenden Alltagsheuristiken, mit denen wir unsere fortlaufenden und zu einem großen Teil vorbewussten Wahrnehmungen und Beobachtungen ordnen, typisieren und aus ihnen Schlüsse ziehen, die als Basis unseres alltäglichen Handelns und Entscheidens dienen. All dies geschieht nicht mit der Systematik und Stringenz, die wir von wissenschaftlichen Methoden erwarten, es geschieht aber auch nicht planlos. Man könnte sagen: Auch in Methodenfragen verfügen wir immer schon über ein implizites und vorreflexives Wissen, das unsere

Handlungsfähigkeit sichert. „Junge, wie siehst Du denn schon wieder aus?!" bedeutet etwa: „Du siehst anders aus als zuvor" (Differenzbeobachtung), aber „Du siehst ja öfter so aus" (Typisierung), und „so solltest Du eigentlich nicht aussehen" (normative Haltung), „da steckt doch bestimmt etwas dahinter" (kausaler Schluss).

Differenzbeobachtung, Typisierung und kausale Schlüsse sind aber auch das grundlegende Handwerkszeug jeder empirischen Forschungspraxis, insofern besteht eine Kontinuität zwischen Alltagspraxis und wissenschaftlicher Praxis. Die Praxis einzelner Forscher, die an ihren Forschungsthemen empirisch arbeiten, speist sich einerseits aus ihren alltagspraktischen Kompetenzen (wer ohnehin gut zuhören kann, ist für qualitative Interviews gut gerüstet, wer seine Umwelt aufmerksam wahrnimmt, gibt einen guten Ethnografen ab); sie speist sich aber andererseits auch aus der wissenschaftlichen Ausbildung und Prägung, die sie erfahren haben. So hat z. B. Anselm Strauss seine Ausbildung in der pragmatistisch geprägten Tradition der Chicago School, insbesondere in Auseinandersetzung mit Herbert Blumer erfahren und seine ersten praktischen Forschungsschritte unter Anleitung des Feldforschers Everett C. Hughes unternommen. In dem, was wir heute als von Strauss geprägten Forschungsstil der Grounded Theory kennen, finden wir all diese Spuren wieder, ergänzt um pragmatische ‚Erfindungen', wie sie Strauss und Glaser in ihrer eigenen Forschungspraxis hervorgebracht haben. Die auf einer solchen Praxis aufbauenden Methodologien kann man, wie es Przyborski und Wohlrab-Sahr tun, „praxeologisch" nennen (2014: 34).

Die methodologische Rahmung einer neu etablierten methodischen Praxis in der Sozialforschung kann man sich als eingebettet in Prozesse der Kodifizierung der Methode vorstellen. Dabei wird die Erläuterung der Funktionslogik des Verfahrens mit legitimatorischen Argumenten verbunden, indem Anschlüsse an (eventuell neue, meist aber etablierte) erkenntnis-, wissenschafts- und sozialtheoretische Postulate hergestellt werden. In dieser Form treten uns Methoden z. B. als publiziertes Fachwissen gegenüber.

Gerade qualitative Methoden, die neben Systematik auch ein erhebliches Maß an Einfühlungsvermögen, interpretativer Kompetenz, Kreativität und innovativem Problemlösen verlangen, lassen sich jedoch besonders gut praktisch und in „Meister-Schüler-Verhältnissen" erlernen, ähnlich wie handwerkliche Fähigkeiten. Daher haben sich diese Verfahren häufig zunächst als um ihre Begründer herum organisierte „Schulen" etabliert: Grounded Theory wurde in San Francisco bei Strauss und Glaser in Projekten und in der Lehrforschung vermittelt, Ulrich Oevermann vermittelt seine Kenntnisse in Objektiver Hermeneutik über Forschungswerkstätten mit gemeinsamen Interpretationssitzungen und auch die Dokumentarische Methode war lange Jahre vor allem um das Berliner Institut von Ralf Bohnsack organisiert.

Nun hat diese Vermittlungsform neben dem Vorteil eines sehr intensiven Lernprozesses auch einige entscheidende Nachteile. Vor allem ist die Verbreitung der Methode auf diese Weise extrem eingeschränkt. Im Fall der Objektiven Hermeneutik kann man das gut beobachten: Sie hat sich im deutschen Sprachraum an einer Reihe von Orten angesiedelt, ihr Zentrum aber in Frankfurt behalten und findet international nur wenig Berücksichtigung. Für die meisten qualitativ-interpretativen Verfahren sind über die Zeit unterschiedlich detaillierte Handlungsanleitungen publiziert worden, die zwar die Vermittlung von implizitem Wissen nicht ersetzten können, wohl aber hilfreiche Hinführungen zum Erwerb eigener Praxiserfahrungen darstellen. Ergänzt um die an vielen Orten entstandenen institutionalisierten Forschungswerkstätten (vgl. Reim/Riemann 1997) oder auch die vielen selbst organisierten Interpretationsgemeinschaften von ‚Forschungsanfängern' bilden sie die Grundlage für eine praxisnahe Vermittlung qualitativ-interpretativer Forschungskompetenz. Publizierte Anleitungen zur Methodenpraxis liefern zugleich legitimatorische Argumente für die Angemessenheit und wissenschaftliche Gültigkeit der vorgeschlagenen Vorgehensweise: Die „kontinuierlich vergleichende Analyse" der Grounded Theory, die „Sequenzanalyse" der Objektiven Hermeneutik oder die „Einklammerung des Geltungssinns" in der Dokumentarischen Methode werden nicht einfach als Step-by-Step-Anleitungen praktisch verfügbar gemacht, sondern auch als begründete Lösungen für forschungslogische Probleme: Wie lassen sich relevante Typologien erstellen, innere Strukturlogiken von Handlungsverläufen aufdecken, wie lässt sich dem Text der implizite Sinn ablauschen?

Kodifizierungen in Form von Handlungsanleitungen sind aber gerade für interpretative und rekonstruktive Verfahren nicht unproblematisch, denn sie fördern die dem landläufigen Verständnis von „Methode" bereits innewohnende instrumentalistische Tendenz und damit eine unterschiedslose und für die konkreten Umstände blinde, reine Anwendung von Methodenregeln. Dies kann einerseits zu einer Schematik führen, die den konkreten Bedingungen des empirischen Einzelfalls nicht hinreichend Rechnung trägt und damit die Ziele der Spezifik und Tiefgründigkeit der Analyse verfehlt. Zugleich lädt die Existenz klarer Verfahrensregeln dazu ein, die Regeln selbst als Legitimation des Verfahrens misszuverstehen und einer Verselbstständigung der Methodenpraxis gegenüber der Reflexion ihrer Geltungsbedingungen Vorschub zu leisten.

In den ersten Absätzen dieses Kapitels war bewusst von Methodolog*ien* die Rede, denn die Vielfalt qualitativ-interpretativer Methoden basiert nicht etwa auf *einer* umfassenden Methodologie. Vielmehr beruft sich häufig jedes einzelne Verfahren auf eine bestimmte Methodologie oder besser: auf ein Set miteinander harmonierender methodologischer Argumente. Während die Objektive Hermeneutik mit einer Kombination aus einer speziellen Lesart des Pragmatismus mit ausgewählten Argumenten der Kritischen Theorie begründet wird, beruft sich die Dokumentarische Methode auf methodologische Argumente Karl Mannheims, und die sozialwissenschaftliche Hermeneutik stützt sich auf Annahmen der Phänomenologie.

Wenn von Methodologien als legitimatorischen Argumentationsmustern für praktische Methodenanwendungen die Rede ist, dann ergibt sich schlüssig, dass auch die Maßstäbe zur Beurteilung der Qualität von Forschungsprozessen und Ergebnissen aus den jeweils in Anspruch genommenen methodologischen Argumenten abzuleiten sind. Zumindest können die jeweils postulierten Maßstäbe nicht umstandslos von einer Methode auf eine andere übertragen werden. Dies gilt insbesondere für jene Gütekriterien, die in der hypothesentestenden empirischen Sozialforschung für die Zwecke einer instrumentell verstandenen, quantifizierenden Methodenpraxis entwickelt wurden. Es gilt aber in gewissem Umfang auch für das Binnenverhältnis der qualitativen Verfahren untereinander. Allerdings gibt es – ausgedrückt in den in Kapitel 1 dargestellten allgemeinen Grundsätzen qualitativ-empirischen Forschens – eine gemeinsame Basis für die Geltungsbegründung und Qualitätsbeurteilung all jener Verfahren, die sich grundsätzlich im Rahmen des „interpretativen Paradigmas" bewegen. Eine solche Gemeinsamkeit der Gütebeurteilung ist methodenpolitisch von zentraler Bedeutung, weil Forschungsvorhaben bei der Beantragung von Forschungsgeldern und Forschungsergebnisse vor ihrer Publikation immer vergleichenden Qualitätsbeurteilungen unterzogen werden.

In den folgenden Abschnitten befassen wir uns mit dem Verhältnis von Methodologien/Methoden zu einerseits sozialwissenschaftlichen Theorien und andererseits erkenntnis- und wissenschaftstheoretischen Grundlegungen. Beides sind wichtige Quellen für den methodologischen Diskurs, sie bilden die Ressourcen, auf die dieser Diskurs sich argumentativ bezieht.

2.2 Sozialtheoretische Grundlagen

> One can see the empirical world only through some scheme or image of it.
> The entire act of scientific study is oriented and shaped by
> the underlying picture of the empirical world that is used.
> This picture sets the selection and formulation of problems,
> the determination of what are data, the means to be used in getting data,
> the kinds of relations sought between data, and the forms in which propositions are cast.
> (Blumer 1986/1969: 24 f.)

Dass qualitativ-empirische Forschung in einem Zusammenhang mit sozialwissenschaftlichen Theorien steht, ist nicht immer selbstverständlich und auch nicht immer auf den ersten Blick sichtbar. Tatsächlich finden wir häufig empirische Studien, die – gleichviel ob sie quantifizierend oder qualitativ angelegt sind – auf Deskription sozialer Zustände oder Situationen abzielen (von Wahlumfragen bis zu ethnografischen Milieustudien). Der nicht zu verleugnende Nutzen, den solcherart gewonnene Information als Orientierungswissen in gesellschaftlichen Praxisfeldern hat, sei es in Politik, Wirtschaft oder auch Sozialarbeit und Medizin, steht in scharfem Kontrast zu der Selbstverständlichkeit, mit der viele methodologische Diskussionen die Angemessenheit und Legitimation einer Methode an ihrem Potenzial für das Generieren oder Testen wissenschaftlicher Theorien messen. Der Grund für die Dominanz dieser Perspektive ist darin zu suchen, dass es in diesen Diskussionen letztlich immer um Beiträge zur Legitimation von Wissenschaft und im speziellen Fall von Sozialwissenschaft geht und weniger um den gesellschaftlichen Nutzen angewandter Forschung. Systematische empirische Forschung kann sich aber fallweise völlig legitim und höchst nützlich auch auf Beschreibungen beschränken. Meist sind diese Beschreibungen, wenn sie aus hinreichend genauen Beobachtungen resultieren, sogar ausgesprochen lehrreich und inspirierend.

Immer wenn von der Bedeutung empirischer Methoden für „die" Theorie gesprochen wird, ist allerdings Vorsicht geboten. Denn damit ist häufig ein instrumentelles Verständnis von Methoden verbunden, das Methoden nicht nur als theorieneutral, sondern gar als theoriefrei konzipiert. Methoden sind in diesem Verständnis ein regulativer Filter zwischen Theorie und Empirie oder, wie es Stefan Hirschauer formuliert, „die Methoden bilden eine Art strenger Gouvernante, die zu überwachen hat, was sich in den zaghaften Begegnungen von Daten und Theorien alles ereignen könnte (Hirschauer 2008: 166). Tatsächlich aber sind qualitativ-empirische Methoden in mehrfacher Weise eng mit Theorie verwoben – so eng, dass Herbert Kalthoff (2008: 9) in diesem Zusammenhang auch von „theoretischer Empirie" spricht, um „die Notwendigkeit (zu) betonen, Empirien und Theorien nicht getrennt zu denken".

Sobald wir uns einmal von der Vorstellung verabschiedet haben, Methoden seien neutrale Werkzeuge der Sozialforscherinnen, bekommt die Frage der genaueren Beschaffenheit des Verhältnisses von Theorie und Methode besondere Bedeutung. Mitunter begegnen wir in der qualitativen Forschung der Forderung, auf theoretische Vorannahmen, Hypothesen, ja auf theoretisches Vorwissen insgesamt zu verzichten und die → Daten ‚für sich selbst' sprechen zu lassen (etwa Glaser 1992; vgl. dazu Strübing 2011). Diese Forderung speist sich zu einem guten Teil aus dem methodengeschichtlich durchaus gerechtfertigten Unbehagen gegenüber theoretischen Vorannahmen, die empirische Untersuchungen auf die Funktion eines reinen Theorietests reduzieren. Allerdings geraten wir damit leicht in das entgegengesetzte Extrem eines erkenntnistheoretisch problematischen Induktivismus, der Theorie allein aus empirischen Daten emergieren lassen will. Doch Daten allein sprechen nicht, sie müssen zum Sprechen gebracht werden. Dazu bedarf es inhaltlich motivierter, wissender Forscherinnen, die mit spezifischen Neugierden und Untersuchungsfragen an die Empirie herantreten. Und es bedarf immer der Sprache, die kein neutrales Medium darstellt, sondern einen strukturierten und die Wahrnehmung strukturierenden Wissensspeicher, in den viele Vorentscheidungen bereits eingelassen sind (z. B. bestimmte grammatikalisch verfestigte Auffassungen über Zeit oder über Subjekt-Objekt-Konstellationen). Auch in der qualitativen Sozialforschung käme die Hoffnung auf ‚unbefleckte Empfängnis' also einer übertriebenen Heilserwartung gleich.

Wir müssen uns also fragen, was Theorie eigentlich ist und was sie für die qualitativ-empirische Sozialforschung bedeutet. Offensichtlich tritt Theorie im Verhältnis zu Empirie und Methoden in unterschiedlichen Rollen auf oder anders gesagt: Sie hat unterschiedliche Funktionen für die empirische Erforschung der (sozialen) Welt (vgl. ähnlich Lindemann 2008: 109 f.):

(1) Da ist zunächst die Rolle von Theorie als basaler *Sozialtheorie*: Unausweichlich sind alle unsere Möglichkeiten, unsere sozialwissenschaftlichen Gegenstände und ihre empirische Erforschung zu denken, immer schon mit anthropologischen und sozialtheoretischen Basisannahmen imprägniert. Wir entscheiden nicht im Laufe eines empirischen Projekts, ob wir Menschen als von Strukturen in ihrem Handeln determiniert betrachten oder ob wir umgekehrt davon ausgehen, dass Handeln und Interaktion soziale Strukturen erzeugt, erhält und modifiziert. Und es ist auch nicht Ergebnis empirischer Forschung, ob wir den sozialen Prozess der Interaktion als Ausgangspunkt für die Entstehung des Individuums denken oder umgekehrt soziale Zusammenhänge als Aggregation individueller Handlungen. Derart basale Annahmen über die Beschaffenheit von Sozialität gehen vielmehr immer schon als Voraussetzungen in jeden methodischen Zugriff auf die empirische Welt ein. Sie sind aber auch nicht das Ergebnis zurückliegender empirischer Forschungen, sondern stellen im besten Sinne des Wortes axiomatische Annahmen dar, denn sie sind, wie plausibel sie auch sein mögen, weder letztbegründbar, noch logisch ableitbar. Es sind Setzungen, die wir vornehmen, um auf ihrer Basis einen Vorschlag zum Verständnis der sozialen Welt zu unterbreiten. Dies ist einer der Gründe, warum die Soziologie als Wissenschaft von Sozialität und Gesellschaftlichkeit eine multiparadigmatische Wissenschaft ist: Der Diskurs um theoretische Positionen lässt sich nicht entscheiden, weil jeder Versuch eines empirischen Beweises der einen oder der anderen Position immer schon und notwendig mit axiomatischen Setzungen imprägniert wäre.

(2) Zugleich zielt qualitative Sozialforschung über die Beschreibung sozialer Prozesse und Zustände hinaus auf die Formulierung von Theorien über den untersuchten Gegenstandsbereich. Wir sprechen daher auch von *gegenstandsbezogener Theoriebildung* und meinen damit, dass die – in einzelnen Verfahren unterschiedlich organisierte und begründete – Analyse und theoretische Durchdringung von empirischem → Material zu einem bestimmten Untersuchungsgegenstand in eine Theorie mündet, die in ihrem Aussagebereich bzw. in ihrer Erklärungsleistung zunächst einmal auf den untersuchten Gegenstandsbereich und die mit der Untersuchungsfrage festgelegte Perspektive begrenzt ist. Der Hinweis auf die Untersuchungsfrage ist hier von großer Bedeutung, denn sie bildet die Klammer zwischen unserem theoretischen Denken und unserer Vorstellung davon, was es mit dem empirischen Gegenstand auf sich hat. Man könnte auch sagen: Der empirische Gegenstand existiert als solcher erst, indem wir ihn mit unserer Untersuchungsfrage adressieren und so zugleich rahmen.

Man könnte gegenstandsbezogene Theoriebildung auch – darauf weisen etwa Herbert Kalthoff (2008) oder Udo Kelle (2007: 273) hin – mit dem von Robert K.

Merton geprägten Begriff der „Theorien begrenzter Reichweite" in Zusammenhang bringen. Merton ging es vor allem darum, einen Gegenbegriff zu umfassenden Großtheorien mit ihrem überzeitlichen, universellen Geltungsanspruch zu entwickeln, denn seiner Meinung nach eigneten sich solche „grand theories" (Merton 1949) nicht für die Begründung theoriegeleiteter empirischer Forschung, weil sich aus ihren eher allgemein-theoretischen Orientierungen Aussagen über empirische Zusammenhänge nicht auf logisch zwingende Weise ableiten ließen. Allerdings hat die Analogie von gegenstandsbezogenen Theorien und Theorien mittlerer Reichweite ihre Grenzen, denn Mertons Argumentation basiert auf einer hypothesentestenden Forschungslogik, die in der qualitativen Sozialforschung aus den genannten Gründen kritisch gesehen wird. Der Begriff der Theorien mittlerer Reichweite ist für die Zwecke qualitativ-interpretativer Forschung eher unhandlich, weil zu weit gefasst, reicht er doch bis hin zu allgemeinen Theoriekonzepten wie sozialer Wandel oder soziale Rolle (Merton 1949: 39). Damit wird gerade das Bemühen um eine empirisch angeleitete theoretische Fassung der *Variation* sozialer Prozesse und Interaktionsmuster konterkariert. Glaser und Strauss unterscheiden in ihrem Vorschlag eines Forschungsstils der Grounded Theory (s. Kap. 5) denn auch innerhalb der Theorien mittlerer Reichweite noch einmal „materiale" Theorien, „die für ein bestimmtes Sachgebiet oder empirisches Feld der Sozialforschung (...) entwickelt werden", von „formalen" Theorien, „die für einen formalen oder konzeptuellen Bereich der Sozialforschung (...) entwickelt werden" (Glaser/Strauss 1998/1967: 42). Formale Theorien aber (z. B. über die organisationale Bedeutung von Aushandlungsprozessen) werden vor allem aus dem Vergleich materialer, d. h. gegenstandsbezogener Theorien aus unterschiedlichen empirischen Feldern (z. B. Krankenhäusern, Softwarefirmen, Universitätsinstituten) gewonnen.

(3) Schließlich lässt sich von sozialtheoretischen Grundlegungen und gegenstandesbezogenen Theorien ein dritter Typ von Theorie unterscheiden, der als *Gesellschaftstheorie* bezeichnet wird. „Gesellschaftstheorien (...) zielen auf die Gesamtheit oder Totalität des Sozialen und formulieren Aussagen, die empirisch kaum zu falsifizieren sind und innerhalb des Theoriediskurses auch nicht diese Funktion übernehmen" (Kalthoff 2008: 11 f.). Gesellschaftstheorien, etwa Modernisierungstheorien, Konflikttheorien, die Kritische Theorie der Frankfurter Schule oder die Systemtheorie, beanspruchen also anstatt einzelner gesellschaftlicher Felder Sozialität in Gänze zu behandeln und sie tun dies, indem sie thesenförmig eine Art generellen *modus operandi* des Gesellschaftlichen postulieren. Sie geben also an, wie Gesellschaft „funktioniert", ohne dafür über exemplarische Demonstrationen hinaus den empirischen Beweis anzutreten.

Diese Dreiteilung stellt lediglich eine grobe Typisierung der verschiedenen Arten von Theorien dar und sie ist nicht in jedem Einzelfall ganz trennscharf. So gehen etwa auch in Gesellschaftstheorien empirische Befunde ein, allerdings ist ihre → Interpretation wesentlich summarischer und nicht wirklich geeignet, das Grund-

muster der jeweiligen Theorie infrage zu stellen (man kann hier auch interessante Selbstimmunisierungen von Theorien beobachten). Auch sozialanthropologische und sozialphilosophische Basisannahmen sind durchaus inspiriert durch empirische Beobachtungen und die Entdeckung der Widersprüche, die zwischen ihnen und vorhergehenden Theorieauffassungen bestehen. Für die qualitative Sozialforschung sind auf der einen Seite vor allem Orientierungen an sozialanthropologischen und sozialtheoretischen Axiomen als Bedingung der Möglichkeit empirischen Forschens bedeutsam und auf der anderen Seite gegenstandsbezogene Theorien als Ergebnis qualitativ-empirischen Forschens.

Wenn wir nun die unterschiedlichen methodologischen Positionen der qualitativen Sozialforschung auf die ihnen hinterliegenden anthropologischen und sozialtheoretischen Grundannahmen hin untersuchen, dann zeigen sich eine Reihe von historisch situierten – wie ich es nennen würde – „Theorieereignissen", aus denen sich insgesamt das qualitativ-empirische Grundverständnis speist und die je nach Methodologie mit gewissen Variationen und Akzentuierungen rezipiert werden. Die wichtigsten davon sollen hier kurz benannt werden – zur Vertiefung seien dann allerdings Einführungsbücher in die soziologische Theorie empfohlen. Es handelt sich um

- die Definition der Situation,
- den generalisierten Anderen und das signifikante Symbol,
- die Unterscheidung von Ausdrucks-, Objekt- und Dokumentsinn,
- Typisierungen und Idealisierungen der Alltagswelt,
- die Bestimmung sozialwissenschaftlicher Theorien als Konstruktionen zweiter Ordnung.

Definition der Situation: „If men define situations as real, they are real in their consequences" (Thomas/Thomas 1928: 572). Diese sehr knappe, auch als *Thomas-Theorem* bekannt gewordene Bestimmung gehört zu den wichtigsten Definitionen in der Geschichte der Soziologie (Mijic 2010). Sie ist die Quintessenz der sozialtheoretischen und methodologischen Überlegungen von Thomas, die er unter dem Begriff der „Situationsanalyse" bereits 1918 in *The Polish Peasant in Europe and America* sowie in einigen späteren empirischen Arbeiten entwickelt hat. Das Thomas-Theorem besagt, dass die Situationen, in denen Menschen handeln, nicht von vorneherein ‚objektiv' und ‚universell' gegeben sind, sondern im Handeln erst praktisch interpretiert, definiert und somit als Situationen konstituiert werden. Real sind diese Situationen deshalb, weil das sie interpretierende Handeln zwangsläufig Konsequenzen hat: Durch das Handeln ist die Situation hinterher eine andere als vorher. Das kann man besonders gut dort beobachten, wo Menschen abweichende Situationsdeutungen entwickeln, wie etwa im Fall des von Thomas und seiner Frau Dorothy Swaine-Thomas angeführten psychisch gestörten Gewaltverbrechers, der mehrere Menschen auf der Straße getötet hat, die Selbstgespräche zu führen pflegten: Deren Lippenbewegungen hatte der Mann als Beschimpfungen aufgefasst. Die von ihm so definierte Situation hat er dann zum Ausgangspunkt seines – recht drastischen – Handelns gemacht. Die Konsequenzen waren dann höchst real, die Passanten tot.

Die These der Situationsdefinition wird gerne, gerade in kritischer Perspektive, radikal konstruktivistisch missverstanden: So als würden *Thomas* und in seiner Folge die *Chicago School* und der Interaktionismus behaupten, Menschen würden das, was eine Situation ausmacht, allein durch ihre Deutungen *erzeugen*, als könnten sie sich von einer sie umgebenden materialen Umwelt völlig unabhängig machen, ja, als sei diese umgebende ,Realität' gar nicht existent, solange sie nicht durch Akte der Situationsdefinition in die Situation ,hereingeholt' würde. Tatsächlich aber hat *Thomas* selbst so nie argumentiert; er zielt lediglich darauf, die gängige Sichtweise einer objektiven Situationsdefinition um die Perspektive der subjektiven Definitionen der Akteure zu erweitern (Thomas 1966/1931: 301). Seine Aussage lautet also nicht: *Nur* was Menschen als reale Situation definieren, ist in seinen Konsequenzen real, sondern: Zu dem, was wir gemeinhin als objektive Realität einer Situation aufzufassen bereit sind (Ort, Wetter, Zeit, Anwesende etc.), müssen wir, um diese Situation und die aus ihr resultierenden Konsequenzen angemessen zu verstehen, immer noch das Verständnis hinzunehmen, das die verschiedenen Akteure in der Situation von dieser Situation haben bzw. entwickeln. In der Theorieperspektive des Thomas-Theorems bedeutet die Definition der Situation also eine aktiv deutende Auseinandersetzung mit gegebenen Umständen. Diese bestimmen das Handeln zwar nicht, sie können aber auch nicht folgenlos ignoriert werden. Eine rote Fußgängerampel hindert uns nicht daran, über die Straße zu gehen, nehme ich die Ampel aber gar nicht wahr, ignoriere einfach, wofür sie steht, dann befinde ich mich womöglich unversehens in Lebensgefahr.

So simpel das Thomas-Theorem klingt, so folgenreich ist es sozialtheoretisch wie methodologisch. Infrage gestellt wird jede Form eines *universellen* Wahrheitsanspruchs: Der Hinweis, dass – um im Beispiel von Thomas/Thomas zu bleiben – die Passanten den Mann gar nicht „wirklich" beschimpft haben, verfängt nicht, weil die „wahre" Bedeutung nicht im So-Sein der Verhältnisse liegt, sondern in den Folgen ihrer subjektiven Interpretation. Jeder Versuch einer rein objektiven Bestimmung von Situation und Handlung erweist sich damit als notwendig defizitär, und empirische Forschung, die belastbare Aussagen über soziale Situationen machen will, muss methodisch darauf eingestellt sein, die subjektiven Perspektiven der Handelnden zu erfassen und in die Analyse mit einzubringen. Für Thomas war dies das zentrale Argument für seine Verwendung von „personal documents", also Briefen und anderen Selbstzeugnissen der untersuchten Migranten. Später war es eines der Motive für die Praxis qualitativer Interviews und ethnografischer Verfahren.

Generalisierter Anderer/signifikante Symbole: Während das Thomas-Theorem die Sozialtheorie in Richtung auf erkenntnistheoretische Grundfragen hin auslotet

(Thomas stellt ja im Grunde die Frage danach, was eigentlich soziale Realität ist und wie sie erkannt werden kann), haben andere klassische Autoren sich einer in der Soziologie etwas näherliegenden Frage zugewandt: Wie ist eigentlich Interaktion möglich bzw. wie kommt Sozialität zustande? Wichtige Anstöße dazu kamen von George Herbert Mead, der in seiner Sozialpsychologie die deterministischen Handlungsmodelle der behavioristischen Biologie als für menschliches Handeln unzulänglich zurückwies, weil sie, wie er kritisierte, die Existenz eines Bewusstseins leugnet und „versucht, alle ‚geistigen Phänomene auf bedingte Reflexe und ähnliche physiologische Mechanismen zu reduzieren" (Mead 1983/1934: 48). Dagegen setzte er ein Verständnis von mit „Geist" begabten Menschen, die nicht instinkthaft den Reizen der Umwelt ausgeliefert sind, sondern sich in Phasen der Handlungshemmung gewissermaßen neben oder außerhalb der Situation stellen und ihr Handeln aktiv auf die materiellen wie die sozialen Umweltbedingungen abstimmen. Als Ersatz für die mit der Instinktentbindung verlorene Verhaltenssicherheit sieht er soziale Lernprozesse an, für die sich später der Begriff der *Sozialisation* etabliert hat: Über verschiedene Stufen der frühkindlichen Entwicklung lernen Menschen die Haltungen ihrer Mitmenschen als „generalisierten Anderen", d. h. als mentale Repräsentanz sozialer Erwartungen in sich hineinzunehmen und ihre individuelle Handlungsorganisation damit abzustimmen. Damit wird das im Thomas-Theorem ausgedrückte Verhältnis von subjektivem Handeln und aktueller Situation in zweierlei Hinsicht erweitert: Zum einen wird die subjektive Haltung, die der Situationsdefinition zugrunde liegt, als eine im Kern bereits soziale bestimmt, weil das handelnde „self" bei Mead neben dem triebhaft-individuellen „I" vor allem vom „Me", also den erfahrenen kollektiven Haltungen der sozialen Umwelt, dem „Generalisierten Anderen", gebildet wird. Jede individuelle Handlung trägt also im Kern *gesellschaftliche* Haltungen in sich. Zum anderen ist damit, weil diese Haltungen und Perspektiven in einem sozialen Prozess (Sozialisation) erworben werden, jede handelnde Situationsdefinition als *historisch* gewordene bestimmt. Menschen handeln in Situationen nicht spontan und individuell, sondern vor allem erfahrungsbasiert und eingebunden in soziale Perspektiven. Methodisch wird die Sache dadurch nicht einfacher, sind wir damit doch gehalten, neben subjektiven Haltungen auch die sie rahmenden sozialen und historischen Perspektiven empirisch zu rekonstruieren, um angemessen erklärende Theorien über soziale Prozesse entwickeln zu können.

Aber individuelle Bedeutungskonstitution und Handlungsorganisation bleiben trotz Sozialisation immer *auch* subjektiv, weil sie nur von einem jeweils konkreten Ort in der Welt aus möglich und motiviert auch durch die subjektive Bedürfnisstruktur sind, die Mead im „I" ansiedelt. Wenn daher also objektive Mechanismen der Verhaltensabstimmung (z. B. Instinkte) nicht greifen, stellt sich die Frage nach der Möglichkeit von Interaktion und situativ hergestellter Sozialität verschärft: Wie können Menschen miteinander und nicht nur aneinander vorbei handeln, wenn sie doch die Welt immer zumindest teilweise unterschiedlich erfahren und auffassen? Mead sieht hier die „vokale Geste" und die Entwicklung „signifikanter Symbole" als entscheidende Modi der Handlungskoordination an. Dadurch, dass wir uns lautsprachlich äußern, zeigen wir eben nicht nur unserem Gegenüber in der Interaktion eine bestimmte Haltung oder Bedeutung an, sondern zugleich auch uns selbst: Wir hören, was wir sagen, ebenso wie es unser Gegenüber hört. Wir setzen damit einen Reiz, mit dem sich Sprecher wie Angesprochene gleichermaßen auseinandersetzen müssen. Zum signifikanten Symbol werden Gesten, wenn sie für die beteiligten Individuen „das Gleiche bedeuten", also „im Individuum, das sie ausführt, die gleiche Haltung sich selbst gegenüber (oder gegenüber ihrer Bedeutung) auslöst, wie in den anderen Individuen" (Mead 1983/1934: 85). Der entscheidende Punkt ist, dass damit das die Geste setzende Individuum sich der Haltung der anderen bewusst werden und diese in sein Handeln einbeziehen kann: Wenn ich einen Kollegen einen Lügner nenne, steht mir im gleichen Moment vor Augen, was es bedeutet, ein Lügner genannt zu werden, d. h. welche Reaktionen darauf bei meinem Gegenüber zu erwarten sind. Damit werden Menschen zur „Rollenübernahme" fähig, ohne aber im Gegenüber aufzugehen.

Ausdrucks-, Objekt- und Dokumentsinn: Wie stark sich im Handeln soziale Erwartungen und Strukturen ausdrücken, gehört zu den umstrittensten Theoriefragen in den Sozialwissenschaften und zugleich zu den bedeutendsten Vorannahmen in der empirischen Sozialforschung. Generell dominieren in der qualitativen Sozialforschung Theorieperspektiven, die Handeln gerade als nicht determiniert betrachten und die prinzipielle Unvorhersehbarkeit des Handelns der Individuen betonen. Hier gibt es allerdings Nuancen, die durchaus auch zu unterschiedlichen methodischen Vorgehensweisen Anlass gegeben haben. Die interaktionistische Soziologie im Anschluss an Mead (v. a. Herbert Blumer, Anselm Strauss, Howard Becker) löst diese Spannung in ein dynamisches Wechselverhältnis auf, bei dem im Vordergrund zwar der handelnde und interagierende Akteur steht, der aber als Individuum immer erst durch seine Einbettung in soziale Prozesse, in einen fortlaufenden Strom von Interaktionen hervorgebracht wird. Das, was Individuen formt und rahmt, muss auf der anderen Seite durch beständiges miteinander Handeln von Individuen fortgesetzt reproduziert werden und unterliegt daher prinzipiell unabsehbaren Veränderungsmöglichkeiten. Eine rein objektivistische Sicht (Strukturen regieren durch bis in die Handlungen der Individuen) wird somit in dieser Perspektive abgelehnt. Aber der Interaktionismus vertritt auch keine rein subjektivistische Perspektive, wenngleich er mit subjektivistischen Sozialtheorien die Vorstellung der prinzipiellen Kontingenz menschlichen Handelns teilt.

Ebenfalls eine Mittelposition, wenngleich mit einer etwas stärkeren Gewichtung sozialstruktureller Determinanten des Handelns, entwickelt in den Zwischenkriegsjahren des letzten Jahrhunderts der deutsche Sozialtheoretiker und Begründer der Wissenssoziologie Karl Mannheim. Er versucht, das Handeln von Einzelnen und Kollektiven vor allem als Ausdruck übergreifender Kultur-, Schicht- oder milieuspezifischer Haltungen zu verstehen, die er auch als „Weltanschauungen" bezeichnet. Diese, so Mannheim, sind nicht „unvermittelt gegeben" (Mannheim 2004/1921: 112 f.), entziehen sich also der direkten empirischen Erfassung. Sie finden jedoch ihren „Ausdruck" im Handeln und Kommunizieren sowie – für ihn von besonderer Bedeutung – in den im Handeln hervorgebrachten Artefakten oder „Kulturgebilden". Ein griechischer Bildhauer, der die Statue der Göttin Athene erschafft, mag damit vor allem seine religiösen Gefühle dieser Göttin gegenüber ausdrücken wollen, und für die Betrachterinnen der Skulptur mag diese als symbolisch aufgeladener Ort für die Verehrung der Göttin gelten, doch unabhängig vom „intendierten Ausdruckssinn" des Künstlers und dem „objektiven Sinn" der dem Artefakt allgemein zugeschrieben wird, drückt sich in ihm noch eine weitere Sinnebene aus, die Mannheim „Dokumentsinn" nennt: Die Statue verweist auf eine bestimmte kulturelle Haltung, die sich z. B. in der Explizitheit der personalen Darstellung, in der Pose der Figur, im verwendeten Material ausdrückt – und vor allem in der Zusammenschau all dieser Details und der sie hervorbringenden Praktiken. Hätte man den Bildhauer befragt, so hätte er über das, wofür sein Kunstwerk über seine persönliche Ausdrucksabsicht und den objektiven Geltungsanspruch (dies ist eine Götterstatue) hinaus steht, wenig sagen können, und auch der Betrachterin in der Alltagseinstellung würde sich der Geltungssinn nicht unmittelbar erschließen. Mannheim hält es daher für erforderlich, den objektiven und den Ausdruckssinn, also alle objektiven und subjektiven Geltungsansprüche „einzuklammern". Damit ist eine *rekonstruktive Analyseeinstellung* gemeint, die vom „Was" des Objekts absieht, und gezielt auf das im „Wie" des Artefakts und seiner Herstellungsweisen sich ausdrückende Wissen zu fokussieren. Diese „Dokumentarische Methode" wird in Kapitel 6.2 noch näher betrachtet; hier geht es zunächst darum, die sozialtheoretische Position des Ansatzes zu verdeutlichen, der also eine „vermittelnde Position" zwischen objektivistischen und subjektivistischen Perspektiven für sich beansprucht, indem er „davon ausgeht, dass das empirisch handlungsleitende Wissen der Akteure im Forschungsfeld strukturbildend ist und als solches den zentralen Gegenstand der empirischen Analyse bildet" (Bohnsack 2003a: 550).

Typisierungen und Idealisierungen der Alltagswelt: Mannheim setzt sich zu seiner Zeit mit der im Anschluss an Wilhelm Dilthey entwickelten sinnverstehenden Hermeneutik auseinander und sucht nach einer analytischen Verbindung zu objektiven Kategorien der sich etablierenden Soziologie (Schicht, Klasse, Milieu). Für ihn konnte sich die Analyse nicht auf den Nachvollzug des subjektiv gemeinten Sinns der Handelnden beschränken. Eine andere in der qualitativen Forschung wichtige Theorielinie knüpft dagegen gerade in der Perspektive subjektiven Sinnverstehens an Dilthey an. Max Weber (1864–1920) hat in seiner Soziologie den Begriff des Handelns eng an den des subjektiv gemeinten Sinns gebunden. Bei ihm bezieht das Handeln seine Bedeutung zunächst und vor allem aus dem von den Handelnden damit verbundenen Sinn, d. h. aus ihrer Handlungsabsicht. Handeln ist bei ihm zugleich die basale Einheit, aus der sich soziale Formen und Strukturen entwickeln. Das unterscheidet die Theorie Webers z. B. deutlich von Mead, der Individuierung als sozialen Prozess und Handeln als immer schon sozial betrachtet. Alfred Schütz (1899–1959) hat später an Weber und an den Philosophen Edmund Husserl anknüpfend eine phänomenologische Sozialtheorie begründet, die im Kern davon ausgeht, dass sinnhaftes Handeln und Wissen der Subjekte die sozialen „Strukturen der Lebenswelt" hervorbringt.

Von dieser Perspektive, sozusagen der einer existenziellen Einsamkeit der Subjekte, als Problemstellung ausgehend, entwickelt Schütz theoretische Antworten auf die Frage, wie aus individuellem Handeln soziales Handeln und Interaktion werden kann, genauer: Wie die Handelnden einander in ihrem Handeln verstehen können, wie also „Fremdverstehen" funktioniert. Wir erinnern uns: Mead hat das gleiche Problem mit der Annahme einer sozialen Vorabgestimmtheit im Prozess der Sozialisation und der Leistung der signifikanten vokalen Geste gelöst, die im Sprecher die gleichen Reaktionen hervorruft wie im Angesprochenen. Bei ihm sind Menschen, obwohl sie in ihrem Handeln Individualität entwickeln, bereits ab ihrer Geburt in eine soziale Gemeinschaft immer schon und beginnend mit dem dyadischen Verhältnis zur Mutter, soziale Wesen. Auch Schütz versteht den Sinn, den Handelnde in der Alltagswelt zuschreiben, nicht als genuin subjektiven, individuellen Sinn, sondern als einen von vornherein bereits sozialen, über die Teilhabe an der Alltagswelt erworbenen. Er fasst das Problem des Fremdverstehens und der Sozialität daher vor allem als ein Wissensproblem auf, folgt also, wie Mannheim, jedoch mit abweichender theoretischer Rahmung, einer wissenssoziologischen Perspektive und versucht zu klären, wie das Alltagswissen der Handelnden entsteht und wie es beschaffen ist: „Jede Interpretation dieser Welt gründet sich auf einem Vorrat eigener oder uns von Eltern oder Lehrern vermittelter früherer Welterfahrungen, die in der Weise unseres ‚verfügbaren Wissens' ein Bezugsschema bilden" (Schütz 2004/1953: 161). Als entscheidende Qualität dieses Alltagswissens bestimmt Schütz, dass es aus Typisierungen besteht, die „offene Horizonte zu erwartender ähnlicher Erfahrung mit sich (tragen)" (Schütz 2004/1953: 161). Es wird also einerseits im handelnden Erfahren der Welt fortlaufend typisiert, denn die Fülle der Sinneseindrücke wäre nicht zu bewältigen, wollten wir jeden in seiner Singularität verstehen und verarbeiten. Typisierungen sind aber nie abgeschlossen und gehen immer prinzipiell von der Möglichkeit aus, überrascht zu werden. Sie erlauben situatives Fremdverstehen, weil sie als Erfahrungsspeicher über die Situation hinausreichen, die aktuelle Erfahrung also als ‚Fall von Etwas' zu verorten erlauben. Dabei muss das aktuell Erfahrene dem Typ nicht vollständig entsprechen. Wir erkennen eine Bettlerin als Bettlerin, auch wenn sie in keinem erfahrbaren Detail identisch ist mit uns bereits bekannten Bettlerinnen, umgekehrt wird dann unsere Typisierung dessen, was Bettlerinnen sind, durch die akute Erfahrung möglicherweise modifiziert. Da wir zugleich über eine Vielzahl von Typisierungen verfügen, entscheiden wir situativ, welche Typisierung für uns jeweils maßgeblich ist: Sehen wir die Bettlerin, die Frau, die Ausländerin oder die freundliche Alte? Die meisten Typisierungen stammen dabei gar nicht aus eigener Erfahrung, sondern sie sind bereits in der Alltagssprache enthalten: „Die vorwissenschaftliche Umgangssprache kann als eine Schatzkammer vorgefertigter verfügbarer Typen und Eigenschaften verstanden werden, die sozial abgeleitet sind und einen offenen Horizont unaufgeklärter Inhalte mit sich tragen" (Schütz 2004/1953: 167).

Wie aber kommt der sich in Typisierungen orientierende Mensch mit anderen in Interaktion bzw. was ist erforderlich, damit diese Interaktion gelingen kann? Denn wenn jeder Akteur von seinem individuellen Standpunkt in der Welt eigene Typisierungen vornimmt, ist – wie schon bei Mead gesehen – von Unterschieden in den Perspektiven der miteinander interagierenden Personen auszugehen. Schütz löst dieses Problem mit der Annahme der „Reziprozität der Perspektiven" (Schütz 2004/1953: 164): Er geht davon aus, dass im Alltagsdenken zwei wichtige Idealisierungen zum Tragen kommen: Zum einen die „Idealisierung der Vertauschbarkeit der Standorte", d. h. wir gehen stillschweigend und unbewusst davon aus, dass wir, würden wir den Platz unseres Interaktionspartners in der Welt einnehmen, dann zu gleichartigen Wahrnehmungen und Typisierungen gelangen würden, wie er – und umgekehrt. Die „Idealisierung der Kongruenz der Relevanzsysteme" wiederum besagt: Bei aller erwartbaren Unterschiedlichkeit der Perspektiven gehen wir doch bis zum Beweis des Gegenteils davon aus, dass diese sich hinreichend weit überschneiden, um die Interaktionssituation bewältigen und uns einander wechselseitig verständlich machen zu können und dass die bestehenden Unterschiede den Erfolg unserer Interaktionsbemühungen nicht infrage stellen. „Infolge dieser Konstruktionen des Common-Sense-Denkens wird angenommen, daß der von mir als selbstverständlich hingenommene Sektor der Welt auch meinen einzelnen Mitmenschen selbstverständlich ist (...). Aber dieses ‚Wir' schließt nicht nur dich und mich ein, sondern ‚jedermann', der ‚einer von uns' ist, das heißt, dessen Relevanzsystem wesentlich und hinreichend mit deinem und meinem übereinstimmt" (Schütz 2004/1953: 165). Insofern ist das gemeinsam geteilte Wissen dann objektiv und personenunabhängig.

Alle kompetenten Akteure sind sich darüber im Klaren, dass die Standpunkte nicht immer vertauschbar sind und die Kongruenz der Relevanzsysteme nicht immer hinreichend, um Interaktion gelingen zu lassen. Indem wir im Sinne von Schütz vorläufig annehmen, dass die Idealisierungen gelten, geben wir eine Art von Vertrauensvorschuss in die Handlungssituation und stellen damit Handlungsfähigkeit her. Wir bauen auf die Fortgeltung des zuvor erfahrenen und verlängern es in die Zukunft. Schütz nennt das in Anlehnung an Husserl die „Idealisierung des ‚Ich kann immer wieder'" (Schütz 2004/1953: 172): Wir gehen im Handlungsentwurf davon aus, dass, wenn wir nur wiederholen, was wir schon erfolgreich praktiziert haben, dieses Handeln auch wieder erfolgreich sein wird.

Den Gedanken, dass wir im Alltagshandeln mit einer Reihe von Idealisierungen operieren, hat später Harold Garfinkel (1917–2011), ein Schüler von Schütz, in

seiner „Ethnomethodologie" aufgegriffen und um eine weitere Sozialität ermöglichende Idealisierung ergänzt: Wir nehmen stillschweigend an, „dass es Dinge gibt
‚die jeder weiß'" (Abels 1998: 115; vgl. Garfinkel 1981/1973: 189 ff.). Damit meint
Garfinkel jenen bei Schütz erwähnten, gemeinsam geteilten, aber gewöhnlich nie
explizierten Wissensvorrat, auf den wir unsere Alltagsinteraktion im Normalfall
gründen. In der Interaktion erlaubt uns diese Unterstellung auf einen großen Teil
des situativ relevanten Wissens nur implizit zu referieren, indem wir indexikalische
Begriffe verwenden, die auf dieses Wissen nur verweisen. Wenn wir unsere Arbeits-
kollegin morgens mit „'n Morgen, Rita, wie geht's?" begrüßen, dann vertrauen wir
darauf, dass sie uns nicht einen ausführlichen Bericht über ihr Seelenleben erstat-
ten wird, sondern weiß, dass wir „nur freundlich sein" wollten. Wenn wir unseren
Tischnachbarn bitten, uns mal „das Wasser" zu geben, dann gehen wir davon aus,
dass er uns die Flasche oder die Karaffe mit Wasser anreicht und uns nicht wirklich
das Wasser auf den Platz schüttet.

Konstruktionen zweiter Ordnung: Schütz hat seinen theoretischen Entwurf in einem
Aufsatz dargelegt, in dem es ihm dezidiert um die methodologischen Konsequenzen einer solchen Auffassung von Sozialität geht. Er diskutiert dabei in Abgrenzung vom beherrschenden Wissenschaftsmodell seiner Zeit, dem der Naturwissenschaften. Wenn Naturwissenschaftler ihre empirischen Forschungsgegenstände
untersuchen, dann gehen sie nicht davon aus, dass diese ein Bewusstsein ihrer
selbst besitzen. Das ist – von den Grenzfällen der Primatenforschung abgesehen –
auch nicht erforderlich, zumindest gibt es bislang keine Veranlassung zu der Annahme, eine Amöbe würde über sich und die Welt nachdenken. Anders verhält es
sich, wie Alfred Schütz (und vor ihm bereits Mead) feststellt, mit unserem Gegenstand, der Sozialwelt: Hier treten uns Handelnde gegenüber, die ihre Umwelt immer schon interpretiert und sie mit einem subjektiven Sinn versehen haben, bevor
wir selbst als Forscher selektiv Bedeutung zuschreiben. Schütz formuliert es so:
„Die Konstruktionen, die der Sozialwissenschaftler benutzt, sind daher sozusagen
Konstruktionen zweiten Grades: es sind Konstruktionen jener Konstruktionen, die
im Sozialfeld von den Handelnden gebildet werden, deren Verhalten der Wissenschaftler beobachtet und in Übereinstimmung mit den Verfahrensregeln der Wissenschaft zu erklären versucht" (Schütz 2004: 159).

Wir sprechen daher von *Konstruktionen zweiter Ordnung*, wenn wir die empirisch basierten Theoriekonstrukte der Sozialwissenschaften meinen. Aber es geht
nicht allein um den Status der resultierenden Theorie, Konsequenzen hat diese
Feststellung auch für die Bestimmung angemessener Zugangsweisen zu sozialen
Phänomenen: Weil die Handelnden in der Alltagswelt ihr Handeln auf jene *ge-
danklichen Konstruktionen erster Ordnung* gründen, können wir in der Sozialforschung Handeln nicht kausal erklären, wenn unsere Konstruktionen zweiter Ordnung die Teilnehmerkonstruktionen nicht zum Ausgangspunkt nehmen, diese also
zunächst einmal empirisch rekonstruieren. Was für einen Begriff von Schule hat

Paul, wenn er zu seinen Eltern sagt, dass er „nicht gerne in die Schule" geht? Vermutlich nicht den gleichen, wie die Bundesbildungsministerin oder wie seine Lehrerin. Diese empirisch-methodische → Rekonstruktion aber erfordert Zugangsweisen, die über die reine Beobachtung von Abläufen hinausgeht.

Teilnehmerkonstruktionen können also, das ist eine weitere für die empirische Sozialforschung zentrale Konsequenz aus dem Thomas-Theorem, nicht nur voneinander abweichen, sie können einander auch diametral widersprechen, ohne dass eine davon unabhängige, objektiv richtige Konstruktion zu bestimmen wäre. Wenn die Situationsdefinition im und durch das Handeln in der Situation erfolgt, Handeln aber, wie Mead, Schütz und andere Sozialtheoretiker vorschlagen, als kontingent, also nicht sicher vorhersehbar, gelten muss, weil alle soziale Vorabgestimmtheit (etwa über den „generalisierten Anderen") seine Grenzen in der Spontaneität und Kreativität individuellen Handelns findet, kann das Ergebnis empirisch angeleiteter Theoriebildung nicht in zwingenden Ursache-Wirkungs-Beziehungen münden: Wir können zwar aufklären, was Menschen in bestimmten Situationen tun, welche Motive sie dafür angeben und wie der Kontext dieses Handelns beschaffen ist. Wir können damit sicher zu plausiblen Aussagen über die Ursachen der stattgehabten Handlung kommen. Diese Aussagen aber zu einer allgemeinen, auch prognostisch in die Zukunft zu verlängernden Kausalität zu verdichten, kann immer nur näherungsweise gelingen. Prognosen sind damit keineswegs ausgeschlossen, wir müssen aber die Kontingenz menschlichen Handelns mitdenken und ‚auf Überraschungen gefasst' sein – da geht es der empirischen Sozialforschung nicht anders als dem Alltagsmenschen (vgl. zur Frage der Prognossefähigkeit qualitativer Forschung Strauss/Corbin 1994).

Fassen wir also zusammen, was wir in Kapitel 2.2 über das Verhältnis von Theorie, Empirie und Methoden gelernt haben. Theorien und Methoden stehen in einem engen Wechselverhältnis miteinander und bilden gemeinsam die Weisen der wissenschaftlichen Welterkenntnis. Es ist wie in dem Gleichnis von dem Lahmen und dem Blinden (unsterblich verfilmt in „Bomber & Paganini" von Nicos Perakis): Keiner von beiden könnte allein viel erreichen, mit ihren komplementären Fähigkeiten ergänzen sie sich aber zu einer höchst handlungsfähigen Einheit – solange sie nicht mutwillig getrennt werden und solange keiner seine Fähigkeiten überschätzt. Selbst jene Theorien, die wir hier als Sozialtheorien bezeichnet und als Voraussetzung methodisch-empirischen Forschens markiert haben, sind auf die eine oder andere Art inspiriert von Erfahrung in der Welt und Teilhabe am Gegenstand der theoretischen Bemühungen (Reflexivität!). Auch wenn Mead, Schütz oder Mannheim keine methodisch-systematische empirische Forschung betrieben haben, so ist ihr theoretisches Denken doch sensibilisiert durch Epochenzugehörigkeit, Alltagsbeobachtungen und die Rezeption empirischer Arbeiten zu Fragen sozialen Handelns. Allerdings handelt es sich bei ihren theoretischen Postulaten eben nicht um empirische Forschungsergebnisse, sondern um in letzter Konsequenz unbeweisbare Axiome. Umgekehrt aber setzt jeder methodisch forschende

Zugriff auf die empirische Welt immer bestimmte sozialtheoretisch fundierte Grundannahmen über die Beschaffenheit unseres Gegenstands voraus. Ohne diese Orientierung wüssten wir nicht, wie wir unsere grundsätzliche Neugierde erkenntnisorientiert organisieren und zu Begriffen über unseren Gegenstand kommen sollten.

Die Ergebnisse empirischen Forschens münden in Theorien, die als „gegenstandsbezogen" bezeichnet werden, weil sie am empirischen Gegenstand (einer Subkultur, einem Handlungsproblem, einem Typ von Organisationshandeln oder einem Lebensverlauf) gewonnen werden und allein über diesen Gegenstand verallgemeinernde und schlussfolgernde Aussagen zu treffen beanspruchen. Auch der dritte Typ von Theorie, hier Gesellschaftstheorie genannt, ist bei allem Totalitätsanspruch der Aussagen doch immer auch empirisch inspiriert. Die Kritische Theorie von Adorno und Horkheimer etwa ist ohne die persönliche Erfahrung von Totalitarismus, Holocaust und Kriegen zuvor unvorstellbaren Ausmaßes nicht zu erklären, und die von Karl Marx Mitte des 19. Jahrhunderts entwickelte Konflikttheorie ist überdeutlich geprägt von den Antagonismen der modern werdenden Gesellschaften in der Epoche der Industrialisierung.

Die ob ihrer historischen Situiertheit als „Theorieereignisse" bezeichneten „Erfindungen" in den für die qualitativ-empirische Forschung besonders einschlägigen Sozialtheorien haben als wissenschaftsgeschichtliche Ereignisse zu jeweils neuen Betrachtungsweisen unseres Gegenstands geführt (und belegen so zugleich, dass auch sozialtheoretische Grundannahmen keine überzeitliche Geltung beanspruchen können). In der Summe bilden sie eine zentrale Begründung für die These der Notwendigkeit eines spezifischen methodischen und theoretischen Zugriffs auf unseren Gegenstand. Definition der Situation, Perspektivität und doppelte Kontingenz, Typisierungen und die Konstruktionen der Alltagswelt, die Differenz von subjektiv gemeintem und Dokumentsinn: All diese Theoriekonstrukte werfen bestimmte empirische Fragen auf (etwa nach der Rolle impliziten Alltagswissens für die Handlungsorganisation, nach strukturgenerierenden Leistungen von Interaktionen, nach Praktiken der Herstellung von Sozialität etc.), sie formatieren unsere Untersuchungsgegenstände aber auch, indem sie die Erkenntnismöglichkeiten als spezifisch begrenzt markieren: Streng kausale Zuschreibungen wie in den Naturwissenschaften verbieten sich in diesen Theorieperspektiven ebenso wie metaphysische Spekulationen. Und aus der reinen Anschauung objektiv stattfindender Abläufe erschließt sich nicht deren Sinn.

Viele weitere Theorieereignisse finden an dieser Stelle keine Erwähnung, etwa Erving Goffmans Beiträge zur Interaktionsordnung, oder Pierre Bourdieus Habitus- und Feldtheorie. Doch die genannten Theorien sollten uns zumindest einen exemplarischen Überblick über zentrale Fragen und Konzepte sozialwissenschaftlicher Theoriebildung über unseren empirischen Gegenstand gegeben haben. Die Praxis der qualitativen Sozialforschung wird aber nicht allein informiert durch Bezüge zu soziologischer Theorie, sondern auf sehr fundamentale Weise auch durch Epistemologien und Wissenschaftstheorien, wie sie in Kapitel 2.3 thematisiert werden.

2.3 Erkenntnis- und wissenschaftstheoretische Grundlagen

> But facts are not there to be picked up. They have to be dissected out,
> and the data are the most difficult of abstractions in any field. More particularly,
> their very form is dependent upon the problem within which they lie.
>
> (Mead 1938: 98)

Ebenso wie sozialtheoretische haben auch erkenntnistheoretische Positionen den Charakter des Axiomatischen – schon allein deshalb, weil sie im Grunde gleich ursprünglich sind: Auch sie gründen in unbeweisbaren Annahmen darüber, was ‚die Natur' des Menschen ausmacht, wie die Welt/Realität beschaffen ist und wie das Verhältnis zwischen Mensch und Umwelt zu bestimmen ist. Alle diese Entscheidungen tragen wichtige methodologische Konsequenzen in sich, es geht immer wieder um die Frage, ob wir überhaupt, und wenn ja, wie, wissenschaftlich verlässlichen Zugang zur Welt des Sozialen gewinnen können.

Im Alltag sind wir es gewohnt, die ‚Welt' als ein universell gegebenes äußeres Gegenüber zu betrachten, etwas, das von uns als handelnden Wesen getrennt, aber unserer Erkenntnis zugänglich ist (Universalismus). Zugleich pflegen wir anzunehmen, dass die Welt, so wie wir sie kennen, auch von (allen!) anderen Menschen im Prinzip so erkannt werden kann, wie wir sie erkennen (Objektivismus). Wir führen das gerne darauf zurück, dass die Dinge der Welt so sind, wie sie sind, weil ihnen bestimmte Eigenschaften wesensmäßig zugehören: Ein Baum ist ein Baum, *weil* er eben ein Baum ist. Damit einher geht die Vorstellung, dass, wenn zwei Menschen ein Objekt oder einen Zusammenhang unterschiedlich verstehen, mindestens einer der beiden irrt und sich dieser Irrtum durch einen rationalen Austausch von Beobachtungen und Argumenten beheben lassen müsste (Rationalismus). Die hier in Klammern benannten ‚Ismen' zeigen an, wie diese Annahmen als Positionen in den Wissenschaften bezeichnet werden. Sie sind aber zugleich zentrale Elemente unseres alltäglichen und vorwissenschaftlichen Selbstverständnisses.

Erkenntnistheoretiker oder, wie wir auch sagen, Epistemologen, haben Jahrhunderte damit zugebracht, festzustellen, dass diese von den meisten Menschen zumindest in der westlichen Welt geteilten ‚Selbstverständlichkeiten' tatsächlich alles andere als selbstverständlich sind und dass wir durchaus unterschiedliche Möglichkeiten haben, das Verhältnis von erkennenden Akteuren und ihrer Umwelt zu verstehen. Von dieser Entscheidung hängen dann wiederum die Möglichkeiten ab, wie die Wissenschaften ihren Weltzugang und ihre Erkenntnisfähigkeit konzipieren können. Universalismus, Objektivismus und Rationalismus sind Ergebnisse der Neuzeit, die mit dem Empirismus (etwa: Francis Bacon), der Aufklärung und dem durchgreifenden Erfolg naturwissenschaftlicher Forschung Einzug in unser Weltverständnis gehalten und die scholastische Weltsicht des Mittelalters abgelöst haben. Damit verbunden war die Verlagerung der Beweislast für Wahrheitsansprüche vom Metaphysischen auf die „empirische Welt". Das hat einige Jahrhunderte leidlich funktioniert, wurde jedoch schon in den 1930er-Jahren von Karl Popper und seinem Entwurf eines Kritischen Rationalismus in einem entscheidenden Punkt hinterfragt: Der Erkenntnistheoretiker Popper hat sich unter anderem die Frage gestellt, ob die empirischen Wissenschaften überhaupt einen Zugang zu ihrer primären Referenz, der Empirie, haben. Er kommt zu dem Schluss, dass dieser Zugang nur indirekt, vermittelt über Sprache besteht: „Es gibt keine reinen Beobachtungen: sie sind von Theorien durchsetzt und werden von Problemen und von Theorien geleitet" (Popper 1994/1935: 76). Jede Beobachtung, jedes Messergebnis wird uns intersubjektiv erst über – wie Popper es nennt – *Protokoll- oder Basissätze* verfügbar. Wie wir aber bereits gesehen haben, ist Sprache immer schon theoriehaltig: Rein empirische Belege für theoretische Aussagen kann es also nicht geben, und die empirische Welt kann nicht 1:1 als kognitive Struktur in unserem Wissensbestand abgebildet werden. Popper löst das daraus resultierende Problem (er nennt es „Basissatzproblem") für den Rationalismus durch den Vorschlag, dass wir in den Wissensschaften per Konvention diejenigen Protokollsätze als zutreffende Aussagen über die empirische Welt anerkennen sollen, die mit in der Fachgemeinschaft anerkannten und aktuellen Methoden und Verfahren erzielt wurden und in sich widerspruchsfrei sind (Popper 1994/1935: 73). Geprüft wird also letztlich nicht an der Wirklichkeit, sondern an den anerkannten Sätzen über sie.

Alternativen zum weiterhin im Realismus wurzelnden Kritischen Rationalismus setzen allerdings wesentlich grundsätzlicher an: Ihnen geht es nicht allein um die Frage des Zugangs zur Realität, sondern vielmehr um die Frage, was Realität eigentlich ist bzw. wie sie geschaffen wird. Insbesondere der Pragmatismus und der sozialwissenschaftliche Konstruktivismus haben – zu unterschiedlichen Zeiten – hier wesentliche Beiträge geliefert, die zu grundlegenden Bezugspunkten für viele qualitative Verfahren geworden sind. Ich werde mich im Folgenden vor allem auf den Pragmatismus beziehen, nicht nur, weil er die historisch älteste Kritik des Realismus darstellt und auch den theoretischen Hintergrund des in Kapitel 5 ausführlicher dargestellten Verfahrens der Grounded Theory bildet, sondern auch, weil die pragmatistische Position von der Frage der Realitätskonstitution bis zum Problem wissenschaftlicher Schlussverfahren kohärente und methodologisch relevante Aussagen macht, die in den letzten Jahren nicht nur in der qualitativen Sozialforschung wieder verstärkt rezipiert werden (z. B. beziehen sich neben der Grounded Theory auch die Objektive Hermeneutik und weite Teile der Biografieforschung auf pragmatistische Argumente).

Als Philosophie des Handelns versteht der Pragmatismus Realität als Ergebnis der handelnden Auseinandersetzung von Menschen mit ihrer materiellen wie sozialen Umwelt. Diese recht harmlos klingende Annahme hat gravierende Konsequenzen nicht nur für den Realitätsbegriff. Denn wenn Realität im Handeln hervorgebracht wird, dann kann sie nicht ‚schon immer' universell gegeben sein. Jedes Handeln erfolgt aus einer bestimmten raum-zeitlich gebundenen und körperlich situierten Perspektive, sodass streng genommen keine zwei Akteure genau die gleiche Realität erfahren. Umgekehrt ist es nicht so, dass die Welt allein im Kopf der

Handelnden stattfindet, Realität also ein rein mentales Ereignis wäre. Der Pragmatismus geht vielmehr davon aus, dass wir nicht im Sinne eines Subjekt-Objekt-Dualismus der Welt gegenüberstehen, sondern mit ihr in einem Kontinuum vielfältig verbunden sind. Diese Verbundenheit realisiert sich im Handeln, in dem wir unsere Umwelt als eine zunächst noch ungedeutete Widerständigkeit erfahren, die uns dann problematisch wird, weil sie uns daran hindert, routiniert weiterzuhandeln. Damit sind wir zu Reflexion und zu handelnder Problemlösung genötigt, die so zugleich der erfahrenen Widerständigkeit eine praktische Bedeutung verleiht: Wenn ein Kind vom hellen Licht angezogen in eine brennende Kerze fasst und sich weh tut, dann ist sie in seiner Erfahrung zunächst einmal Das-Helle-das-wehtut-wenn-ich-es-anfassen-will (dieses Beispiel verwendete ähnlich bereits John Dewey in diesem Zusammenhang; 1963/1896). Für den Vater, der die Kerze unbeachtet auf dem Tisch hat stehenlassen, bekommt die Kerze in dem Moment eine modifizierte Bedeutung: Er erfährt sie als eine Gefahrenquelle, die man besser nicht in Reichweite des Kindes stehenlassen sollte. Das Objekt, das die meisten von uns als Kerze zu bezeichnen gelernt haben, *ist* damit sowohl für das Kind als auch für den Vater jeweils etwas anderes geworden, weil sie eine je andere praktische Erfahrung damit gemacht haben.

Sowohl *was* ein Objekt ist als auch was ein Objekt *ist*, betrachtet der Pragmatismus also als eine praktische Konstitutionsleistung der Handelnden. Was wir in der Wahrnehmung als „Welt da draußen" erleben, ist zunächst ein Kontinuum, aus dem wir einzelne Objekte erst einmal herausarbeiten müssen. Mead spricht hier gar vom „Herausmeißeln" der Objekte aus der Natur (1938: 98). Damit einher geht die praktische Bestimmung der Objektbedeutung: Wir erfahren „etwas" in unserer Umwelt in einer spezifischen, von der sonstigen Umwelt unterscheidbaren und insofern spezifisch bedeutsamen Weise. Dabei entscheiden die praktischen Konsequenzen, die ein Ereignis oder ein Gegenstand im Handeln zeitigen, darüber, als was es in die Realitätskonstitution der jeweiligen Akteure eingeht (etwa der Schmerz beim Berühren der Kerze). Allerdings realisiert sich die Bedeutung von Objekten in der erfahrenen Umwelt nicht für jeden Akteur völlig neu und anders, denn zum einen sind die materiellen Widerständigkeiten der ‚Welt da draußen' von immer wieder vergleichbarer Qualität, und zum anderen sind die Handelnden immer schon soziale Wesen, d. h. sie leben nicht nur in einer sozialen Umwelt, sondern auch (vgl. die Ausführungen zu Mead in Kap. 2.2) in einem symbolisch vermittelten Bedeutungsuniversum, das zu einer objektiven Vorabgestimmtheit der Erfahrungen und Interaktionen führt: Für viele der Erfahrungen, die wir individuell machen, stehen uns bereits erlernte kollektive Deutungsmuster zur Verfügung, die wir übernehmen, aber auch variieren können.

Nicht zufällig erinnert diese erkenntnistheoretische Position an das in Kap. 2.2 dargestellte Thomas-Theorem, denn die pragmatistische Philosophie ist einer der wichtigsten theoretischen Orientierungspunkte der Chicagoer Soziologie. Hier zeigt sich auch der enge wechselseitige Verweisungszusammenhang von Erkenntnis-

und Sozialtheorie. In den hier nur knapp dargestellten erkenntnistheoretisch zentralen Aussagen pragmatistischer Herkunft (vgl. ausführlicher Strübing 2014/2004: 37) besteht im Übrigen keine gravierende Divergenz zu Grundpositionen sozialkonstruktivistischer Ansätze. Die methodologischen Konsequenzen, die aus einer solchen erkenntnistheoretischen Position resultieren, sind erheblich; sie betreffen
– den Status dessen, was wir als „Daten" bezeichnen,
– die Rolle der Forscherin,
– die Bedingungen der Möglichkeit bestimmter wissenschaftlicher Schlussverfahren und deren Geltungsansprüche,
– den Theoriebegriff,
– das Verhältnis von Alltagswissen zu wissenschaftlichem Wissen.

Status der → *Daten:* In der empirischen Sozialforschung, zumal in der quantitativ orientierten, sind Redeweisen wie „Sammlung von Daten" oder „Datenerhebung" sehr verbreitet. Wenn wir jedoch Forschung grundsätzlich als sozialen Prozess zwischen Forscher und Feld auffassen, verträgt sich das nicht mit dem Bild des Aufsammelns von Daten. Nicht umsonst wird daher in der qualitativen Forschung eher von „Datengewinnung" gesprochen und der Herstellungsprozess von Daten in den Mittelpunkt kritischer Methodendiskussionen gerückt. Was aber sind Daten eigentlich, was können sie sein, wenn wir statt eines universalistisch-realistischen Verständnisses Realität eher als kontinuierlich handelnd hervorgebracht und insofern sozial ‚konstruiert‘ verstehen? Konsequenterweise müssen wir dann auch die Datengewinnung als einen solchen Prozess der sozialen Hervorbringung verstehen: Im Forschungsprozess vergegenständlichen Forscherinnen ihr Verständnis vom Forschungsgegenstand aus ihrer je spezifischen Perspektive. Diese Perspektive ist nicht völlig individuell oder gar beliebig, sondern über die fachliche Sozialisation als z. B. Politologin oder Erziehungswissenschaftler und durch die Teilhabe an fachlichen Diskursen vorgeprägt, die unter anderem darüber entscheiden, was ein relevantes Thema und was akzeptierte Methoden sind. Der Bezug auf Daten kann hier aber auch nicht in objektivistischer Weise erfolgen, so als seien Daten der Beweis dafür, wie ‚die Dinge liegen‘. In das, was wir als Daten konstruieren, geht unser konkreter und spezifischer Zugang zum Untersuchungsgegenstand immer mit ein. Die Interviewaussage „und als der Krieg dann vorbei war, mussten wir unser Leben erst mal ohne meinen Mann bewältigen" bedeutet in einem geschlechtersoziologisch orientierten Forschungsprojekt etwas anderes als für ein Projekt zur → Rekonstruktion von Sozialisationsprozessen in der Nachkriegszeit. Eine beobachtete Schüler-Lehrerin-Interaktion im Klassenraum bekommt analytisch eine andere Bedeutung, wenn wir sie in einer Studie über Alltagsbelastungen im Lehrerberuf statt in einem Projekt zur Typisierung von Wissensvermittlungsprozessen interpretieren. Genauer: Es werden jeweils andere Aspekte des Interviews oder der Beobachtung relevant gemacht.

Es bietet sich daher an, zwischen Material und Daten zu unterscheiden: → Material ist, was wir z. B. an Dokumenten, Interviewtranskripten, an Videos, Fotos oder Tonaufnahmen aus dem Untersuchungsfeld in die interpretative und analytische Arbeit einbringen. → Daten sind die kognitiven Relationen, die wir im analytischen Prozess zwischen Teilen des Materials und unserer analytisch-theoretischen Struktur entwickeln. Auch „Material" in diesem Sinne ist nichts Objektives, denn es ist von uns als Material ausgesucht und (abgesehen von Dokumenten aus dem Feld und Verhaltensspuren) gemeinsam mit den Akteuren im Feld produziert worden. Aber jede analytische Auswahl im Material stellt eine Verbindung her, in der der jeweilige Ausschnitt eine bestimmte, von der Untersuchungsfrage sowie den Aufmerksamkeiten und theoretischen Sensibilitäten der Forscherin geprägte Perspektive zugewiesen bekommt. Zugleich müssen wir uns diesen Schritt als einen Prozess vorstellen, der schon „im Feld", also in der Interviewsituation oder während der Beobachtung ansetzt: Das Aufmerken des Interviewers, wenn die Informantin etwas äußert, das ihm thematisch erscheint, und eventuell anschließende vertiefende Nachfragen, die mentale ‚Notiz‘, sich diese oder jene Passage später im Transkript genauer anzuschauen, die situative Entscheidung, in einer Beobachtung bestimmte Aspekte genauer als andere zu protokollieren: Schon hier beginnt das Herstellen der Daten.

Rolle der Forschenden: Auch das Verständnis darüber, welche Bedeutung den Forscherinnen in der empirischen Forschung zukommt, hängt von erkenntnis- und wissenschaftstheoretischen Grundentscheidungen und Positionierungen ab: In den späten 1970er-Jahren begannen wissenschafts- und techniksoziologische Studien Aufmerksamkeit zu erregen, die sich mit den Prozessen der Wissensgenese in den Naturwissenschaften befassten (vgl. als bekannteste Beispiele Knorr Cetina 1984/1981; Latour/Woolgar 1979). Es ging im Kern um die Frage, ob die Ergebnisse naturwissenschaftlicher Experimente und Laborarbeiten so objektiv, also unabhängig von den wissenschaftlichen Experimentatoren und Beobachterinnen sind, wie die Naturwissenschaften für sich in Anspruch nehmen. Statt Messverfahren, Aussagesysteme und Schlussverfahren der Naturwissenschaftlerinnen zu untersuchen, wie es in der Wissenschaftsforschung bis dahin üblich war, gingen die Sozialforscher im Stil ethnografischer Feldforschung (s. Kap. 3) in naturwissenschaftliche Labore und beobachteten die Forscherinnen umfassend bei der Arbeit. Sie bemerkten bald, dass den erarbeiteten Forschungsergebnissen nicht allein akribische Auswertungen komplizierter Messprozeduren zugrunde liegen, sondern umfangreiche intersubjektiv vermittelte Interpretations- und Reinterpretationsleistungen, die schon mit der Frage beginnen, ob ein konkreter Messwert, den ein Gerät auf einer Papierrolle aufgezeichnet hat, auch tatsächlich das bedeutet, was er dem Versuchsaufbau nach bedeuten sollte – oder ob es sich z. B. um einen Messfehler, eine Fehlfunktion eines Geräts oder einen irrelevanten „Ausreißerwert" handelt, der ignoriert werden kann. In diesen sozialwissenschaftlichen „Laborstudien" wurde damit das Bild des objektiven und neutralen Forschers ausgerechnet in dem Feld nachhaltig dekonstruiert, in dem Objektivität schon angesichts des außerhalb aller Sozialbeziehungen angesiedelten Gegenstands wenig problematisch erschien. Die Sozialforscher behaupten keineswegs, dass Forscherinnen absichtsvoll und böswillig die Fakten in ihrem Sinne zurechtrücken, sondern sie verstehen die soziale Konstruktion von Forschungsergebnissen eher im Sinne einer unvermeidlichen Gegebenheit sozialer Prozesse, denen sich auch die Forschung nicht entziehen kann. Der britische Arbeiterkulturforscher Paul Willis formuliert die Einsicht in die Beobachtergebundenheit der Forschung in der Perspektive des Empirie-Theorie-Verhältnisses:

> There is no truly untheoretical way in which we „see" an „object". The „object" is only perceived and understood through an internal organisation of data, mediated by conceptual constructs and ways of seeing the world. The final account of an object says as much about the observer as it does about the object itself. Accounts can be read „backwards" to uncover and explicate the consciousness of their observer. (Willis 1976: 138)

Dieses recht frühe sozialkonstruktivistische Statement zur konstitutiven Rolle des Forschers für Prozesse und Ergebnisse des Forschens verweist zugleich darauf, dass Verhältnisse von Theorie und Empirie nicht abstrakt bestehen, sondern ausagiert werden. Die Forschenden sind hier die personale Instanz der Vermittlung. Anders als im Bild der Forscherin als neutraler Maklerin zwischen Daten und Theorie, zeigt sich hier ein Verständnis, bei dem Forscher als Akteure des Forschungsprozesses das empirische Material erst dadurch „zum Sprechen" bringen, dass sie bestimmte Theorieperspektiven an das Material herantragen.

Möglichkeit wissenschaftlicher Schlussverfahren: In Kontroversen um die Vor- und Nachteile quantifizierender oder qualitativer Untersuchungsdesigns ist mitunter zu hören, dass die hypothesentestende Forschung allein auf deduktivem Weg zu ihren Erkenntnissen gelangt, dass sie also allein von Theorien auf erwartbare empirische Zustände, Verteilungen, Verläufe oder Ereignisse schließt. Qualitativen Verfahren wird gerne unterstellt (und ihre Vertreter behaupten es auch immer wieder einmal selbst von sich), dass sie induktiv zu ihren Ergebnissen kommen. Diese vereinfachenden Zuschreibungen verstellen allerdings – wie in Kapitel 1.3 diskutiert – den Blick auf die tatsächlichen Prozesse; sie sind, wie die meisten Dichotomien, eher unfruchtbar. Ohne diese Diskussion noch einmal zu wiederholen, soll es hier vor allem um den Zusammenhang gehen, der zwischen bestimmten axiomatischen Annahmen zur menschlichen Erkenntnisfähigkeit und zum Realitätsverständnis einerseits und der Möglichkeit bzw. Erforderlichkeit bestimmter wissenschaftlicher Schlussverfahren besteht.

   In der Erkenntnislogik werden – nomen est omen – wissenschaftliche Schlussverfahren vor allem unter dem Gesichtspunkt ihrer logischen Schlüssigkeit betrachtet. Mit dieser Orientierung auf formale und logische Aspekte des Schließens gerät die zentrale Leistung empirischer Verfahren jedoch aus dem Blick: die Entdeckung von Phänomenen, Zusammenhängen und Problemen in der Sozialwelt. Der Erkenntnistheoretiker Hans Reichenbach (1891–1953) hat die Aufgabe der → Erkenntnistheorie einmal bestimmt, indem er zunächst den „Entdeckungszusammenhang" des Forschens von seinem „Rechtfertigungszusammenhang" unterschied (Reichenbach 1983/1938: 3). Letzterer, also die Aussagesysteme mit denen Forscherinnen ihre Ergebnisse herleiten und begründen, sah Reichenbach als Gegenstand seines Faches, den Entdeckungszusammenhang hingegen verwies er in den Bereich des Vorwissenschaftlichen, mit dem sich eher die Psychologie zu befassen habe. Die Methodologie der hypothesentestenden Forschung hat sich diese Unterscheidung in der Folge zu eigen gemacht und die Frage der Entdeckung weitgehend aus ihrem Methodendiskurs und ihren Verfahrensanleitungen ausgeblendet, auf die Formulierung und Untersuchung von Schlussverfahren und Aussagesystemen hingegen große Sorgfalt verwandt. So ist es auch zu verstehen, dass Deduktion und Induktion in Methodendiskussionen gerne als einzig legitime Verfahren wissenschaftlichen Schließens betrachtet und alle anderen Prozeduren des Erkenntnisgewinns der Status des Wissenschaftlichen abgesprochen wird. Weil aber erkenntnistheoretisch alle Bestandteile formallogischer Schlüsse bereits definiert sein müssen, ist die Abbildung neu wahrgenommener Phänomene und ihrer vorläufigen Deutung nicht Bestandteil logisch zwingender Schlussverfahren. Gerade jene kreativen Momente der Entwicklung neuer Sichtweisen und Interpretationen, die in der qualitativen Sozialforschung zentral sind, lässt sich in den logischen Formaten („Syllogismen") von Deduktion und Induktion nicht fassen. Aus diesem Grund hat sich der Begründer der Pragmatismus, Charles S. Peirce, mit der Abduktion befasst und diese als nicht-logischen, unwillkürlichen und tentativen Erkenntnismodus bestimmt (s. Kap. 1.3).

Allerdings kann sich auch qualitative Forschung nicht allein mit der Produktion ‚guter Ideen' begnügen, denn diese bedürfen der Überprüfung, ob sie die in Rede stehenden empirischen Zusammenhänge adäquat erfassen und erklären. Auch hier werden deduktive und induktive Schlussverfahren verwendet, allerdings in der Perspektive eines Forschungsprozesses, der iterativ-zyklisch in den kleinen Schritten eines fortwährenden Wechselspiels zwischen Theorie und Empirie abduktiv und induktiv entdeckt, tentativ theoretische Schlüsse formuliert und diese in weiteren Schritten der Materialanalyse überprüft. Gerade weil kreative Prozesse scheitern können, ist es wichtig, dass ihre Überprüfung fortlaufend erfolgt, also nicht eine komplett formulierte Theorie, sondern jede einzelne Typisierung oder Zusammenhangsvermutung immer wieder mit empirischem Material konfrontiert und auf ihre Plausibilität überprüft wird. Erweisen sich unsere theoretischen Schlüsse als angemessen und liefern Erklärungen auf deren Basis sich die Zusammenhänge im Untersuchungsfeld verstehen, erklären und schließlich auch – zumindest in der Tendenz – prognostizieren lassen, dann gewinnt unsere Theorie sukzessive an Stabilität und wird zu einer legitimen wissenschaftlichen Aussage. Vor dem Hintergrund des skizzierten pragmatistischen Realitätsverständnisses ist allerdings ausgeschlossen, dass die Realität in Gestalt empirischen Materials als harter und eindeutiger Prüfstein verstanden wird.

Theoriebegriff: Je nachdem, wie wir die Frage nach der Beschaffenheit der Realität und den Prozessen ihrer Konstitution beantworten, fallen auch die Konsequenzen für unseren Theoriebegriff aus. Wenn hypothesentestende Forschung empirische Daten als Prüfsteine für die zu testenden Theorie über die Realität heranzieht, dann setzt dies eine unabhängig vom Betrachter und der zu testenden Theorie existierende Realität voraus. Denn nur unter der Voraussetzung eines solchen Realitätsbegriffs kann legitimerweise angenommen werden, dass der Theorie widersprechende empirische Daten die Theorie widerlegen („falsifizieren") können. Und auch der umgekehrte Fall, die Annahme der vorläufigen Geltung einer empirischen Theorie, die trotz sorgfältiger Untersuchung nicht zu falsifizieren ist, funktioniert nur unter der Bedingung von Realität als unabhängiger Instanz, weil andernfalls die scheinbare Stimmigkeit schlicht durch den Einfluss der Theorie auf unsere Realitätskonstitution erzeugt worden sein könnte.

Wenn wir aber – wie im Pragmatismus – von einer im Handeln fortgesetzt erzeugten, perspektivisch gebundenen Realität ausgehen, diese also als sozial konstruiert und nicht als universell gegeben verstehen, dann können empirische Daten nicht zum Wahrheitskriterium empirischer Theorien gemacht werden. Theorie und Empirie befinden sich nach diesem Verständnis vielmehr in einem Wechselverhältnis, in dem sie einander fortgesetzt konstituieren: Die Erfahrungen, die die Forscherin im Untersuchungsfeld macht, haben das Potential, ihr – immer auch theoretisch sensibilisiertes – Vorverständnis zu irritieren und einen Prozess der Theoriebildung anzustoßen. Ob die so entwickelte Theorie intersubjektiv nachvollziehbar ist und den Forschungsgegenstand angemessen konzeptualisiert, ob sie also eine zutreffende Antwort auf die Forschungsfrage(n) bietet, darüber entscheidet in pragmatistischer Perspektive die Bewährung in der Praxis. Dabei hat „Praxis" in den Sozialwissenschaften zwei Dimensionen: Gute gegenstandsbezogene Theorien stellen Wissen bereit, das dazu beitragen kann Handlungsprobleme des untersuchten Gegenstandsbereichs zu lösen (z. B. Konflikte bei der Organisation von Arbeit im Krankenhaus minimieren; Lehrinnen bei der Entwicklung passender Unterrichtsmodelle für multiethnische Schulklassen unterstützen etc.). Sie können und sollen aber auch wissenschaftsintern dazu beitragen, ein Problem des Faches zu lösen, wenn sie etwa ein Konzept zum Verständnis der Entstehung sozialer Ordnung bieten, das zuvor ungeklärte oder neu aufgetretene Phänomene zu erklären erlaubt.

In der qualitativen, theoriegenerierenden Forschung werden Theorien als Ergebnisse des empirischen Forschungsprozesses verstanden. Wir sollten uns dies jedoch nicht im Sinne eines abgeschlossenen Endprodukts vorstellen, sondern Theorieproduktion als einen mit der empirischen Forschungsarbeit eng verwobenen Prozess des fortgesetzten Theoretisierens betrachten. Sicher, am Ende eines Projekts publizieren wir die dabei gewonnenen theoretischen Erkenntnisse, aber, wie Glaser und Strauss 1967 bereits formuliert haben, „the published word is not the final one, but only a pause in the never-ending process of generating theory"

(1967: 40). Es ist also eher als würden wir aus dem Prozess eine Scheibe heraus-schneiden und zwischen zwei Buchdeckel gepresst präsentieren, während die ei-gentliche Forschung im Hintergrund voranschreitet. Empirische Theorien können nicht abgeschlossen oder ‚fertig‘ sein, schon weil unser Gegenstand sich perma-nent weiterentwickelt. Darüber hinaus aber generieren Antworten auf empirisch oder theoretisch motivierte Fragen neben Antworten immer auch neue Fragen – die im Idealfall zu neuen Forschungsvorhaben führen. Wir müssen uns also den theoretischen Ertrag einzelner Forschungsprojekte immer im Gesamtzusammen-hang des Prozessierens der Wissenschaften und der Diskurse in den einzelnen Fä-chern vorstellen.

Wissenschaft und Alltagswissen: In der qualitativen Sozialforschung gehen die Mei-nungen darüber auseinander, ob wissenschaftliches Wissen etwas anderes ist als Alltagswissen. Dahinter steht die Frage nach der Existenz eines fundamental ande-ren und womöglich privilegierten Erkenntnismodus der Wissenschaften gegenüber der Alltagspraxis. Motiviert wird diese Frage aus der Überlegung, dass Wissen-schaft eine gesellschaftliche Institution ist, die sich allein durch die Art, wie sie verfasst ist (besondere Organisationsformen, akademische Selbstkontrolle, Freiheit von Lehre und Forschung, Finanzierung aus öffentlichen Mitteln), in Legitimati-onszwängen befindet: Wenn Wissenschaft keine besonderen Erkenntnismöglich-keiten hätte, warum sollte die Gesellschaft dann so viel in sie investieren und ihr so viel Unabhängigkeit einräumen? Allerdings gilt es auch zu bedenken, dass zu-mindest die empirischen Wissenschaften zunächst im Wesentlichen den gleichen Erkenntnisbedingungen unterliegen, wie jede andere menschliche Praxis. Wenn wir z. B. von der sozialen Konstruiertheit von Realität ausgehen, dann gibt es kei-nen Grund anzunehmen, dass dies für die Wissenschaften selbst nicht gilt. Zudem gilt: Auch Wissenschaft ist auf ihre Art Alltag: Sie bringt routinierte Praktiken her-vor, die weite Teile wissenschaftlichen Arbeitens dominieren, sie entwickelt einen breiten Bestand an Common-Sense-Wissen, dessen Angemessenheit wir als gege-ben betrachten und das wir erst bei unübersehbaren und das weitere Handeln hemmenden Unstimmigkeiten und Widersprüchen infrage zu stellen bereit sind.

Andererseits ist kaum zu leugnen, dass qualitative Sozialforschung vorrangig mit der Produktion eines von Alltagswissen unterscheidbaren Wissenstyps befasst ist. Das hat vor allem mit der analytischen und rekonstruktiven Grundhaltung wis-senschaftlicher Forschung zu tun, die sich zunächst darin ausdrückt, dass wir in empirischen Forschungsprozessen primär nicht als Akteure, sondern als Beobach-ter zweiter Ordnung präsent sind und das in der empirischen Arbeit gewonnene Material nicht in der Situation vor Ort deuten, bewerten und einordnen, sondern uns dazu in eine vom Handlungsdruck des Forschungsfelds entlastete Situation begeben. Unser analytisches Interesse bewegt sich nicht mehr im Rahmen der All-tagssituation, sondern wir wollen in einer sich davon distanzierenden, analytisch-rekonstruktiven Weise etwas über das in Alltagssituationen wirksame Wissen und die Prozesse erfahren, in denen es hervorgebracht wird. Als Sozialwissenschaft-lerinnen wollen wir etwas herausfinden, was uns als Alltagsmenschen gewöhnlich zumindest nicht als reflexives Wissen verfügbar ist. Doch damit ist Wissenschaft und wissenschaftliches Wissen noch nichts kategorial anderes als Alltag und All-tagswissen, denn auch der Alltag kennt den auf Reflexion gerichteten Rückzug aus Interaktionssituationen, die systematische Analyse von z. B. Handlungsoptionen oder die → Rekonstruktion von zuvor abgelaufenen Prozessen.

Wissenschaftliches Wissen kann also am besten als eine im Vergleich zum All-tagswissen *graduell* andere Art von Wissen verstanden werden. Sein anderer und in gewisser Weise privilegierter Status wird erzeugt durch das höhere Maß an Sys-tematik der Prozesse der Wissensgenese, die durchgängig eingenommene Position einer Beobachtung zweiter Ordnung, die vom Handlungsdruck befreite analytische Situation sowie den wesentlich höheren Aufwand, den wir zur Legitimation der Wissenschaftlichkeit und Gültigkeit unserer Ergebnisse zu leisten haben. Die Syste-matik ist die Aufgabe der empirischen Methoden, die Notwendigkeit ihrer Explizie-rung ergibt sich aus dem Legitimationserfordernis wissenschaftlicher Praxis. Zu-gleich aber sind die Übergänge zwischen Alltagswissen und wissenschaftlichem Wissen fließend.

2.4 Zusammenfassung

Qualitativ-interpretative empirische Sozialforschung ist ein voraussetzungsvolles Unterfangen, dessen Praxis umfassend in bestimmte Theorie-Empirie-Verhältnisse eingebettet ist, die eine Vielzahl von Festlegungen implizieren. Diese Festlegun-gen, von denen die grundlegendsten axiomatischer Natur sind, haben Konsequen-zen für die Erkenntnismöglichkeiten empirischer Forschung ebenso wie für ihre Geltungsansprüche. Deshalb ist es auch nicht hinreichend, qualitative Methoden als Techniken im Sinne von To-do-Regeln zu erlernen.

Anders als in der hypothesentestenden Sozialforschung berufen sich qualitati-ve Verfahren überwiegend auf Spielarten sozialkonstruktivistischer oder pragma-tistischer Erkenntnis-, Wissenschafts- und Sozialtheorien. Für den Umgang mit qualitativen Verfahren ist es daher wichtig, sich neben den praktischen Verfahren auch die jeweils damit verbundene Konstellation theoretischer Argumente anzueig-nen. Von besonderer Bedeutung ist dabei die Frage des Realitätsverständnisses, aus dessen Bestimmung sich eine Reihe von Konsequenzen für den Status von Daten, Forscherinnen, Theorien und Methoden ergeben.

Das Verhältnis von Theorie und Empirie ist in der qualitativen Sozialforschung nicht als ein Dualismus angelegt, in dem Methoden im Sinne neutraler Werkzeuge unterschiedlichen Erkenntniszwecken dienen. Das Verhältnis wird vielmehr als wechselseitiger Verweisungszusammenhang verstanden, in dem empirische Me-thoden immer schon theoretisch gerahmt und wiederum auf Theorie hin gespannt sind, während umgekehrt Theorie in ihren unterschiedlichen Erscheinungsformen (Sozialtheorie, Theorien mittlerer Reichweite, gegenstandsbezogene und Gesellschaftstheorien) durch methodische Beobachtungen der fortwährenden Verfertigung von Realität angeregt und irritiert werden. Theorienproduktion und empirische Forschung bilden gemeinsam und untrennbar die Weisen der wissenschaftlichen Welterkenntnis.

Bei aller Unterschiedlichkeit der Theoriebezüge gibt es dennoch eine Reihe zentraler, in der historischen Perspektive hier als Theorieereignisse adressierter soziologischer Konzepte von so basaler Bedeutung, dass praktisch alle qualitativ-empirischen Ansätze in der einen oder anderen Weise darauf Bezug nehmen. Die „Definition der Situation", der „generalisierte Andere" und das „signifikante Symbol", die Unterscheidung von „Ausdrucks-, Objekt- und Dokumentsinn", „Typisierungen" und „Idealisierungen" der „Alltagswelt" sowie ein Verständnis sozialwissenschaftlicher Theorien als „Konstruktionen zweiter Ordnung" gehören nicht nur zum Kernbestand soziologischen Denkens, sondern es ergeben sich aus ihnen auch wichtige Funktionsbedingungen der empirischen Forschung, die in qualitativ-interpretativen Ansätzen Berücksichtigung finden.

Methodologie haben wir hier als eine spezifische Vermittlungsebene von Theorie- und Empiriebezügen kennengelernt. Methodologische Argumentationen beziehen methodische Regeln und Praktiken in legitimatorischer Absicht auf erkenntnis-, wissenschafts- und sozialtheoretische Theorien. Methodologie selbst legitimiert also nicht eigentlich die Methodenpraxis, sondern sie stiftet den legitimatorischen Dialog zwischen beiden Ebenen.

! Nach der Bearbeitung dieses Kapitels sollten Sie
– Methoden von → Methodologien sowie Methodologien von → Wissenschafts- und von → Erkenntnistheorien unterscheiden können.
– den Zusammenhang zwischen Theoriegenese und methodologischer Argumentation verstehen.
– den Einfluss sozialtheoretischer und epistemologischer Vorentscheidungen auf Methodenwahl und methodologischer Legitimation nachvollziehen können.
– begründen können, welche Auffassungen über die Genese und Beschaffenheit von Realität welche methodologischen Konsequenzen haben.

⌇ Hier können Sie weiterlesen:
– Zum Konstruktivismus: Hacking, I. (1999): Was heißt „Soziale Konstruktion"?, Frankfurt a. M.: Fischer.
– Zum Pragmatismus: Nagl, L. (1998): Pragmatismus, Frankfurt a. M.: Campus.
– Über Wissenschafts- und Erkenntnistheorien: Chalmers (2001): Wege der Wissenschaft: Einführung in die Wissenschaftstheorie, Berlin u. a.: Springer.
– Sozialtheorien im Überblick: Joas/Knöbl (2004): Sozialtheorie: zwanzig einführende Vorlesungen, Frankfurt a. M.: Suhrkamp.

---

3 Ethnografie: Dabeisein ist alles

In diesem Kapitel wird eine zentrale und in den letzten Jahren immer wichtigere Form der Gewinnung von empirischem Material vorgestellt, die Ethnografie, mitunter auch Feldforschung genannt. Dabei widmen wir uns der Frage, wie in der Ethnografie Beobachten, Mithandeln und Nachfragen schreibend in eine analytische Form überführt werden, wir befassen uns mit dem, was die Ethnografinnen ihr „Feld" nennen und damit, wie sie sich Zugang dazu verschaffen können. Wir betrachten aber auch, wie sich die Auffassungen darüber, was ein Feld ist, verändert haben und welche methodischen Konsequenzen sich daraus ergeben.

„Qualitative Forschung ist Feldforschung", so formulieren Przyborski und Wohlrab-Sahr (2014: 39) kurz und bündig das *Primat der Anwesenheit* für die qualitative Forschung. Sie zielen damit zunächst auf einen sehr breiten und allgemeinen Begriff von Feldforschung und nicht speziell auf das, was im engeren Sinne unter ethnografischer Feldforschung verstanden wird. Umgekehrt aber ist ethnografische Feldforschung gerade dadurch gekennzeichnet, dass sie – im Unterschied zur Methode der Beobachtung – die verschiedenen Datengewinnungsformen qualitativer Forschung kombiniert und zu einer länger andauernden Vor-Ort-Forschung verdichtet. Ethnografisch → Daten zu gewinnen heißt, neben anhaltender Beobachtung eben auch an der alltäglichen Lebenspraxis im Feld aktiv teilzunehmen, die Menschen im Feld als Expertinnen ihrer eigenen Lebenspraxis in informellen Gesprächen wie in förmlichen Interviews zu befragen, die räumlich-dingliche Konstellation des Feldes zu analysieren und alle Arten von Dokumenten aus dem Feld und über das Feld zu sammeln.

Beobachten und Befragen werden häufig als die beiden zentralen Vorgehensweisen bei der Erzeugung qualitativer Daten bezeichnet – gerne verbunden mit dem Hinweis, dass jede der beiden spezifische Beschränkungen aufweist, die die andere zu heilen in der Lage ist: Wenn wir beobachten, können wir Prozesse wahrnehmen und die Beiträge einzelner Akteure sowie unterschiedlicher gegenständlicher Strukturen (Geräte, bebaute Umwelt etc.) unterscheiden, die in diese Prozesse eingehen, sie konstituieren. Verborgen aber bleibt uns, was die Handelnden motiviert, welchen Sinn sie ihrem Handeln und dem der anderen beimessen. Genau dies aber leisten die unterschiedlichen Formen der Gewinnung verbaler Daten: Wir können Menschen nach Motiven und Bedeutungen, nach ihrer → Interpretation von Situationen und Konstellationen fragen. Wir können sie in Gruppendiskussionen in Gespräche miteinander verwickeln, in denen sie sich wechselseitig ihre Motive und Interpretationen erklären und gemeinsam geteilte Perspektiven entwickeln. Der Nachteil verbaler Daten ist andersherum, dass hier nun ein zuverlässiger Rückschluss auf eine stattgehabte Praxis nicht wirklich möglich ist: ‚Reden über' ist immer retrospektiv und unterliegt aktuell-situativen Re-Interpretationen in der Gesprächssituation. In ihren Leistungsmerkmalen verhalten sich Beobachten und Befragen also komplementär zueinander. Dies legt in vielen Forschungsfeldern ih-

https://doi.org/10.1515/9783110529920-003

ren gemeinsamen Einsatz nahe – sei es als systematische Kombination formeller Interviews und mehr oder weniger strukturierten Beobachtungen oder aber in Form der Ethnografie.

In Kapitel 3.1 betrachten wir die Methode der qualitativen Beobachtung in Form eines Exkurses. Als Exkurs deshalb, weil die Form der reinen Beobachtung in der qualitativen Sozialforschung im Vergleich zur Ethnografie stark an Bedeutung verloren hat. Dennoch lassen sich daran einige wesentliche Merkmale und Probleme beobachtender Zugänge verdeutlichen. Im weiteren Gang des Kapitels nähern wir uns der Ethnografie zunächst historisch (s. Kap. 3.2), weil es zwei unterschiedliche und in ihrer Unterschiedlichkeit lehrreiche Traditionen ethnografischen Forschens gibt. Die zentrale Heuristik der Ethnografie ist die Spannung zwischen dem Eigenen und dem Fremden. Damit und mit den Problemen, mit dieser Fremdheit erst einmal in Kontakt zu kommen sowie Fremdheit im Vertrauten systematisch zu erzeugen, befassen sich die Kapitel 3.3 und 3.4, bevor wir uns in Kapitel 3.5 dem Begriff des ethnografischen Feldes zuwenden. Weil Ethnografie immer auf die kulturelle Dimension der erforschten Praktiken und Milieus zielt, geht Kapitel 3.6 dem Zusammenhang von Ethnografie und Kulturtheorie am Beispiel der von Clifford Geertz propagierten „dichten Beschreibung" nach, gefolgt von einer Diskussion der Probleme ethnografischen Schreibens (s. Kap. 3.7). Eine zusammenfassende Betrachtung des Verhältnisses von Beobachtung und Ethnografie sowie der Varianten gegenwärtiger ethnografischer Forschung (s. Kap. 3.8) runden das Kapitel ab.

3.1 Exkurs: Beobachten

Von Goethe stammt die folgende Beobachtung: „Was ist das Schwerste von allem? Was Dir das Leichteste dünket: Mit den Augen zu schauen, was vor den Augen lieget." (Goethe, Xenien aus dem Nachlass 44). Damit weist er auf zweierlei hin: Die Alltäglichkeit des Beobachtens sowie seine Nichttrivialität. Wir alle schauen hin, nehmen wahr, meinen zu verstehen oder sind verwundert über das Wahrgenommene. Schon die einfachsten Orientierungsleistungen im Alltag sind zwingend auf Beobachten angewiesen und dies in der Regel in mehreren Dimensionen. Schauen, Hören, Riechen, mitunter auch Tasten sind dabei – meist unwillkürlich – involviert. Doch das menschliche Beobachten beschränkt sich nicht auf das reine Aufnehmen von Sinneseindrücken, wie bei einer Videokamera oder einem Tonbandgerät. Die Eindrücke werden bewertet, zugeordnet, interpretiert, also mit Sinn belegt. Auf diese Weise ist das Beobachten fester Bestandteil basaler Handlungsvollzüge. Die wissenschaftliche Beobachterin tut zunächst nichts anderes, bekommt allerdings im situativen Handlungsschema eine andere Rolle zugewiesen: Sie wird als außerhalb des beobachtbaren Handelns stehend adressiert, ist die Nichtteilnehmende. Beobachterrollen im Alltagsleben sind häufig negativ konnotiert: Spanner und Voyeure, Kiebitze beim Skat, Schaulustige bei Verkehrsunfällen.

Das hat auch damit zu tun, dass Beobachter von außerhalb oder vom Rand des Geschehens das, was sie beobachten, an den Akteuren vorbei auswählen und diesen keine Rechenschaft über die Verwendung des dabei gewonnenen Wissens geben. Auch in dieser Hinsicht also hätte Goethe – auch wenn er diesen Aspekt wohl nicht im Sinn hatte – mit seiner Einschätzung der Schwierigkeit des Beobachtens nicht ganz Unrecht.

Wenn wir nun in der qualitativen Sozialforschung zum Mittel der Beobachtung greifen, dann sind wir im Prinzip mit dem gleichen Problem konfrontiert: Wir beobachten als Dritte einen Vorgang, der gewöhnlich ohne uns abzulaufen pflegt, dem wir aber mit einem außerhalb des Kontexts dieses Vorgangs liegenden Erkenntnisinteresse nähertreten. Dabei können wir kaum davon ausgehen, dass die zu beobachtenden Vorgänge von unserer Anwesenheit völlig unbeeindruckt bleiben. Dies gilt umso mehr, wenn wir unsere Beobachtungen – wie es forschungsethisch geboten wäre – *offen* durchführen, die beobachteten Personen also von unserem Tun vorab in Kenntnis setzen. Zwar verliert sich dieser Effekt bei längeren Beobachtungen im Zeitverlauf, weil die Beobachteten sich an die Anwesenheit der Beobachterinnen gewöhnen. Auf jeden Fall aber kann hier in einem strengen Sinne kaum von einer Nichtbeeinflussung des Feldes durch die Forschenden gesprochen werden. Im Paradigma der qualitativen Forschung stellt dies allerdings – anders als in der standardisierten Sozialforschung – kein wesentliches Problem dar (s. Kap. 1.5), solange nur die Rolle des Beobachters im Feld analytisch mitreflektiert wird. In der Ethnografie ist diese Form der Reflexivität nahezu selbstverständlich und macht einen identifikatorischen Kern des Verfahrens aus. Daher ist dezidiert *verdecktes* Beobachten in der qualitativen Sozialforschung eher nicht die Regel. Es findet am ehesten dort statt, wo besonders leicht zu störende Interaktionen mit Kurzzeitbeobachtungen untersucht werden sollen (z. B. spielende Kinder). Viele Beobachtungssituationen finden zudem in öffentlichen oder halböffentlichen Räumen statt, beispielsweise auf Marktplätzen, in Bahnhöfen, in Sportstadien oder Kneipen, Orten also, an denen fast alle Akteure mit einem gewissen Maß an Anonymität agieren und daher auch Beobachterinnen gar nicht genötigt sind, sich zu offenbaren – und oft auch gar keine Chance dazu hätten.

Neben der Unterscheidung von offen und verdeckt können Beobachtungen nach dem *Grad der Teilnahme* unterschieden werden. Extreme Formen der *Nichtteilnahme* der Forscher am beobachtbaren Geschehen, wie etwa die Beobachtung einer Kindergruppe durch eine Mitschauanlage (also eine einseitig verspiegelte Glasscheibe als Trennwand zwischen Beobachter-Raum und zu beobachtendem Raum), sind aber die Ausnahme. Häufiger finden sich *Varianten des Mithandelns*, schon weil die schlichte Anwesenheit in der zu beobachtenden Situation zwangsläufig zur Zuweisung einer Rolle durch die Anwesenden führt (Lindner 1981: 52 f.) und damit die Beobachterin nolens volens zur Mithandelnden macht.

Gerade weil Beobachtung im Moment und am Ort des Geschehens stattfinden muss, ist die Bestimmung, wann und wo beobachtet werden soll, alles andere als trivial. Denn es geht um die Auswahl in zwei kontinuierlichen Dimensionen: *Raum* und *Zeit*. Dabei ist die Festlegung des Beobachtungsraums auf den ersten Blick noch die einfachere Aufgabe, weil hier schon der gebaute Raum (Gebäude, Plätze, bestimmte Sicht- und Zugangsschranken) Auswahlen nahelegt. Allerdings bleibt immer noch die Frage, an welchen Orten das zu untersuchende Phänomen zu beobachten ist und ob es sich überhaupt an einem oder an bestimmten Orten lokalisieren lässt (s. dazu mehr in Kap. 3.5). Die zeitliche Dimension bietet zwar mit Tages- und Wochenrhythmen, Betriebs- und Öffnungszeiten etc. ebenfalls Strukturen an, doch ist gerade dann, wenn die Beobachtungen sich auf eher kurze Zeiträume beziehen sollen, vorab schwer auszumachen, zu welchen Zeiten untersuchungsrelevante Ereignisse zu beobachten wären (z. B. Schüler-Lehrer-Konflikte im Unterricht oder Pannen bei PowerPoint-Präsentationen).

Ein anderes Problem der Beobachtung (wie im Übrigen auch der Ethnografie) ist die Flüchtigkeit des in der Beobachtung Erfahrenen. Das menschliche Gedächtnis ist ein höchst unzuverlässiger Speicher, der nicht nur schnell vergisst, sondern auch zu permanenten Umdeutungen des Erlebten neigt. Beobachten impliziert also immer auch die *Protokollierung* des Beobachteten. Diese sollte möglichst umgehend nach der Beobachtung erfolgen, denn das Kurzzeitgedächtnis vermerkt eine Vielzahl von Details, die, nachdem man einmal darüber geschlafen hat, oft unwiederbringlich verloren sind. Wenn es sich in der Beobachtungssituation einrichten lässt, Notizen anzufertigen (schriftlich oder auf Band gesprochen), kann das die Qualität der Protokollierung deutlich verbessern. In vielen Fällen ist dies jedoch nicht gut möglich, insbesondere bei verdeckt mithandelnden Beobachterinnen. Dann gilt es, jede Pause für Notizen zu nutzen. Eine Schwierigkeit beim Protokollieren von Beobachtungen liegt im Maß der zulässigen Interpretation. Keine Beobachtung ist ein Abbild einer objektiv gegebenen Wirklichkeit, jede Wahrnehmung durchläuft – unwillkürlich und notwendig – einen Akt der Interpretation, bevor sie als Erfahrung vermerkt werden kann. Umgekehrt aber ist der Zweck des Protokolls nicht die analytische Verarbeitung der Beobachtung, sondern eine chronologische und möglichst detailreiche schriftliche Repräsentation der Ereignisse.

Schwierig wird es vor allem, wenn die Motive der Handelnden ins Spiel kommen: Wenn wir im Alltag über eine Beobachtung berichten, dann fließen dabei – als Teil der erwähnten Orientierungsleistung – immer auch unsere Annahmen über den gemeinten Sinn beobachteter Handlungen, also über die Motive der Handelnden ein. Wir unterstellen den beobachteten Interaktionspartnern Motive, die wir als solche nicht beobachten können, von deren Richtigkeit wir aber aus Erfahrung ausgehen können. Dieses spekulative Moment, das im Alltag die Basis erfolgreichen Mithandelns ist, begegnet uns auch in der wissenschaftlichen Beobachtung. Denn eine qualitative Analyse will zwar auch den subjektiv gemeinten Sinn herausarbeiten, zielt damit aber gerade nicht auf die Annahmen der Forscherin über den Sinn des beobachteten Geschehens, sondern darauf, die wechselseitigen Motivunterstellungen der Handelnden rekonstruktiv zu erfassen. Dabei ist sie notwendig auf ihre eigene Interpretation angewiesen. Die Perspektivendifferenz, die sich aus dem anderen Lebenskontext der Forscherin ergibt und auch durch intensives ‚Mit-leben' im Feld nie ganz zu vermeiden ist, bedeutet für die Analyse Risiko und Chance zugleich: Zwar könnte sie fehlgehen in ihren Schlüssen auf Teilnehmermo-tive und reziproke Motivunterstellungen, doch bietet sich ihr aus der Perspektive der nur beobachtenden, vom Mithandeln entlasteten Dritten zugleich die Möglich-keit, aufzuklären, wie sich Sinn zwischen den Teilnehmenden interaktiv entfaltet. Gute Beobachtungsprotokolle sollten daher jeweils vermerken auf welche Indikato-ren sich Sinnzuschreibungen durch die Forschenden jeweils stützen und welche Perspektive dabei in Anschlag gebracht wird. Sie sollten also reflexiv angelegt sein. Ein vollständiger Verzicht auf solche Zuschreibungen im Sinne einer ‚objektiven' Aufzeichnung ‚tatsächlichen' Geschehens kann hingegen nie gelingen, weil auch die einfachste Beschreibungssprache nicht ohne Bedeutungszuschreibungen aus-kommt.

Einige der hier genannten Merkmale und Probleme wissenschaftlichen Be-obachtens im Paradigma der qualitativen Forschung sind auch der Ethnografie ei-gen, in anderen Punkten aber unterscheidet sie sich sehr grundlegend davon. Dies wird in Kapiteln 3.2 bis 3.7 deutlich werden. Eine Diskussion von Ähnlichkeiten und Unterschieden erfolgt in Kapitel 3.8.

3.2 Herkunft und Entwicklung der Ethnografie

Die Geschichte der Ethnografie beginnt in der Sozial- und Kulturanthropologie und sie reicht zurück bis in die zweite Hälfte des 19. Jahrhunderts, die große Zeit der Kolonialreiche. In ihren Kolonien in Afrika und Asien sahen sich die Europäer mit Sozialformen und kulturellen Praktiken konfrontiert, die ihnen zunächst fremd wa-ren: Sie ließen sich mit den bekannten Mustern und Typisierungen der bis dahin geläufigen Formen menschlichen Zusammenlebens und Handelns nicht umstands-los erklären und einordnen. Die Umgangsweisen mit dieser Art von Fremdheitser-fahrung waren immer schon sehr unterschiedlich, oft aber vor allem von Ausgren-zung, Feindseligkeit und der Behauptung der eigenen Überlegenheit geprägt. Was dem Römer sein Barbar, war dem Europäer der Neuzeit sein ‚Neger', wie es damals hieß. Derartige Ausgrenzungen, die auf der Macht zu „Othering" beruht, also der wirklichkeitsmächtigen Definition des anderen als ‚fremd', bedeutete im Ernstfall, dass diesen fremden Lebensformen schlimmstenfalls das Menschsein abgespro-chen wurde, mindestens aber der Status der Zivilisiertheit. Dies drückte sich zu-nächst auch in einer spezifischen Form der Arbeitsteilung in der anthropologi-schen Forschung aus: Die Wissenschaftler gingen nicht etwa selbst ins Feld, sie ließen sich von Zeugen berichten, zogen daraus ihre Schlüsse und fertigten Berich-te, um sie in ihren Clubs und akademischen Gesellschaften vorzutragen.

Es war der polnische Sozialanthropologe Bronislaw Malinowski (1884–1942), der zu Beginn des letzten Jahrhunderts den entscheidenden Anstoß zur Überwindung dieser Praxis gab. Weniger durch eigenes Zutun als durch weltpolitische Umstände geriet er zur Zeit des Ersten Weltkriegs in die Situation, für einen langen Zeitraum in Neuguinea interniert zu werden. Er nutzte diese Lage zu einer lang andauernden empirischen Feldstudie in einem Dorf der Kula auf den Trobriander-Inseln in Melanesien (Malinowski 1922). Er erlernte dort in Grundzügen die Sprache der Bewohner, nahm teilweise am Dorfleben teil und führte Gespräche mit Repräsentanten des Dorfes. Sein methodisches Credo formulierte er in Abgrenzung vom kolonialen Modus der frühen Kulturanthropologie und forderte

> (...) eine neue Methode, Beweismaterial zu sammeln: Der Anthropologe muss seine bequeme Position im Sessel auf der Veranda des Missionsgeländes oder im Bungalow des Farmers aufgeben, wo er, mit Bleistift und Notizblock und manchmal mit einem Whisky-Soda bewaffnet, gewöhnt war, Berichte von Informanten zu sammeln: Er muss hinaus in die Dörfer gehen und den Eingeborenen bei der Arbeit in den Pflanzungen, am Strand und im Dschungel zusehen (...) Die Information muss ihm, gewürzt mit eigenen Beobachtungen über das Leben des Primitiven, zukommen, und darf nicht tropfenweise aus widerwilligen Informanten herausgequetscht werden. (Malinowski 1973/1948: 128 f.)

Es ging ihm also um Informationen aus erster Hand, um Authentizität in der Erfahrung des Fremden, aber auch um die Repräsentation des „native's point of view" (Malinowski 1922: 25), also der kulturellen Binnenperspektive. Auffällig ist allerdings (zumindest im Rückblick), dass er von „zusehen" spricht – einen Begriff von der Bedeutung des Mittuns, des Eintauchens in eine andere Kultur scheint er noch nicht zu haben; vielmehr dominiert die Perspektive des an naturwissenschaftlichen Objektivitätsidealen orientierten wissenschaftlichen Beobachters. Auch wenn Malinowskis persönliche Integrität als Forscher unter der späteren Veröffentlichung seiner persönlichen Tagebücher und den darin enthaltenen Belegen für Voreingenommenheit und Sexismus gelitten hat, sind seine wissenschaftlichen Arbeiten, z. B. zum Ringtausch bei den Kula, aber eben auch seine methodischen Reflexionen von unbestreitbarer Bedeutung für die Entwicklung der Ethnologie als empirischer Forschungsmethode. Andere Beispiele für eine frühe kulturanthropologische Ethnografie finden sich in den Werken von Franz Boas (Boas 1910) sowie von Margaret Mead und Gregory Bateson (Bateson/Mead 1942).

René König, einer der ersten, der sich in der deutschen Nachkriegssoziologie ausführlich mit empirischen Methoden befasst hat, sieht vor allem in dieser anthropologischen Ethnografie den Ursprung aller soziologischen Versuche zu einer Methodisierung länger anhaltender Feldaufenthalte und -beobachtungen (König 1984). Ein anderer Ursprung soziologischer Ethnografie liegt aber – das hat König damals unterschätzt – im Umfeld der frühen Chicago School am Beginn des 20. Jahrhunderts. Die Verstädterungsprozesse in den großen nordamerikanischen Metropolen, allen voran Chicago und New York, hatten, ebenso wie in Paris, London oder Berlin, zunehmend dazu geführt, dass das direkte Erleben der Alltagswelt anderer Schichten, Klassen und Milieus (wie noch für die Stadt des Mittelalters und der frühen Neuzeit kennzeichnend) so einfach nicht mehr möglich war. Eine

Konsequenz dieser Entwicklung war die Entstehung des Zeitungsreporters und der Tageszeitungen neueren Typs: Reporter schwärmten aus in die Slums, in die Hafenviertel, folgten den Polizeistreifen auf ihren Routen durch die Viertel der Stadt, immer bemüht ein möglichst lebendiges Bild des Alltagslebens anderer Milieus zu zeichnen und dieses durch die Tageszeitung der geneigten Leserschaft der Mittel- und Oberschichten zur Kenntnis zu bringen (vgl. dazu Lindner 1990).

Einer dieser „rasenden Reporter" war für eine Weile ein gewisser Robert Ezra Park, ein studierter Sozialwissenschaftler und Philosoph, der sich nach seinem Studium zunächst dem Journalismus zuwandte (s. Kap. 1.4). 1915 aber wurde er als Professor an das Chicagoer Department of Sociology berufen und prägte von dort an mit seinem am Journalismus geschulten Forschungsstil Generationen von Soziologinnen und Soziologen. Auch von ihm ist, wie von Malinowski, ein zentrales methodisches Credo überliefert. An seine Studenten gewandt kritisiert er die frühe soziologische Praxis der Auswertung von Akten und Statistiken, die gerne als „getting your hands dirty in real research" bezeichnet würde. Das sei zwar gut und wichtig,

> But one thing is more needful: first-hand observation. Go and sit in the lounges of the luxury hotels and on the door-steps of the flophouses; sit in the Gold Coast settees and on the slum shake-downs; sit in the Orchestra hall and in the Star and Garter Burlesk. In short, gentlemen, go get the seat of your pants dirty in real research. (Zitat überliefert von Parks Student Howard Becker, zit. n. Bulmer 1984: 97)

Es ist die journalistische Praxis des *nosing around*, die Park seinen Studenten nahelegt. Sie sollen sich in die sozialen Milieus begeben und vor Ort herausfinden, was diese entstehen lässt, prägt und zusammenhält. Es sollte niemand über etwas schreiben, was er nicht selbst gesehen und erlebt hat. Es ist dem Einfluss Parks zuzuschreiben, dass die frühe Chicago School eine Vielzahl ethnografisch angelegter Arbeiten hervorgebracht hat, die stilbildend für die weitere Entwicklung der Ethnografie in der Soziologie waren. Dabei ist die sozialwissenschaftliche Ethnografie aus rein praktischen Gründen etwas flexibler, was die Frage der lang andauernden Feldaufenthalte betrifft: Wenn das Forschungsfeld ohne lange Schiffsreisen einfach mit Bus oder Straßenbahn erreichbar ist, und wenn zugleich grundlegende Verständigungsmöglichkeiten ohne lange Vorbereitung und das Erlernen einer fremden Sprache gegeben sind, dann kann ethnografisch meist auch durch regelmäßige, zeitlich dicht beieinanderliegende Aufenthalte im Feld geforscht werden. So hat sich in dieser Hinsicht in der Chicago School denn auch eine große Bandbreite von Feldforschungsweisen entwickelt. Herausragende Beispiele sind etwa die Studie *The Hobo* von Nels Anderson, der selbst aus einer Wanderarbeiterfamilie stammte und zu Studienzwecken für längere Zeit wieder in das Milieu zurückgekehrt ist (Anderson 1923), oder aber Paul Cresseys *Taxi-Dance-Hall-Studie*, bei der er durch häufige Besuche und Beobachtungen in unterschiedlichen Tanzlokalen und Gespräche mit Kunden, Tänzerinnen und Lokalbesitzern ein Verständnis von der Kultur dieser speziellen Form von Amüsierlokalen gewinnen konnte (Cressey

1932). Die fälschlicherweise immer wieder als klassisches Beispiel für die Ethnografien der Chicago School angeführte Studie von William F. Whyte, *The Street Corner Society* (Whyte 1993/1943), ist tatsächlich im Kontext der Harvard University und als kulturanthropologisch angelegte Studie entstanden (vgl. Atteslander in der Einleitung der deutschen Ausgabe der Studie). Whyte hatte Zugang zu einer Jugendgang von italienischen Zuwanderern der zweiten Generation bekommen, zwei Jahre in dieser Gang zugebracht und deren soziale Binnenstruktur, die Organisation ihrer Aktivitäten und ihr Verhältnis zu ihrer sozialen Umwelt untersucht. Interessanterweise hat gerade die Assoziation mit dieser Studie die Wahrnehmung der Chicagoer Soziologie als besonders bedeutsam für die sozialwissenschaftliche Ethnografie erheblich befördert.

Waren die frühen soziologischen Ethnografien in der methodischen Systematik und Reflexion noch wenig ausgeprägt, so änderte sich dies mit den Forschern der sogenannten Second Chicago School ab dem Ende des Zweiten Weltkriegs. Hier prägten insbesondere die Schüler von Everett C. Hughes eine pragmatistisch-interaktionistisch ausgerichtete Sozialforschung, die ethnografische Zugänge mit zunehmend methodisch explizierten Auswertungsverfahren verband. Exemplarisch sind hier die Studien *Boys in White* (Becker et al. 1961) und die medizinsoziologischen Studien von Glaser und Strauss (Glaser/Strauss 1965, Glaser/Strauss 1968) zu nennen. Auch Erving Goffman begann seine Karriere mit Ethnografien auf den Shetland Inseln (1953) und in psychiatrischen Anstalten (1975/1963), wenngleich er später seine empirische Methode eher in Richtung auf eine fortgesetzte, eher impressionistisch angelegte Beobachtung seiner Alltagswelt weiterentwickelt hat.

In neuerer Zeit hat sich eine soziologische Ethnografie, die sich auf die eigene Gesellschaft, ihre Milieus und Subkulturen sowie die Praktiken ihrer Mitglieder ausrichtet, als eine der zentralen Methoden der qualitativen Sozialforschung etabliert. Ihre Anregungen bezieht sie dabei weiterhin aus beiden Traditionen, der kulturanthropologischen wie der soziologischen. Verbindende und Kontinuität stiftende Elemente sind dabei vor allem die Orientierung auf Kulturen und Praktiken als zentralem Gegenstand (s. Kap. 3.6) sowie die Heuristik der Fremdheit als methodische Maxime (s. Kap. 3.4).

3.3 Das Eigene und das Fremde: von der komplizierten Beziehung zwischen Forscher und Feld

Weil ethnografische Forschung Feldforschung ist, also mit leiblicher Anwesenheit der Forscherin im Feld verbunden ist, kommt der Herstellung des Feldzugangs besondere Bedeutung zu. Hier entscheidet sich schon in einer sehr frühen Phase der Forschung, wie tief die Ethnografin in das zu untersuchende Milieu und dessen Kultur Eingang findet und damit auch, wie gut das Projekt bestenfalls gelingen kann. Eine traditionelle Vorstellung von Feldzugang sieht den Forscher vor der

Aufgabe, aktiv eine Rolle im Feld zu erwerben. Diese Vorstellung setzt aber die Akteure im betreffenden Zielmilieu ungefähr so passiv, wie der bekannte Satz in Geschichtsbüchern, Kolumbus habe Amerika entdeckt, die dortigen Ureinwohner zu bloßen Objekten macht, und sie geht von einer Art Nullpunkt, einer „tabula rasa" (Lindner 1981: 52), in den Beziehungen zwischen Forscherin und Beobachteten aus.

Wie unangemessen diese Sichtweise ist, können wir uns schon an unserer eigenen alltagsweltlichen Praxis des Einander-Begegnens verdeutlichen: Auch wenn uns als Schülern in der Schule jemand entgegentritt in der Absicht, sich uns als neuer, taffer, schlagfertiger Lehrer ohne Autoritätsprobleme zu präsentieren, haben wir doch, bevor er auch nur den Mund aufmachen kann, eine eigene Vorstellung davon entwickelt, wer da vor uns steht. Und es ist – getreu dem Thomas-Theorem – davon auszugehen, dass wir dem neuen Lehrer gegenüber nicht auf Basis seiner Absichten, sondern orientiert an unseren Wahrnehmungen und Einschätzungen handeln werden. In dieser Weise können wir uns auch den Eintritt von Ethnografen in ein Feld vorstellen: Bevor sie noch Klemmbrett oder Diktiergerät auspacken können, ist ihnen von ihrem Gegenüber schon ein Etikett, ein Status, eine Rolle zugewiesen worden.

Wenn wir uns dem Problem des Feldzugangs systematisch nähern, dann lassen sich mit Wolff (2000) drei verschiedene Perspektiven unterscheiden. Da ist zunächst (1) der *Feldzugang „als Problem des Forschers"* (2000: 336 f.), also als Zumutung einer strategischen Auseinandersetzung mit den im Feld, aber auch in der eigenen Psyche, potentiell vorhandenen Widerständen. Mitgedacht ist darin die schon beschriebene Passivität des Feldes, dessen Akteure als auf die Zugangsbemühungen des Forschers nur reagierend konzipiert werden. (2) Eine andere Perspektive fasst das *Zugangsproblem als „Beziehungsproblem"* (2000: 337) und bezieht sich dabei auf das Phänomen der Schlüsselinformanten, aber auch der „gatekeeper": In vielen ethnografischen Feldern ergibt sich der Zugang über den Kontakt zu konkreten Personen aus dem Feld, die aufgrund spezifischer Eigenschaften mit der Forscherin in Kontakt kommen und ihr einen legitimen Zugang zum Beobachtungsfeld verschaffen. Dabei geht es um zweierlei: Zum einen sind manche Personen im Feld in einer (meist: Leitungs-)Position, in der sie als „Gatekeeper" über Zugänge entscheiden können. Geschäftsleiter, Schulleiterinnen, Vereinsvorsitzende, Sicherheitsbeauftragte o. Ä. können qua Amt Feldforschern Zugang gewähren oder verwehren und ihnen eine Rolle zuweisen (z. B. als Praktikant oder als Assistentin der Geschäftsleitung). Zum anderen gibt es in vielen Feldern, Gruppen, Organisationen oder Milieus Akteure mit einer stärkeren Außenorientierung, die aber zugleich häufig mit der einen oder der anderen Form der Randständigkeit oder Sonderrolle im fraglichen Beobachtungsfeld einhergeht. So traf W. F. Whyte auf „Doc", einen jungen Mann, der ein körperliches Handicap von früher Jugend an mit Geistesgegenwart und Überblick ausgleichen musste, um seinen Führungsanspruch in einem Milieu von Gewalt und Kleinkriminalität durchsetzen zu können. Durch sein Anders-Sein besaß er immer auch ein Stück Distanz zum eigenen Milieu und gewann daraus ein anderes Reflexionspotenzial.

Für die Frage des Feldzugangs ist der entscheidende Punkt, dass der Forscher sein Feld immer durch den speziellen Filter des Schlüsselinformanten sieht, der Orte, Situationen und Personen aussucht, bestimmte Kontakte herstellt, andere vermeidet und immer auch Deutungen über das Feld mitliefert, die den Gang der ethnografischen Studie notwendig prägen. Diese Art des Zugangs ist also Chance und Einschränkung zugleich – aber häufig schlicht die einzige Möglichkeit, um vor allem geschlossene Milieus wie Prostitution, illegale Einwanderung oder jugendliche Devianz überhaupt ethnografisch zu erschließen. (3) Eine dritte Perspektive für die Zugangsproblematik ist es, das *„Feld als soziales System"* (2000: 339) zu betrachten, das eine eigene Geschichte, eigene Regeln und Kommunikationsstile und ein bestimmtes Set an verfügbaren Rollen aufweist, das zugleich aber im Prozess des Feldzugangs neu definiert und als spezifisches soziales Feld erfahrbar wird: Dadurch, dass die Forscherin sich z. B. bemüht, Zugang zu Praktiken der Beschaffungskriminalität im Drogenmilieu des Frankfurter Bahnhofsviertels zu gewinnen, definiert sie dieses Milieu in einer bestimmten Perspektive und trägt diese in ihren Interaktionen auch in das Feld hinein. Das ist unvermeidlich und auch nicht an sich problematisch, muss aber mitreflektiert werden – nicht nur bei der Analyse des → Materials, sondern schon bei der Frage des Feldzugangs: Wenn dieser sich problematisch gestaltet, dann kann es eben auch daran liegen, dass die Akteure im Feld sich mit der im Feldzugangsbegehren repräsentierten Perspektive nicht identifizieren können.

In der Ethnografie wird der Feldzugang in zwei Momente unterschieden: Beim *getting in* geht es um den grundsätzlichen Zugang zu den für das Feld relevanten Handlungsfeldern. Hier wird geprüft, ob der Forscher mit seinen unmittelbar erfahrbaren Attributen und seinem Anliegen mit dem Feld kompatibel ist. Mit *getting on* hingegen sind die Etablierung und der Fortbestand von Sozialbeziehungen im Feld und die Zuweisung von Rollen gemeint. Wolff weist darauf hin, dass das Feld gerade im Definitionsprozess der Aushandlung von Zugängen von beiden Seiten „als eine soziale Einheit" (2000: 340) mit klarer Innen- und Außenperspektive konstituiert und erfahren wird. Schon aus diesem Grund kann die Feldforscherin nicht wirklich Mitglied des zu erforschenden Feldes werden – zumindest so lange sie *als* Feldforscherin agiert und bei aller Offenheit für neue Erfahrungen die analytisch erforderliche Distanz zum Feld einhält. Tut sie das nicht, droht ihr, was in der Ethnologie als „going native" bezeichnet wird: Sie geht im Feld auf und damit der Fähigkeit zur Organisation von Differenzerfahrungen verlustig, die aber das entscheidende Erkenntnismittel der Feldforschung sind (s. Kap. 3.4). Nicht nur der Eintritt, sondern auch der fortgesetzte Aufenthalt und Kontakt mit dem Feld und seinen Akteuren (in der Sprache der Feldforscher als „Rapport" bezeichnet; Wolff 1987: 334) bedürfen also einer beständigen Reflexion und eines aktiven Zutuns auf beiden Seiten.

3.4 „Da stelle mer uns mal janz domm": die Heuristik der Befremdung

Der unvergessliche Satz, mit dem Paul Henkels als Gymnasialprofessor Bömmel in *Die Feuerzangenbowle* (Regie: Helmut Weiss, 1944) seine Schüler zu einem unbefangenen Blick auf das scheinbare technische Wunderwerk der Dampfmaschine animieren will, ist ein gutes Beispiel für eine Heuristik, die in der Ethnografie zu besonderer Prominenz gekommen ist, wenngleich sie im Alltagshandeln ihren Ursprung hat und auch für andere empirisch-methodische Zugänge erkenntnisleitend ist. Es ist die Heuristik der Befremdung.

Im Alltag reagieren wir in der Regel mit erhöhter Aufmerksamkeit und Reflexion, sobald Dinge, Prozesse, Personen von der uns geläufigen Normalität abweichen. Die Nachbarin, die die ‚Haare anders' hat, ein neuer Sprecher bei den Tagesthemen oder das Fehlen eines Kollegen in der wöchentlichen Teamsitzung: Immer ist es die Differenz, die uns Warum-Fragen und oft auch schon erste Vermutungen aufdrängt. *Anders-Sein* ist schon in der dyadischen Beziehung von Alter und Ego mitgedacht, wobei der Referenzpunkt hier die Identität des jeweiligen Akteurs ist. Die Identität des Selbst ist geradezu die Fähigkeit zwischen sich und anderen eine Unterscheidung, ein Anders-Sein wahrzunehmen. Davon zu unterscheiden ist die *Veränderung*, wenn also der Referenzpunkt für die Differenzbeobachtung in der diachronen Perspektive des Vorher-Nachher liegt: Die Zelte der Occupy-Wallstreet-Bewegung in Manhattan erregten 2011 die Aufmerksamkeit der Medien, weil sie zuvor nicht dort waren, und die neuen Nachbarn erfahren besondere Beachtung, weil die Wohnung zuvor noch leer stand. Es handelt sich im Prinzip um die Aufmerksamkeitsökonomie von Routine und Ausnahme: Was üblich und bekannt ist, gerät zum selbstverständlichen Hintergrund. Nur was sich als Abweichung von der Routine abhebt, erfordert unsere reflexive Aufmerksamkeit.

Besondere Aufmerksamkeit jedoch erregt das, was uns als *fremd* gegenübertritt, also alle jene Wahrnehmungen, die sich mit unseren etablierten Wahrnehmungsmustern nicht zu vertragen scheinen, die unserer Weltsicht zu widersprechen scheinen oder darin schlicht noch nicht vorkommen. Das Fremde kann uns begegnen, wir können es aber auch aktiv suchen, um „Entdeckungen zu machen" und uns in ihnen zu spiegeln. Methodisch hat sich bereits die frühe Ethnologie und Kulturanthropologie diese Perspektive zunutze gemacht: „Methodisch wird mit der Adaption der ethnologischen Leitdifferenz von Fremdheit und Vertrautheit ein Vorgehen etabliert, für das jenes offensive Verhältnis zum Nicht-Wissen charakteristisch ist, das wir eben als Heuristik der Entdeckung des Unbekannten bezeichnen." (Amann/Hirschauer 1997: 11)

‚Fremde' Völker in ‚fremden' Ländern, die Andersartigkeit der Sitten und Gebräuche, das alles regte auch zum Nachdenken über die eigene kulturelle Identität an, und das aktive interpretierende Umgehen mit dieser Andersartigkeit wurde zum zentralen methodischen Kunstgriff der kulturanthropologischen Ethnologie.

Im Angesicht nackter und gelegentlich Menschen verspeisender, dunkelhäutiger „Eingeborener" musste sich kein Ethnologe „dumm stellen", wie es Prof. Crey seinen Schülern anrät. Die europäischen Gesellschaften und ihre sich erst formierenden Sozialwissenschaften waren diesen Phänomenen gegenüber fundamental unwissend. Es war gerade diese Unwissenheit, die zu abendländisch-europäischen Zuschreibungen wie „Kannibalismus" geführt hat und damit gelegentliche, meist rituell begründete Praktiken einzelner Ethnien zum Zerrbild einer verabscheuungswürdigen Ernährungsweise von ‚Wilden' verdinglicht haben.

Die Annäherung an Fremdes kann nun in zweierlei Weisen erfolgen: Entweder in der Weise des fremden Blickes, also von außen auf das Fremdartige, so, wie im Kolonialismus die Europäer auf Kulturen der besetzten Länder und Kontinente oder wie die Römer auf die Barbaren außerhalb der Grenzen ihres Reiches blickten. Oder es kann der Weg des inneren Nachvollzugs der Perspektive des Feldes gewählt werden, wie es Malinowski mit seinem methodologischen Statement gefordert hat (s. Kap. 3.2). Man könnte meinen, diese Haltung, die in der Ethnografie in Anlehnung an den Linguisten Kenneth L. Pike (1967) als emisch bezeichnet wird (im Unterschied zu etisch, das die Außenperspektive meint), sei das methodische Pendant zum alltagsweltlichen *taking the role of the other* (G. H. Mead). Doch es gibt einen methodisch bedeutsamen Unterschied. Die Perspektivübernahme als Gelingensbedingung der Alltagsinteraktion findet, wie wir seit Alfred Schütz wissen, auf Basis idealisierender Unterstellungen statt, die allesamt von der Einbettung von Ego und Alter in einen gemeinsamen kulturellen Rahmen ausgehen: Ich kann mir vorstellen, wie mein Gegenüber mein Handeln empfindet, weil wir (weitgehend) in die gleiche Kultur hineinsozialisiert wurden. Gerade diese Gemeinsamkeit aber fehlt in wesentlichen Aspekten (wenngleich nie vollständig) zwischen der kulturanthropologischen Ethnografin und dem von ihr erforschten Feld. Den *native's point of view* also muss man sich erst erarbeiten, er ist uns nicht schon als generalisierter Anderer (G. H. Mead) umfassend gegeben. Dies ist ein wesentlicher Grund für die Forderung nach intensivem, lang andauerndem Feldkontakt: Um sich der emischen Perspektive anzunähern, muss sich die Ethnografin die praktisch gesprochene Sprache, ritualisierte Handlungsweisen und deren Bedeutung, kulturbegründende Mythen, aber auch die Nutzungsweisen von Alltagsgegenständen in einem langen Prozess der Kopräsenz mit dem Feld erst aneignen, bevor sie darüber analytische Aussagen zu machen in der Lage ist. Dabei werden gerade die Erfahrungen des Misslingens, Krisen beim Versuch, Kommunikationsverhältnisse im Feld zu etablieren oder Beobachtetes zu verstehen, zum Instrument der Ethnografin. Sie „werden diagnostisch genutzt: als Verfahren der Relevanzaufspürung" (Amann/Hirschauer 1997: 20).

Wie aber steht es dann mit der soziologischen Ethnografie, mit der Erforschung kultureller Praktiken und Phänomene in der *eigenen* Gesellschaft? Hier können wir ja davon ausgehen, dass eine emische Perspektive uns schon gegeben sein sollte, handelt es sich doch um die Gesellschaft, in die wir hineingewachsen sind, die uns vertraut ist. Das klingt, was die Funktionsbedingungen ethnografischer Forschung mit der zentralen Heuristik der Fremdheit betrifft, nicht eben ermutigend. Gerade die Vertrautheit, die uns im Erforschen der eigenen Gesellschaft beschleichen mag, kann ein vertieftes analytisches Verständnis der beobachteten Prozesse und Situationen erschweren: Was wir sehen, erscheint uns ‚normal' oder ‚gewohnt' – was sollte es daran noch zu entdecken geben? Wie können wir zu jenen Differenzerfahrungen gelangen, die unsere Erkenntnisprozesse anstoßen?

Zunächst allerdings gilt es zu bedenken, dass Gesellschaften zunehmend komplexe und in sich differenzierte Gebilde sind, in denen eine Vielfalt von Subkulturen und Milieus einander in weiten Teilen fremd gegenüberstehen. Die Chance, dass der soziologische Ethnograf sich beim ‚Betreten' eines beliebigen Feldes kulturell ‚zu Hause' fühlt, ist daher gar nicht so groß, auch wenn natürlich einige basale Elemente einen verbindenden Charakter stiften (gesprochene und geschriebene Hochsprache, grundlegende gesellschaftliche Institutionen). Mit anderen Worten: Fremdheit als Heuristik kann auch in der Ethnografie der eigenen Gesellschaft funktionieren. Das war, wie Klaus Amann und Stefan Hirschauer betonen, auch die methodologische Perspektive in den Anfängen der *soziologischen* Ethnografie: „Die Entdeckung des Fremden wurde seit den Studien der Chicago-School aber auch zur Heuristik für die soziologische Analyse subkultureller Handlungsfelder in westlichen Gesellschaften" (Amann/Hirschauer 1997: 9).

Wenn es also um die Erforschung gesellschaftlicher Randmilieus geht (Kriminalität, ethnische Minderheiten, die Welt der Superreichen, Leben im Pflegeheim), dann kann Fremdheit als Erkenntnismittel sehr leistungsfähig sein. Nur sollten wir uns auch hier nicht in allzu großer Sicherheit wiegen, denn gerade in den basalen Strukturen der Gesellschaft und insbesondere in die Sprache sind bereits so viele Konventionen eingeschrieben, dass Ethnografen der eigenen Gesellschaft immer in Gefahr sind, auch in der erforschten Subkultur mehr Eigenes als Fremdes zu entdecken und das Spezifische des jeweiligen Feldes letztlich doch zu verfehlen.

Soziologische Ethnografinnen tun daher gut daran, Fremdheit nicht als natürlich gegebene Differenz zwischen Forscherin und Feld aufzufassen, sondern diese Fremdheit als Modus der Welterfahrung zu methodisieren, indem sie sie gezielt erzeugen – das ist es, was die Heuristik der *Befremdung* meint. Wir können mit wenigen Kunstgriffen der Versuchung widerstehen, in den Selbstverständlichkeiten des Feldes aufzugehen, dem *going native* also mit aktiven Gegenstrategien begegnen. Amann und Hirschauer (1997: 27 ff.), die die Metapher von der Befremdung wesentlich geprägt und popularisiert haben, nennen einige der zentralen Strategien: Wichtig ist zunächst (1) eine professionelle Sozialisation als Soziologinnen, weil damit bestimmte Distanzierungskompetenzen gegenüber der Unmittelbarkeit der situativen Präsenz des Feldes sichergestellt sind. (2) Auch die spezifische Rolle als ethnografische Beobachterin prädestiniert für eine befremdete Perspektive, denn, wie wir im Abschnitt zu Rollen im Feld gesehen haben, jede Rolle, die die Ethnografin im Feld einnehmen kann, ist *per definitionem* different von ‚normalen'

Teilnehmerrollen und führt zu einem anderen Blick auf und Einsichtsmöglichkeiten in das miterlebte Geschehen. (3) Distanz im Teilnehmen erzeugt auch der unterstützende Einsatz technischer Medien (Foto, Video, Audio), weil damit die analytische Arbeit in der handlungsentlasteten Situation am Schreibtisch oder im Forschungsteam um Blickwinkel angereichert wird, die den Ethnografen im Feld als „personale(n) Aufzeichnungsapparate(n)" (1997: 25) entgehen würden. (4) Der fortwährenden Erneuerung des Befremdens dient auch die „rhythmische Unterbrechung der Präsenz im Forschungsfeld" (1997: 28): Die regelmäßige Rückkehr ‚ins Büro', das Gespräch mit Kolleginnen, die darin auftretenden Explikationsanforderungen („Was hast du gesehen, erzähl doch mal!") verringert nicht nur die Gefahr des *going native*, sondern hilft auch bei der Entdeckung neuer Blickwinkel auf die Vorgänge im Feld. Zusätzlich spannt es immer wieder die Neugierde auf den nächsten Feldkontakt.

Neben den von Amann und Hirschauer aufgeführten Befremdungspraktiken hilft auch der *mikroskopische Blick*, also das Fokussieren der Beobachtung auf Details und Mikroprozesse der Interaktion, z. B. auf Varianten des Händeschüttelns, des Blickkontakts bei Begegnungen oder der Anordnung von Objekten auf Schreibtischen oder an Wohnzimmerwänden. Gerade hier offenbaren technische Medien ihre Qualitäten, weil z. B. Zoom, Zeitlupe oder Zeitraffer ganz neue Aspekte von Prozessen ins Blickfeld rücken lassen. Welchen soziologischen Erkenntnisgewinn solche Modulationen der Perspektiven erbringen können, lässt sich gut an den Interaktionsstudien von Erving Goffman ersehen, der – wenngleich ohne Einsatz technischer Medien – aus der Beobachtung und Analyse von Mikrostrukturen der Interaktion (z. B. Positionierungen im Raum, Blickkontakte, Nähe und Distanzregulierung) eine ganze Interaktionsordnung erarbeitet hat (Goffman 2001, 1999/1967).

Die Heuristik des Befremdens als eine immer wieder und mit unterschiedlichen, gezielt eingesetzten Strategien erneuerte Fremdheitsperspektive gegenüber dem Feld verfolgt also zwei eng miteinander verbundene Ziele: Sie schützt den Ethnografen vor der Vereinnahmung durch das Feld im Sinne eines *going native*, und sie hält damit zugleich jene Erkenntnismöglichkeiten aufrecht, die die Ethnografie gerade von der Alltagsbeobachtung unterscheiden.

3.5 Moving Targets: Feld und Feldbegriff

> (...) in an interconnected world, we are never really „out of the field"
> (Gupta/Ferguson 1997: 35)

Der Ethnograf geht ins Feld, so lautet eine gängige Formulierung in der Feldforschung und so hatten wir es in den vorangegangenen Kapiteln auch behandelt: Wie geht man in ein Feld? Nicht näher bedacht hatten wir dabei, *was* ein Feld eigentlich ist oder sein kann. In den verschiedensten Wissenschaften ist immer wieder die Rede von ‚Forschungsfeldern'. In die aber ‚geht' man nicht, man bearbeitet sie, allenfalls ‚bewegt man sich' in einem metaphorischen Sinne in ihnen. Es sind thematische Felder, Problembereiche. Mit den Feldern der Ethnografie, der *Feld*forschung, scheint es sich anders zu verhalten. Mit ihnen geht die Vorstellung einer geografisch zu verortenden Räumlichkeit einher. Das hat zunächst damit zu tun, dass sich Ethnografinnen seit Malinowski, aber auch seit Park, im Wortsinne in bestimmte Gegenden und an bestimmte Orte begeben: Ethnografie ist eine Reisetätigkeit.

Daraus hat sich mitunter die irreführende Vorstellung entwickelt, es seien diese Orte, die Gegenstand der ethnografischen Untersuchung sind. Der amerikanische Kulturanthropologe Clifford Geertz hat dieser Auffassung schon 1973 nachdrücklich widersprochen, er schreibt: „Der Ort der Untersuchung ist nicht der Gegenstand der Untersuchung. Ethnologen untersuchen nicht Dörfer (...), sie untersuchen in Dörfern." (1987/1973: 32). Was wir eigentlich untersuchen, so bedeutet uns Geertz damit, ist die Kultur ‚dahinter', das, was sich an konkreten Orten, in konkreten Praktiken und Artefakten manifestiert. Es sind in ethnografischer Perspektive nicht die Praktiken oder die Artefakte selbst, die uns interessieren, sondern das, wofür sie stehen, was sich in ihnen ausdrückt, die im lokalen immer wieder reproduzierte, variierte und modifizierte Kultur einer Ethnie, eines Milieus, einer Organisation.

Doch Geertz' Mahnung zum Trotz haftet dem ethnografischen Feldbegriff die Konnotation des Geografisch-Räumlichen hartnäckig an. Wenn schon nicht das Dorf, dann müsste doch wenigstens eine größere räumliche Einheit, ein Gebiet, eine Region, ein Land als dinghafter Gegenstand der Ethnografie auszumachen sein. Ethnografie neigt also dazu, wie die Frankfurter Völkerkundlerin Gisela Welz es ausdrückt, „die zu erforschende Kultur an einem konkreten geografischen Ort dingfest (zu machen)" (Welz 1998: 180). Das hat auch damit zu tun, dass es die methodische Spezialisierung der Ethnografie ist, ‚vor Ort' zu sein, zugleich aber Kultur erforschen zu wollen. Tatsächlich aber ist der Begriff des ethnografischen Feldes als Ort wie als Gebiet oder Region in die Krise geraten – und zwar ebenso wie die ihm vorausgehende Vorstellung von Kultur als lokalem und lokalisierbarem Phänomen. So entsteht mit einer Art methodologischer Unausweichlichkeit das Bild von Kulturen, die voneinander distinkt sind: die Kultur der Trobriander vs. die Kultur der Europäer, die Kultur türkischer Migranten vs. die Kultur der (z. B. deutschen) Aufnahmegesellschaft. Längst kritisieren etwa der indische Kulturanthropologe Arjun Appadurai (1996) oder der Wissenschaftshistoriker James Clifford (1992), dass schon das ortsbezogene Kulturverständnis der frühen Ethnologie eher Ausdruck kolonialzeitlicher Ausgrenzungspraktiken war und die immer schon vorhandenen Momente interkulturellen Austauschs, das Nichtsesshafte und Transitorische von Kulturen systematisch ausblendet. Die kulturanthropologische Idealisierung, man könne die Kulturen ‚primitiver' Völker vor Ort in Reinform erforschen – ein Erbe der biologischen Feldforschung, die der anthropologischen Pate stand (Gupta/Ferguson 1997; Kuklick 1992/1984) – hat schon früh dazu geführt, dass

Grenzgänger, intermediäre Phänomene, kulturell heterogene Praktiken analytisch und theoretisch marginalisiert wurden.

Zwar hatte es lange schon Versuche der Dekonstruktion allzu idealistisch-heroischer Vorstellungen vom einsamen Ethnografen und seinem Feld abseits aller Zivilisation gegeben, doch Konsequenzen für ein verändertes Verständnis des Gegenstandes ethnografischen Forschens und damit der Ethnografie als Methodik zeichnen sich erst in jüngerer Zeit und nur in Konturen ab. Dort, wo diese Konsequenzen vehementer eingefordert werden, bezieht sich die Argumentation zumeist – und für unser Thema zugleich wesentlich einschlägiger – auf die Probleme ethnografischer Zugänge zu modernen Gesellschaften. In ihnen gerät Kultur angesichts von Migrationsbewegungen und Globalisierung, von Pendlerexistenzen und weltumspannenden sozialen Netzen im Internet, größerer sozialer Durchlässigkeit, der Verfügbarkeit hocheffizienter Transportmittel und Kommunikationsmedien zunehmend zu einem „moving target" (Breckenridge/Appadurai 1989), dem die Ethnografie nur mit Mühe folgen kann. Der schwedische Sozialanthropologe Ulf Hannerz schreibt dazu: „In dem Ausmaß, in dem Menschen heute mit ihren kulturellen ‚Bedeutungen' im Raum unterwegs sind und in dem diese Bedeutungen selbst da auf Wanderschaft gehen, wo die Menschen in ihren angestammten Orten bleiben, können geografische Räume Kultur nicht wirklich beinhalten oder gar begrenzen" (1995: 68).

Wenn also, wie in der Ethnografie, das Kulturelle von Sozialität, die Wissensordnungen der modernen Welt, die von Menschen gesponnenen Bedeutungsnetzwerke, mit denen sie ihrer Umwelt Sinn verleihen (und die sie damit zugleich erschaffen), wenn dies alles Gegenstand der Forschung sein soll, dann stellt sich die Frage nach dem ethnografischen Feld – zumal unter Bedingungen moderner, globalisierte Gesellschaften – ganz neu. Das Problem der Ethnografie bleibt, dass sie als empirische Wissenschaft und in scharfem Kontrast zu spekulativen Kulturtheorien das Kulturelle an konkreten Orten aufsuchen muss. Auch wenn der Gegenstand des Kulturanthropologen und der ethnografisch forschenden Soziologin nicht das Dorf ist, wie Geertz betont, dann ist das Dorf dennoch aufzusuchen. Die Frage aber bleibt, wofür das Dorf (oder die Organisation, das Stadtviertel) bei der Erforschung kultureller Phänomene steht. Kommt dort das Ganze der interessierenden Kultur zur Aufführung oder nur spezifische Teile davon? Und ist nicht jede theoretische Schließung (eben: das ‚Ganze der interessierenden Kultur') am Ende eine Hervorbringung der Ethnografin, die aus dem Strom einer diversen und heterogenen Lebenspraxis im Beobachtungsfeld selektiv bestimmte Aspekte analytisch auskoppelt und zu einer kulturellen Entität verdinglicht? Was erfahren wir bei einer Ethnografie eines überwiegend von türkischstämmigen Migranten bewohnten Mannheimer Stadtteils über die Kultur dieser Migranten? Vor allem: Was erfahren wir nicht? Migration ist hier ein besonders passendes Beispiel, denn, wie Gisela Welz (1998) am Beispiel zypriotischer Migranten zeigen konnte, besteht ein wesentlicher Teil von deren kultureller Identität im fortwährenden Austausch mit ihren Herkunftsorten und familien: Geld wird gespart und ‚heimgeschickt', Hochzeiten zwischen dort und hier arrangiert und Wertvorstellungen im Spannungsfeld zwischen Herkunftskultur und Vor-Ort-Kultur ausgehandelt. Es ist also sehr wesentlich das Transitorische, das zwischen den Orten Herumflottierende an bedeutungshaltigen Artefakten: Die auf ein ostanatolisches Konto fließenden Euros aus Deutschland, ein aus dem Libanon nach Frankreich geschicktes Hochzeitsgeschenk (oder gar die Braut selbst) sind konstitutive Bestandteile lokal wirksamer Kulturen, etablieren zugleich aber das verbindende, die Grenzen des Ortes überwindende Moment kultureller Identität.

All dies ist für die Ethnografie Grund genug, ihren Feldbegriff und auch ihren Ortsbezug zu reformulieren. Für eine solche Reformulierung kommt insbesondere George Marcus' Vorschlag einer „multi-sited ethnography" in Betracht (Marcus 1995): Eine Art ‚nachgehende' Ethnografie, die darauf basiert, Kulturen nicht einfach als durch globale Strukturzusammenhänge kontextuiert aufzufassen, sondern diese globalen Zusammenhänge als integrale Bestandteile eines diverse Orte umfassenden Untersuchungsgegenstandes zu verstehen. Marcus schlägt vor, *buchstäblich* jenen Verbindungen, Assoziationen und Beziehungen zu folgen, die im Lauf der Untersuchung offenbar werden (Marcus 1995: 97).

Es ist die Einladung zu einer mobilen und flexiblen Ethnografie, die allerdings, nur weil sie Verweisungen auf globale oder zumindest überlokale Sinnhorizonte folgt, noch nicht beansprucht, globale Zusammenhänge umfassend zu klären – der Fokus bleibt auf der Analyse eines jeweiligen begrenzten kulturellen Phänomens. Der Charme dieses Vorschlags liegt darin, dass wir uns so von jener Lokalisierung der zu erforschenden Kultur an einem konkreten Ort verabschieden und Heterogenität, Vermischung sowie die Verteiltheit kultureller Bezüge und Interaktionen offensiv zum Gegenstand ethnografischer Analysen machen. Statt eines Ortes wird ein Netzwerk von Bezügen und Beziehungen, die verteilte inner- und transgesellschaftliche Sinnproduktion, zum Horizont der Untersuchung. „Soziale Welten" (Strauss 1978), die sich um zentrale gemeinsame Aktivitäten herum entwickeln, sind – je nach der Art der Aktivität – häufig über viele ‚nationale Kulturen' und sogar über verschiedene Kontinente verteilt. Das gilt in ‚globalisierten' Zeiten nicht nur für die Kulturen des internationalen Managements oder für Migrantinnen verschiedener Herkunftskulturen.

In der Praxis freilich ist eine solche Form ethnografischer Feldforschung nicht ganz einfach zu gestalten, denn eine den Artefakt- und Bedeutungstransfers nachgehende oder besser: hinterherreisende Ethnografie verursacht einen um einiges erhöhten Aufwand an Personal, Organisation und Kosten. Sie verlangt zugleich ein wesentlich höheres Maß an Flexibilität und ist damit – was für Forschungsanträge nicht unerheblich ist – weniger gut kalkulierbar. Doch auch wenn die Ethnografie zukünftig kaum umhinkommen wird, sich in diese Richtung zu entwickeln: Am Ende bleibt sie – so sehr sie ihren Kulturbegriff auch entgrenzt und die Zahl der Beobachtungsorte vervielfacht – methodisch doch immer auf konkrete Ortsbezüge verwiesen, an denen der Ethnograf persönlich mit seiner leiblichen Existenz sinnliche Erfahrungen machen kann und in riskanten analytischen Entscheidungen zu theoretischen Konstruktionen von ‚Kultur' gelangt (vgl. dazu Nieswand 2008).

3.6 Ethnografie als Kulturtheorie: dichte Beschreibung

Ethnografie zielt auf empirisch gesättigte Theorien über soziale Praktiken und deren kulturelle Bedeutsamkeit. Das heißt, dass es methodisch erforderlich ist, von der Anschauung der Phänomene zu einer auf dieser beruhenden Theorie der jeweiligen Kultur zu gelangen. Den Zusammenhang von Ethnografie und Kulturtheorie hat niemand so deutlich herausgearbeitet wie der amerikanische Ethnologe und Kulturanthropologe Clifford Geertz (1926–2006). In seinem programmatischen Aufsatz *Dichte Beschreibung – Bemerkungen zu einer deutenden Theorie von Kultur* greift er ein zentrales Problem ethnografischen Forschens auf: Wenn es der Ethnografie um die Erforschung von Kulturen geht, Hinweise auf diese den manifesten Gegenständen und Prozessen im Feld aber nicht in zwingender und eindeutiger Weise zu entnehmen sind, wie lässt sich dann die ethnografische Praxis des anhaltenden Beobachtens als angemessenes Mittel zu diesem Zweck legitimieren?

Im Grunde berührt diese Frage den Kern des Anliegens qualitativer Sozialforschung insgesamt. Methodisch kontrolliertes Fremdverstehen fragt immer zentral nach den latenten Sinngehalten in den manifesten → Daten: Was meint Herr S., wenn er sagt, es geht ihm „eigentlich ganz gut"? Was drückt sich darin aus, wenn drei Banker in der Mittagspause bei einem Anbieter für Sportwetten hohe Beiträge gegeneinander setzen? Dieser Schritt ins Interpretative ist immer riskant und im Ergebnis selten eindeutig. Mit Blick auf die Ethnografie müssen jedoch zwei Aspekte zusätzlich betont werden: (1) Ihr geht es nicht primär um den *subjektiven Sinn* der Handelnden. Dieser muss zwar oft miterschlossen werden, aber das eigentliche Ziel liegt dahinter: Was drückt sich durch die subjektive Sinnebene hindurch im Handeln und Sprechen der Menschen an kollektiven Sinnhorizonten aus? Welches unsichtbare Band hält Menschen in sozialen Gruppen, Milieus oder anderen sozialen Aggregatformen zusammen und lässt sie ein Gefühl kollektiver Identität entwickeln? (2) Zudem operiert die Ethnografie, wie wir gesehen haben, unter Bedingungen von Fremdheit – entweder durch die Umstände gegeben oder als methodisch erzeugte Befremdung. Wilhelm Dilthey, der Begründer der geisteswissenschaftlichen Hermeneutik, die bei vielen qualitativen Verfahren Pate gestanden hat, macht für seine „Kunstlehre des Verstehens" geltend, dass die zu interpretierenden Lebensäußerungen eine innere Entsprechung im Interpreten finden müssen, damit die → Interpretation gelingen kann (Dilthey 2004/1900). Damit spielt er vor allem auf das Verbindende eines gemeinsamen kulturellen Kontexts an, nicht auf Fremdheit als Heuristik. Für Geertz hingegen ist die Frage, wie sich unter den Bedingungen der Kulturanthropologie der Schluss vom ‚in der Fremde' Beobachteten und Erlebten auf eine dieses hervorbringende Kultur bewerkstelligen lässt.

Um das Problem zu verdeutlichen, knüpft er an Überlegungen von Gilbert Ryle an und übernimmt auch dessen Begriff „dichte Beschreibung". Ryle bemüht das Beispiel zweier Knaben, die sehr schnell das Lid des rechten Auges bewegen, mit dem Unterschied allerdings, dass es im einen Fall ein unwillkürliches Zucken ist, im andern Fall jedoch ein heimliches Zeichen an einen Freund. Geertz greift dieses Beispiel auf, um sein Verständnis von Kultur und Bedeutung klarzumachen, insbesondere aber um zu zeigen, dass Kultur nicht etwas ist, das man einfach sehen, beobachten und durch Schreiben objektivieren kann: Wenn man die beiden Fälle des Augenzwinkerns beobachtet und als Phänomene beschreibt, dann ergibt sich zwischen ihnen zunächst kein Unterschied. Und dennoch sind wir – zumindest im Alltag – als Beobachter in der Regel in der Lage, einen Unterschied zwischen zwei im physiologischen Ablauf identischen Vorgängen auszumachen und unser Handeln entsprechend zu orientieren.

Offensichtlich also gibt es aufseiten der mithandelnden Beobachterin Wissen über implizite oder explizite soziale Konventionen, das unabdingbar für ein adäquates Verständnis der beobachteten Vorgänge ist. Dieses Wissen kann uns als Ethnografen bereits zur Verfügung stehen, wenn wir eine ethnografische Untersuchung beginnen, eher aber ist davon auszugehen, dass wir nicht oder noch nicht im erforderlichen Umfang darüber verfügen. Zumindest können wir uns dessen nicht sicher sein, denn es ist in der Regel genau dieser Typ von Wissen, um dessentwillen wir eine ethnografische Untersuchung überhaupt durchführen. Zur ethnografischen Tätigkeit des intensiven Beobachtens und Befragens einer (eher) unvertrauten Praxis muss also etwas hinzugefügt werden, eine, so Geertz (1987/1973: 10), „besondere geistige Anstrengung, die hinter allem steht, das komplizierte intellektuelle Wagnis der ‚dichten Beschreibung', um einen Ausdruck von Gilbert Ryle zu verwenden".

Ryle unterscheidet „dünne" und „dichte" Beschreibung und nutzt dazu das angeführte Beispiel des Augenzwinkerns. Geertz (1987/1973: 11 f.) betont nun, dass zwischen der „dünnen Beschreibung" der manifesten Abläufe und der „dichten Beschreibung" der Kultur des Feldes die eigentliche Arbeit der Ethnografie liegt: „Die Untersuchung der Kultur besteht darin (oder sollte darin bestehen), Vermutungen über Bedeutungen anzustellen, diese Vermutungen zu bewerten und aus den besseren Vermutungen erklärende Schlüsse zu ziehen; nicht aber darin, den Kontinent Bedeutung zu entdecken und seine unkörperliche Landschaft zu kartographieren" (Geertz 1987/1973: 29 f.).

Dichte Beschreibung im Sinne von Geertz ist also etwas anderes und ungleich anspruchsvolleres als jenes Beschreiben, von dem die Rede ist, wenn gelegentlich der qualitativen Sozialforschung abwertend zugeschrieben wird, sie würde ‚nur beschreiben', nicht aber ‚erklären'. Mit anderen Worten: Beschreiben ist nicht per se eine geringerwertige Erkenntnisstufe gegenüber dem Erklären, vielmehr enthält eine gute („dichte") Beschreibung immer mehr als das, was an manifestem Geschehen beobachtbar und an Aussagen der Handelnden aufzuzeichnen ist. Die entscheidende Frage scheint also zu sein, wie dieses Mehr zustande kommt und auf welche Quellen es sich berufen kann. Es ist damit eine Frage der Legitimation von Forschungsergebnissen als *wissenschaftlichen* Ergebnissen.

Es ist nicht von der Hand zu weisen, dass der Ethnograf, indem er seine deutende und erklärende Beschreibung anfertigt, dem Sichtbaren etwas hinzufügen könnte, das mit dem, was an Bedeutungen im untersuchten Feld existiert, nur wenig zu tun hat. Er könnte z. B. hochgradig selektiv wahrnehmen oder aber unwillkürlich vor allem seine eigene Welt in die fremde hineinprojizieren (so wie frühe Anthropologen aus Europa das asiatische Lächeln mit Kindlichkeit assoziierten). Wenn dies eher nicht passiert, dann hat das, abgesehen von den methodisierten Befremdungsleistungen der Forschenden, vor allem mit der Intensität von Kontexterfahrungen zu tun, die der anhaltende Feldaufenthalt im Unterschied zu anderen Formen der Datengewinnung zu machen erlaubt. Denn es ist vor allem die Einbettung untersuchter Phänomene in die feldspezifischen Kontexte, die deren angemessene Interpretation ermöglicht. Dies wird an der folgenden Erläuterung der dichten Beschreibung aus einem Lehrbuch zur Ethnografie deutlich:

> Thick descriptions present in close detail the context and meanings of events and scenes that are relevant to those involved in them. This task requires the ethnographer to identify and communicate the connections between actions and events, especially those salient to the variety of local actors themselves. In this sort of descriptive enterprises, actions are not stripped of locally relevant context and interconnectedness, but are tied together in textures and holistic accounts of social life. Ethnographic thick descriptions proceeds on the assumption that context is not an obstacle to understanding but a resource for it (Emerson 1983: 24).

Mitunter trifft man auf die Vorstellung, die Ethnografin müsse, wenn sie vom Feldaufenthalt zurückkehrt und einen Stapel abgewetzter Feldforschungstagebücher auf den Schreibtisch häuft, erst einmal Ordnung in das Chaos der Feldnotizen bringen, indem sie von außen eine Struktur an das → Material heranträgt. Dies impliziert allerdings, dass das untersuchte Feld selbst keine entsprechende Struktur aufweist und man deshalb die fehlende Eigenlogik des Feldes durch die Relevanzstrukturen wissenschaftlichen Denkens kompensieren müsse. Doch hier widersprechen z. B. Amann und Hirschauer (1997: 20) entschieden: „Es liegt eine doppelte Erwartung vor: zum einen die Erwartung, dass jedes Feld über eine Sozio-Logik, eine kulturelle ‚Ordentlichkeit' verfügt, zum anderen die Erwartung, dass in der schrittweisen Positionierung und ‚Eichung' der Ethnographin im Feld diese Sozio-Logik handhabbar gemacht und als empirisches Wissen mobilisiert werden kann."

Ordnung, so ihr Argument, muss nicht in die Daten gebracht werden, sondern ist immer schon Bestandteil der untersuchten Sozialität. Allerdings ist diese Ordnung Außenstehenden nicht unmittelbar präsent, sie muss erst in der ethnografischen Annäherung, im Wechselspiel von Mittun und Befremdung, verfügbar gemacht werden. Das erinnert – nicht zufällig – an die Position der Ethnomethodologie und der ethnomethodologisch angeleiteten Konversationsanalyse, die von einer grundsätzlichen Geordnetheit aller Alltagsinteraktion ausgeht und diese zu erschließen zu ihrem zentralen Anliegen erhebt (s. Kap. 6.4).

Ein wichtiger Unterschied oder auch Vorteil der ethnografischen Vorgehensweise gegenüber z. B. Interviewverfahren oder Gruppendiskussionen besteht hier darin, dass, wie Amann und Hirschauer (1997: 23) in Anlehnung an Knorr-Cetina argumentieren, die Kopräsenz der Forscherin mit den Teilnehmern des Feldes es ihr erlaubt, an den Prozessen der handelnden Bedeutungszuweisung teilzuhaben. Sie hat also die Chance selbst zu erleben, wie Sinn im Feld – oft vorsprachlich – entsteht und als Praxis Konsequenzen für das soziale Handeln in der untersuchten Situation und darüber hinaus zeitigt. Nachgelagerte Verbalisierungen, sei es in der beobachteten Situation, sei es in anschließenden Interviewsettings, stellen demgegenüber, wie es in der Wissenschaftsforschung heißt, „Schließungen" dar, die gegenüber der vergleichsweisen Offenheit der Sinnbildung als Prozess immer begrenzte Auswahlen und Zurichtungsweisen darstellen. Deren Bedeutung aber erschließt sich erst aus der → Rekonstruktion des ihnen vorausliegenden und sie hervorbringenden Prozesses.

Gelungene Ethnografie im Sinne einer dichten Beschreibung, so lässt sich Kapitel 3.6 resümieren, entwickelt also ihre Kultur- und Praxistheorie aus der Geordnetheit des Feldes, die sich in der unmittelbaren Anschauung manifesten Geschehens entfaltet. Sie ist deshalb aber nicht den Mühen und Ungewissheiten eines interpretativen Zugangs enthoben, der seine Qualität aus einem gekonnten Wechselspiel von Teilnahme und Befremdung, von Engagement und Distanzierung gewinnt.

3.7 Ethnografie ist Schreiben

„,Was macht der Ethnograph?' Antwort: er schreibt." – so rückt Geertz (1987/1973: 28) ein Thema in den Mittelpunkt der Ethnografie, das wir bislang in diesem Kapitel noch gänzlich ausgespart haben: Ethnografie ist Schreiben. Bisher hatten wir behauptet, Ethnografie bedeute, dass man ins Feld geht, beobachtet, fragt und zu verstehen versucht, was da vor sich geht. All das ist richtig, beruht aber auf fortgesetzten Prozessen des Schreibens. Daher ist eine nähere Beschäftigung mit diesen Prozessen, ihren Voraussetzungen und ihren Konsequenzen erforderlich. Die Einführungsliteratur zur Ethnografie widmet den Prozessen des Schreibens und ihrer Stellung im Forschungsprozess – vor allem in jüngerer Zeit – große Aufmerksamkeit (Emerson/Fretz/Shaw 2005; Sanjek 1990; Gobo 2008: 201 ff.). Das mag vor allem daran liegen, dass, wie Herbert Kalthoff betont, das ethnografische Schreiben die Dinge auf den Begriff bringt und ihnen damit etwas hinzufügt (Kalthoff 2006: 163). Ethnografisches Schreiben ist also nicht neutral, sondern unabdingbar, und es schafft kein Abbild, sondern etwas Neues. Etwas zu beobachten und darüber zu schreiben, bedeutet also immer auch Macht auszuüben, weil man dabei Entscheidungen trifft, die aus vielen möglichen Wirklichkeiten eine bestimmte ‚macht'.

Dabei scheint zunächst alles so einfach und handwerklich. Wer ins Feld geht, nehme seine Notizbücher und sein Klemmbrett mit und notiere fleißig und fortwährend seine Eindrücke. Pragmatische Handreichungen zur Feldforschung (z. B. Lofland 1979/1971) bieten detaillierte Ratschläge dazu, wie Feldnotizen am besten gelingen. Weil das menschliche Gedächtnis das Beobachtete nur kurz mit leidlicher Zuverlässigkeit speichert, wird allenthalben dazu geraten, intensiv von allen möglichen Formen des Notierens Gebrauch zu machen und diese möglichst schnell nach jedem Feldaufenthalt zu einem durchgehenden Protokolltext auszuarbeiten. Die Schwierigkeiten beginnen bei der Frage, was genau dort aufgeschrieben werden soll und was das bedeutet, was dort dann geschrieben steht.

Beginnen wir mit dem Aufzuschreibenden und seiner Aufschreibebedürftigkeit. Stefan Hirschauer begründet die „besondere Relevanz der Beschreibung" damit, dass sie „etwas zur Sprache bringen (muss), das vorher nicht Sprache war – materielle Settings, wortlose Praktiken, stumme Arbeitsvollzüge, bildhaftes Geschehen. Stimmloses, Vorsprachliches oder gar Sprachunfähiges" (Hirschauer 2002: 35). Er zielt damit auf die Aspekte sozialer Praktiken, die die Handelnden auch bei gutem Willen meist nicht in Worte fassen können, weder in Alltags- noch in sozialwissenschaftlichen Interviewgesprächen. Ethnografisches Schreiben dient demgemäß dazu, diese nicht expliziten Aspekte sozialer Praktiken der soziologischen Analyse und Diskussion zugänglich zu machen – und trifft dabei auf unterschiedliche Verbalisierungsprobleme. Um was genau handelt es sich dabei? Hirschauer führt eine Reihe von Unterscheidungen ein:

(1) Mit dem *„Stimmlose(n) und Unaussprechliche(n)"* (2001: 437) bezeichnet er zunächst das der Ethnografin begegnende Unverständliche, das in seinen Sinnbezügen durch aktive Interpretation erst verortet und in seiner Bedeutung erschlossen werden muss, bevor es verschriftlicht werden kann. In der kulturanthropologischen Ethnografie beginnt das schon mit den in der Regel fremdsprachigen Äußerungsformen des Feldes, die erst der Übersetzung bedürfen, bevor sie der wissenschaftlichen Analyse zugänglich sind – wobei eben diese Übersetzung bereits ein interpretativer Akt ist. In den Bereich des Stimmlos-Unaussprechlichen gehört aber auch alles, was angesichts von Machtbeziehungen im Feld keine Stimme hat, z. B. Sklaven, Aussätzige oder – in manchen Kulturen immer noch – Frauen. Dazu zählt schließlich auch all das, was aufgrund herrschender Normen im Feld nicht verbalisiert werden darf, wie das mitunter bei körperlicher oder geistiger Behinderung, bei nicht-normkonformen sexuellen Orientierungen oder bei außerehelichen Beziehungen im Betrieb der Fall sein kann: Alle wissen es, niemand spricht es aus, und es ist die Aufgabe der Ethnografie, nicht nur Wissen darüber zu gewinnen, sondern es auch in eine Schriftform zu bringen, die die Zusammenhänge sichtbar macht, ohne sie zu zerstören.

(2) Im Unterschied dazu liegt für Hirschauer „*Sprachlosigkeit*" (2001: 439) in der Person des Ethnografen begründet, dem mitunter schlicht die Worte fehlen, um auszudrücken, was er erfahren hat. Mit ‚erfahren' ist hier eine innere und leibliche Dimension gemeint, das also, was Anschauen und Miterleben im Ethnografen auslösen und für das es nicht nur eine Sprache zu finden gilt, sondern auch eine, die in wissenschaftlichen Diskursen akzeptiert wird. Der Ethnograf als menschlicher Aufzeichnungsapparat verzeichnet das Erfahrene als Erfahrung notwendig subjektiv, d. h. der Prozess des Schreibens ist der Versuch, dieses Subjektive wieder in eine intersubjektiv nachvollziehbare Form zu bringen (etwa eine diffuse Beklommenheit beim Betreten des Clubhauses einer Motorradgang). Zugleich ist das fortgesetzte Schreiben im ethnografischen Prozess, der „Aufschreibzwang" (Hirschauer 2001: 440), schon im Teilnehmen und Erleben ein strukturierendes Element, das eine analytische Haltung zum Wahrgenommenen erzeugt. Denn es ist die Form geschriebener Sprache selbst, die mit Grammatik und Syntax und den sich daraus ergebenden Zwängen, sich ‚zu entscheiden', Struktur und auch Distanz zur Unmittelbarkeit des Erlebens erzeugt.

(3) Weil menschliche Beobachterinnen und ihre Sprache im Unterschied zu technischen Aufzeichnungsmedien nur wenig selektiv sind, und weil die Vielfalt des zu Beobachtenden als paralleles, verzeitlichtes Phänomen so rasch vor unseren Augen abläuft, dass „man so schnell keine Worte findet" (2001: 441), ist das ethnografische Schreiben überdies mit dem „Unbeschreibliche(n)" (2001: 440) konfrontiert. Diesem Problem begegnet die Ethnografie in jüngerer Zeit gerne mit der ergänzenden Verwendung technischer Aufzeichnungsmedien, doch – wie Hirschauer argumentiert – bietet schon der Schreibprozess gegenüber dem mündlichen Nacherzählen bessere Chancen zu einer die Mehrdimensionalität und Temporalität des Erlebten rekonstruierenden Darstellung, die in immer neuen Durchgängen unterschiedliche Facetten und Perspektiven aufnehmen und vertiefen kann. Technische Aufzeichnungen ersetzten dabei diese Verschriftlichungserfordernisse und die darin mögliche und nötige Neuanordnung des Beobachteten nicht, sie schaffen eher eine ergänzende Materialbasis.

(4) Vieles von dem, was Menschen im Alltag tun, besteht aus routinisierten Praktiken, die wir ausführen können, ohne ihnen unsere reflexive, d. h. bewusste Aufmerksamkeit widmen zu müssen. Das Wissen darüber, wie wir ein Treppe hinaufgehen, wie wir jemandem wann die Hand geben oder mit Messer und Gabel essen, ist als *tacit knowledge* (Polanyi 1990) in unsere Körper eingeschrieben. Es ist Wissen, von dem wir nicht wissen, d. h. es ist das „*Vorsprachliche*" (2001: 443) unserer Alltagspraxis, das sich auch deshalb der Versprachlichung widersetzt, weil diese die Ausführung der praktischen Verrichtungen behindern würde. Wer einmal versucht hat, sich beim Treppensteigen selbst vorzusagen, welche Muskeln in welchem Moment wie anzuspannen sind, weiß, wovon hier die Rede ist. Weil wir also

als Ethnografen die Akteure nicht sinnvoll nach ihrem *tacit knowledge* fragen können, erweist sich einmal mehr die Gleichzeitigkeit und Gleichörtlichkeit der Forscherin im Feld als zentrale Erkenntnischance. Denn sie kann dabei an sich selbst erfahren, welches Wissen als ‚Mitspielkompetenz' körperlich angeeignet werden muss, und sie hat aus dieser Erfahrung heraus eine bessere Chance zur Versprachlichung des Vorsprachlichen.

(5) Vom impliziten Körperwissen zu unterscheiden ist, was Hirschauer als das *„Selbstverständliche"* (2001: 444) bezeichnet: Unser Alltag ist voll von Zusammenhängen, die für kompetente Mitakteure so offensichtlich sind, dass sie nicht mehr expliziert werden müssen. Sprachliche Hinweise darauf sind meist schon Indikatoren einer Interaktionskrise: Wenn auf die Frage „Wo ist denn das Brotmesser?" geantwortet wird „Liegt doch da!", dann zeigt die antwortenden Person an („doch"), dass der Fragende einen Fauxpas begangen hat. Doch funktionierende Selbstverständlichkeit ist weniger leicht zu entdecken. Harold Garfinkel bewerkstelligte dies einst mit seinen berühmt gewordenen ethnomethodologischen Krisenexperimenten, bei denen seine Studentinnen Routineinteraktionen durch nonkonformes Verhalten gezielt störten (etwa, indem sie routinierte Konversationsfloskeln wörtlich nahmen und die Reaktionen ihrer Gegenüber auf diesen Routinebruch beobachteten). Das Selbstverständliche, das die Alltagsinteraktionen konstituiert und sich ihnen als bewusster Gegenstand zugleich entzieht, ist das primäre Ziel ethnografischer Befremdungsbemühungen. In der schriftlichen Annäherung kann das Selbstverständliche über Heran- oder Herauszoomen, also eine den Realismus der reinen Anschauung durchbrechende Maßstabsveränderung, oder aber durch die Anwendung einer Fremdperspektive als Vergleichsmaßstab zu etwas Auffälligem und Erklärungsbedürftigem gemacht werden.

(6) Das *„Stumme"* (2001: 445) nennt Hirschauer schließlich die sprachlose Kommunikation der Dinge. Die Anordnung von Einrichtungsstücken in einem Wohnzimmer, der Kontrast architektonischer Formen oder die durch entsprechende Anordnung erzeugte erweiterte oder veränderte Funktionalität von Objekten (z. B. die auf einem Podest platzierte Richterbank, das leere Ölfass als Heizofen an der Straßenecke): All dies sagt uns auf eine stumme Art etwas, wenn wir damit im Alltag konfrontiert sind. Aber auch belebte Entitäten an den Grenzen der Sozialwelt (Komapatienten, Säuglinge, Computer oder Hunde), die zwar Äußerungen von sich geben, aber keine, die sich in menschliche Sprache auflösen ließen, gehören in diese Kategorie. All diese Objekte mögen im Alltag mehr oder weniger unproblematisch sein, weil wir routinierte Umgangsformen mit ihnen entwickelt haben. Wenn Säuglinge schreien, werden sie gestillt oder gewickelt, wenn wir uns nicht sicher sind: beides. Für den Ethnografen indes ergibt sich das Problem, dass er dieser Stummheit der Objekte in der deutenden Beschreibung in angemessener Weise Ausdruck verleihen muss, ohne sich allein auf die implizit deutenden Praktiken der umgebenden

Akteure verlassen zu können. Zwar ist es von Bedeutung, dass die Hundehalterin mit ihrem Waldi spricht als wäre es ihr verblichener Ehegatte und ihm damit Personenstatus zuweist, doch wäre es zugleich eine unangemessene Einschränkung der Deutungsspielräume, wenn in der Beschreibung nicht auch der Gegenhorizont ,sprach- und denkunfähiges Haustier' mitgeführt würde.

Es zeigt sich also, dass die unterschiedlichen Arten von Schweigsamkeit des Sozialen die Ethnografie einerseits vor Verbalisierungsprobleme stellen. Andererseits aber bietet die Ethnografie gerade im Vergleich mit Verfahren zur Gewinnung verbaler Daten besondere Möglichkeiten, das Schweigsame sprechend werden zu lassen. Aus der Darstellung sollte aber auch deutlich geworden sein, wie sehr das ethnografische Schreiben als fortgesetzter Prozess untrennbar in alle anderen Aktivitäten der Ethnografin eingelagert ist. Das anfängliche Zitat von Geertz dazu, was der Ethnograf macht („er schreibt"), geht noch weiter und greift genau diesen Punkt auf:

> (...) Auch diese Entdeckung mag nicht sonderlich aufregend erscheinen und für jemanden, der mit der gängigen „Literatur" vertraut ist, nicht einmal plausibel sein. Da jedoch die stehende Antwort auf unsere Frage lautet: „Er beobachtet, er hält fest, er analysiert" – eine *veni, vidi, vici*-Auffassung – , mag diese Entdeckung tiefgreifendere Konsequenzen haben, als zunächst absehbar ist; vor allem die, daß unter Umständen die Unterscheidung dieser drei Phasen der Erkenntnissuche normalerweise überhaupt nicht möglich ist, daß sie als autonome „Operationen" vielleicht gar nicht existieren. (Geertz 1987/1973: 28 f.; Hervorh. i. Orig.).

Es ist gerade in älteren Methodenlehrbüchern und insbesondere in der standardisierten Sozialforschung ein häufig anzutreffendes Muster, dass der Forschungsprozess in distinkte Phasen unterschieden und diese getrennt voneinander betrachtet werden. Solch scharfe Trennungen sind der Forschungspraxis allerdings eher fremd und im Zweifel hinderlich (s. auch Kap. 5.1). Für die Ethnografie lässt sich mit Geertz festhalten, dass das Schreiben von den ersten Notizen in der Beobachtungssituation bis zur ausgearbeiteten Publikation ein durchgängiger Prozess ist. Er variiert im Verlauf und weist in verschiedenen Phasen unterschiedliche Schwerpunkte auf, ist aber immer das zentrale Medium für die Vermittlung einer sozialen Praxis in einen wissenschaftlichen Diskurs. Daran wird auch deutlich, dass die Trennung von Beobachtung und Verschriftlichung eine analytische ist, denn erst im Verbalisieren legen wir uns darauf fest, was wir tatsächlich beobachtet haben. Jede dieser Festlegungen referiert dabei notwendig auf bestimmte Rahmungen, die z. B. durch das Erkenntnisinteresse bzw. die Forschungsfrage mitgeprägt werden.

Das führt uns schließlich zur Frage von *Perspektivität* und *Repräsentation*. War man in der traditionellen Ethnografie noch davon ausgegangen, dass der Bericht des Ethnografen die getreuliche Wiedergabe des *native's point of view* ist oder mindestens sein soll, so hat die neuere Diskussion und insbesondere die *Writing-Culture-Debatte* (Clifford/Marcus 1986) hinter diese Idealvorstellung einige Fragezeichen gesetzt. Schon die posthum veröffentlichten Tagebücher Malinowskis (Malinowski 1967) und andere Selbstreflexionen von Feldforscherinnen hatten

Zweifel an der Vorstellung einer „stellvertretenden Re-Präsentation einer anderen kulturellen Praxis durch temporäre Teilhabe" (Kalthoff 2006: 157) genährt. Je mehr und je kritischer ethnografische Berichte analysiert wurden, desto deutlicher zeigte sich, dass sich in ihnen neben mehr oder weniger gelungenen Annäherungen an die beobachtete Kultur vor allem die Perspektive des schreibenden Ethnografen mit seinen Wahrnehmungsgewohnheiten und Ausdrucksformen vergegenständlicht findet. „Die Erzählung des forschenden Ethnographen ist *seine* Konstruktion, ist *seine* Erzählung, die sozial erworbenen und kulturell selbstverständlichen Sehgewohnheiten und Vorstellungen folgt" (Kalthoff 2006: 157; Hervorh. i. Orig.).

Mit diesem Befund lässt sich, auch vor dem Hintergrund der zunehmend Verbreitung findenden konstruktivistischen Sozialtheorien, unterschiedlich umgehen. Eine stark normativ aufgeladene Richtung innerhalb der neueren ethnografischen Diskussion, die *postcolonial studies* (Ashcroft/Griffiths/Tiffin 2007), sprechen den wissenschaftlichen Beobachtern die Fähigkeit ab, adäquate und von wissenschaftlichen oder westlich-kulturellen Hegemonialansprüchen freie Teilnehmerrepräsentationen zu generieren. Sie propagieren stattdessen das Mitschreiben der Teilnehmer und eine Art politischer Aktionsforschung, die bewusst Partei nimmt für Unterdrückte und Minderheitenkulturen.

Eine andere Position, vertreten etwa von den hier schon zitierten Kalthoff und Hirschauer, nimmt dagegen die Differenz zwischen Teilnehmerperspektive und soziologischer Perspektive nicht nur als unhintergehbare Gegebenheit empirischer Forschungsarbeit (übrigens: über die Ethnografie hinaus), sondern sieht darin auch eine besondere Erkenntnischance – wie wir es in der Heuristik der Befremdung bereits kennengelernt haben. Es sind gerade die besonderen Fragen und Theorieprobleme, die die Soziologie und verwandte Disziplinen an ihre Forschungsfelder richten, die zu neuen Einsichten über die dort stattfindenden kulturellen Praktiken anleiten. Das heißt nun nicht, den Versuch der Repräsentation von Teilnehmerperspektiven im ethnografischen Schreiben einfach zu suspendieren. Vielmehr ist hier die Vorstellung handlungsleitend, dass eine soziologisch ertragreiche ethnografische Darstellung aus dem Gelingen eines soziologisch belehrten Verstehens der multiplen Teilnehmerperspektiven erwächst. Der Weg einer guten Ethnografie liegt also gerade zwischen den Extremen von Empirismus und theoretischem Glasperlenspiel.

3.8 Zusammenfassung und Ausblick

Was also unterscheidet die Ethnografie von der Methode der Beobachtung? Auf den ersten Blick käme hier das Moment der Dauer in Betracht: Die Beobachtung ist nicht als lang anhaltender Feldaufenthalt konzipiert. Es kann sich auch um Serien systematisch ausgewählter, kurzer Beobachtungszeiträume handeln (Schulstunden, Rushhour, Mahlzeiten), die dann miteinander verglichen und zur Typenbildung genutzt werden. Die Ethnografie dagegen ist gekennzeichnet durch lang anhaltende oder über einen längeren Zeitraum immer wieder stattfindende intensive Feldaufenthalte. Als Unterscheidungskriterien bedeutsamer aber sind die Erkenntnismethode (Heuristik) und das Erkenntnisinteresse der Ethnografie: Interessiert an der in den Praktiken und Artefakten sich ausdrückenden Kultur von Milieus, Organisationen, Ethnien oder Stadtvierteln setzt sie auf Fremdheit und – wo diese nicht umstandslos gegeben ist – auf aktives, methodisch hergestelltes ‚Befremden' als Mittel der Erkenntnis.

Zu Beginn von Kapitel 3 hatte ich die Aussage von Przyborski und Wohlrab-Sahr zitiert, qualitative Sozialforschung sei Feldforschung. Das ist auch deshalb richtig, weil Ethnografie weniger eine Methode als eine bestimmte – und eben für die qualitative Sozialforschung typische – Forschungs*haltung* ist. Es ist jene Haltung, die Malinowski und Park aus unterschiedlicher Perspektive geprägt haben und die auf das Zusammenwirken von persönlicher Anschauung und theoretischer Durchdringung setzt: Das Feld erklärt sich nicht selbst, denn erstens ist es schon als Feld eine soziale Konstruktion der Forscherin (wie wir in Kap. 3.5 gesehen haben) und zweitens sind die untersuchten sozialen Praktiken sich selbst fraglos gegeben, antworten also nur erkenntniserweiternd, wenn sie in geeigneter Weise befragt werden (das hatten wir – in Kap. 2.2 – auch schon über Datenmaterial insgesamt gesagt). Was sich über die Zeit verändert hat, ist allerdings die Differenziertheit und Vielfalt der Theorieperspektiven in der Soziologie. Das heißt, das ‚Befragungspotenzial' unserer Wissenschaft hat gegenüber den Anfängen des 20. Jahrhunderts erheblich gewonnen. Zugleich haben sich auch die empirischen Gegenstände ethnografischer Forschung weiterentwickelt: Gesellschaft ist komplexer geworden, inter- und transgesellschaftliche Zusammenhänge intensiver und das gesellschaftliche Wissen über Gesellschaft ausdifferenzierter.

Dies hat auch zu einer zunehmenden Ausdifferenzierung ethnografischer Praktiken und Gegenstandsbezüge geführt. Als ein eigener Zweig hat sich z. B. die Organisationsethnografie entwickelt (Eberle/Maeder 2010), die sich auf die Analyse von unternehmenskulturellen Praktiken und der Mikropolitik organisationalen Handelns spezialisiert. Die *lebensweltanalytische Ethnografie* hingegen (Honer 1993) nimmt – anknüpfend an Thomas und Benita Luckmann (Luckmann 1980, 1970) und dessen Theorie der Lebenswelt – gezielt kleine soziale Lebenswelten in den Blick, Mikromilieus wie die Welt der Heimwerker oder die unterschiedlichen Szenekulturen Jugendlicher. Unter dem Label der *Laborstudien* hat sich seit den späten 1970er-Jahren auch in der Wissenschafts- und Technikforschung eine ethnografische Perspektive entwickelt, die danach trachtet, die Blackbox des naturwissenschaftlichen Forschungslabors zu öffnen und die Praktiken der Herstellung wissenschaftlicher Fakten sichtbar zu machen (Knorr Cetina 1984/1981; Latour/Woolgar 1979). Vor allem im Bereich der Erforschung des Umgangs mit Technik in Alltag und Arbeitswelt, insbesondere in den *workplace studies* (Knoblauch/Heath 2006/ 1990) setzt Ethnografie als *fokussierte Ethnografie* zunehmend auf den ergänzenden Einsatz technischer Aufzeichnungen, vor allem Videoaufnahmen, z. B. in Leitwarten oder an Computerarbeitsplätzen (Knoblauch 2001). Auch die vielfältigen neuen Vergemeinschaftungsmedien des Internets haben ethnografische Aufmerksamkeit auf sich gezogen. Ob als „Webnographie" (Strübing 2006) oder als „Netnographie" (Kozinets 2010): Immer geht es darum, die Online- mit den Offline-Praktiken ins Verhältnis zu setzen und die Bedeutung des medialen Vermittlungsverhältnisses für die entstehenden Sozialformen zu reflektieren.

In jüngster Zeit wird gelegentlich vorgeschlagen, die gegenwärtigen, ausdifferenzierten Formen soziologischer Feldforschung statt als Ethnografie besser als Praxeografie zu bezeichnen (Tsianos/Hess 2010). Ob das ein inhaltlich weiterführender Vorschlag ist, lässt sich gegenwärtig noch nicht absehen. Mit Blick auf den *pragmatic turn* in der neueren Philosophie (Schatzki 1996) und auf praxistheoretische Orientierungen in der aktuellen Soziologie (Reckwitz 2003) zeigt sich allerdings ein Bedeutungszuwachs der ethnografischen Haltung in der Sozialforschung, der sich aus dem verstärkten soziologischen Interesse an den Praktiken der Herstellung von Sozialität speist. War soziologische Forschung in vergangenen Jahrzehnten stark an Fragen von Bewusstsein und kognitiv repräsentiertem Wissen interessiert, so lässt sich mittlerweile eine Verschiebung der Forschungsinteressen auf die handlungspraktischen Erzeugungsprozesse von Bewusstsein und auf praktische Wissensformen (wie das erwähnte *tacit knowledge*) beobachten. Das wird für die Ethnografie nicht ohne Folgen bleiben.

Nach der Bearbeitung dieses Kapitels sollten Sie
- Beobachtung und Ethnografie voneinander unterscheiden können.
- verstanden haben, was die leitende Heuristik ethnografischen Forschens ist.
- begründen können, warum eine Balance von Nähe und Distanz, von „going native" und „Befremdung" eine Bedingung für das Gelingen von Ethnografien ist.
- den Kulturbezug und -begriff der Ethnografie im Zusammenhang ihrer analytischen Vorgehensweise erläutern können.
- den Stellenwert und die Funktion ethnografischen Schreibens im Forschungsprozess erläutern können.
- die Problematik des ethnografischen Feldbegriffs in Anbetracht ausdifferenzierter und globalisierter Gesellschaften erklären können.

Hier können Sie weiterlesen:
- Eine Einführung auf Deutsch: Breidenstein/Hirschauer/Kalthoff/Nieswand (2015): Ethnographie. Die Praxis der Feldforschung, 2. überarb. Aufl., Stuttgart: UTB.
- Eine Einführung auf Englisch: Gobo (2008), Doing Ethnography, London: Sage.
- Ein klassisches Beispiel: Whyte (1993/1943): Street Corner Society. The Social Structure of an Italian Slum, Chicago: University of Chicago Press.
- Ein aktuelleres Beispiel: Scheffer (2001): Asylgewährung. Eine ethnographische Analyse des deutschen Asylverfahrens, Stuttgart: Lucius & Lucius.

4 Schön, dass wir darüber gesprochen haben: die Gewinnung verbaler Daten

In diesem Kapitel werden – als Gegenstück zu Beobachtung und Ethnografie – all jene Verfahren vorgestellt, die darauf zielen, allein über die Aufzeichnung und Analyse des von Informantinnen gesprochenen Wortes zu wissenschaftlich relevanten Erkenntnissen über die Sozialwelt zu gelangen. Dabei befassen wir uns mit der Entstehung des qualitativen Interviews, seinen unterschiedlichen Formen und den signifikanten Unterschieden gegenüber standardisierten Befragungen. Wir fragen auch nach den Funktionsbedingungen für die Gewinnung qualitativer Daten und diskutieren zentrale Fehlerquellen.

Verflucht, Folke, was machen wir für'n Blödsinn, häh?
Wir sitzen auf unseren Beobachtungsstühlen und denken, wir verstünden daher alles.
Wie kann man ernsthaft meinen, auch nur das Geringste von den Handlungen
der Menschen zu verstehen,
wenn man sie immer bloß stur beobachtet.
Ja aber ... Das ist die Aufgabenstellung!
Man muss viel mehr miteinander reden, meine ich!
(...)
Du saublöder Idiot! Beobachte Dich doch selbst, verdammt noch mal, Du kannst mich mal!
(Dialog aus dem Film „Kitchen Stories" von Bent Hamer, Norwegen 2003)

In dem Film „Kitchen Stories" geht es um ein Team von Beobachtern, die in den 1950er-Jahren von einem schwedischen Küchenhersteller ausgesandt wurden, um in ländlichen Ein-Personen-Haushalten in der norwegischen Provinz die Küchengewohnheiten der männlichen Bewohner zu studieren. Die Beobachter sitzen auf Tennis-Hochstühlen in den Küchen der Bauernhäuser und sind strikt angewiesen, nur zu beobachten, mit den Bewohnern aber keineswegs Kontakt aufzunehmen, – denn die Studie solle schließlich objektiv sein und die Beobachter dürften das Feld nicht beeinflussen. Die zwei Beobachter, die sich hier unterhalten, sind frustriert. Sie haben Probleme, zu verstehen, was die Beobachteten da eigentlich machen und was sie im Sinn haben bei dem, was beobachtbar vor sich geht. Neben den merkwürdigen Zwängen, die aus dem standardisierten Untersuchungsdesign resultieren, und der sozialen Vereinsamung, unter der die Beobachter hoch oben auf ihren Stühlen leiden, wird hier auch das Problem der methodischen Vereinseitigung einer reinen (nicht ethnografischen) Beobachtungsstudie thematisiert: Ohne miteinander zu reden, ohne also *verbale → Daten* zu gewinnen, erschließt sich dem Beobachter nicht, was der Informant im Sinn hat, was ihn motiviert, auf Basis welcher Erfahrungen er agiert und wie er die Welt um sich herum sieht und versteht. Das gilt für das Alltagshandeln wie für die sozialwissenschaftliche Forschung.

„Datengewinnung ist eine kommunikative Leistung", schreibt Christa Hoffmann-Riem (1980: 347). Dieser Satz scheint zunächst dem von Przyborski und Wohlrab-Sahr über qualitative Sozialforschung als Feldforschung (s. Kap. 3) zu widerspre-

https://doi.org/10.1515/9783110529920-004

chen und ein Primat des sprachlichen Austauschs zu postulieren. Doch statt eines Widerspruchs kann man an der Unterschiedlichkeit der Aussagen eher einen Aspekt der Entwicklung des Selbstverständnisses von qualitativer Forschung ablesen: In den fast dreißig Jahren, die zwischen den beiden Formulierungen liegen, hat sich die qualitative Sozialforschung von ihrer zeitweiligen Präferenz für sprachliche Äußerungen zu einem guten Teil gelöst und ein breiteres Verständnis ihres Gegenstandszugangs entwickelt.

Dennoch ist der Satz von Hoffman-Riem weiterhin uneingeschränkt zutreffend, denn die kommunikative Leistung des Forschens besteht nicht allein aus dem Führen von Interviews, und Feldforschung umfasst, wie wir in Kapitel 3 sehen konnten, immer auch Interaktion und Kommunikation mit den Akteuren im untersuchten Feld. Der Beobachter auf seinem Hochstuhl ist, ebenso wie die Interviewerin im abgegrenzten Setting der Interviewsituation, eine Form der Vereinseitigung sozialwissenschaftlicher Datengewinnung. Dennoch sind Interviews ein zentraler Bestandteil fast aller qualitativ-empirischen Forschungsdesigns, allerdings häufig ergänzt um andere Arten von Daten, wie Dokumente aus dem Untersuchungsfeld (Akten, Broschüren, Internet-Repräsentationen, Tagebücher etc.), Aufzeichnungen von Alltagskommunikation oder eben Beobachtungen. Von einer kommunikativen *Leistung* zu reden, betont zugleich den kommunikativen Eigenbeitrag der Forschenden bei der Datengewinnung. Interviews sind nicht ein Einsammeln von Aussagen der Informantinnen, sondern eine komplexe, auch, aber nicht nur, verbale Interaktion von Forscherin und Befragtem (dazu mehr im Fortgang dieses Kapitels).

Kapitel 4 stellt das qualitative Interview in den Mittelpunkt der Beschäftigung mit verbalen Daten, weil es die bis dato wichtigste und am weitesten verbreitete Art der interaktiven Erzeugung dieser Art von Daten ist. Eine hier nicht näher betrachtete, aber auch sehr leistungsfähige Alternative stellt die *Gruppendiskussion* dar, früher auch Gruppenexperiment (Pollock 1955) genannt. Bei der Gruppendiskussion trifft der Forscher sich, anders als beim Interview, mit mehreren Personen, die entweder im Alltag eine Gruppe bzw. einen Teil einer Gruppe bilden oder die nach bestimmten Merkmalen einzeln ausgewählt wurden und sich noch nicht näher kennen. In Gruppendiskussionen werden die Teilnehmerinnen mit einem Thema konfrontiert, das – etwa durch die Präsentation eines in sich kontroversen Stimulus (Fotos, Filmsequenzen, Redeausschnitte) – unter Moderation des Forschers ausführlich diskutiert wird. Im Unterschied zum qualitativen Interview bringt die Gruppendiskussion eine zusätzliche Ebene der Interaktion der Informantinnen untereinander hervor, die mit geeigneten analytischen Verfahren (z. B. der Dokumentarischen Methode, s. Kap. 6.2) zusätzliche Aufschlüsse über die kollektiven Sinnwelten der Beteiligten liefern kann.

Während verbale Daten in Interview und Gruppendiskussion unter aktiver Beteiligung der Forscherinnen in der Situation entstehen, werden sie für einige interpretative Verfahren bevorzugt der Alltagskommunikation entnommen. Dies geschieht etwa, indem Gespräche bei Tisch unter Abwesenheit der Forscherin aufgezeichnet werden (vgl. Keppler 1994) oder indem Mitschnitte telefonischer Interaktionen, z. B. von Notrufen bei der Feuerwehr oder von telefonischen Suizidberatungen, mit interpretativen Verfahren untersucht werden (z. B. mit der ethnomethodologischen Konversationsanalyse oder mit der Objektiven Hermeneutik; s. Kap. 6.1 und 6.4). Von all diesen Zugangsweisen unterscheidet sich das qualitative Interview durch die gleichzeitige Präsenz des Forschers mit der zu interviewenden Person in einer dyadischen Gesprächssituation.

Wie bei den meisten Methoden, so sind auch die Anfänge des qualitativen Interviews schwer auszumachen. Es gewinnt erst über die Zeit langsam die Konturen, die es uns retrospektiv als qualitatives Interview identifizieren lassen. Schon Achenwall und seine Schüler (s. Kap. 1.4) haben auf ihren statistischen Reisen sicher die Aufseher der Bergwerke, die Eigner der Manufakturen und die Gutsbesitzer befragt, etwa über Erträge, Produktionstechniken und Absatzmärkte – doch waren das schon qualitative Interviews? Systematische Befragungen und deren Verschriftlichung als Volltext kamen erst mit dem beginnenden modernen Journalismus der Penny-Papers in Gebrauch. Sie hatten aber ein etabliertes Vorbild: Frühe Journalisten berichteten viel über Fälle von Kriminalität und hatten daher häufig mit der Polizei und mit Gerichtsverhandlungen zu tun. Dort kamen sie mit Verhör- und Befragungsmethoden in Kontakt, die man vielleicht am ehesten als Vorläufer heutiger qualitativer Interviews bezeichnen kann (Nilsson 1971), auch wenn das den Polizeiverhören eigene inquisitorische Element sicher kein Bestandteil eines guten qualitativen Interviews ist. Ein anderer Ursprung liegt in den frühen Sozialreportagen des britischen Philanthropen und Sozialforschers Charles Booth, der für seine Berichte ab 1866 unter anderem bereits Gespräche vom Typ qualitativer Interviews mit Bewohnern der Metropole London führte und darüber Notizen anfertigte (Fontana 1997: 362; Lindner 2004). Von hier und von den journalistischen Formen des Interviews führt der Weg zum qualitativen Interview in den Sozialwissenschaften zunächst über die Chicago School mit der bereits beschriebenen starken Verbindung von Journalismus und Soziologie durch die Leitfigur Robert E. Park. Allerdings dürfen wir uns die frühen qualitativen Forschungsinterviews noch nicht ganz wie die heute üblichen vorstellen, zumal es – wie für die meisten Methoden – zunächst noch keine etablierten Standards für die Datengewinnung im Wege des Gesprächs gab.

Das wirft die Frage auf, was eigentlich ein qualitatives Interview ausmacht, wie es also zu unterscheiden ist vom journalistischen Interview, aber auch von Formen standardisierter Befragung. Eine erste, recht einfache Bestimmung lässt sich treffen, wenn wir die geläufigen Fragebogenerhebungen als Kontrastmittel verwenden: Sind dort Antworten für alle Befragten in identischer Form vorgegeben und die Interviewerinnen gehalten, diese Fragen in jeder Interviewsituation in identischer Weise zu stellen, so zielt das qualitative Interview bewusst darauf, die Fragen in der Interviewsituation und an diese Situation angepasst zu formulieren.

Und während standardisierte Befragungen auch die möglichen Antwortalternativen bereits vorformulieren und damit einschränken, zielt das qualitative Interview gerade umgekehrt darauf, dass die Befragten ihre Antworten selbst formulieren. Die Unterschiede zu typisch journalistischen Interviews sind hingegen in der Art der zulässigen Fragen und in der Systematik der Verarbeitung und Auswertung des → Materials zu verorten. Die Unterschiede in der Frageform betreffen vor allem die Frage der *Suggestivität*: Unter Journalisten sind Frageformen wie „Sind Sie nicht mit uns der Meinung, dass ...?" zwar vielleicht nicht die hohe Kunst der Recherche, aber doch ein weit verbreitetes Mittel alltäglicher Interviewarbeit unter Zeit- und Ergebnisdruck. Das Ziel der qualitativen Sozialforschung hingegen ist die Generierung von Material, in dem sich gerade die vom Forscher möglichst wenig beeinflusste Relevanzstruktur der Befragten ausdrückt. Suggestivität ist da ungefähr so wünschenswert wie Doping im Leistungssport.

Zu Beginn von Kapitel 3 hatte ich die Leistung von Interviews als komplementär zur Leistung des Beobachtens bezeichnet, weil der reinen Beobachtung ein zuverlässiger Aufschluss über die Bewusstseinsinhalte der Akteure im Feld verwehrt bleiben muss. Im Interview dagegen können wir die Menschen fragen, was sie sich denn wohl ‚dabei gedacht haben' und warum sie dieses gemacht und jenes unterlassen haben. Gut erzogene Gesprächspartnerinnen werden uns darauf meist ohne Umschweife antworten. Bei genauerer Betrachtung sind allerdings skeptische Nachfragen angebracht: Handelt es sich bei dem, was uns die Informantin in der Situation des Interviews mitteilt, tatsächlich um die motivierenden Bewusstseinsinhalte, die für sie in der thematisierten Situation handlungsleitend waren? Damit ist nicht die Frage von Wahrheit oder Unwahrheit gemeint, sondern eher die, welche Chancen bestehen, im Interview gerade jene Wahrheit zu hören zu bekommen, die in der Handlungssituation, *über* die gesprochen wird, für die Informantin relevant war.

Belehrt durch den Diskurs der konstruktivistischen und pragmatistischen Sozialtheorien liegt es näher, das Interview als eine retrospektive Neukonfiguration der erinnerten Ereignisse aufzufassen, in der assoziative Verknüpfungen und Geltungsansprüche zu Teilen einer neuen, im Lichte der aktuellen Interviewsituation konstituierten Realität werden. Mit anderen Worten: Interviewpartner und Interviewerin erschaffen im Moment des Interviews eine neue Version der stattgehabten Ereignisse, in die die Erfordernisse der aktuellen Situation miteingehen. Diese Version ist aus der Perspektive der befragten und erzählenden Person so wahr, wie es jede Erinnerung ist. Sie wird zu den handlungsleitenden Bedingungen bei der Definition der aktuellen Situation. Für die → Interpretation des Materials ist es dann allerdings erforderlich, die Situation des Interviews und auch die Rolle der Interviewer mit einzubeziehen.

Das kann zu überraschenden Einsichten führen. So berichtet Harald Welzer (1995) vom Fall eines Interviewpartners, der von sich im Gespräch (für den Interviewer) glaubwürdig und überzeugend das Bild eines trotz aller widrigen Umstände erfolgreichen Familienvaters entwirft – bis seine Ehefrau aufgebracht die Szene betritt und sich lauthals darüber beklagt, dass ihr Mann hier offenbar wieder ein „Hörspiel" aufführt, in dem die Welt in Ordnung scheint, während er tatsächlich ein spielsüchtiger Mensch sei, der die Familie in den finanziellen Ruin geführt habe. Man könnte nun sagen, der Mann habe ‚gelogen'. Aber hat die Frau denn Recht? Und wer würde das zweifelsfrei entscheiden wollen? „Die ‚Wahrheitsfrage' setzt immer einen Standpunkt und eine Logik voraus, von denen aus geurteilt wird. Von einer Unwahrheit einer Aussage zu sprechen beinhaltet erstens, dass die Aussage in einem vorgegebenen logischen System angesiedelt ist, dessen Regeln auch für sie Geltung haben, und dass sie zweitens gegen diese Regeln verstößt" (Helfferich 2004: 65).

Die Entscheidung über Wahr und Unwahr ist aber weder unsere Aufgabe, noch ist es die analytisch ertragreichste Untersuchungsperspektive. In der qualitativen Sozialforschung geht es, wie Helfferich (2004: 64) fortfährt, gerade umgekehrt um die „Rekonstruktion von Wahrheiten als standortgebundene und in Bezugssystemen verankerte subjektive Theorien". Statt also darüber zu befinden, was wahr oder gültig ist, geht es eher darum, die unterschiedlichen Wahrheitsansprüche der Akteure zu rekonstruieren, sie in ihrem Entstehungs- und Wirkungskontext verstehbar zu machen und ihren Beitrag für die sich entfaltende Sozialität zu verdeutlichen. Für den mutmaßlich spielsüchtigen Mann gibt es offenbar Anlass genug, sich in der Interviewsituation ganz anders darzustellen, als seine Frau ihn sieht. Diesen Gründen nachzuspüren ist ungleich spannender als die Klärung der Wahrheitsfrage (zur Realität und Wahrheit im Interview vgl. auch Rapley 2007).

4.1 Das fokussierte Interview

Wenn man nach ersten publizierten Anleitungen und Begründungen für qualitative Interviews sucht, landet man schnell bei Robert K. Merton und Patricia L. Kendall. Die beiden haben mit ihren Kollegen am *Bureau of Applied Social Research* in New York während und nach dem Zweiten Weltkrieg die Wirkung von Propaganda erforscht und in diesem Zusammenhang eine spezielle Interviewmethode entwickelt, die – obwohl im Kontext standardisierter Sozialforschung entstanden – doch die erste ausführlich und begründet dargestellte, auf qualitative Daten zielende Form der Befragung in der Sozialforschung ist. Vor allem aber ist die Darstellung von Merton und Kendall für die Formulierung von Kriterien bekannt geworden, die gute qualitative Interviews erfüllen sollten. Das ist auch der Grund, warum diesem Interviewverfahren hier ein eigenes Kapitel gewidmet ist, während die anderen Typen qualitativer Interviews in Kapitel 4.4 eher im Überblick abgehandelt werden.

Wie sich leicht denken lässt, war die aus Sicht der Alliierten absolut erstaunliche Wirkung der faschistischen Propaganda auf die Kriegs- und Leidensbereitschaft deutscher Zivilisten und Soldaten in den frühen 1940er-Jahren ein Phänomen, das dringend sozialwissenschaftlicher Erforschung bedurfte. Man wollte herausfinden, welche Wirkungen vor allem massenmedial vermittelte Inhalte auf Menschen haben können – nicht zuletzt, um dieses Wissen für die eigene Anti-Propaganda nutzbar machen zu können. Zwar gab es bereits eine Reihe quantitativer Befunde zu diesem Thema, das fokussierte Interview aber zielte auf „die Schaffung einer Grundlage für die Interpretation statistisch signifikanter Wirkungen von Medien der Massenkommunikation" (Merton/Kendall 1979/1945: 173). Die quantitativen Daten bedurften also einer verlässlichen Interpretation. Allerdings waren hinreichend differenzierte Theorien zu Propagandawirkung und Massenkommunikation noch nicht verfügbar. So entwickelte das Forschungsteam um Merton und Kendall einen Interviewtyp, dessen reichhaltiges qualitatives → Material sich als Basis für einen interpretativen Zugang eignete, also zu klären erlaubte, *warum* bestimmte messbare Wirkungen eintreten.

Die erste Besonderheit des fokussierten Interviews besteht darin, dass alle Informantinnen vor dem Interview einem identischen medialen Stimulus ausgesetzt werden, d. h. sie bekommen z. B. eine Ansprache im Radio, eine Filmsequenz oder einen Werbespot vorgeführt, schauen eine Fotoserie an oder lesen einen Textauszug – oder aber „sie (befinden) sich in einer sozialen Situation, die zwar ungestellt (ist), aber beobachtet (wird)" (Merton/Kendall 1979/1945: 171). Wichtig ist, dass der Stimulus gleichartig ist und dass er vom Forschungsteam vorab in Bezug auf die zu untersuchende Fragestellung analysiert wurde. Die Forscher formulieren auf der Basis ihrer Stimulus-Analyse und unter Bezug auf sozialpsychologische oder soziologische Theorien eine Reihe von Hypothesen, die dann die Entwicklung eines Interviewleitfadens anleiten, damit sichergestellt ist, dass die zur Prüfung dieser Hypothesen relevanten Themen zur Sprache kommen.

Fokussiert ist diese Interviewform also, weil sich alle Interviewgespräche einer Untersuchung auf den gleichen medialen Stimulus beziehen. Man könnte sicherlich einwenden, dass Interviews immer fokussiert sind, weil sie typischerweise ein Thema verfolgen. Allerdings bietet die Tatsache, dass alle Befragten nicht nur über das gleiche Thema befragt werden, sondern auch kurz vor dem Interview einer gleichartigen Situation ausgesetzt waren, ganz andere Möglichkeiten der Bezugnahme im Interview. Man kann etwa über einzelne Szenen in einem Filmausschnitt sprechen und aus den gleichartigen oder unterschiedlichen Verbindungen, die die Gesprächspartner zu ihrer persönlichen Situation herstellen, Rückschlüsse auf untersuchungsrelevante Fragen, wie etwa Rezeptionsgewohnheiten oder Problemverständnisse, ziehen. Das fokussierte Interview zielte in seiner ursprünglichen Form und im Kontext der damaligen methodologischen Imperative darauf, „Hypothesen zu testen", aber auch „nicht antizipierte Reaktionen auf die Situation festzustellen und diese zum Anlaß für die Bildung neuer Hypothesen zu nehmen" (Merton/Kendall 1979/1945: 172). Der messtheoretische Grundgedanke liegt also darin, die Differenz zwischen erwarteter und tatsächlicher Wirkung im Interview festzustellen und zu interpretieren. Dabei wird die erwartete Reaktion durch die Forscherinnen definiert. Weil aber das im Interview produzierte → Material die Aussagen der Befragten in ihrem personalen Kontext präsentiert, können eben nicht nur Abweichungen zwischen erwarteten und tatsächlichen Aussagen vermessen, sondern diese auch kausal interpretiert werden. Aus dem gleichen Grund lässt sich mit dieser Interviewform auch im Rahmen des interpretativen Paradigmas forschen, vor allem dann, wenn der Gegenstandsbereich relativ klar definiert und so begrenzt ist, dass ein identischer Stimulus hinreichend Anknüpfungspunkte für das Interviewgespräch liefert.

Für die Entwicklung qualitativer Interviewverfahren liegt die besondere Bedeutung der Arbeiten von Merton und Kendall jedoch in den *Kriterien,* die sie entwickelt haben, um „produktives von unproduktivem Interviewmaterial zu unterscheiden" (1979/1945: 178). Die folgenden vier Kriterien erfüllen nicht nur diesen Zweck, sie haben vor allem orientierende Wirkung für Anlage und Durchführung der Interviews, sind also nicht nur ex post anzuwendende Gütekriterien, sondern *qualitätssichernde Maßnahmen,* die ihre steuernde Funktion bereits im Prozess der Planung und Durchführung von Interviews entfalten. Es handelt sich dabei um:
(1) „Nicht-Beeinflussung",
(2) „Spezifität",
(3) „Erfassung eines breiten Spektrums",
(4) „Tiefgründigkeit und personaler Bezugsrahmen" (Merton/Kendall 1979/1945: 178).

(1) *Nichtbeeinflussung* ist als Kriterium zunächst vor dem Hintergrund des damals vorherrschenden Rollenmodells der standardisierten Forschung zu verstehen. Gemessen an den extrem direktiven, von der Interviewerin in allen Nuancen formatierten und gelenkten standardisierten Befragung stellt diese Anforderung eine radikale Umkehr dar: Im fokussierten Interview geben die Interviewer „der Versuchsperson Gelegenheit, sich über Dinge zu äußern, die für sie von zentraler Bedeutung sind, und nicht über Dinge, die dem Interviewer wichtig erscheinen" (1979/1945: 179). Wie wir bei einer näheren Betrachtung der Interviewsituation noch sehen werden (s. Kap. 4.3), stimmt das allerdings nur begrenzt: Die Asymmetrie der Gesprächssituation führt allein schon über die Rahmung durch das Forschungsthema und das vom Interviewer an die Interviewperson herangetragene, gerichtete Gesprächsinteresse zu einer Beeinflussung des Gesprächs und zu einer faktischen Einschränkung der Äußerungsmöglichkeiten der Befragten. Tatsächlich sind wir ja gar nicht an allen Dingen interessiert, „die für sie von zentraler Bedeutung sind", sondern nur an den Perspektiven, die die Befragten in Hinblick auf den von uns vorgegebenen thematischen Rahmen entwickeln. Um diese Perspektiven im Interviewmaterial zu generieren, ist dann allerdings ein Interviewerverhalten erforderlich, das vor allem durch Zurücknahme eigener Wertungen und Akzentuierungen und eine offen-neugierige Grundhaltung gekennzeichnet ist.

(2) *Spezifität* hingegen betrifft die Frage, wie genau sich die Befragten in ihren Äußerungen auf konkrete Aspekte des Stimulus beziehen, ob sie also z. B. ein be-

stimmtes Angstgefühl nur allgemein mit dem gesehenen Film oder aber mit einer konkreten Szene und bestimmten damit für sie verbundenen Assoziationen in Beziehung setzen. Im Kontext der damaligen Studie war den Forscherinnen wichtig herauszufinden, welche Wirkzusammenhänge genau zwischen bestimmten Elementen medialer Ereignisse und konkreten Befindlichkeiten der Rezipienten bestehen, was also an einer Propagandarede oder – in späteren Studien – einer Werbebotschaft wirksam ist und welche Wirkungen es hat. Weil die Vergegenwärtigung der in der Stimulussituation erlebten Empfindungen und Assoziationen mit dem zeitlichen Abstand des Interviews von Unschärfe und Lücken durch Vergessen bedroht ist, schlagen Merton und Kendall die Befragungsform der „retrospektive(n) Introspektion" (1979/1945: 187) vor. Darunter kann man sich einen Stil der Interviewgesprächsführung vorstellen, bei dem die Interviewerin den Befragten immer wieder in die ursprüngliche Situation der Stimulusrezeption versetzt (Retrospektive) und ihn zugleich dazu anregt, sich mit den eigenen Empfindungen auseinander zu setzen (Introspektion). Fragen wie „Was haben Sie empfunden, als in der Szene der deutsche Kampfpanzer in Großaufnahme direkt auf die Kamera zufährt?", bringen die Befragten gedanklich noch einmal zurück in die Situation und erleichtern den Zugang zu den dabei bedeutsamen eigenen Wahrnehmungen und Empfindungen.

(3) Mit *Erfassung eines breiten Spektrums* adressieren Merton und Kendall das Erfordernis, im Interview alle Facetten des Themas zu behandeln, damit die spätere Interpretation eine möglichst breite Materialbasis bekommt. Für die Interviewsituation geht es daher darum, möglichst gekonnt Themenübergänge zu initiieren oder diese aufzugreifen, wenn die Befragten, wie es häufig der Fall ist, solche Übergänge selbst anbieten. Im hypothesentestenden Design der damaligen Forschung ist die Breite des thematischen Spektrums wichtig, um die in der Forschungshypothese antizipierten Reaktionen empirisch bestätigt oder widerlegt zu finden, aber ebenso, um den Nachweis zu führen, dass die Ergebnisse nicht durch Selektivität bei der thematischen Vertiefung im Interview produziert wurden – denn dann wären sie wissenschaftlich wertlos. Auch im interpretativen Paradigma der qualitativen Sozialforschung ist die Thematisierungsbreite ein wichtiges Qualitätsmerkmal, da hier davon ausgegangen wird, dass das Forschungsteam gerade nicht in der Lage ist, alle relevanten Aspekte des Themas zu antizipieren. Je reichhaltiger das Material ist und je stärker die Themenwechsel und -verknüpfungen von den Befragten ausgehen, desto größer ist die Chance, neue relevante Zusammenhänge im Material zu entdecken.

(4) Mit *Tiefgründigkeit und personaler Bezugsrahmen* bezeichnen Merton und Kendall schließlich die „Notwendigkeit einer vertiefenden Erörterung von affektiven Reaktionen" (1979/1945: 197). Nicht selten werden gerade affektive Aspekte von Befragten eher knapp und unspezifisch, vor allem ohne konkreten Bezug zu ihrer eigenen emotionalen Involviertheit geäußert. Wenn etwa auf eine Frage dazu,

wie der Befragte die Ausbreitung rechtsradikaler Aktivitäten in Deutschland emp-
findet, die Antwort „da kann man ja nicht froh drüber sein" geben wird, dann
bleibt mehr im Unklaren als ausgesagt wird: Wird hier nur auf eine allgemeine
Norm referiert und empfindet man selbst vielleicht anders? Wenn der Befragte
selbst nicht froh mit der Situation wird, was empfindet er dann konkret: Angst?
Sorge? Empörung? Tatendrang? Hinzu kommt die Frage der Verortung im und der
Motivation durch den eigenen personalen Kontext: Welche eigenen Erlebnisse und
Erfahrungen haben die Wertorientierungen geprägt, die die eigene Haltung gegenüber z. B. Rechtsradikalismus bestimmten? Bevor all dies nicht geklärt ist, können
wir nicht wirklich zufrieden mit der Qualität und dem Ertrag des Interviews sein –
ganz unabhängig davon, ob es sich um ein fokussiertes oder um ein qualitatives
Interview anderen Typs handelt.

4.2 Narration und Information: Fragen und Thematisierungsweisen

Darüber, was in qualitativen Interviews zur Sprache kommt und wie es zur Sprache
gebracht werden kann, gibt es unterschiedliche Vorstellungen, die auch von der
Art des zu führenden Interviews abhängen. Man kann die verschiedenen Varianten
grob zwischen den Polen *Informationserhebung* und *Narrationen*, also Erzählungen
verorten. Wenn wir jemanden nach seinem Alter fragen oder nach dem Namen
seiner Großmutter väterlicherseits, dann rufen wir Daten und Informationen ab, in
diesem Fall recht einfache. Informationen dieser Art lassen sich mit präzise gestellten Fragen in großer Zuverlässigkeit und auf recht einheitliche Weise abfragen –
und wir bekommen in der Regel kurze knappe Antworten darauf. Weder Frage
noch Antwort lassen nennenswerten Deutungsspielraum, ‚hard facts' könnte man
sagen. Auch wenn einige Daten dieser Art auch für interpretative Studien unabdingbar sind, liegt die Stärke qualitativer Interviews doch eher in der Gewinnung
komplexerer Informationen. Hier geht es typischerweise um Argumentationsmus-
ter, Beschreibungen, Einschätzungen und Erzählungen, um Material also, das in
sich reichhaltiger, aber auch erheblich deutungsbedürftiger ist.

In gelungenen qualitativen Interviews präsentieren unsere Interviewpartnerinnen uns ihre *subjektive Perspektive*, d. h. sie zeigen uns an, wie sie sich selbst
und die Welt sehen oder genauer: Wer sie *sind* und was die Welt für sie *ist*. Allerdings geschieht dies meist weniger in knappen klaren Aussagesätzen, sondern eher
in vielschichtigen Darstellungen, in denen narrative, argumentative und anek-
dotische Textsorten ineinandergreifen und selbst Erlebtes mit der Reproduktion
allgemeiner Normen, Stereotypen und Haltungen vermischt wird. Gerade diese
Textsorten aber, die für die interpretative und rekonstruktive Arbeit notwendige
Voraussetzung sind, müssen von den Interviewern durch eine entsprechende Haltung in der Interviewsituation, durch das richtige Setting und die angemessene
Form des Fragens, oder genauer: der Gesprächsführung hervorgebracht werden.

Unter diesen Gesichtspunkten gibt es bessere oder schlechtere Frageformen und Gesprächsstimuli für qualitative Interviews – allerdings hängt die Beurteilung der Eignung einer Frage oder Frageform immer vom genauen Zweck und von der weiteren methodischen Einbettung des Interviews ab. Wenn es darum geht, ein Gespräch in Gang zu bekommen und nicht nur präzise Einzelinformationen zu sammeln, dann sind Fragen, auf die mit ja oder nein zu antworten ist, offenkundig nicht sehr geeignet. Sie produzieren eher das aus standardisierten Befragungen geläufige Muster eines Antwort-Stakkato. Die Fragen sollten vielmehr einen Aufforderungscharakter für eine erläuternde Darlegung enthalten (z. B.: „Wie kam es eigentlich dazu, dass Sie sich für den Beruf der Frisörin entschieden haben?"), so dass es für die Befragten naheliegend erscheint, eine kontextreiche Darstellung zu präsentieren, die sich nicht nur für eine interpretative Analyse eignet, sondern auch zu Nachfragen anregt. Noch günstiger auf die Umfänglichkeit und Darstellungsdichte eines Redebeitrags der Interviewten wirkt es sich aus, wenn wir einen expliziten *Erzählstimulus* setzen („Und als Sie dann das erste Mal vor Ihrer neuen Schulklasse standen, wie war denn das eigentlich? Erzählen Sie doch mal!") und wenn wir auch in unserer situativen Präsenz eine freundlich-entspannte Erwartungshaltung signalisieren.

4.3 Die Interviewsituation

Die Begegnung von Interviewerin und Informant in der *Interviewsituation* ist von ganz besonderer Art. Qualitative Interviews versuchen in der Regel eine Annäherung an natürliche Alltagskommunikation herzustellen. Sie sind aber zugleich per definitionem ausdrücklich keine alltäglichen Situationen. Es ist geradezu die Funktionsbedingung dieser Art von Interviewgesprächen, Vertrautheit und freundliches Interesse am Gegenüber zu signalisieren, wie es in einem Gespräch im Alltag üblich ist. Zugleich ist das Handlungsschema der Interviewsituation auch im qualitativen Interview ein asymmetrisches, in dem es primär der Interviewerin obliegt, die soziale Situation im Interesse ihres Forschungsvorhabens so zu gestalten, dass sie als Interview funktioniert und der Gesprächspartner möglichst unbefangen und offen auf Interviewfragen eingehen kann. Die Asymmetrie der Interviewsituation wird besonders deutlich, wenn man sie mit der typischen Situation eines Alltagsgesprächs vergleicht: Ist es dort üblich, dass die Rollen häufig wechseln, so ist die *Verteilung der Sprecherrollen* im Interview weitgehend festgelegt. Ähnlich wie die Kommissarin im Tatort jede Rückfrage des Verdächtigen im Verhör barsch zurückzuweisen pflegt („Ich stelle hier die Fragen"), ist auch im Forschungsinterview stillschweigend klar, dass die Forscherin fragt und der Interviewpartner so gut er kann auf die Fragen antwortet. Zu den Merkmalen der Alltagskommunikation gehört es auch, dass meist alle Beteiligten an der Steuerung des Handlungsablaufs beteiligt sind, während im Interview der Interviewer durch das Vorgeben der

Fragen die *Kontrolle über das Handlungsschema* innehat. Hinzu kommt das *Fehlen einer gemeinsamen Sozialwelt* im Interview, wie sie für Gesprächssituationen im Alltag typisch und für die Handlungssicherheit und Vertrautheit der Beteiligten im Gespräch von großer Bedeutung ist. Da Interviews meist in der Sozialwelt der Befragten stattfinden, müssen sich Interviewer hier auf fremdem Terrain bewegen, haben also ein ‚Auswärtsspiel'. Für die Befragten ist umgekehrt der gegebene thematische Rahmen und sind auch die Formate der Thematisierung häufig ungewohnt – für sie ist es also auch kein Heimspiel.

Man kann sich das Interview als eine Art Theaterspiel vorstellen, bei dem die Interviewerin – wenn alles gut geht – Regie führt. Steinar Kvale und Svend Brinkmann (2009: 128) sprechen in ihrem Handbuch zu qualitativen Interviews denn auch vom „setting of the interview stage": Die Bühne, auf der das Schauspiel des Interviews aufgeführt wird, muss aktiv vorbereitet und gestaltet werden. In abgeschwächter und leicht veränderter Form stoßen wir hier erneut auf die Aufgaben und Probleme, die wir im Kontext der Ethnografie unter dem Stichwort ‚Feldzugang' verhandelt haben (s. Kap. 3.3): Für Interviews müssen Gesprächspartner gefunden und überzeugt werden, und es muss miteinander vereinbart werden, was genau Gegenstand der befristeten Kooperation sein soll. Insofern beginnt die Interviewsituation mit einer Situation lange vor dem Interview: der *Kontaktaufnahme*.

Je nach Untersuchungsfeld nehmen Forscher per Telefon, E-Mail, Brief oder auch persönlich Kontakt zu potenziellen Gesprächspartnerinnen auf. Oft hat vorher eine Kontaktperson bereits die generelle Gesprächsbereitschaft der fraglichen Person eruiert und dieser die Kontaktaufnahme der Forscher angekündigt. Melden sich diese nun bei den zu befragenden Personen, beginnt die Herstellung der Interviewsituation. Zunächst gilt es, die Kandidatinnen vollends zu überzeugen. Selbst wenn sie sich gegenüber einer Kontaktperson (der Nachbarin, dem Arbeitskollegen, der Kegelschwester oder dem Trainer) zunächst als prinzipiell mit dem Interview einverstanden erklärt haben, ist oft noch ein Rest an Zweifel und Unsicherheit vorhanden. Wer nicht regelmäßig mit empirischer Sozialforschung konfrontiert ist, ist für die Vorstellung davon, was ein Interview ist, meist auf mediale Vorbilder angewiesen. Diese aber werden dominiert von Journalisten, die mit Mikrofonen in Fußgängerzonen Passanten eine kurze Antwort auf meist leicht suggestive Fragen abnötigen, sowie von standardisierten Befragungen der Markt- und Meinungsforschung, die oft via Telefon oder inzwischen auch per Internet vorgefertigte Antworten auf festgelegte Fragen zur Auswahl stellen. Das Kontaktgespräch dient also zunächst dazu, den Typ des zu veranstaltenden Interviews zu klären, um den Angesprochenen überhaupt eine informierte Entscheidung zu ermöglichen sowie um ihnen unnötige Befürchtungen zu nehmen, aber auch den besonderen Charakter dieser Gesprächsform schmackhaft zu machen.

Ein häufiges Problem ist das Selbstbild der Gesprächskandidatinnen, eigentlich nicht viel von der Sache zu verstehen, die thematisiert werden soll. Das in Aussicht stehende Interview erscheint ihnen als eine *Prüfungssituation*, in der sie ihre Kompetenz beweisen und Wissen vorweisen sollen. Hier gilt es, die Angesprochenen zu überzeugen, dass es sich eher um ein zwangloses Gespräch über das Thema handelt, bei dem die Interviewpartner frei sind, das zu äußern, was ihnen dazu in den Sinn kommt, und dass es vor allem nicht um ‚richtige‘ oder ‚falsche‘ Antworten geht. Ein zweites Problem ist die *Teilnahmemotivation*. Warum eigentlich soll jemand sich ein bis zwei Stunden Zeit für ein qualitatives Interview nehmen, für einen Forscher, den man nicht kennt, zu einem Thema, an dem man selbst kein herausragendes Interesse hat, und für einen Ertrag, der völlig ungewiss ist? Zwar gibt es eine verbreitete Bereitschaft, der Wissenschaft behilflich zu sein, auch ist häufig das Motiv anzutreffen, Studierende oder Doktorandinnen bei der Erreichung ihres Qualifikationsziels zu unterstützen. Doch zugleich konkurriert die Interviewanfrage meist mit anderen Erfordernissen und Vorhaben der Gesprächspartner, d. h. ihnen muss das Interview etwas wert sein, damit sie dafür andere Optionen zurückstellen. Hier ist oft der Hinweis hilfreich, dass das Interviewgespräch auch eine sonst selten gebotene Gelegenheit zur Selbstreflexion bietet, die zu neuen Einsichten und Perspektiven verhelfen kann.

Vor die Situation gestellt, dass der gewünschte Gesprächspartner sich aus Zeitgründen gegen die Teilnahme aussprechen könnte, neigen weniger erfahrene Interviewer mitunter dazu, eine extrem knapp kalkulierte *Zeitspanne für das Interview* zu vereinbaren. Wer sich statt der eigentlich vielleicht erforderlichen 90 Minuten auf eine halbe oder dreiviertel Stunde herunterhandeln lässt, darf sich hinterher nicht beklagen, wenn er im Interview unter Zeitdruck gerät und die Fragen eher durchhechelt als ein gemeinsames ausführliches Gespräch zu führen. Mitunter ist es besser auf eine potenzielle Gesprächspartnerin zu verzichten, als ein am Ende wertloses Stakkato-Interview zu führen, bei dem dann auch eine halbe Stunde noch verschwendete Zeit für alle Beteiligten bedeutet. Ein ähnliches Problem ergibt sich häufig bei der *Vereinbarung zur Aufzeichnung des Interviews*. Qualitative Interviews zielen auf die Produktion dichten Textmaterials, das anschließend einer detaillierten, am Wortlaut orientierten Analyse unterzogen werden kann. Daher ist es in fast allen Varianten qualitativer Interviews unabdingbar, das Gespräch aufzuzeichnen (Ausnahmen sind hier rein informationsgenerierende Interviews). Es ist für Befragte allerdings ein Unterschied, ob sie ‚jemandem etwas erzählen‘ oder ob sie in ein Mikrofon sprechen und später wörtlich zitiert werden können. Das gesprochene Wort erscheint weniger verbindlich als das aufgezeichnete (Politiker sprechen z. B. mit Journalistinnen über wichtige Dinge häufig nur „off records“). Wenn potenzielle Interviewpartner im Anwerbegespräch ihre Bedenken gegen den Einsatz eines Bandgeräts oder eines digitalen Aufnahmegeräts deutlich artikulieren, sind Interviewerinnen teilweise allzu bereitwillig, auf die Aufzeichnung zu verzichten. Mitunter vermeiden sie aus Angst, dass der Interviewkontakt nicht zustande kommt, das Thema der technischen Aufzeichnung im Anwerbegespräch ganz und müssen dies dann in der Interviewsituation nachholen. Beides rächt sich jedoch später: Bei Verzicht auf die Aufzeichnung bleibt der Ertrag des Interviews für eine interpretative oder rekonstruktive Analyse fragwürdig, und ein Vertagen des Themas birgt die Gefahr, dass die Interviewpartnerin sich später in der Interviewsituation gegen die Aufzeichnung entscheidet. Man hat dann nur noch die Wahl, das Interview ohne Aufzeichnung zu führen oder es sofort abzubrechen. Wenn es den Interviewern schwerfällt, die Frage im Vorgespräch zu klären, dann hat das häufig damit zu tun, dass ihnen selbst die Sache ‚nicht ganz geheuer' ist. Diskussionen um das Recht auf informationelle Selbstbestimmung, Schutz der Privatsphäre etc., aber auch das schlichte Wissen darum, wie merkwürdig fremd sich das eigene Sprechen auf der Aufzeichnung anhört, lassen sie die Bedenken der Gesprächspartner antizipieren, bevor sie überhaupt da sind, oder sie projizieren gar ihre eigenen Bedenken auf die Gesprächspartner. Sie setzen eine sorgenvolle Miene auf und beginnen mit entschuldigendem Gestus über die leider notwendige Aufzeichnung zu sprechen – mit dem Ergebnis, dass die so Angesprochenen nun erst recht hellhörig werden und misstrauisch die erbetene Aufzeichnung infrage stellen. Besser bewährt hat sich dagegen die Thematisierung der Aufzeichnungsfrage im Ton beiläufiger Selbstverständlichkeit, einem Ton, der signalisiert, dass das eben ‚dazugehört'. Wenn dann doch kritisch nachgefragt wird, z. B. mit dem Hinweis, dass man noch nicht wisse, ob man dann nicht Sachen sagt, die man im Nachhinein bereuen würde, dann kann man bedenkenlos anbieten, den Befragten am Ende des Gesprächs die Entscheidung darüber zu überlassen, ob die Aufzeichnung bleiben kann oder direkt vor Ort gelöscht werden muss. Tatsächlich sind die abstrakten Bedenken vor dem Interview meist größer als während und nach dem Interview, sodass es so gut wie nie dazu kommt, dass einmal durchgeführte Aufnahmen hinterher gelöscht werden müssen. Interviewpartner entwickeln im Gespräch meist auch eine große Sensibilität für die Aufnahmesituation und fordern an bestimmten Stellen selbst ein, dass für das, was sie jetzt zu sagen haben, die Aufnahme unterbrochen werden soll – was für den Erfolg des Interviews unproblematisch ist.

Harry Hermanns, der an Kvales Bühnenmetapher anknüpft und vom Interview als von einem inszenierten „Drama" spricht, hat auf die Schwierigkeiten hingewiesen, die sich gerade Anfängern bei der Gestaltung qualitativer Interviews in den Weg stellen. Er macht eine Trias von Dilemmata aus, die Forscherinnen in der Situation zu bewältigen haben.

(1) Das „Dilemma der Vagheit" besteht in der Spannung zwischen dem meist nicht sehr präzise gefassten und aus forschungslogischen Gründen mindestens teilweise offenen Interviewauftrag und der Bedeutung, die den Interviewergebnissen für den Gang des Forschungsprojekts zugeschrieben wird. Für den Forscher besteht dabei die Gefahr, die Thematik des Interviews – im Interesse der vollständigen Abarbeitung der geplanten Fragen – so weit zu schließen, dass die für die Entdeckung neuer Zusammenhänge erforderliche Offenheit über Gebühr eingeschränkt wird.

(2) Mit dem „Fairness-Dilemma" beschreibt Hermanns das Problem, dass die Interviewerinnen im Interesse ihrer Forschungsarbeit gehalten sind, möglichst viel, möglichst Persönliches und Tiefgründiges über die befragte Person in Erfahrung zu bringen (Spezifität und personaler Kontext, s. Kap. 4.1) – ein Verhalten, das elementaren Regeln der Höflichkeit im Umgang mit Mitmenschen zu widersprechen scheint. Hier zeigt sich die eingangs erwähnte Spannung zwischen der Illusion eines alltäglichen Gesprächs und der tatsächlichen Asymmetrie der Gesprächsanordnung. Weil aber die Illusion der Alltäglichkeit eine entscheidende Funktionsbedingung des qualitativen Interviews ist, kann der Interviewer diese Spannung auch nicht zu einer Seite hin auflösen. Ein Abgleiten in ein tatsächliches Alltagsgespräch mit gleichberechtigter Gestaltung des Handlungsschemas würde zu einem Plausch über Dieses und Jenes und brächte kaum Material für das Forschungsvorhaben. Ein deutliches Abweichen vom alltagsähnlichen Gesprächsstil würde umgekehrt aber die Mitteilungsbereitschaft der Befragten ernsthaft gefährden. So muss die Interviewerin eine Balance finden und die steuernden Eingriffe so dosieren, dass sie die Mitteilungsbereitschaft der Befragten zwar etwas kanalisieren, sie aber nicht beeinträchtigen.

(3) Als „Dilemma der Selbstpräsentation" schließlich bezeichnet Hermanns das Problem des Interviewers, sich im Interview nicht als der zeigen zu können, der er wirklich ist: Zwar ist er einerseits gefordert, möglichst authentisch aufzutreten und doch muss er im „Drama" des Interviews selbst Regie führen und eine Rolle spielen. Besonders heikel ist dabei die Frage von Wissen und Kompetenz: Zum Selbstverständnis von Wissenschaftlern gehört in der Regel die Vorstellung, über viel Wissen zu verfügen und – insbesondere im Themenfeld der aktuellen Untersuchung – sehr kompetent zu sein. Eine solche Rolle wird ihnen oft auch von Interviewpartnerinnen zugeschrieben. Dieses Wissen allerdings in der Interviewsituation auszuspielen, wie es im sonstigen Wissenschaftsbetrieb geradezu gefordert ist, würde die Bereitschaft der Befragten mindern, die Zusammenhänge, die im Gespräch thematisch werden, ausführlich zu explizieren. Es ist allerdings auch keine Lösung, sich völlig unwissend zu stellen, denn das würde die eigene Authentizität als Forscher infrage stellen: Zwar gestehen Interviewpartnerinnen den Interviewern ein großes Maß an Neugierde zu, aber sie erwarten doch eine grundlegende Informiertheit darüber ,worum es hier eigentlich geht' (Hermanns 2000: 361).

Entscheidend für den weiteren Verlauf eines Interviews ist die Gestaltung der Situation vor dem eigentlichen Interviewgespräch, die auch als *Aufwärmphase* bezeichnet wird: Von dem Moment an, in dem wir von unserer Gesprächspartnerin begrüßt und eingelassen werden, bis zum eigentlichen Interview werden wesentliche Weichenstellungen für Erfolg oder Misserfolg des Interviews vorgenommen. Die gewisse Beklommenheit, die uns leicht überkommt, wenn wir an der Tür zum Interviewpartner klingeln, empfindet dieser häufig in ähnlicher Weise. Daher ist es in diesem Moment das Wichtigste, diese Beklommenheit zu überwinden. Dabei ist

Smalltalk von nicht zu unterschätzender Bedeutung. Wir werden also nicht sofort ‚mit der Tür ins Haus fallen', indem wir schon an der Garderobe das Thema unseres Forschungsprojekts erläutern, sondern besser zunächst über Unverfänglich-Alltägliches reden: das sprichwörtliche Wetter, wie man den Weg gefunden hat, welch interessanter Ausblick sich vom Wohnzimmer aus bietet oder wie interessant die Fotos an den Wänden im Flur sind. Am besten gelingt das, wenn das gezeigte Interesse nicht nur einer methodentechnischen Pflichtübung entspringt, sondern von echter Anteilnahme am Leben des Gesprächspartners bestimmt ist. Kommunikative, neugierige, zugewandte Forscher haben insofern als Interviewer einen Vorteil, aber auch Menschen, die weniger extrovertiert sind, können sich diese Haltung in authentischer Form über die Zeit und mit wachsender Erfahrung aneignen. Oft helfen uns auch die Gesprächspartner selbst über Anfälle von Unsicherheit hinweg. Da Interviews meist in den Wohnungen oder Büros der zu befragenden Personen stattfinden, sind diese mit den räumlichen Gegebenheiten vertraut und definieren sich in der Rolle des Gastgebers. Für diese Rolle gibt es etablierte Skripte, auf die sich dann zurückgreifen lässt: Jacke abnehmen, fragen, ob man den Weg gut gefunden hat, ins Wohnzimmer führen, etwas zu trinken anbieten. Die Angebote, die dabei gemacht werden, sollte man nicht leichtfertig ablehnen, denn wie im Alltagsleben, so wirkt es auch bei einem Interviewtermin unhöflich, wenn man darauf beharrt, seine Jacke lieber mit ins Wohnzimmer zu nehmen oder vom selbst gebackenen Kuchen des Gastgebers nicht kosten zu wollen.

Eine gute Gelegenheit zur Vertrauensbildung bietet auch die Installation und Einführung des Aufnahmegeräts. Das gemeinsame Suchen nach einer Steckdose oder dem besten Platz für das Mikrofon, die gemeinsame Heiterkeit beim Abhören der verfremdeten Stimmen bei der Probeaufnahme: All dies schafft eine situative Verbundenheit, auf der die Intervieweröffnung aufbauen kann. Bedingung dafür ist freilich, dass wir nicht aus Nervosität oder weil wir einen zu knappen Zeitrahmen vereinbart haben, die Anwärmphase zu früh beenden. Erst wenn wir uns selbst und – dem Augenschein nach – auch die Gesprächspartnerin in der Situation aufgehoben und wohl fühlen, ist es Zeit, das Interview zu beginnen.

Die souveräne Handhabung der komplexen, in der Interviewsituation zu bewältigenden Regieaufgaben gelingt meist erst mit einiger Erfahrung, die sich nur im fortgesetzten Führen von Interviews gewinnen lässt. Zwar kann man sich in Rollenspielen und ähnlichen Trainingsformen basale Handlungsstrategien aneignen, auf die sich im Interview zurückgreifen lässt – die Dynamik der realen Interviewsituation zu antizipieren gelingt damit aber nie umfassend.

4.4 Das Leitfadeninterview und seine Verwandten

Wenn es eine typische Form qualitativer Forschungsinterviews gibt, dann ist es das sogenannte ‚Leitfadeninterview'. Mitunter werden auch Begriffe wie semi- bzw.

halbstrukturiertes Interview oder eben qualitatives Interview verwendet. Leitfadeninterview ist allerdings der gebräuchlichste und auch treffendste Name, denn damit ist ein Interview bezeichnet, das wesentlich auf der Nutzung eines Interviewleitfadens beruht. Daneben gibt es eine große Zahl weiterer Typen qualitativer Interviews, vor allem aber eine schwer zu überschauende Vielzahl an Bezeichnungen für vermeintlich unterschiedliche Interviewarten, die sich bei näherer Betrachtung allerdings oft nur unwesentlich voneinander unterscheiden. Umfangreiche Übersichten finden sich in der einschlägigen Methodenliteratur in großer Zahl (z. B. Hopf 2000; Flick 2007: 270 ff., Friebertshäuser 1997). Für unsere Zwecke soll es genügen einige wenige, dafür aber in Zielsetzung und/oder Verfahrensweise deutlich voneinander unterscheidbare Interviewtypen in ihren charakteristischen Merkmalen kurz vorzustellen. Abgesehen von dem schon ausführlich vorgestellten fokussierten Interview sind das

– das Leitfadeninterview,
– das Expertengespräch,
– das narrative Interview und
– das ethnografische Interview.

4.4.1 Leitfadeninterviews

Der für das *Leitfadeninterview* namensgebende Interviewleitfaden dient – bei angemessener Handhabung – der Vermittlung der beiden gegensätzlichen Anforderungen von Strukturiertheit und Offenheit im Interview. Denn einerseits soll im Interview mit hinreichender Zuverlässigkeit eine Reihe von Themen zur Sprache kommen, damit das Forschungsthema umfänglich erschlossen wird. Es sollen damit aber auch – je nach Auswertungsmethode unterschiedlich organisierte – Fallvergleiche ermöglicht werden. In dieser Hinsicht wäre auf den ersten Blick ein standardisierter Fragebogen das Mittel der Wahl – um den Preis allerdings, dass die Äußerungschancen der Befragten extrem limitiert wären. Insbesondere würden vom Forschungsteam nicht antizipierte Inhalte und die Relevanzstrukturen in denen diese für die Befragten existieren, praktisch nicht zur Sprache kommen können. Den letztgenannten Aspekt wiederum würde ein besonders schwach strukturiertes Interviewgespräch am besten bedienen. Dabei bestünde allerdings umgekehrt die Gefahr, dass mit jedem Interview völlig andere Themen auftreten und zugleich zentrale Gegenstände des Forschungsvorhabens nicht in allen Interviews zur Sprache kommen würden. Beide Varianten sind also nicht uneingeschränkt wünschenswert.

Ein Interviewleitfaden vermittelt zwischen diesen Extremen, denn er enthält eine Reihe relevanter Themen und Fragerichtungen, ohne aber in den Frageformulierungen und vor allen Dingen in der Themenabfolge restriktiv zu sein: Zwar werden meist zumindest die zentraleren Fragen, bei denen Wert darauf gelegt wird, dass sie in allen Interviews thematisiert werden, im Leitfaden ausformuliert. Auch

Ergänzungs- und Vertiefungsfragen werden zumindest in Stichworten im Leitfaden verzeichnet und alles in eine Reihenfolge gebracht, die einem denkbaren Gesprächsverlauf entspricht. Mitunter notiert der Forscher sich sogar mögliche Antwortalternativen. Doch lautet die Handlungsanweisung in der Interviewsituation nicht, die Fragen nacheinander vorzulesen oder gar Antworten zur Auswahl zu stellen. Die Interviewerin ist vielmehr dazu angehalten, das Gespräch von Thema zu Thema, von Frage zu Frage zu moderieren, dabei den Gesprächsfluss zu erhalten und zugleich die möglichst vollständige Bearbeitung aller geplanten Themen im Blick zu behalten. Antwortmöglichkeiten werden von ihr nur im Notfall ins Gespräch eingeführt, dann nämlich, wenn der Befragte sich unter der Frage partout nichts vorzustellen vermag. Der Leitfaden ist, richtig angewandt, nicht ein Drehbuch für den Ablauf des Interviews, sondern eine Gedächtnisstütze, auf die es sich zurückkommen lässt, wenn ein Themenwechsel ansteht, sich aber nicht zwanglos ergibt.

Die methodologische Grundidee hinter dem Leitfadeninterview besteht darin, dass das Interview als ein fast alltägliches Gespräch frei von methodentechnischen Rigiditäten organisiert wird. Die Befragten sollen zu einer ausführlichen Darstellung ihrer Perspektiven und Einschätzungen ermuntert und ihnen soll Gelegenheit zu einer zwanglosen Verknüpfung von Themen geboten werden. Gerade indem der Gesprächsverlauf nicht primär am Leitfaden orientiert und von den Thematisierungsvorstellungen der Forscherin dominiert ist, sollten sich im Interviewgespräch vor allem die Relevanzstrukturen der Befragten abbilden. Wir bekommen dann also nicht nur Antworten auf explizite Fragen, sondern auch die für die Befragten jeweils bedeutsamen Kontexte, in die sie den fraglichen Gegenstand eingebettet sehen. Wenn wir also den Mitarbeiter einer mittelständischen IT-Firma um eine Einschätzung seiner Aufstiegschancen bitten, dann ist denkbar, dass er diese im Kontext erwarteter Einkommenszuwächse oder als Aussicht auf mehr Macht und Einfluss oder aber auch als Möglichkeit zu stärker selbstbestimmter inhaltlicher Arbeit thematisiert. Wir wissen dann nicht nur, wie er seine Aufstiegschancen einschätzt, sondern auch, was sie ihm – in der aktuellen Situation des Interviews – bedeuten. An jede dieser denkbaren Kontextuierungen lässt sich nun mit weiteren Fragen anschließen, falls der Befragte nicht von sich aus weitere Themen behandelt, die für unsere Untersuchung relevant sind. Weit mehr als auf einen guten Leitfaden ist ein gutes Leitfadeninterview also auf eine *kompetente Gesprächsführung* und eine *vertrauensvolle Gesprächsatmosphäre* angewiesen.

Zur Kompetenz der Gesprächsführung gehört es auch, die Interviewfragen nicht abzulesen, sondern in der Situation ad hoc zu formulieren. Der Forscher ist dabei gehalten, sich im Sprachstil an den Üblichkeiten des untersuchten Feldes zu orientieren und die Fragen möglichst gesprächsanregend zu fassen. Gerade dort, wo es um „Tiefgründigkeit" und „personalen Kontext" geht, werden eher Erzählaufforderungen als normale Fragen formuliert („Sie haben dann letztes Jahr in der Firma neu angefangen: Wie war das denn so am ersten Tag, erzählen Sie doch mal!").

Allerdings ist die Bandbreite der Verwendungsweisen leitfadengestützter Interviews recht groß, was auch mit den sehr unterschiedlichen Verfahren zur Analyse des so gewonnenen Materials zusammenhängt. Mitunter werden auch die Ergebnisse qualitativer Interviews zu eher deskriptiven Darstellungen des Forschungsfeldes genutzt, dies geschieht häufig mit stark vereinfachenden und vor allem auf den manifesten Informationsgehalt des Materials orientierten Verfahren wie etwa unterschiedlichen Varianten der sogenannten „qualitativen Inhaltsanalyse" nach Mayring (2007). Sie operiert mit zu Beginn der Analyse konstruierten oder aus vorgängigen Theorien übernommenen Kategorien und ordnet diesen Kategorien auf Kernsätze reduzierte Aussagen aus dem Material zu. Auch in einigen Verwendungsweisen des Leitfadeninterviews für Expertengespräche (s. Kap. 4.4.2) geht es eher um eine explorative, analytischere Zugänge kontextuierende Informationskartografie. Hier dominieren Frageformen, die vor allem Informationen im Sinne von explizitem Wissen abrufen.

Wesentlich ambitionierter, weil auf gegenstandsbezogene Theoriebildung zielend, verfahren die in den Kapiteln 5 und 6 vorgestellten Forschungsstile, die allesamt näher am interpretativen und rekonstruktiven Grundverständnis qualitativer Forschung orientiert sind. Um diese Verfahren zu bedienen, bedarf es Interviewmaterials, das den von Merton und Kendall entwickelten Kriterien entspricht, d. h. eine große Dichte und Reichhaltigkeit aufweist und das in seiner inneren Struktur vor allem von der perspektivisch gebundenen Darstellungsabsicht der Befragten geprägt ist. Gerade deshalb gehen hier die von den Interviewern gesetzten Gesprächsimpulse von reinen Fragen eher in Richtung Erzählanreiz, denn je stärker die Befragten in den Modus des Erzählens geraten, desto stärker sind sie genötigt, dem präsentierten Inhalt eine eigene Struktur und Form zu geben, die die innere Verbindung der präsentierten Inhalte und die Haltung des Sprechers dazu sichtbar werden lässt. Die Befragten erzählen dann im günstigsten Fall verschiedene Episoden ihres Lebens, ihrer beruflichen Praxis, ihrer Partnerschaft oder der Geschichte des Wohnquartiers.

Um solches Material gemeinsam mit den Befragten generieren zu können, bedarf es der unter dem Stichwort ‚Interviewsituation' behandelten situativen Leistungen der Interviewerin. Insbesondere hängen ausführliche und tiefgründige Interviews vom Maß des in der Situation entwickelten Vertrauens ab. Einem inquisitorisch auftretenden Interviewer werden wir weniger offene und ausführliche Antworten geben, vor allem aber werden wir weniger unbefangen assoziieren, als wenn wir als Befragte einer Forscherin gegenüber sitzen, die durch Sprachstil, Körperhaltung und Einfühlungsvermögen eine freundlich-aufmerksame und akzeptierende situative Präsenz zeigt.

Die Qualität eines Leitfadeninterviews hängt also weniger von der Güte des Leitfadens als von seiner kompetenten Handhabung ab. Gerade weil er im Vergleich zum Fragebogen weniger präskriptiv ist, also weniger Handlungsanweisungen in ihn eingeschrieben sind, entsteht ein gutes Interview aus einer versierten

Interviewpraxis unter Zuhilfenahme des Leitfadens. Die gute Interviewpraxis jedoch ist beständig bedroht durch die Eigentümlichkeiten des Dreiecksverhältnisses zwischen Interviewer, Leitfaden und Interviewpartnerin. Christel Hopf hat sich bereits in den späten 1970er-Jahren mit diesem Problem beschäftigt und dabei auf die beschriebenen Dilemmata der Interviewsituation hingewiesen. Sie stellt fest: „Der Interviewleitfaden erfüllt für den Interviewer quasi Schutzfunktionen bei der Bewältigung typischer, an die Situation gebundener Verhaltensprobleme" (Hopf 1978: 101). Ähnlich wie es Georges Devereux (1984) in seiner psychoanalytisch angeleiteten Methodenkritik für standardisierte Fragebögen und andere sozialwissenschaftliche Messinstrumente festgestellt hat, sieht Hopf die Gefahr, dass der Interviewleitfaden zwischen die Interviewerin und ihren Befragten tritt und sie zumindest partiell von der Notwendigkeit befreit, sich direkt mit der konkreten Person vor sich auseinanderzusetzen. Begegnungen, so hat Erving Goffman einmal festgestellt, sind mit Risiken befrachtet (Goffman 1961: 97 ff.): Weil Identität in jeder Interaktion hergestellt und gesichert wird, stellen Interaktionen zugleich Bedrohungen der Identität dar. Das gilt auch für Interviewer – und die Nervosität, die die meisten von uns bei ihren ersten Interviews befällt, legt beredtes Zeugnis davon ab.

Wie gut, dass es da einen Leitfaden gibt, an dem man sich festhalten kann, hinter dem man verschwinden kann, um der Bedrohung der eigenen Identität zu entgehen. Nur zu leicht verfallen gerade Novizen auf den Gedanken, dass, wer sich nur genau an den Leitfaden hält, auch nichts falsch machen kann und die Ziele des Forschungsvorhabens damit auf jeden Fall angemessen vertritt. Hopf hat anhand von Beispielen zeigen können, dass diese Annahme nicht nur falsch ist, sondern auch zu teilweise dramatischen Einbußen an Materialqualität führt. Dabei ist es nicht so sehr der redliche Versuch, alle Themen des Leitfadens im Interview anzusprechen, der problematisch ist: „Von Leitfadenbürokratie im pejorativen Sinn ist vielmehr erst dann zu sprechen, wenn der Leitfaden von einem Mittel der Informationsgewinnung zu einem Mittel der Blockierung von Informationen wird" (Hopf 1978: 102). Dies geschieht dann, wenn (1) von den Befragten zusätzlich eingebrachte Themen von der Interviewerin als unwichtig betrachtet und nicht aufgegriffen bzw. abgebrochen werden; wenn (2) auf spezifizierende und den personalen Kontext der Äußerungen ausleuchtende Nachfragen verzichtet wird, um sicherzugehen, dass alle Themen des Leitfadens abgearbeitet werden.

Hopf demonstriert ihre Feststellungen an Auszügen aus Leitfadeninterviews und kann zeigen, welche – meist unbewussten – Strategien die Interviewer im Gespräch anwenden und welche Konsequenzen sie zeitigen:
- Anknüpfungspunkte für Nachfragen werden nicht aufgegriffen.
- Die Struktur des Leitfadens, also die Reihung der Themen und Unterthemen wird dem Gesprächspartner aufgedrängt, womit naheliegende Anschluss-, Vertiefungs- und Nachfragemöglichkeiten nicht ausgeschöpft werden.
- Fragen werden allzu kurzatmig angesprochen und ‚abgehakt', um alle Themen des überladenen Leitfadens abzuhandeln.

- Von der Gesprächspartnerin angebotene Themen, die im Leitfaden nicht antizipiert wurden, für das Projekt aber durchaus interessant sein könnten, werden übergangen (vgl. Hopf 1978: 103 ff.).

Im Ergebnis führen diese Handhabungsfehler von Interviewleitfäden ebenso wie die in Kapitel 4.3 dargestellten Probleme bei der Bewältigung der sozialen Situation des Interviews zu Qualitätsverlusten des Interviewmaterials gerade dort, wo die Stärken qualitativer Befragungen liegen sollten, also bei der Generierung von Material, das geeignet ist, die subjektive Perspektive der befragten Personen in der erwünschten Reichhaltigkeit und Multidimensionalität herauszuarbeiten.

4.4.2 Experteninterviews

Eine häufig verwendete, aber oft auch missverstandene Variante des Leitfadeninterviews ist das *Experteninterview*. Grit Laudel und Jochen Gläser (2004: 10) definieren: „Experten sind Menschen, die ein besonderes Wissen über soziale Sachverhalte besitzen, und Experteninterviews sind eine Methode, dieses Wissen zu erschließen". Man könnte natürlich behaupten, dass jeder Mensch ein Experte seiner eigenen Lebenspraxis ist, aber das wäre nicht der Expertenbegriff, der namensgebend für diese Interviewvariante ist. Allerdings wäre es auch zu einfach, unter Experten schlicht Angehörige bestimmter Professionen wie z. B. Wissenschaftler, Ingenieurinnen, Mediziner, Juristinnen zu verstehen, wie es teilweise in der Forschung getan wird. Mitglieder dieser Berufsgruppen werden zwar häufig z. B. als Gutachter vor Gerichte geladen oder in den Medien befragt und sie sind tatsächlich auch häufig Adressaten von Experteninterviews in der Forschung. Doch „besonderes Expertenwissen haben (...) auch sehr viele Menschen, die nicht in herausgehobenen Positionen arbeiten" (Gläser/Laudel 2004: 9), etwa Hobbyköche, Klempnerinnen, Computernerds oder Tagesmütter. Die Abgrenzung zum Alltagswissen hin bleibt allerdings schwierig. Für das Ordnungssystem in seinem Zimmer ist unser Sohn der alleinige „Experte", doch das gilt letztlich für alle Praktiken des Alltagshandelns in ähnlicher Weise und betrifft lediglich die Frage von Subjektivität und Fremdverstehen: Da wir nicht in die Köpfe unserer Gegenüber schauen können, verfügen diese immer über exklusives Wissen, das sich anderen nur über Verbalisierungen (und auch dann nur begrenzt) erschließen kann. Dabei wissen wir vom Alltagswissen, dass vieles daran implizites Wissen ist, das sich nicht umstandslos verbalisieren lässt.

Wir können uns der Frage von Experten und Experteninterviews besser über die Rolle annähern, die sie und ihr Wissen für unser Forschungsvorhaben besitzen und über die Stellung, die sie gegenüber dem interessierenden sozialen Phänomen einnehmen: „Expertin ist ein relationaler Status" (Meuser/Nagel 2001: 73). Doch wie genau dieser zu bestimmen ist, darüber sind sich die Vertreterinnen dieses Verfahrens nicht ganz einig. Während für Laudel und Gläser Experten nicht Gegenstand der Untersuchung sind, sondern „‚Zeugen' der uns interessierenden Prozesse" (2004: 10), sind sie für Meuser und Nagel „selbst Teil des Handlungsfeldes" (2001: 73). Entscheidend ist daher, als was die zu befragenden Personen im Interview angesprochen werden und auf welchen Wissenstyp wir in der Befragung zielen. Es ist nur selten möglich, Personen als Experten für Prozesse zu finden, an denen sie überhaupt nicht beteiligt sind: Ein Arzt, der über das Gesundheitsverhalten von Junkies im Frankfurter Bahnhofsviertel befragt wird, kann sich dazu als Experte äußern, weil er professionellen Kontakt mit dem Milieu hat. Zugleich aber geht es dabei nicht um sein Gesundheitsverhalten, sondern um das der Junkies. Dennoch ist er Akteur in diesem Feld, potenzielle Kontaktperson, Ratgeber oder gar behandelnder Arzt für Angehörige der fraglichen Gruppe. Wir könnten mit diesem Arzt ein biografisches Interview führen, in dem er seine Lebensgeschichte einschließlich seiner Arbeit im Drogenmilieu entwirft, wir könnten ein Leitfadeninterview über sein berufliches Handeln oder seine Rolle als Arzt führen – all dies wären keine Experteninterviews im engeren Sinne, denn im Mittelpunkt des Interesses stünde die Person des Arztes, aber nicht seine Expertise für ein bestimmtes Handlungsfeld. „Der Expertenstatus wird in gewisser Weise vom Forscher verliehen, begrenzt auf eine spezifische Fragestellung" (Meuser/Nagel 2001: 73), die Interviewpartnerin wird nicht über sich und ihre Involviertheit in bestimmte Ereignisse oder Praktiken befragt, sondern über etwas, das sie weiß und das zugleich nicht Allgemeinwissen ist.

Als Experten werden dabei in der Praxis bevorzugt Menschen befragt, die im zu untersuchenden Handlungsfeld eine besondere, mitunter gar eine exklusive Position einnehmen, in der ihnen Wissen zuwächst, das anderen nicht ohne Weiteres verfügbar ist. So können Manager und Unternehmensberater, aber auch Betriebsräte über Probleme industrieller Rationalisierungsprozesse oder die Verlagerung von Produktionsteilen in Niedriglohnländer sprechen, weil sie Einblick in Entscheidungsprozesse haben und in die Informationen, auf die sich die Akteure in diesen Entscheidungsprozessen beziehen. Erfahrene Heimwerkerinnen können über Expertenwissen zur Entwicklung der Einkaufsinfrastruktur verfügen, weil sie diese seit Langem beobachten. In einem Experteninterview würde es allerdings nicht darum gehen, wie sie am geschicktesten zu preiswerten Materialien für ihre Arbeiten gelangen, sondern um ihre Beobachtungen in Heimwerkermärkten und bei Baustoffhändlern sowie um ihr Wissen um die Entwicklung von Preisen und Warensortimenten.

Wenn wir die Expertenrolle aus dem Status der Befragten für die Untersuchung ableiten, dann ist die Unterscheidung hilfreich, die Meuser und Nagel einführen und die uns zugleich etwas über typische Verwendungsweisen dieser Befragungsform verrät. Sie sehen (1) eine „Randstellung" (2001: 75) der Expertinneninterviews im Forschungsvorhaben, wenn Aussagen der Experten in explorativer Absicht, also zur Erschließung des Feldes und zur Vorbereitung einer Untersuchung bzw. zu deren Kontextuierung genutzt werden. Dies unterscheiden sie von zwei Varianten, die Expertenwissen in den Mittelpunkt der Untersuchung rücken. Dies sind (2) Untersuchungen, in denen Experten „eine zur Zielgruppe komplementäre Handlungseinheit" (2001: 75) bilden, wobei das Interesse an ihrem Expertenwissen ein von der Forschungsfrage „abgeleitetes Interesse" ist und das gewonnene Material „eine Datenquelle neben anderen" bildet. Im Unterschied zum ersten Typ wird also das Material einer regulären Datenanalyse unterzogen und nicht lediglich kursorisch auf für die Untersuchung relevante Informationen gesichtet. Als eine weitere Variante verstehen Meuser und Nagel (3) Forschungsdesigns, in denen die Expertinnen „die Zielgruppe der Untersuchung (sind), und die Interviews darauf angelegt (sind), dass die (Befragten) Auskunft über ihr eigenes Handlungsfeld geben" (2001: 75). Bei dieser gerade in der industriesoziologischen und Managementforschung häufig anzutreffenden Variante ist der Abstand zu konventionellen Leitfadeninterviews am geringsten. Der Status der Befragten in der Untersuchung entspricht strukturell dem üblichen Modell qualitativer Interviews. Der (graduelle) Unterschied besteht darin, dass wir uns stärker für das instrumentell-rationale professionelle Handeln der Akteure und weniger (aber in begrenztem Maße auch) für ihre subjektiven Befindlichkeiten interessieren.

Was unterscheidet nun Experteninterviews als Methode von Leitfadeninterviews? Der Schlüssel zum Verständnis der spezifischen methodischen Gestalt dieser Interviewform liegt in der diskutierten Zielperspektive: Ein explorativ genutztes Experteninterview soll Informationen liefern und wird daher nicht mit interpretativen und rekonstruktiven Verfahren analysiert. Daher sind hier die Anforderungen an die Organisation eines durchgängigen, von den Relevanzstrukturen der Expertin strukturierten Redeflusses nicht in dem Maße gegeben wie dies der Fall ist, wenn die Praktiken der Expertin selbst im Fokus des Forschungsvorhabens stehen.

Was die Interviewsituation im Expertengespräch betrifft, so herrscht hier eine leicht veränderte Konstellation: Experten, zumal, wenn sie von uns als solche adressiert werden, sind sich ihres Wissens und ihrer Bedeutung für das Forschungsprojekt viel eher bewusst als die Menschen, die wir sonst befragen. Zwar bleibt das Handlungsschema ein asymmetrisches, denn die Interviewer stellen die Fragen, doch kommt eine zweite Asymmetrie hinzu, die in die andere Richtung wirkt: Nicht nur verfügen Experten über Sonderwissensbestände, auf die wir angewiesen sind, vielfach sind Expertinnen überdies qua gesellschaftlichem und beruflichem Status mit einer erheblichen Souveränität ausgestattet, die den Zumutungen des Ausgefragtwerdens immer wieder mit eigenen Ansprüchen an das Handlungsschema und mitunter auch mit eigenen Themensetzungen begegnet.

4.4.3 Narrative Interviews

Von erzählgenerierenden oder „narrativen" Stimuli war bereits verschiedentlich die Rede. Doch verglichen mit Leitfadeninterviews mit stärkerer Betonung von narrativ angelegten Gesprächselementen – die auch als „episodische Interviews"

(Flick 2007: 238) bezeichnet werden – stellt das *narrative Interview* eine deutlich andere Variante der Generierung verbalen Datenmaterials dar. Es wurde in den späten 1970er-Jahren von Fritz Schütze entwickelt und bildet seither das zentrale Mittel der Datengewinnung in der qualitativen Biografieforschung, aber auch in der Oral History, d. h. der Erforschung historischer Ereignisse und Prozesse aus der Teilnehmerperspektive von Zeitzeuginnen. Ziel des narrativen Interviews ist es, dass der Interviewpartner seine eigene Lebensgeschichte so erzählt, wie sie sich ihm in der Situation des Interviews darstellt. Es geht dabei nicht allein um erzählte Episoden, also die erzählerische Darstellung einzelner Ereignisse, sondern in der Regel um die komplette Lebensgeschichte von der frühen Kindheit bis in die Gegenwart.

Der entscheidende ‚Trick‘ dieser Interviewform besteht darin, die Erzählpersonen (wir sprechen hier aus gutem Grund nicht von ‚Befragten‘) nicht mit einer Kaskade von an biografischen Normalverläufen orientierten Fragen zu einer umfassenden und vollständigen Darstellung zu bewegen, sondern mit einem einzigen Erzählstimulus die Erzählung einer ‚kompletten‘ Lebensgeschichte auszulösen. Eine solche umfassende „Stegreiferzählung des selbst erfahrenen Lebensablaufs“ kommt nur dann zustande, wenn die Erzählerin „akzeptiert, sich dem narrativen Strom des Nacherlebens (ihrer) Erfahrungen zu überlassen, und (…) keine kalkulierte, vorbereitete bzw. zu Legitimationszwecken bereits oftmals präsentierte Geschichte zur Erzählfolie nimmt“ (Schütze 1984: 78). „Geschichten erzählen“, so schreibt Harry Hermanns (1981: 17), „ist etwas Alltägliches und jedermann weiß, wie Geschichten erzählt werden: Das ‚Rotkäppchen‘ kann man nicht bringen wie einen Polizeibericht; in einer Vernehmung sollte man kein Märchen erzählen (…) und am Stammtisch schließlich muß die Geschichte etwas ‚hergeben‘ – was immer das heißt“. Die in einer jeweiligen Gesellschaft verfügbaren Erzählkulturen bieten eine Reihe vorgefertigter und als solcher legitimierter Formate an, in denen Erzählungen präsentiert werden: Heldengeschichten, die Geschichte vom großen Glück, die Geschichte vom Gerade-noch-mal-davongekommen-Sein etc. Weil es aber der Biografieforschung um die Binnenperspektive der Erfahrungsaufschichtung im Lebensverlauf einer konkreten Person geht, sollen Rückgriffe auf bereitstehende Standardformate vermieden werden, sodass die Erzählperson im Gespräch, also aus dem Stehgreif, den erinnerten Verlauf des eigenen Lebens situativ neu ordnen und in eine Gesamtdarstellung bringen muss.

Jede Intervention des Interviewers würde diese Eigenstrukturiertheit der erzählten Lebensgeschichte unterbrechen und die Erzählperson dazu bringen, die Darstellung an den vom Interviewer mit der Intervention implizit oder explizit formulierten Erwartungen auszurichten – also in Teilen nur spiegeln, was wir als Forscher selbst in die Situation eingebracht haben. Deshalb wird im narrativen Interview zunächst nur eine einzige initiale, thematisch unspezifische Erzählaufforderung gegeben, an die entsprechend hohe Anforderungen zu stellen sind: Sie soll dazu taugen, die Erzählperson zu einer wirklich umfassenden, detailreichen und eigenstrukturierten Erzählung zu bewegen. Das ist aber etwas, das wir bei aller gesellschaftlichen Etabliertheit des Erzählens nicht unbedingt gewohnt sind. Entsprechend groß ist oft die Verwunderung der Gesprächspartner, die unter ‚Gespräch' die übliche Veranstaltung von ritualisierten Sprecherrollenwechseln und fortgesetzter Aushandlung des Handlungsschemas verstehen. Der Erzählstimulus hat die Aufgabe, den Erzählpersonen diese Unsicherheit zu nehmen, ihnen die Gewissheit zu vermitteln, dass es völlig in Ordnung ist, wenn sie sich im Folgenden der Verbalisierung ihrer eigenen Erinnerungen überlassen. Daher ist die Grundvoraussetzung einer erfolgreichen Erzählaufforderung eine situative Grundstimmung der Vertrautheit. In keinem anderen Interviewtyp wirkt sich ein Mangel an Vertrauen und das daraus resultierende situative Unbehagen so dramatisch auf die Qualität des Gesprächs aus. Je weniger sich die Erzählperson in der Situation aufgehoben fühlt, desto stärker wird sie bemüht sein, sich ihres Gegenübers zu vergewissern und uns zu Rückfragen, Stellungnahmen, Bestätigungen zu bewegen – mit dem Ergebnis, dass die Eigenstrukturiertheit der Erzählung Schaden nimmt.

Der Erzählstimulus besteht daher nicht aus einer knappen Frage wie: „Erzählen Sie mir doch bitte Ihre Lebensgeschichte", sondern er muss auch Gewissheit über den Ablaufmodus der folgenden Gesprächssituation vermitteln. Das kann etwa so aussehen: „Ja, ähm, ich würde Sie nun bitten, mir einmal ihre ganze Lebensgeschichte an einem Stück zu erzählen, mh, so wie Sie sie erlebt haben. Alles, was für Sie wichtig ist, ist auch für mich von Interesse. Ich werde Sie dann bei Ihrer Erzählung nicht unterbrechen. Wenn mir etwas unklar ist oder so, dann kann ich mir ja Notizen machen. Ja, vielleicht beginnen Sie dann einfach bei Ihren ersten Kindheitserinnerungen."

Gelegentlich folgt auf diese erste Aufforderung noch eine unsichere Rückfrage („Was genau soll ich denn erzählen?"), die Teil der Aushandlung des Gesprächsschemas ist (Küsters 2006: 56 f.) und die Interviewerin nun nicht zur Präzisierung von biografischen Fragen verleiten soll, sondern zu einer auf Vergewisserung zielenden Verstärkung der Erzählaufforderung („Erzählen Sie ruhig einfach wie eins zum anderen kam" o. Ä.). Die sich dann entwickelnde Haupterzählung wird von der Interviewerin mit einer freundlich aufmerksamen Zuhörerhaltung, gelegentlichen bestätigenden „Hms" und nur im Falle von Stockungen mit einem neutralen „und wie ging's dann weiter" begleitet. An diesen Erzählteil, der – gerade bei älteren Menschen – gut und gerne ein bis zwei Stunden dauern kann, schließen sich zwei Nachfragephasen an. In der Rückgriffsphase geht es darum, zu Stellen mangelnder Plausibilität, d. h. zu Erzählteilen, die die Forscherin noch nicht ganz verstanden hat, die überraschend abgebrochen wurden oder zu einem ungewöhnlich erscheinenden Ergebnis geführt haben, noch einmal eine detaillierende Erzählung zu erbitten. Dabei wird weiterhin vermieden, genauere inhaltliche Stimuli zu setzen. Man fragt also etwa: „Sie haben vorhin erzählt, wie Sie nach der Schule dann von Ihrem Vater als Hausmagd zu einer Bauersfamilie gegeben wurden: Wie ging es denn dann dort weiter?" Auf diese Art wird das Erzählpotenzial weiter ausgeschöpft, also weiteres erzählanalytisch auszuwertendes Material produziert. In der Bilanzierungsphase hingegen versucht der Forscher, die Erzählperson zu einer rückblickenden Evaluation des eigenen Lebens zu bewegen, sie also zu eigentheoretischen Stellungnahmen zu bringen („Tja, alles in allem war's schon bislang ein schönes Leben, mal abgesehen vom Krieg.").

Bei der Auswertung des sorgfältig und vollständig transkribierten Materials stehen unterschiedliche Möglichkeiten zur Verfügung, etwa objektiv-hermeneutische Verfahren (Rosenthal 1990; Wohlrab-Sahr 1999) oder die Dokumentarische Methode (s. Kap. 6.2). In der ursprünglichen, von Fritz Schütze begründeten Tradition kommt eine Kombination aus erzähltheoretischer Konversationsanalyse (das ist nicht die in Kap. 6.4 vorgestellte ethnomethodologische Konversationsanalyse!) und Grounded Theory zum Einsatz. Dabei wird, basierend auf Ergebnissen der Erzählforschung (Gülich 1980), davon ausgegangen, dass in jeder Erzählung sogenannte „Zugzwänge des Erzählens" wirksam werden, die gestaltprägend für den Verlauf von Erzählungen sind – zumindest im westlich-abendländischen Kulturkreis. Die Bedeutung dieser Zugzwänge für das narrative Interview und seine biografieanalytische Bearbeitung liegt daran, dass die Erzählperson dadurch auch Ereignisse, Handlungsmotive und prozessuale Zusammenhänge benennt, über die er/sie – z. B. direkt danach befragt – sonst nicht sprechen würde, ja gar nicht sprechen könnte. Man gewinnt also mit dem narrativen Interview eine Fülle von mit anderen Interviewformen nicht zu erhebendem Material. Der entscheidende Vorteil der Narration in der Stegreiferzählung liegt darin, dass sie die Informanten dazu anhält, nicht nur alle wichtigen Sachverhalte zu benennen, sondern vor allem die *„Ablauflogik eines Prozesses"* zu rekonstruieren und die eigenen Ordnungsstrukturen und Orientierungen gegenüber der Welt darzustellen. Dabei wird diese Ablauflogik im Erzählen zweifach rekonstruiert, zum einen in Form der Zusammenhänge der historischen Ereignisse, die in der Erzählung kausal und zufällig verknüpft sind, sowie zum anderen in der Form der Beziehungen, in denen die Erzählperson zu diesen Ereignissen steht. Diese beiden Ebenen sind oft widersprüchlich zueinander (z. B. kann jemand die Intensität und Bedeutung einer Liebesbeziehung betonen und anschließend lapidar schildern „na ja, und dann habe ich mich von ihr getrennt."). Die genauere Vorgehensweise dieser Form der biografieanalytischen Narrationsanalyse wird – einschließlich der erzähltheoretischen Grundlagen – in Kap. 6.3 behandelt.

Mitunter wird in narrativen Interviews nicht die gesamte Lebensgeschichte erfragt, sondern nur ein biografischer Abschnitt, die Zeit des Erlebens eines geschichtlichen Ereignisses (z. B. der Zweite Weltkrieg, die Zeit der Studentenbewegung oder die deutsche Wiedervereinigung). Dann muss der Erzählstimulus entsprechend spezifiziert werden. Er enthält dann aber auch ein größeres Maß an thematischer Ausrichtung, und die Erzählperson wird ihre Erzählung dadurch stärker an dieser gewünschten Ausrichtung orientieren, sich in der Eigenstrukturierung also etwas einschränken. Diese Einschränkung muss in der Materialanalyse mit reflektiert werden, stellt aber, solange nur eine umfassende Haupterzählung zustande kommt, die Funktionsbedingungen des narrativen Interviews nicht grundsätzlich infrage.

4.4.4 Ethnografische Interviews

In Kapitel 3 war die Rede davon, dass auch in der ethnografischen Feldforschung Interviewgespräche geführt werden, die Ethnografin also nicht allein auf Beobachtungen und die Analyse von Objekten angewiesen ist. Diese *ethnografischen Interviews* unterliegen wiederum anderen Bedingungen als gewöhnliche Leitfadeninterviews, werden aber in der Methodenliteratur zur Ethnografie wie in der zu Interviewverfahren nur selten ausführlich behandelt (eine Ausnahme bilden Spradley 1979; Gobo 2008). Ein augenfälliger Unterschied besteht zunächst im Grad an Formalität des Interviewsettings: Leitfadeninterviews werden vorab terminiert, ihre Dauer angekündigt, ihre Modalitäten offiziell ausgehandelt. In der Ethnografie dagegen wird die Forscherin bei jeder sich bietenden Gelegenheit ihre Informantinnen in ein Gespräch (oder in immer wiederkehrende Gespräche) zu verwickeln suchen. Wir finden hier also von der beiläufig gestellten Nachfrage zu einem konkreten Ereignis bis hin zu ausführlichen und vorbereiteten Interviewgesprächen eine große Bandbreite möglicher Gesprächsformate. Und während andere Interviews als punktuelle Kontakte zwischen einander fremden Personen angelegt sind, finden ethnografische Interviewgespräche auf der Basis des bereits etablierten Feldzugangs als Teil einer umfänglichen und länger andauernden Vor-Ort-Forschung statt.

Die in Kapitel 3.3 für die Ethnografie beschriebene Vertrauensbeziehung, der *Rapport* mit dem Feld „means that a basic sense of trust has been developed that allows for the free flow of information" (Spradley 1979: 78). Die für eine vertrauensvolle Gesprächsatmosphäre so hinderliche Befangenheit bei der Begegnung von Interviewer und Gesprächspartnerin, die mit aufwändigen Maßnahmen der Vertrauensbildung erst überwunden werden muss, ist für ethnografische Interviews im Einzelfall zwar nicht ganz auszuschließen, typischer aber ist laut Spradley, dass „both the ethnographer and the informant have positive feelings about the interviews, perhaps even enjoy them" (Spradley 1979: 78). Auch wenn man diese Einschätzung für etwas sehr optimistisch halten mag, kann man doch von stärker ausgeprägten Vertrauensbeziehungen im Feld ausgehen, die die Gesprächsführung im Interview erleichtern sollten. Umgekehrt ist das Interview in der Feldforschung, insbesondere wenn es eher strikt thematisch durchgeführt wird, auch eine Gefährdung der fragilen Beziehung zwischen der Ethnografin und den befragten Teilnehmern. Rapport ist also nicht nur eine günstige Ausgangsbedingung für ethnografische Interviews, er wird auch in ihnen hergestellt, verfestigt, aufrechterhalten oder gefährdet (Spradley 1979: 58 f.). Zugleich teilen Ethnografin und Teilnehmer im

Verlauf der Untersuchung mehr und mehr Alltagswissen des zu erforschenden Feldes miteinander, d. h. die Regelhaftigkeiten, die Gespräche im Alltag ermöglichen, prägen auch die Handlungsbedingungen des ethnografischen Interviews. So werden die Informantinnen aus dem Feld gegenüber einem bereits seit längerer Zeit dort forschenden Ethnografen einen nennenswerten Teil des Alltagswissens voraussetzen – und ohne gesonderte Aufforderung nicht mehr explizieren. Prekär ist daran für den Ethnografen, dass er sich zwar tatsächlich oft bereits viel Alltagswissen angeeignet hat, aus dem Reden darüber vom Informanten jedoch erfahren will, wie dieser bestimmte alltägliche Praktiken oder Annahmen selbst wahrnimmt und welche Konsequenzen diese für ihn und vermittelt dann wiederum auch für die zu erforschende Kultur hat. Für Ethnografen ist also die Explikation des Explizierbaren im Interview nicht ein Mittel der Alltagsbewältigung, sondern der Wissensgewinnung.

Spradley stellt bei einem Vergleich von konventionellen und ethnografischen Interviews fest, dass ersteren die Idee der Getrenntheit von Fragen und Antworten zugrunde liege und beide aus differenten Bedeutungssystemen stammen – was beim Studium fremder Kulturen nicht selten zu Verzerrungen führe. Das ethnografische Interview hingegen „(...) begins with the assumption that the question-answer sequence is a single element in human thinking. Questions always imply answers. Statements of any kind always imply questions. (...) In ethnographic interviewing, both questions and answers must be discovered from informants" (Spradley 1979: 83 f.).

Die kommunikationstheoretisch grundlegende Annahme eines wechselseitigen Verweisungszusammenhangs zwischen Antwort und Frage klingt zunächst banal, kann aber zu überraschenden Erkenntnissen führen. So wie in der Science-Fiction-Parodie „Per Anhalter durch die Galaxis" von Douglas Adams, in dem der leistungsfähigste Computer der Galaxis als Antwort auf die Frage „nach dem Leben, dem Universum und dem ganzen Rest" mit „42" antwortet – was leider niemand versteht, weil die genauere Frage unbekannt ist. Auf die Situation ethnografischer Interviewgespräche gewendet: Die Ethnografin begegnet im Feld permanent Antworten, sie muss aber erst herausfinden, auf welche Fragen ihre Informantinnen sich dabei beziehen, zur Lösung welchen Problems sie einen Beitrag leisten wollen (Black/Metzger 1965). Ihre Gesprächspartner sehen, gerade weil sie sich in deren jeweiliger Alltagskultur bewegt, wenig Anlass, den Bezugsrahmen ihres Redens und Handelns so umfassend darzustellen, dass sich ihr der kulturelle Zusammenhang hinreichend erschließt. Die Forscherin muss also versuchen, das implizite Wissen der Befragten mit in die Darstellung zu bekommen. Doch wie kann das gelingen?

Spradley (1979: 84 ff.) schlägt eine Reihe von Strategien vor, die nicht in jedem Fall Interviewstrategien darstellen, wohl aber Strategien zur Gewinnung verbalen ethnografischen Datenmaterials. So solle man in Beobachtungssituationen aufmerksam auf die Fragen achten, die im Feld selbst formuliert werden (etwa wenn

Kinder ihre Eltern befragen, Ärzte ihre Patienten oder Staatsanwälte ihre Zeugen). Man könne sich aber auch von den Informantinnen direkt geeignete Fragen nennen lassen (‚Was wäre eine interessante Frage zu einem Abend in einer Technodisco?' oder ‚Was wäre eine Frage, auf die die Antwort „Siebenbürgen" lauten würde?'). Geeignet wäre auch die Einführung einer hypothetischen Situation, für die der Gesprächspartner Fragen benennen soll, die dafür typisch oder passend sind. Schließlich schlägt Spradley noch vor, die Informantinnen mit Fragen zu einer Erzählung über bestimmte kulturelle Szenen oder Milieus anzuhalten (‚Kannst Du mir erzählen, wie es in einem Swingerklub zugeht?'). Eine Reihe dieser Strategien lassen sich mit gutem Ertrag auch in ‚konventionellen' Leitfadeninterviews verwenden, insbesondere der bereits ausführlich diskutierte Erzählstimulus.

Für die ethnografische Interviewarbeit ist dabei zusätzlich zu beachten, dass die meisten Interviews und informellen Gespräche zwischen dem Forscher und seinen Schlüsselpersonen stattfinden, also denen, die ihm den Weg in das jeweilige Feld eröffnet haben und zu denen sich über die Zeit ein besonderes Verhältnis etabliert hat. So steht ethnografische Interviewarbeit immer in der Gefahr, die spezifische Sicht dieser zentralen Informantinnen zu reproduzieren.

4.5 Von Kind bis Greis: die Befragten

Bislang war vor allem von den Forschenden und den Befragten bzw. den Informantinnen die Rede. Doch Befragte sind nicht gleich Befragte und die Art und Weise, wie ein Interview vorzubereiten und situativ zu führen ist, hängt auch davon ab, mit wem bzw. mit welcher Gruppe von Informanten wir es zu tun haben. Während standardisierte Befragungen, die auf einen Querschnitt der Bevölkerung zielen (wie etwa das Sozioökonomische Panel oder ALLBUS), ihr Instrument in einheitlicher Form auf einen idealisierten Durchschnittsinformanten hin orientieren, liegt die Leistung qualitativer Interviews gerade darin, auf die spezifische Situation konkreter Personen und Personengruppen eingehen zu können. Vor dem Hintergrund der Kriterien von Spezifität und Tiefgründigkeit ist es ausgesprochen wichtig, die Interviewsituation an der Besonderheit der jeweiligen Gruppe von Informanten auszurichten bzw. diese bei der Auswahl der Themen und Fragen ebenso wie bei der situativen Formulierung von Fragen zu antizipieren. Es verwundert daher nicht, dass sich in der Literatur zum qualitativen Interview sehr differenzierte Diskussionen zu den Besonderheiten spezifischer Befragtengruppen finden.

Wenn wir von Interviewpartnerinnen reden, haben wir gewöhnlich Erwachsene vor Augen. Was aber, wenn es sich bei der uns interessierenden Gruppe um *Kinder oder Jugendliche* handelt? Von Kindern wissen wir, dass Fantasie und Realität sich in ihren Erzählungen leichter vermischen und dass sie vielfach eine andere Zeitwahrnehmung haben. Zugleich sind Kinder und Jugendliche in ihren Überzeugungen noch weniger gefestigt als durchschnittliche Erwachsene. Sie sind daher anfälliger für die Asymmetrie der Interviewsituation und insbesondere anfällig für suggestive Frageformen. Der größeren Schutzbedürftigkeit von Kindern korrespondiert häufig eine größere Zurückhaltung gegenüber Fremden, sodass hier vertrauensbildende Vorgespräche und mitunter auch stärker mit spielerischen Elementen durchsetzte Interviewformen angezeigt sind. Auch fällt es Kindern meist schwerer, sich für längere Zeiträume zu konzentrieren, sodass Interviews mit Kindern eher kürzer sein und ggf. auf mehrere Termine aufgeteilt werden sollten (Reinders 2016; Eder/Fingerson 2004; Delfos 2004).

Am anderen Ende der Altersskala geraten *ältere Menschen* in den Blick. Auch wenn Alter in der Gegenwartsgesellschaft abhängig von materiellem Wohlstand, Gesundheitszustand und sozialer Einbettung sehr unterschiedlich gelebt und erlebt wird, müssen wir bei Interviews mit alten Menschen verstärkt damit rechnen, auf räumlich-zeitlich weniger gut organisierte Menschen zu treffen, die in ihrer situativen Präsenz und Konzentrationsfähigkeit stärkeren Schwankungen unterliegen. Mit ihrer längeren Lebensspanne sind sie einerseits oft gesuchte Zeitzeugen für länger zurückliegende Ereignisse und Zeiten, andererseits aber erschweren es ihnen die großen zeitlichen Abstände zwischen Ereignis und Interviewsituation ihre weiter zurückliegenden Erlebnisse im Interview in einer Weise zu repräsentieren, die ihrer damaligen Erlebnisstruktur noch nahekommt. Auch der in der Regel besonders große Altersunterschied zwischen Interviewerin und Befragten ist bedeutsam, denn durch ihn ergeben sich leicht ungewollte Rollenzuschreibungen, die eine zusätzliche Asymmetrie in die Interviewsituation bringen können. Ein Interviewer, der in der betagten Gesprächspartnerin Erinnerungen an die eigenen Enkel wachruft oder ein Forscher, der sich im Wohnzimmer des älteren Ehepaars an Großelternbesuche in seiner Kindheit erinnert fühlt, verändern die situative Handlungskonstellation nachhaltig (Wenger 2004). Situative Konstellationen dieser Art sollten grundsätzlich vermerkt und bei der Materialanalyse mitreflektiert werden.

Auch die Frage des Geschlechts ist für Interviews von Bedeutung. Das beginnt schon damit, dass manche Interviewer*innen* sich in Gegenwart fremder männlicher Gesprächspartner unwohl und unsicher fühlen und umgekehrt weibliche Interviewpartnerinnen mitunter Wert darauf legen, dass kein Interview*er*, sondern höchstens eine Interviewer*in* ihre Wohnung betritt. Auch weil *Geschlecht* sozial konstruiert ist und als Teil der eigenen Identitätsarbeit in Interaktionen immer wieder neu hergestellt werden muss, hat Geschlecht einen nicht zu unterschätzenden Einfluss auf die Interviewsituation. Schwalbe und Wolkomir (2004) stellen als typische Merkmale *männlicher Interviewpartner* deren Wunsch nach Kontrolle, Zurückhaltung bei emotionalen Themen, übertriebene Rationalität und Autonomieansprüche sowie die Suche nach Zustimmung und Verbundenheit heraus (und diskutieren Strategien, wie damit im Interview umzugehen ist). Aber auch das Geschlecht der interviewenden Person hat Einfluss auf die situative Konstellation. Wenn wir die von Schwalbe und Wolkomir benannten typisch-männlichen Merkmale auf die Rolle des männlichen Interviewers beziehen, zeigt sich, dass nicht alle diese Eigenschaften ideal mit den Anforderungen an gute Interviewführung korrespondieren.

In ähnlicher Weise lassen sich Charakteristika weiblicher Kommunikationsstile auf die Interviewsituation beziehen. Shulamit Reinharz und Susan E. Chase (2004) haben die Rolle von *Frauen* in Interviews beleuchtet und dabei konsequent sowohl die Situation von Interviewerinnen als auch die von befragten Frauen reflektiert. Sie diskutieren z. B. die bei Intervier*innen* häufiger als bei Interviewe*rn* anzutreffende Neigung zur „interviewer self-disclosure" (Reinharz/Chase 2004: 227), wenn also die Forscherinnen im Interview von ihren eigenen Erfahrungen bezüglich der Forschungsgegenstandes berichten, um die Befragten zu mehr und persönlichen Äußerungen zum Thema zu veranlassen. Die Einschätzungen dazu sind zwiespältig: Zwar wird in der Interviewerausbildung von deutlichen inhaltlichen Positionierungen der Forscherinnen abgeraten, weil damit ein zu starker Einfluss auf die Äußerungsmöglichkeiten der Befragten genommen werde. Doch wird gegen derartige Neutralitätsgebote auch eingewandt, dass besonders bei hoch emotionalen, sensiblen und intimen Themen ein stärkeres inhaltliches Engagement der Interviewer oft das einzige Mittel zur Produktion reichhaltigen, tiefgründigen und spezifischen Datenmaterials sei.

Eine wichtige Eigenschaft guter Interviewer ist es, Empathie zeigen zu können, sich also in die erzählende bzw. befragte Person hineinzuversetzen und die Welt möglichst umfassend aus deren Blickwinkel wahrnehmen zu können. Dieser Fähigkeit sind in jedem Fall Grenzen gesetzt, was sich schon bei geschlechtlich oder altersmäßig unterschiedlichen Interviewkonstellationen schnell zeigt. Um wie viel mehr gilt dies erst für Interviews von ‚gesunden' Interviewern mit chronisch Kranken oder mit körperlich beeinträchtigten oder seelisch verwundeten Menschen? Denn es geht dabei ja nicht um mitfühlende Begleitung, sondern darum, sich die Perspektive dieser Menschen über das Interview zu erschließen, also eine tentative Rollenübernahme zu bewerkstelligen. Sich als gesunder Mensch z. B. in die Perspektive eines Multiple-Sklerose-Patienten zu versetzen, der im Rollstuhl sitzt und weiß, dass er eines Tages völlig bewegungsunfähig sein und vermutlich ersticken wird: Das kann nicht gelingen. Umso wichtiger ist es, die teilweise bestürzenden Wahrnehmungen und Empfindungen zu antizipieren, die uns in derartigen Interviews bevorstehen können. Zudem schränken manche Krankheiten und Verletzungen die Äußerungsfähigkeiten der Interviewpartnerinnen deutlich ein. Manchmal können sie sich nur durch technische Hilfsmittel äußern (wie etwa der Physiker Stephen Hawking), oft brauchen sie erheblich länger, um einem komplexen Gedanken Ausdruck zu verleihen. Je mehr ein Interviewtyp also auf längere, differenzierte eigene Darstellungen der Befragten setzt, desto schwieriger kann es werden. Chronisch Kranke und schwerstbehinderte Menschen sind zudem häufig auf permanente Unterstützung von Angehörigen oder professionellen Pflegekräften angewiesen, die mit ihnen auch die intimsten Momente der Alltagsbewältigung teilen.

Hier ist es oft hilfreich, diese Personen von vornherein mit in die Untersuchung einzubeziehen (zu Interviews mit Kranken vgl. Morse 2004).

In ähnlicher Weise lässt sich auch für andere Gruppen von Befragten die Frage nach der Bedeutung ihrer besonderen Merkmale für die Interviewsituation diskutieren, um eventuell erforderliche Variationen von Interviewstrategien zu prüfen und einzuüben. Abgesehen von den vorgenannten Gruppen kommen z. B. in Betracht: Interviews mit Homosexuellen (vgl. Kong/Mahoney/Plummer 2004), mit gesellschaftlichen Eliten (vgl. Odendahl/Shaw 2004) oder mit Angehörigen unterschiedlicher ethnischer Gruppen (vgl. Dunbar/Rodriguez/Parker 2004). Hilfreich ist dabei immer der Gedanke, dass es sich jeweils um eine Konstellation handelt: Nicht der Schwule als Interviewpartner macht besondere Strategien und Haltungen erforderlich, sondern die Konstellation aus schwulem Interviewpartner und heterosexuellem Interviewer oder aus junger agiler Forscherin und älterem schwerstbehindertem Gesprächspartner erzeugt auf beiden Seiten Verhaltensanforderungen, deren erfolgreiche Bewältigung über Gelingen oder Misslingen des Interviewgesprächs entscheidet.

4.6 Und wie weiter? Aufzeichnung und Verschriftlichung

Es ist inzwischen ein selbstverständlicher Standard, dass von qualitativen Interviews mindestens eine Audioaufzeichnung mitgeschnitten wird; gelegentlich werden auch Videos aufgenommen. Die technische Aufzeichnung überführt die Flüchtigkeit des gesprochenen Wortes in eine dauerhaftere Form. Wer nun aber beim Verstauen des Aufnahmegeräts glaubt, er habe das ganze Gespräch, so wie es war, „im Kasten", der irrt. Jede Aufzeichnung ist zugleich ein Akt der Auswahl: Mikrofone haben eine bestimmte Richtcharakteristik, sie blenden damit Teile der gesamten Geräuschkulisse aus, lassen manches lauter und manches leiser erscheinen als in der Situation, und sie machen es uns mitunter schwer, die Redebeiträge (gerade bei mehreren Sprecherinnen) genau zuzuordnen. Darüber hinaus blenden sie alle sich nicht in Geräuschen äußernden Interaktionen und situativen Kontexte aus. Ähnliches gilt für Kameraeinstellungen wie Zoom, Tiefenschärfe, Brennweite oder Belichtung. Und obwohl hier auditive und optische Signale verzeichnet werden, bleiben andere relevante Wahrnehmungsebenen (Raumtemperaturen, Gerüche, haptische Eindrücke) außerhalb der Aufnahme. Der damit verbundene Informationsverlust ist meist zu verkraften, wir sollten uns aber davor hüten, der technischen Aufzeichnung eine schlichte Abbildfunktion zuzuschreiben: Schon bei der Aufnahme sind wir nolens volens in die soziale Konstruktion des Interviews verstrickt.

Später wird von der Aufzeichnung eine sogenannte *Transkription* angefertigt, d. h. eine Abschrift der Audiodaten nach bestimmten Regeln. Transkribieren unterscheidet sich allerdings deutlich vom „Abtippen" eines diktierten oder handschriftlich vorliegenden Manuskripts. Was hier zu Papier gebracht werden soll, ist ein Zwiegespräch oder gar (etwa bei Gruppendiskussionen) ein Gespräch zwischen mehreren Personen, das überdies in gesprochener Sprache stattfindet. Wer sich das erste Mal der Mühe unterzieht, eigene alltägliche Redebeiträge von einem Mitschnitt auf Papier zu übertragen, wird zunächst überrascht und manchmal auch peinlich berührt sein, wie oft Sätze mitten in einem Wort abgebrochen oder anders zu Ende geführt wurden, als man sie begonnen hatte. Auch ist die Wechselrede im Gespräch selten so wohlgeordnet einander abwechselnd und auf einander aufbauend wie in Theaterdialogen von Schiller oder Shakespeare. Gesprächspartner fallen einander ins Wort, reden phasenweise parallel oder lassen aus wechselweise gesprochenen Fragmenten einen vollständigen Satz entstehen. Manchmal schweigen sie auch kürzer oder gar länger – was bei einer einfachen Abschrift gesprochener Sprache gar nicht sichtbar würde, für die → Interpretation des Datenmaterials aber mitunter von erheblicher Bedeutung sein kann (beredtes Schweigen).

Transkriptionen sind im Unterschied zu Abschriften regelgeleitete Verschriftlichungen gesprochener (Alltags-)Sprache, die sowohl synchrone als auch diachrone Verknüpfungen von Gesprächsbeiträgen in einheitlicher Weise der Analyse zugänglich machen. Sie sollen die Flüchtigkeit akustischer Sinnesreize in eine Form überführen, die sie dauerhaft und beliebig wiederholbar der wissenschaftlichen Analyse zugänglich macht. Damit reproduzieren Transkripte nicht einfach das Gespräch oder seine akustische Aufnahme, sondern sie schaffen eine eigene Form, die zugleich mehr und weniger als das Gespräch sind, das sie wiedergeben sollen. *Mehr* sind sie, weil in ihnen oft auch Lautstärken und Tonhöhen (die prosodischen Merkmale) sowie nonverbales begleitendes Verhalten (Blicke, Gesten, Lachen, Hüsteln) nicht nur abgebildet, sondern auch vermessen und präzise zugeordnet werden („Sprecher 1: [schweigt 5 sek.]"). *Weniger* sind Transkriptionen, weil auch sie notwendig Auswahlen aus der Fülle der in der ursprünglichen Gesprächssituation verfügbaren Wahrnehmungen treffen müssen. Das liegt nicht allein daran, dass die meisten Aufzeichnungen nur akustische sind, es korrespondiert auch mit den Auswertungsverfahren, die sich vor allem auf sprachliche Äußerungen beziehen und von anderen Wahrnehmungsdimensionen wenn überhaupt, dann meist nur am Rande Notiz nehmen.

Die ausgeklügelten Notationssysteme der Transkriptionen unterscheiden sich stark nach den analytischen Zwecken, denen das Transkript dienen soll. Geht es um eine vergleichend angelegte deskriptive Darstellung von Informationen, so reicht meist eine fast reine Abschrift, und es spricht auch wenig dagegen, dass z. B. Dialekteinfärbungen und Akzente „geglättet", d. h. in Hochsprache übersetzt werden. Dagegen sind für konversationsanalytische soziologische oder gar für linguistische Analysen die Anforderungen ungleich höher. Hier sind sprachliche Glättungen untersagt und die Notationssysteme so hochdifferenziert, dass auch kleinste Nuancen von Tonfärbungen, Verzögerungen oder Überlagerungen von Sprachbeiträgen genauestens zu Papier gebracht werden. Dabei gilt es auch zu beachten, dass ein jeweiliges Notationssystem nicht nur kompetente Schreiber braucht, sondern auch Rezipientinnen, die sich die abstrakte Form des im Notationssystem aufgefangenen Gesprächs als gesprochene Sprache wieder verfügbar machen können: Viele qualitative Sozialforscherinnen könnten z. B. mit ausgefeilten linguistischen Transkripten nicht viel anfangen oder müssten einen unangemessen hohen Aufwand betreiben, um an die Materialqualitäten zu gelangen, die sie für ihre Arbeit benötigen.

Bei aller Unterschiedlichkeit gibt es einige Elemente, die in fast allen Transkriptionen in der qualitativen Sozialforschung Verwendung finden. Dazu zählen: über das komplette Dokument fortlaufende Zeilennummerierungen als eindeutige Referenz für zitierte Passagen, optisch leicht erkennbare Markierungen für Sprecherwechsel, Zeichen für Pausen und deren Länge, für Wortabbrüche, für Gesprächsunterbrechungen oder für wichtige nichtsprachliche Interaktionen. Dennoch muss sich jede Forschungsgruppe auf ein einheitliches Transkriptionssystem einigen und in Forschungsberichten die Bedeutung der benutzten Notationszeichen erläutern, damit auch Dritte die Form der Verschriftlichung nachvollziehen können (für die Darstellung und den Vergleich unterschiedlicher Transkriptionssysteme vgl. z. B. Dittmar 2001; Kowal/O'Connel 2000; Poland 2004).

Während man zur Transkription vor einigen Jahren noch hoch spezialisierte (und daher teure) Band- oder Cassettenabspielgeräte mit Fußschalter benutzte, stehen inzwischen eine Reihe von – oft kostenlosen – Transkriptionsprogrammen zur Verfügung, die teilweise mit einem Fußschalter kombinierbar sind (z. B. „NCH Express Scribe" als kostenloses Spezialprogramm) oder als integrierte Lösung Teil von Softwarepaketen zur Unterstützung qualitativer Datenanalyseprozesse sind (z. B. bei ATLAS.ti).

Was aber mit dem auf diese Weise produzierten Datenmaterial zu unternehmen ist, um daraus zu spannenden wissenschaftlichen Erkenntnissen zu gelangen, das wird Gegenstand der Kapitel 5 und 6 sein, die unterschiedliche interpretativ-rekonstruktive Forschungsstile vorstellen.

Nach der Bearbeitung dieses Kapitels sollten Sie
- das qualitative Interview von Formen der Alltagskommunikation unterscheiden können.
- die Charakteristika unterschiedlicher Typen qualitativer Interviews kennen.
- wissen, warum die Interviewsituation besondere Herausforderungen für die Beteiligten bereithält und wie man damit umgehen kann.
- Probleme der angemessenen Handhabung von Interviewleitfäden identifizieren können.
- verstanden haben, welchen Unterschied es methodisch macht, zu befragen oder eine Erzählung zu generieren.
- Kriterien für gute qualitative Interviews angeben können.

Hier können Sie weiterlesen:
- Eine Einführung auf Englisch: Kvale/Brinkmann (2009): InterViews. Learning the Craft of Qualitative Research Interviewing, 2. Aufl., London: Sage.
- Eine Einführung auf Deutsch: Helfferich (2004): Die Qualität qualitativer Daten. Manual für die Durchführung qualitativer Interviews, Wiesbaden: VS.
- Ein umfassendes Handbuch zum Thema: Gubrium/Holstein (2004): Handbook of Interview Research: Context & Method, Thousand Oaks, CA: Sage.
- Ein umfassendes und sehr aktuelles Handbuch auf Deutsch: Kruse (2014): Qualitative Interviewforschung: Ein integrativer Ansatz, Weinheim, Basel: Beltz Juventa.

5 Grounded Theory

In diesem Kapitel wenden wir uns der Frage zu, wie aus dem ‚im Feld' gewonnenen Material eine
theoretisch gehaltvolle wissenschaftliche Aussage gewonnen werden kann. Dabei lernen wir zunächst den Forschungsstil der Grounded Theory kennen, der nicht nur sehr weit verbreitet ist, sondern auch wesentliche Elemente enthält, die in anderen Verfahren in leicht variierter Form ebenfalls
Verwendung finden. Die prinzipielle Funktionsweise des Verfahrens, seine wichtigsten Elemente
sowie deren methodologische und sozialtheoretische Begründung stehen im Mittelpunkt der Darstellung. Details und einzelne Techniken der analytischen Arbeit finden sich ausführlicher in entsprechend spezialisierten Lehrbüchern.

> Gute Forschungsarbeit kann vermittelt und erlernt werden;
> sie wird einem nicht in die Wiege gelegt.
> (Strauss 1991/1987: 39)

In fast allen Büchern zur Einführung in empirische Forschungsmethoden findet
sich eine grobe Unterscheidung in Kapitel, die sich mit der Gewinnung empirischer
→ Daten befassen und Kapitel, in denen es um die Analyse von Daten geht. Auch
das vorliegende Buch stellt in dieser Hinsicht keine Ausnahme dar: Nachdem die
Kapitel 3 und 4 sich mit zwei zentralen Modi der Gewinnung empirischer Daten
befasst haben, folgen nun zwei Kapitel, in denen die Auswertung im Mittelpunkt
steht (s. Kap. 5 und 6). Diese typische Sequenzierung im Buch sollte allerdings
nicht dem Missverständnis Vorschub leisten, dass auch der Forschungsprozess notwendig oder auch nur sinnvollerweise in dieser Abfolge zu gestalten sei. Tatsächlich werden wir in Kapitel 5 nicht nur ein Auswertungsverfahren, sondern einen
umfassenden Forschungsstil kennenlernen, der eine ganz eigene Idee zur Sequenzialität von Arbeitsschritten in qualitativ-empirischen Forschungsprojekten beinhaltet. In der Grounded Theory (im Folgenden: GT) besteht zwischen Auswertungsverfahren und Organisation des Forschungsprozesses ein innerer Zusammenhang,
den man nicht ohne negative Konsequenzen für die Qualität der Ergebnisse aufhe-
ben kann. Daraus erklärt sich, warum in diesem Kapitel von der gängigen Lehr-
buchlogik abgewichen wird.

Um den Forschungsstil der Grounded Theory zu verstehen, müssen wir kurz
dessen Entstehungskontext rekapitulieren: Vom Ende des Zweiten Weltkriegs bis
zu den späten 1960er-Jahren hatte sich in den Sozialwissenschaften (v. a. im eng-
lischsprachigen Raum) eine Art Mainstream aus strukturfunktionalistischen Theo-
rieansätzen und einer weitgehend unhinterfragten Quantifizierung in der empirischen Sozialforschung entwickelt. In der gesellschaftlichen Umbruchphase der
späten 1960er-Jahre kulminierte auch in den Sozialwissenschaften der Unmut über
diese theoretische und methodische Engführung und beförderte die Entwicklung
kritischer, sich vom Mainstream bewusst abgrenzender Methodenkonzepte. Ebenso
wie die Ethnomethodologie, die Konversationsanalyse (s. Kap. 6.4) oder die Alltags-
ethnografie Erving Goffmans entstand auch die GT in dieser Zeit. Die etwas später

https://doi.org/10.1515/9783110529920-005

etablierte Dokumentarische Methode (s. Kap. 6.2), die Objektive Hermeneutik
(s. Kap. 6.1) oder die narrationsanalytische Biografieforschung (s. Kap. 6.3) haben
ebenfalls entscheidende Anstöße aus dem damals entwickelten kritischen Theorie-
und Methodenprogramm erhalten.

Die GT wurde in den 1960er-Jahren von Barney Glaser und Anselm Strauss
entwickelt und 1967 in *The Discovery of Grounded Theory* (1967/dt. 1998) erstmals
publiziert. Das Buch wendete sich gezielt an die junge Generation aufbegehrender,
nach neuen Wegen suchender Sozialforscher und wurde zu einem „Manifest qualitativer Sozialforschung" (Joas/Knöbl 2004: 215). Entstanden ist der Ansatz aus
einem forschungspraktischen Kontext: Der amerikanische Soziologe Anselm L.
Strauss und sein Mitarbeiter Barney G. Glaser arbeiteten damals an einem medizinsoziologischen Forschungsprojekt über den Umgang von Klinikpersonal mit Sterbeprozessen. Das Projekt war ethnografisch komparativ angelegt, wie es Strauss
bei seinem Lehrer und Vorbild Everett C. Hughes gelernt hatte. Zugleich aber
gingen Strauss und Glaser über Hughes und erst recht über viele der Ethnografen
der Chicagoer Schule hinaus, indem sie explizit auf Theoriegenese abzielten und
diese gegenstandsbezogenen Theorien zugleich auf eine systematische und intersubjektiv nachvollziehbare Weise erarbeiteten. So entstand im Verlauf des Projekts
neben einer gegenstandsbezogenen Theorie über soziale Prozesse des Sterbens in
Krankenhäusern auch die Skizze eines theoriegenerierenden, qualitativ-empirischen
Forschungsstils, die als eine von drei Monografien aus dem Forschungsprojekt
1967 veröffentlicht wurde.

Glaser und Strauss beschreiben darin eine Art des → Samplings sowie des interpretativen und analytischen Umgangs mit dem Datenmaterial, die sich diametral vom Forschungsstil theorietestender, quantifizierender Studien absetzt, ohne
aber den Anspruch auf Validität und Theoriehaltigkeit der Ergebnisse aufzugeben.
Weil die Darstellung in *The Discovery* damals eher im Format einer methodenpoliti-
schen Streitschrift mit expliziter Kritik an und in Abgrenzung von nomologisch-
deduktiven Forschungsstilen erfolgte, bot das Buch in der Skizzenhaftigkeit und
Überpointiertheit der Darstellung methodischer Grundsätze immer wieder Anlass
zu Missverständnissen, insbesondere wenn es als Methodenlehrbuch rezipiert
wurde.

Das Discovery-Buch konnte auch deshalb eine übermäßige Bedeutung als
Pseudolehrbuch erlangen, weil sowohl Strauss als auch Glaser zum Forschungsstil
der GT eine Dekade lang nicht weiter publizierten. Erst 1978 veröffentlichte Glaser
unter dem Titel *Theoretical Sensitivity* ein Buch, in dem er sein Verständnis von GT
systematisch und in nachvollziehbarer Form darlegt (Glaser 1978). Es sollten noch
einmal fast zehn Jahre vergehen, bis Strauss mit *Qualitative Analysis for Social
Scientists* (1991/1987) ein eigenes Methodenlehrbuch veröffentlichte. Obwohl er in
diesem Buch ganze Abschnitte aus Glasers Werk zitiert, wurden doch zwischen
beiden Verfahrensdarstellungen zunehmend Unterschiede sichtbar, die schließlich
in einem offenen Dissens mündeten, als Strauss gemeinsam mit Juliet Corbin unter

dem Titel *Basics of Qualitative Research* (Strauss/Corbin 1990) ein weiteres einführendes Lehrbuch zum Verfahren der GT publizierte und Glaser eine polemische Replik darauf verfasste (Glaser 1992).

Von den beiden Gründern der GT lebt heute nur noch Glaser, Strauss starb bereits 1996. Im vorliegenden Text wird ausdrücklich die von Anselm Strauss entwickelte Version von GT vorgestellt, die heute von verschiedenen seiner Schülerinnen sowie von seiner ehemaligen Weggefährtin Juliet Corbin fortgeführt und weiterentwickelt wird. Die Gründe für diese Beschränkung liegen in den erkenntnistheoretisch nicht haltbaren Positionen Glasers, der einen in der Wissenschaftstheorie längst überwundenen, naiven Induktivismus vertritt (zu den Details der Kontroverse s. Strübing 2011).

Anselm Strauss entstammt der interaktionistischen Theorietradition, die untrennbar mit dem Namen George Herbert Mead verbunden ist. Als Student bei Herbert Blumer an der University of Chicago lernt er die klassische symbolisch-interaktionistische Theorieperspektive kennen, die Mead entwickelt und Blumer weiter expliziert und schließlich benannt hat. Zugleich aber wird Strauss in den 1950er-Jahren von Everett C. Hughes beeinflusst, einem kanadischen Soziologen, der ebenfalls in der Chicago School sozialisiert, jedoch stärker durch die ethnografische Forschungstradition des Robert E. Park geprägt wurde. An dieser Schnittstelle zwischen Interaktionismus und human-ökologischer Feldforschungstradition, geschult an Blumers scharfsinniger methodologischer Argumentation, aber auch desillusioniert was dessen empirisch-methodische Kompetenz betrifft, beginnt Strauss schon ab Mitte der 1950er-Jahre eine qualitativ-empirische Praxis der Ethnografie in Organisationen zu entwickeln. Für Strauss besteht das Problem vor allem darin, dass er von einer rein deskriptiven Repräsentation empirischer Phänomene zu einer systematischen Theoriebildung kommen will. Damals gibt es noch kaum gründlich durchgearbeitete Vorschläge zu einer empirisch begründeten Theoriegenese. Schon vor der gemeinsamen Arbeit mit Glaser beginnt Strauss daher in der mit Hughes und anderen durchgeführten Studie *Boys in White* (Becker et al. 1961), eine konsequent komparative Strategie der Datenanalyse zu praktizieren und damit den Grundstein für die spätere GT zu legen (vgl. Baszanger 1998: 357 f.).

Interaktionismus und Pragmatismus, über die wir in Kapitel 2 schon etwas erfahren haben, sind damit prägende Grundlagen auch für die empirische Verfahrensweise der GT. Dies betrifft zunächst die sozialtheoretische Rahmung der untersuchten empirischen Gegenstände, die als interaktiv hergestellt, prozesshaft und perspektivgebunden verstanden werden. Es betrifft aber ebenso die erkenntnis- und wissenschaftstheoretische Positionierung der GT: Daten werden, ganz im Sinne Meads, als im Forschungsprozess hergestellt aufgefasst. Zudem rahmt die GT den Forschungsprozess in Anlehnung an Dewey als einen Prozess der Problemlösung, der auf die Wiederherstellung von Gewissheit in einem Wechselspiel von kreativen Lösungsansätzen und empirisch-praktischen Überprüfungsschritten zielt. Ergebnisse gelten dabei als immer nur vorläufige Lösungen der Forschungsfragen aufgefasst (vgl. ausführlicher Strübing 2014/2004: 37).

Auch der Begriff Grounded Theory lässt sich am besten in pragmatistischer Perspektive verstehen. Denn auf den ersten Blick ist es irritierend, dass Strauss und Glaser die zentrale Qualität der mit dem Verfahren zu erarbeitenden Theorien zugleich zum Namen für das Verfahren selbst erheben. In seiner Doppeldeutigkeit verweist die Bezeichnung Grounded Theory gleichermaßen auf Prozess und Ergebnis, auf problemlösendes Forschungshandeln und auf die dabei hervorgebrachten Objektivationen, also die gegenstandsbezogenen Theorien, gerade weil das Ergebnis nur aus dem Arbeitsprozess heraus angemessen zu verstehen ist, in dem es produziert wurde. Dieses Verständnis von Theorie als Prozess deckt sich auch mit den großen argumentativen Linien im sozialtheoretischen Werk von Strauss (vgl. Strübing 2007). Strauss und Corbin unterstreichen diesen Gedanken mit einem Zitat von John Dewey, einem der pragmatistischen Vordenker von Interaktionismus und GT:„Es ist kein linguistischer Zufall, dass ‚Bau‘, ‚Konstruktion‘ und ‚Arbeit‘ sowohl einen Prozeß als auch dessen fertiges Ergebnis bezeichnen. Ohne die Bedeutung des Verbs bleibt die des Substantivs leer." (John Dewey, Art as Experience, zit. n. Strauss/Corbin 1996/1990: 223)

Die Ergebnisse der Forschungsarbeit also sind „grounded theories", sie sind dies aber nicht ‚an sich‘, sondern weil und nur insoweit als das theoretische Denken im Forschungsprozess aktiv an empirische Zusammenhänge rückgebunden wird.

5.1 Verfahrensgrundsätze

GT ist, wie Strauss betont, ausdrücklich als Forschungsstil und nicht als Methode im Sinne eines präskriptiven Sets von Verfahrensregeln angelegt.

> Methodologisch gesehen ist die Analyse qualitativer Daten nach der Grounded Theory (...) keine spezifische Methode oder Technik. Sie ist vielmehr als ein Stil zu verstehen, nach dem man Daten qualitativ analysiert und der auf eine Reihe von charakteristischen Merkmalen hinweist (...), um die Entwicklung und Verdichtung von Konzepten sicherzustellen. (Strauss 1991/1987: 30)

Indem auf die Formulierung strikter, detailliert explizierter Arbeitsschritte und deren starre Sequenzierung verzichtet wird, trägt die GT der grundsätzlichen Anpassungsbedürftigkeit empirischer Vorgehensweisen an die konkreten Konstellationen von empirischem Feld und verfügbaren Ressourcen Rechnung. Die tatsächliche Forschungssituation entspricht selten den idealisierten Vorstellungen methodischer Rigorismen. Statt also die Scheinwelt methodischer Reinsträume als real zu suggerieren, setzt die GT auf ein an die konkrete Forschungspraxis flexibel anzupassendes Gerüst von Verfahrensvorschlägen (Strauss 1991/1987: 33). Daher kommt den Arbeitsprinzipien, die Strauss zu Beginn seines Einführungsbuchs formuliert, besondere Bedeutung zu. Sie können die Forscherin über den Sinn der im Einzelnen vorgeschlagenen Verfahrensschritte orientieren und deren situative → Interpretation anleiten.

(1) Als theoriegenerierendes Verfahren verzichtet die GT bei der Formulierung eines Forschungsvorhabens auf gegenstandsbezogene theoretische Vorannahmen. Es wird also nicht vor der empirischen Untersuchung theoretisch darüber spekuliert, wie sich die fragliche Sache wohl verhalten mag, und es werden demzufolge vorab auch keine empirisch zu überprüfenden Hypothesen aufgestellt. Das bedeutet nicht, dass die Forscherin unwissend in ihr Forschungsvorhaben geht: Als ausgebildete Sozialwissenschaftlerin verfügt sie *nolens volens* über umfangreiches Fachwissen. Zudem kann ihr empirischer Zugang kaum frei von einer gewählten sozialtheoretischen Perspektive sein (s. Kap. 2). Es ist auch wünschenswert und sinnvoll, Fachliteratur über den konkreten Forschungsgegenstand zur Kenntnis zu nehmen (allein schon, um das Rad nicht noch einmal neu zu erfinden). All dieses Wissen soll aber gerade nicht in Vorannahmen münden, sondern eher eine hochdifferenzierte und auf das theoretisch Interessierende des Forschungsgegenstandes hin gespannte Neugierde erzeugen, die in der GT als „theoretische Sensibilität" (Glaser/Strauss 1998/1967: 54) bezeichnet wird.

(2) Strauss fasst *Forschen als Arbeiten* auf, also als eine Reihe von Tätigkeiten, die zu leisten sind, um die Aufgabe erfolgreich bewältigen zu können (Strauss 1991/1987: 25). Damit rückt anstelle methodologischer Rigorismen die konkrete Forschungsorganisation ins Zentrum der methodenpraktischen Betrachtung. In dieser Perspektive werden zwei Vorschläge gemacht, die auf den ersten Blick und verglichen mit der Darstellung anderer Methoden überraschen: Die Parallelisierung der Arbeitsschritte und die Sequenzierung des → Samplings. Anstatt Datengewinnung, Datenanalyse und Theoriebildung als nacheinander zu bewältigende Arbeitsschritte anzulegen, besteht die Forschungslogik der GT gerade darin, dass alle drei Tätigkeiten parallel betriebene Modi des Forschens sind, die sich gegenseitig produktiv beeinflussen. Analytische Ideen bei der Auswertung der Daten sollen nicht nur die Entwicklung der gegenstandsbezogenen Theorie beeinflussen, sie wirken auch, ebenso wie die Theoriegenese selbst, auf den Prozess der Datengewinnung zurück. Dies geschieht, indem etwa andere Datentypen oder modifizierte Formen der Datengenese eingesetzt werden (z. B. durch Variieren des verwendeten Interviewleitfadens), aber auch indem die Auswahl der Fälle selbst, also das Sampling, durch die entstehende Theorie gesteuert wird (theoretisches Sampling s. Kap. 6.3).

(3) Wenn Datengewinnung, Datenanalyse und Theoriebildung von Beginn an parallel betrieben werden, dann bedeutet dies zugleich, dass die Analyse bereits mit dem ersten Fall beginnt – und dass mit der Analyse des ersten Falles bereits theoretische Aussagen gemacht werden können. Es müssen also nicht erst ganze Sets von Fällen akkumuliert werden, bevor die Untersuchung Ergebnisse erbringt. Umgekehrt aber muss der Fall als ganzer analytisch erschlossen und verstanden werden. Die GT ist somit, wie eine Reihe anderer qualitativ-interpretativer Verfahren auch, ein einzelfallanalytisches Verfahren. Als komparative Methode bleibt es in

der GT jedoch nicht bei der Analyse eines einzelnen Falles, er stellt vielmehr einen für die Theoriegenese sehr wichtigen, aber nicht allein entscheidenden Fall dar (s. zu den verschiedenen Bedeutungen des Fall-Begriffs Kap. 5.3).

(4) In Texten zur GT wird betont, dass für die analytische Arbeit Kreativität erforderlich ist (z. B. Strauss/Corbin 1996/1990: 11 f.). Gerade weil Daten nicht sprechen, weil Theorie nicht ohne Zutun der Forschenden aus den Daten emergiert, ist die kreative Eigenleistung der Forschenden unabdingbar. Dabei ist Kreativität hier nicht als künstlerische Freiheit angelegt, sondern als notwendige subjektive Eigenleistung der Forschenden im zielorientierten und kontrollierten Prozess der empirischen Untersuchung (Strauss/Corbin 1996/1990: 27 ff.). Es geht also um ein Wechselspiel zwischen systematischem Materialbezug und der kreativen Neuschöpfung von Zusammenhängen im und Perspektiven auf das → Material. Doch selbst wenn man die in der deduktiv-nomologischen Forschungslogik verbreitete Devaluation subjektiver Leistungen im Forschungsprozess nicht teilt: Die Idee kreativer Eigenleistungen birgt offensichtlich die Gefahr → idiosynkratrischer Abirrungen in sich. Im Nachdenken über das Datenmaterial können dem Forscher schon mal die interpretativen ‚Pferde durchgehen‘ und der solide argumentative Bezug auf die Daten verloren. Auch wenn Forschungsergebnisse unbestritten immer Konstruktionen des Forschers sind: Es sollen doch *soziale* Konstruktionen sein, d. h. um ihre Funktion zu erfüllen, müssen sie intersubjektiv (in die Gemeinschaft der Fachkolleginnen, aber auch in die Gesellschaft) vermittelbar sein. Kreative Leistungen werden daher in der GT immer als soziale Prozesse angelegt und verstanden.

(5) Neben verschiedenen Arbeitstechniken, die insbesondere im Lehrbuch von Strauss und Corbin vorgeschlagen werden, ist auch die Organisation von Forschung als kollektiver Prozess ein nützliches Mittel, um kreative Eigenleistungen sowohl zu stimulieren als auch in die richtigen Bahnen zu lenken (Strauss 1991/ 1987: 68 ff.). Mit kollektivem Forschen ist dabei nicht arbeitsteilige Projektbearbeitung gemeint, wie sie in größeren Projekten unvermeidlich ist, sondern es geht vor allem um die gemeinsame analytische Arbeit am → Material. Gerade das offene und das axiale Kodieren (s. Kap. 5.4.1 und 5.4.2) sind Arbeitsschritte, in denen mehrere Forscherinnen einander ideal ergänzen, aber auch wechselseitig ‚in der Spur halten‘ können.

5.2 Vergleichen: eine Alltagsheuristik als analytisches Werkzeug

Im Mittelpunkt der interpretativen und analytischen Arbeit steht in der GT eine Systematisierung dessen, was wir zu Beginn von Kapitel 2 als Dreischritt von Differenzbeobachtung, Typisierung und kausalem Schließen kennengelernt haben. Die dahinterliegende Grundoperation ist das Anstellen von Vergleichen und deren forschungslogisch sinnvolle und anschlussfähige Organisation. Das analytische Vorgehen in der GT wird daher auch als „Methode des ständigen Vergleichens" (Glaser 1965) bezeichnet. Sie setzt an einer basalen Alltagsheuristik an: Beobachtete Übereinstimmungen und Differenzen sind es, mit denen wir unseren Alltag ordnen und uns verfügbar machen: Unterschiedlich lange Kassenschlangen im Supermarkt, wahrgenommene Kleidungsstile als Indikatoren für Milieus oder Körperhaltungen als Kriterien dafür, ob wir uns jemanden anzusprechen getrauen. Wichtig ist es, sich dabei zu vergegenwärtigen, dass das Unterscheidungsvermögen in der handelnden und beobachtenden Person angelegt ist. Die zu vergleichenden Objekte sind nicht ‚an sich' unterschiedlich oder ähnlich (sie sind ‚an sich' nicht einmal Objekte), sondern es bedarf eines Akteurs, der diesen Vergleich auf der Basis seiner Erfahrung und seines Wissens vornimmt und ausgehend von eigenen Relevanzstrukturen die Kriterien des Vergleichs bestimmt: Wer oft einkauft, wird über feinere Kriterien zum Vergleich von Kassenschlangen verfügen. Und wer eher schüchtern ist, wird eher zögern, eine zugewandte Körperhaltung seiner Gegenüber als Gesprächseinladung aufzufassen.

In der analytischen Arbeit im Rahmen der GT geht es nicht um alltagspraktische, situativ gebundene Orientierung, sondern darum, aus der Fülle empirischer Phänomene relevante theoretische Konzepte und Aussagen zu generieren. Von relevanten Konzepten zu sprechen, kann als Hinweis auf eine unabdingbare Voraussetzung für diesen Prozess verstanden werden: Die Forscherin braucht eine *Forschungsfrage*, im Lichte derer ein empirisches Phänomen überhaupt erst als solches wahrnehmbar und in seiner Bedeutung für das Forschungsproblem zu bestimmen ist. Es ist zunächst die durch Forschungsproblem, gegebenes Vorwissen, thematische Interessen und forschungspraktische Erfahrungen gerichtete Perspektive der Forschenden, die darüber entscheidet, was wir als Phänomen wahrnehmen und was genau seine Relevanz ausmacht (s. dazu auch Kap. 2.3).

Dieser Hinweis ist insofern wichtig, als in Lehrtexten zur GT mit Blick auf die Methode des ständigen Vergleichens gelegentlich ein Konzept-Indikator-Modell zur Erläuterung der Entwicklung theoretischer Konzepte aus empirischen Indikatoren verwendet wird, bei dem eine Kette von empirischen Indikatoren in einem theoretischen Konzept zu resultieren scheint (Glaser 1978: 62). Richtig ist daran, dass die fortgesetzte, systematisch-vergleichende Einbeziehung immer weiterer Indikatoren aus dem empirischen Material die notwendige Grundlage jeder Konzeptentwicklung bildet: Ein einzelner empirischer Indikator mag den Anstoß für die Entwicklung erster Konturen eines theoretischen Konzepts geben, und eine fortgesetzte Kette von Indikatoren ist zur Verfeinerung und Spezifizierung des Konzepts unabdingbar. Doch nur wenn forschendes Problemlösen die Kette von Indikatoren als relevant für seinen Gegenstand erachtet, wird daraus die Grundlage der Theoriebildung: Relevanz ist nicht im Material, sondern sie wird in der Beziehung zwischen Forscherin, Material und Forschungsfrage in kreativer Forschungsarbeit aktiv hergestellt.

Heuristiken des Vergleichens kommen in der GT auf unterschiedlichen Ebenen und in unterschiedlichen Kodierschritten zum Tragen. Dabei ist das Grundmuster immer dasselbe: Gleichviel, ob im traditionellen Sinne ganze Fälle miteinander verglichen werden oder Vorkommnisse von relevanten Phänomenen, immer werden zunächst Vergleichsmaterialien/Fälle herangezogen, die dem ersten Materialstück in den jeweils als relevant bestimmten inhaltlichen Dimensionen möglichst ähnlich sind. Interessieren wir uns also beispielsweise für Modi der Interaktion zwischen Lehrerinnen und Schülern und stoßen auf eine interessante Passage mit einer geduldigen Lehrerin und einem tränenreich aufbrausenden Grundschüler, so sollten wir zunächst versuchen, weitere Beispiele gerade dieser Konstellation im Material zu finden und vergleichend zu analysieren. In dieser *minimalen Kontrastierung* soll der Kern eines Falltypus oder eines theoretischen Konzepts erarbeitet werden. Die Grundfrage lautet hier: Was bleibt bei aller unvermeidlichen Variation in den Fällen dann doch konstant in Bezug auf das Phänomen, um dessen theoretische Konzeptionalisierung es jeweils geht? Wir finden also in einem kleineren Set gleichartiger Fälle bestimmte Eigenschaften, die über alle Fälle hinweg weitgehend stabile Ausprägungen aufweisen (Dimensionen) und die damit den Kern unseres theoretischen Konzepts bilden. Damit lässt sich zwischen dem Singulären, Erratischen oder Zufälligen des Einzelfalls und seiner Typik für ein allgemeineres Phänomen unterscheiden. Zugleich aber fallen uns meist auch kleinere oder größere Variationen auf, bei denen sich bei genauerer Analyse erweist, dass sie mit bestimmten Kontexten kovariieren. Wenn diese Variationen konzeptionell ausgearbeitet werden, ergeben sich *Subkonzepte*.

Zugleich wird der stabile Kern des zentralen Konzepts zunehmend gefestigt und verdichtet, indem weitere homogene Fälle herangezogen und verglichen werden. Dabei stellt sich unmittelbar die Frage des Abbruchkriteriums: Wie lange soll dieser Vergleichsmodus beibehalten werden? Die GT schlägt hier das Kriterium der theoretischen Sättigung vor (Glaser/Strauss 1998/1967: 68 ff., Strauss 1991/1987: 49): Wenn das fortgesetzte Einbeziehen weiterer homogener Fälle keine zusätzlichen Eigenschaften mehr erbringt, dann gilt dieser Theoretisierungsschritt als gesättigt und ein gleichartiges Fortfahren würde keinen zusätzlichen Erkenntnisgewinn erbringen.

Basierend auf Kriterien, die sich im ersten Vergleichsschritt als zentral erwiesen haben, werden nun in einer zweiten Variante der Vergleichsarbeit gezielt abweichende Fälle aufgesucht: Was ändert sich, aber auch: Was bleibt stabil, wenn wir den Kontext der Fälle variieren lassen? Diesen Vergleichsschritt kann man als Test der vorläufigen Theoretisierungsleistung verstehen: Wie weit trägt das bisher ausgearbeitete Konzept, in welchen Konstellationen trägt es, und ab wann wird eine Modifikation welcher Art erforderlich? Hier wird also die „konzeptuelle Repräsentativität" (Strübing 2014/2004: 32) eines Konzepts getestet. Im Ergebnis eines solchen maximal kontrastiven Vergleichs auf Basis eines heterogenen Samples erhalten wir nicht nur Auskunft über die Reichweite des jeweiligen Konzeptes, sondern gerade dort, wo unser Konzept nicht ‚passt', auch Hinweise auf valide alternative Konzepte für einen angebbaren Geltungsbereich.

Stellen wir uns also vor, wir würden den Austausch zwischen menschlichen Akteuren und Automaten untersuchen und als ersten Fall eine Frau mittleren Alters wählen, die an einem Fahrkartenautomaten der DB eine Fahrkarte für den Fernverkehr zu kaufen versucht. Dabei fällt uns auf, dass die Frau bei Verzögerungen und Störungen im Prozess das Gerät immer wieder adressiert als wäre es ein personales Gegenüber („Komm schon, jetzt mach mal hin, der Zug wartet nicht ewig!"). Weil uns das interessant erscheint, suchen wir weitere ähnliche Fallkonstellationen, um zu prüfen, ob es bei Störungen in der Interaktion zwischen Frauen mittleren Alters und Fahrkartenautomaten der DB in der Regel zu solchen Vermenschlichungen technischer Geräte kommt. Nach einer Reihe von Vergleichen würde sich womöglich dieser Zusammenhang stabilisieren, aber wir wüssten nun noch nicht genau, was dafür konstitutiv ist: Das Geschlecht des menschlichen Akteurs, sein Alter/seine Generationszughörigkeit, die Art des Automaten oder der auftretenden Störungen. In maximalen Vergleichen würden wir nun z. B. reibungslose Automateninteraktionen, andere Arten von Automaten oder Automatennutzer unterschiedlichen Geschlechts und Alters vergleichend miteinbeziehen. Dabei könnten wir z. B. feststellen, dass das Geschlecht weitgehend irrelevant ist, die Generationszugehörigkeit aber nicht, oder dass gestörte Abläufe eher als reibungslose geeignet sind, derartige Anthropomorphisierungen hervorzubringen. Wir können also herausfinden und empirisch belegen, wie weit das Konzept „den Automaten als Mensch adressieren" reicht, für welche Typen von Fallkonstellationen es also repräsentativ ist. Dabei finden wir zugleich im kontrastiven Vergleich auch weitere Subkonzepte, also Varianten von Interaktionsbeziehungen zwischen Nutzerinnen und Automaten, die unser theoretisches Modell ausdifferenzieren und bereichern.

5.3 Fall- und Datenauswahl: theoretisches Sampling

In diese multiplen Vergleichsaktivitäten passt sich auch die Samplingstrategie der GT ein, das theoretische Sampling (Glaser/Strauss 1998/1967: 53 ff.; Morse 2007; Strauss 1991/1987: 70 f.; Strübing 2014/2004: 29 ff.): Wenn ein erster Fall mit weiteren homogenen Fällen verglichen werden soll, dann muss (1) sichergestellt sein, dass weitere homogene (und später weitere in spezifischer Weise heterogene) Fälle im Material vorhanden sind. (2) aber muss gewährleistet sein, dass die Kriterien für Homogenität und Heterogenität dem laufenden Theoriebildungsprozess entstammen (damit die Relevanz der Vergleiche und Kontrastierungen gewährleistet ist) und zugleich die Zusammenstellung des Samples steuern können. Dies schließt jede Form einer Vorabfestlegung des Samples der Untersuchung aus, denn eine solche müsste sich auf Kriterien beziehen, deren Angemessenheit und Relevanz noch völlig offen sind – hier liegt zugleich ein wesentlicher Unterschied zur theoriegeleitetbewussten Samplingstrategie, die zwangsläufig auf Ex-ante-Theorien basiert. In der GT wird daher vorgeschlagen, das Sampling sukzessive im Projektverlauf durchzuführen und seine Auswahlkriterien aus der entstehenden Theorie zu beziehen.

Da der Grundstein zur Entwicklung der jeweiligen gegenstandsbezogenen Theorie mit der Analyse des ersten Falles gelegt wird, ist es durchaus sinnvoll, diesen ersten Fall mit Bedacht auszuwählen. Hier liegt allerdings ein Problem: Bei einer theoriegenerierenden Vorgehensweise ist gerade zu Beginn einer Studie schwer zu bestimmen, welcher Fall und welches Material als erstes bearbeitet werden sollten. Da zu diesem Zeitpunkt noch keine Theorie generiert wurde, lassen sich aus ihr auch noch keine Auswahlkriterien ableiten. Drei Überlegungen sind hier hilfreich: (1) wird die Wahl des ersten Falles entdramatisiert, wenn man sich vergegenwärtigt, dass jeder Fall, wenn er dem fraglichen Untersuchungsfeld entstammt, etwas zur gegenstandsbezogenen Theorie beizusteuern hat. (2) ist evident, dass, wenn wir den Kern unserer zu entwickelnden Theorie noch nicht kennen, jede Auswahl provisorisch und tentativ sein muss. (3) hindert uns nichts daran, bereits Material zu zwei oder drei Fällen erarbeitet zu haben, bevor wir dann einen ersten davon analytisch zu bearbeiten beginnen. Im Prozess der Datengewinnung, also beim Interviewen, Transkribieren, Beobachten, Protokollieren, gewinnen wir bereits einen ersten Eindruck davon, ob das jeweilige Material für unsere Fragestellung gut geeignet ist. Und wenn wir mehr als einen Fall erheben, haben wir die Möglichkeit, denjenigen auszuwählen, der am ergiebigsten zu sein verspricht.

Das Wechselspiel von minimaler und maximaler Kontrastierung findet im Projektverlauf fortgesetzt und auf verschiedenen analytischen Ebenen auch parallel statt, also etwa indem Befragte als Fälle miteinander verglichen werden, aber auch z. B. bestimmte Situationsdefinitionen einer Person unter wechselnden Umständen oder die Bewältigung bestimmter Ereignisse über verschiedene Personenfälle hinweg. Dieser Punkt ist für die Kontrastierungsarbeit in der GT von erheblicher Bedeutung und wird doch oft verkannt: Geschult an traditionellen Verfahren der empirischen Sozialforschung, in denen ein Fall eine „Erhebungseinheit" ist, wird auch das theoretische Sampling oft so verstanden, als ginge es ausschließlich um die Auswahl von „Erhebungseinheiten". Doch die Unterscheidung von Fällen und Phänomenen erweist sich hier als im Grunde obsolet, denn es geht beim Begriff des Falles immer um eine relationale Bestimmung: Wofür ist etwas ein Fall? Welche im Material gefundenen oder neu erhobenen Daten sind als Fälle für welches Phänomen und welches theoretische Konzept des Phänomens zu betrachten? Was ein Fall ist, kann im Verlauf eines Forschungsprojekts immer wieder variieren – gerade so, wie wir den momentanen analytischen Fokus und die Brennweite unserer Analyse einrichten. Das bedeutet für die analytische Arbeit, dass wir fortwährend und auf unterschiedlichen Ebenen im Material Auswahlen treffen, um Konzepte und deren Variationen und Reichweiten zu erarbeiten.

In der Forschungspraxis ist diese Samplingstrategie nicht immer strikt durchzuhalten. Häufig sind die am Fall erarbeiteten Kriterien für die weitere Fallauswahl so beschaffen, dass sie den Fällen, also z. B. Gruppen, Personen oder Situationen, von ‚außen' nicht anzusehen sind, vor der Datengewinnung also gar nicht mit Sicherheit festzustellen ist, ob ein Fall tatsächlich den Kriterien entsprechen wird. In anderen Projektkonstellationen wiederum ist der Feldzugang zeitlich so eng limitiert, dass eine gründliche Analyse der Fälle parallel zu ihrer Gewinnung nicht zu leisten ist. In diesen Fällen gilt es zu berücksichtigen, dass die methodischen Vorgaben der GT eben Leitlinien und keine starren, zwingenden Handlungsanweisungen darstellen. So kann es z. B. erforderlich sein, zu Beginn eines Projekts in einer komprimierten Feldphase einen größeren Materialumfang zu erarbeiten und die Regeln des theoretischen Samplings dann erst im zweiten Schritt im Verlauf der analytischen Bearbeitung des Materialkonvoluts anzuwenden – und die sich dabei notwendig ergebenden Einschränkungen und Risiken (z. B. das Fehlen bestimmter wünschenswerter Kontrastierungsfälle) in Kauf zu nehmen. Aus diesen Einschränkungen und Risiken ergibt sich auch, dass jede dieser pragmatischen Variationen nur eine begründungspflichtige Abweichung von der prinzipiellen Vorgehensweise des theoretischen Samplings ist.

Die Idee einer durch den fortschreitenden Theoriebildungsprozess organisierten Fall- und Materialauswahl wurde zwar im Rahmen der GT entwickelt, ist aber nicht auf diesen Forschungsstil beschränkt. Es eignet sich für alle qualitativ-interpretativen und rekonstruktiven Verfahren (Schittenhelm 2009) und findet inzwischen in der qualitativen Sozialforschung breite Anwendung.

5.4 Datenanalyse und -interpretation als Kodieren

In der GT wird die Arbeit des Interpretierens und Analysierens als „Kodieren" bezeichnet. Der Begriff mag in diesem Zusammenhang etwas befremdlich klingen, versteht man darunter gemeinhin doch eher das *Ver*schlüsseln von Informationen als deren *Ent*schlüsselung. Auch suggeriert der Begriff eher einen stark regelgeleiteten, fast mechanischen Prozess und nicht den kreativen Akt einer im Wesentlichen ergebnisoffenen → Interpretation. In der GT hingegen stellt *Kodieren* den Oberbegriff für systematische Strategien der interpretativen Materialanalyse dar; die Entwicklung theoretischer Konzepte aus dem empirischen Material geschieht in unterschiedlichen Modi des Kodierens, und die Bezeichnungen für die so erarbeiteten Konzepte werden *Kodes* genannt.

5.4.1 Offenes Kodieren

Strauss unterscheidet drei Modi des Kodierens, das offene, das axiale und das selektive (Strauss 1991/1987: 57 ff.). Glaser hingegen beschränkt sich auf zwei Kodierschritte, das offene und das theoretische Kodieren, wobei Leistungen des axialen und selektiven Kodierens der Variante von Strauss bei Glaser im Arbeitsschritt des theoretischen Kodierens erbracht werden (Glaser 1978). Im Modus des *offenen Kodierens* geht es darum, sich einen thematischen Zugang zum Material zu verschaffen, relevante Materialstücke auszuwählen und im Detail zu analysieren. Insbesondere für den Beginn der analytischen Arbeit und wenn es um das Erschließen neuer thematischer Dimensionen, weiterer Falldomänen oder besonders problematischer Materialabschnitte geht, kommt dabei eine Form „mikroskopischer Analyse" (Strauss 2004) zum Einsatz, die als „Line-by-Line-Analyse" bezeichnet wird: Ein Textstück wird kleinschrittig-sequenziell bearbeitet, um hinter der leicht für selbstverständlich und vertraut genommenen Oberfläche des manifesten Textes weitere Sinndimensionen zu erschließen, den Text also „aufzubrechen" (Strauss/Corbin 1996/1990: 45). Die martialisch anmutende Metapher des Aufbrechens verweist auf die Anstrengung, die gegenüber dem Text aufzubringen ist, um ihn in theoriegenetischer Perspektive verfügbar zu machen: Sätze werden nicht als geschlossene ganze gelesen, sondern zunächst einmal nur als einzelne Worte und Satzabschnitte. Diese werden nun nicht etwa einfach nur paraphrasiert, sondern aktiv befragt: Was wird hier thematisiert? Was ist daran für die Forschungsfrage relevant? Welche Situationsdefinition, welches Handlungsproblem zeigt der Sprecher durch seine Art der Präsentation des Themas an? Was hätte hier auch stehen können? Die dabei erforderliche aktive Leistung der Forscherin wird von Strauss ausdrücklich betont: „Der Punkt ist tatsächlich der, dass das Potential an Aspekten nicht so sehr im Dokument selbst liegt als vielmehr in der Qualität der Beziehung zwischen Datum und forschendem Geist sowie in der Übung, die der Forscher hat, wenn er die Arbeit des offenen Kodierens tatkräftig und phantasievoll angeht" (Strauss 1991/ 1987: 58).

Bei den hier angesprochenen Kompetenzen handelt es sich um die oben erwähnte „theoretische Sensibilität", also die auf Theorie hin gespannten Aufmerksamkeiten und Unterscheidungsvermögen, oder, wie Strauss und Corbin später formulieren, „ein Bewußtsein für die Feinheiten in der Bedeutung von Daten", das abhängt „vom vorausgehenden Literaturstudium und von Erfahrungen, die man entweder im interessierenden Phänomenbereich selbst gemacht hat oder die für diesen Bereich relevant sind" (Strauss/Corbin 1996/1990: 25). Theoretische Sensibilität ist die Ausgangsbasis für Vergleichsheuristiken, wie sie bereits in der Line-by-Line-Analyse zum Einsatz kommen. Dies geschieht etwa mit „weithergeholten Vergleichen" (Strauss/Corbin 1996/1990: 69 f.), bei denen die fraglichen Phänomene mit auf den ersten Blick weit entfernt liegenden Phänomenen konfrontiert und auf Ähnlichkeiten und Unterschiede befragt werden. Strauss und Corbin knüpfen hier an die Feldforschungstechniken von E. C. Hughes (1971) an, dessen bevorzugte Illustration des Verfahrens in der Frage „How is a priest like a prostitute?" gipfelte (vgl. Gerson 1991: 287). Praktisch bedeutet das etwa, dass in der Analyse probeweise eine im Material auftauchende Formulierung oder Aussage durch ihr Gegenteil ersetzt wird, um herauszufinden, was sich dadurch am Text verändert: Wenn z. B. ein Satz mit „Neuerdings" beginnt, könnte etwa die probeweise Ersetzung diese

Wortes mit „Immer schon" eine andere Perspektive auf die folgenden Aussagen eröffnen und die Bedeutung der Formulierung „Neuerdings" für den Text offenbaren. Wie im Priest-Prostitute-Beispiel sind Vergleiche mit anderen Gegenstandsbereichen hilfreich und zielführend, weil sich an ihnen das Typische des eigentlich interessierenden Phänomens offenbart. Der weit hergeholte Vergleich erschließt weitere Eigenschaften und Dimensionen von Konzepten, die am Material zunächst probeweise, später aber mit größerer Sicherheit entwickelt werden.

Die Line-by-Line-Analyse ist nicht die einzige Form offenen Kodierens, und sie wird auch nicht auf alles Material angewandt, das in die analytische Arbeit einbezogen wird. Das wäre auch praktisch kaum zu leisten, denn ähnlich wie bei der sequenzanalytischen Erarbeitung von Lesarten in der Objektiven Hermeneutik ist der Aufwand für die Bearbeitung schon kurzer Textpassagen beträchtlich. Strauss notiert zu den alternierenden Modi des offenen Kodierens: „Wenn ein Kode eine relative Sättigung erreicht hat (...), dann wird der Forscher die Daten automatisch schneller durchgehen, in der Zeile-für-Zeile Analyse Wiederholungen finden und folglich die Daten überfliegen, bis etwas Neues seine Aufmerksamkeit erregt. Dann beginnt wieder die minutiöse Untersuchung" (Strauss 1991/1987: 61).

Insbesondere die Integration von weiteren aus dem theoretischen Sampling gewonnenen Materialien ist häufig ein Anlass zu erneuter Line-by-Line-Analyse.

5.4.2 Axiales Kodieren

Hier liegt auch ein Übergang zum axialen Modus des Kodierens. Denn indem wir weitere Vorkommnisse unterschiedlicher Varianten des Ausgangskonzepts aufsuchen, interessiert zunehmend die Frage nach Ursachen, Umständen und Konsequenzen dieser unterschiedlichen Varianten. Darauf genau orientiert das axiale Kodieren: Es geht um das Kodieren ‚um die Achse' einer zentralen Kategorie herum. Erst so kann aus der Entwicklung theoretischer Konzepte schließlich eine Theorie erwachsen, denn eine reine Taxonomie von Subkonzepten, Konzepten und Kategorien mag einen hohen deskriptiven Gehalt haben, kausale Bezüge aber zeigt sie nicht auf. Das axiale Kodieren zielt also auf erklärende Bedeutungsnetzwerke, die in der Lage sind, die jeweils fokussierte Kategorie möglichst umfassend zu erklären. Dabei werden hier noch stärker als im offenen Kodieren Relevanzentscheidungen getroffen: Nicht alle im Material identifizierten Phänomene werden systematisch vergleichend untersucht, sondern nur diejenigen, von denen – nach dem vorläufigen Stand der Analyse – angenommen werden kann, dass sie für die Klärung der Forschungsfrage relevant sind oder sein könnten. Damit wird implizit bereits eine Reihe zunächst vager Hypothesen entwickelt, die im weiteren Gang der Analyse überprüft werden.

Diese mutmaßlich relevanten Konzepte werden im axialen Kodieren eines nach dem anderen eingehend befragt. Strauss hat dazu eine Reihe von Aspekten benannt, deren Klärung für die theoretische Einbettung eines Konzepts zentral ist. Er

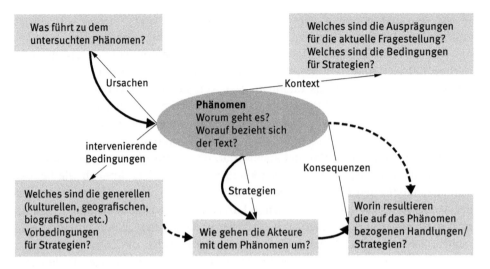

Abb. 5.1: Kodierparadigma nach Strauss und Corbin.

schlägt vor, „daß Daten nach der Relevanz für die Phänomene, auf die durch eine gegebene Kategorie verwiesen wird, kodiert werden, und zwar nach:

- den Bedingungen,
- den Interaktionen zwischen den Akteuren,
- den Strategien und Taktiken,
- den Konsequenzen" (Strauss 1991/1987: 57).

Später erweitert er dieses Fragenschema, das er – etwas unglücklich – als „Kodierparadigma" bezeichnet, gemeinsam mit Corbin noch um die Aspekte „Kontext" und „intervenierende Bedingungen" (Strauss/Corbin 1996/1990: 78 ff.). Insgesamt sind die im Kodierparadigma benannten Fragen nur Systematisierungen all jener Wer-Wie-Wo-Was-Warum-Fragen, mit denen wir auch im Alltag den Sinn von Ereignissen zu erschließen versuchen, indem wir nach Zusammenhängen forschen, die als Erklärungen fungieren können (s. Abb. 5.1).

Mitunter sind gerade Neulinge in der Arbeit mit dem Kodierparadigma unsicher über die Reichweite der anzustrebenden konzeptuellen Einbindung des jeweiligen Phänomens – und dementsprechend über die Frage, was als Phänomen gelten kann. Hier ist gerade im Unterschied zum selektiven Kodieren (s. Kap. 5.4.3) wichtig festzuhalten, dass das axiale Kodieren sich explizit einzelnen empirischen Vorkommnissen sowie deren Abstraktionen zuwendet. Es geht nicht um die Beantwortung der umfassenden Forschungsfrage, sondern um die Erklärung des Zustandekommens und der Konsequenzen eines bestimmten Ereignisses bzw. eines bestimmten Typs von Ereignissen. Es entsteht also im axialen Kodieren so etwas wie eine Serie von Theorieminiaturen, von denen jede in sich den Kern einer Erklärung aufweist – indem sie das jeweils fokussierte Phänomen erklären und in seinen

Konsequenzen bestimmen kann –, die aber noch nicht so weit integriert sind, dass eine befriedigende Antwort auf die Forschungsfrage zu erkennen wäre.

Um das Kodierparadigma sind in der Vergangenheit, vor allem initiiert von Glaser und seiner Kritik an der Strauss'schen Variante von GT, heftige Debatten entbrannt. Auch wenn diese hier nicht im Einzelnen verfolgt werden können, bedarf es doch einiger Erläuterungen zur Bedeutung und Funktionsweise dieser Heuristik. Zunächst zum Begriff selbst: Wenn in der deutschsprachigen Wissenschaft von einem Paradigma die Rede ist, dann verbinden wir damit in der Regel einen Diskurs über ganze Wissenschaftsperspektiven und entsprechend dramatische Umwälzungen im Falle von Paradigmenwechseln (wie sie Thomas S. Kuhn thematisiert hat). In der US-amerikanischen Wissenschaft geht man mit dem Begriff hingegen etwas inflationärer um, man könnte auch sagen: Er wird dort nicht so stark mit Bedeutung aufgeladen. Und so meint Kodierparadigma bei Strauss im Grunde nichts anderes als eine bestimmte Heuristik des Befragens eines Phänomens in verschiedenen Perspektiven, eine Heuristik, die für das axiale Kodieren keineswegs zwingend ist, von Strauss und vielen anderen Sozialforscherinnen allerdings als ausgesprochen nützlich erfahren wurde. Ebenso wie alle anderen Verfahrensvorschläge der GT gilt auch für das Kodierparadigma, dass es variabel und anpassungsbedürftig ist, also keine präskriptive Funktion hat. Allerdings ist der Wert dieser Heuristik – mindestens für die Soziologie und verwandte Wissenschaften – nicht zu unterschätzen – nicht weil hier auf Ursachen und Wirkungen abgezielt wird, sondern weil über die Dimensionen *Kontext* und *intervenierende Bedingungen* ein Angebot zur Verknüpfung situativ-interaktiver Momente mit Prozessen auf entfernteren und abstrakteren Ebenen von Gesellschaftlichkeit gemacht wird.

Dahinter steckt die – pragmatistisch-interaktionistisch motivierte – Vorstellung, dass Strukturen nur im Handeln existieren und zwar indem sie im Handeln fortgesetzt reproduziert, aber auch modifiziert und neu erzeugt werden: Indem Handelnde in ihrem Tun auf ihre Umwelt Bezug nehmen und mit der Widerständigkeit dieser Umwelt umgehen müssen, stehen sie immer wieder aufs Neue vor der Aufgabe, den von ihnen wahrgenommenen Handlungsanforderungen in gewohnter oder in veränderter Weise zu begegnen. Dieses Handeln – oft in räumlichem oder zeitlichem Zusammenhang mit anderem Handeln – hat selbst wiederum insofern strukturbildende Wirkung, als es Bedingungen schafft, mit denen im weiteren Handeln (auch von anderen) umgegangen werden muss. Resultate der handelnden Auseinandersetzung mit Strukturen produzieren also fortgesetzt Strukturen, die weiteres Handeln rahmen (s. Kap. 2).

Dies ist, um auf das axiale Kodieren zurückzukommen, die weitestgehende Interpretation der Theoriehaltigkeit des Kodierparadigmas. Diesem ist gerade von Glaser vorgeworfen worden, die empirische Analyse in unangemessener Weise durch eine theoretische Richtungsentscheidung zu präformieren (Glaser 1992). Wenn man also von einer derartigen Wahlverwandtschaft der GT mit der pragmatistisch-interaktionistischen Sozialtheorie ausgeht (vgl. z. B. Clarke/Star

2007), ergibt sich ein hohes Maß an Übereinstimmung zwischen Logik und Handlungsmodell der Forschung einerseits und den basalen soziologischen ‚Beliefs' andererseits, die in der einen oder anderen Weise jeder Forschung zugrunde liegen. Man könnte nun einwenden, dass mit einer so engen Abstimmung zwischen Methode und Theorie eine Selbstimmunisierung der Theorie einhergehe, da diese mit einer Forschungsmethodik, die ihr entstammt, nicht empirisch herausgefordert werden kann. Doch dieser Einwand übersieht, dass GT auf gegenstandsbezogene Theorien und auf deren Verifikation zielt, nicht aber auf die Überprüfung sozialtheoretischer Grundannahmen, wie sie in Kapitel 2.2 diskutiert wurden. Letztere sind in ihrem Kern wiederum axiomatische Setzungen, die weder empirisch überprüft werden können, noch logisch zwingend herleitbar sind. Was sich diskursiv überprüfen lässt, sind die Erklärungsleistungen, die bestimmte basale Theorieentscheidungen für die empirische Forschung erbringen.

Wenn man eine weniger weitgehende Interpretation des Kodierparadigmas heranzieht, dann ist hier einfach nur ein allgemeines handlungstheoretisches Modell implementiert, in dem Handeln und Umwelt zueinander in Beziehung gesetzt und dabei nach Möglichkeit Ursachen und Ergebnisse herausgearbeitet werden. Auf diese allgemeine Formel lassen sich mit wenig Mühe aber praktisch alle gängigen soziologischen Theorieschulen beziehen.

5.4.3 Selektives Kodieren

Indem das axiale Kodieren zu einer Sammlung von nur lose aufeinander bezogenen Theorieminiaturen führt, steht eine Antwort auf die zentrale Forschungsfrage – so wie sie im Projektverlauf weiter entwickelt und zugespitzt wird – immer noch aus. Es fehlt so etwas wie der rote Faden, der die vielen kleinen Zusammenhänge, die bislang ausgearbeitet wurden, zu einem Ganzen zusammenfasst, das als Antwort auf die Forschungsfrage taugt. Das Problem dabei ist, dass wir weder durch fortgesetztes Befolgen von Kodierregeln, noch durch den Rückzug auf logische Schlussverfahren zu einer solchen Antwort gelangen können. Es bedarf vielmehr zum einen einer guten Idee, d. h. der Zusammenhang muss von uns aktiv entdeckt werden, und zum anderen einer Entscheidung: Wir müssen unter verschiedenen sich mehr oder weniger deutlich anbietenden zentralen Konzepten (in der GT werden sie als Schlüssel- oder Kernkategorie bezeichnet) dasjenige auswählen, mit dem wir unser Forschungsproblem am besten gelöst sehen. Mit dieser Entscheidung beginnt das sogenannte *selektive Kodieren*, das man auch als eine Art Rekodieren verstehen kann: Nun wird die gesamte bisher erarbeitete Landschaft von Konzepten und Beziehungen zwischen Konzepten noch einmal mit Blick auf die nun fokussierte Schlüssel- oder Kernkategorie überdacht, teilweise – durch die nun veränderte Perspektive – umkodiert und so die gesamte analytische Struktur in einen homogenen Theorieentwurf integriert: „Die Schlüsselkategorie wird jetzt zur Richtschnur für theoretisches Sampling und Datenerhebung. Der Forscher sucht nach Bedingungen, Konsequenzen usw., die in Bezug zur Schlüsselkategorie stehen, indem er nach dieser kodiert" (Strauss 1991/1987: 63).

Dieser Arbeitsschritt impliziert also eine Überarbeitung der bisherigen Kodierungen – und wirft so die Frage nach deren Angemessenheit auf: Wenn Kodes und definitive Beziehungen zwischen Kodes (bzw. den dahinterstehenden Konzepten) im Verlauf des selektiven Kodierens revidiert werden, waren dann die ursprünglichen Kodierungen falsch oder ungültig? Die Antwort lautet in der Regel: weder noch. Denn was mit dem selektiven Kodieren an Kodierungen verändert wird, ist nicht eine Korrektur im Sinne der Verbesserung fehlerhafter Kodierungen, sondern eine Neujustierung der analytischen Perspektive: Was bislang in Bezug auf eine Reihe unterschiedlicher, im Projektverlauf immer wieder modifizierter, tentativer Sichtweisen kodiert wurde, soll im selektiven Kodieren nun insgesamt auf eine einheitliche Analyseperspektive hin überarbeitet werden. Das Ergebnis ist weder in einem höheren Maße richtig, noch kommt ihm eine erhöhte Gültigkeit zu. Am Ende des selektiven Kodierens sollte aber die Analyse im Hinblick auf die Forschungsfrage ein höheres Maß an Konsistenz aufweisen als nach dem axialen Kodieren.

Häufig taucht in Seminaren die Frage auf, ob es denn genau eine Schlüsselkategorie sein müsse oder ob es auch mehrere sein dürfen. Sowohl Strauss und Corbin (1996/1990: 99) als auch Glaser (1978: 61) raten hier zu größtmöglicher Beschränkung – und das mit gutem Grund: Auf eine präzise gestellte Untersuchungsfrage wird meist ein einziges zentrales Konzept die wesentliche Antwort liefern können. Genau dies ist das Ziel. In dem Moment, in dem sich mehrere Kernkategorien anzubieten scheinen, zeigt eine genauere Betrachtung oft, dass jedes dieser Konzepte auf eine jeweils etwas variierte Untersuchungsfrage antwortet. Es geht hier also um die Einheitlichkeit der Analyseperspektive, die durch die Fokussierung auf eine zentrale Kategorie sichergestellt werden soll. Allerdings ist dabei zu berücksichtigen, dass in Forschungsprojekten häufig nicht genau eine Frage behandelt wird, sondern ein ganzes Fragenbündel in einem einheitlichen thematischen Rahmen. Aus diesem Grund kann es durchaus angemessen sein, mehrere Schlüsselkategorien auszuarbeiten – diese sollten dann aber jeweils einen klaren Bezug auf eine Teilfrage aufweisen.

5.5 Konzepte entwickeln

Die Frage, was im Sinne der GT ein theoretisches Konzept ist, berührt gerade den prekären Übergang von der Empirie zur Theorie, an ihr entscheidet sich, ob die Auswertung der Daten in einer Paraphrase des Materials endet oder ob empirische Zusammenhänge durchdrungen und in eine theorieförmige Gestalt überführt werden. Die Entwicklung theoretischer Konzepte ist jener Schritt im Forschungsprozess der GT, bei dem die Heuristik ständigen Vergleichens vorrangig Verwendung findet. Beginnend mit einer ersten empirischen Instanz, dem Auftauchen eines empirischen Phänomens in einem ersten Fall, wird sukzessive nach weiteren Instanzen des gleichen Phänomens gesucht. Die nacheinander in Betracht gezogenen Instanzen werden mit Blick auf die interessierende Untersuchungsfrage miteinander verglichen und Ähnlichkeiten und Unterschiede herausgearbeitet. Ziel ist dabei, jene Eigenschaften herauszuarbeiten, die für das sich abzeichnende Konzept ‚wesentlich' sind, die also für Existenz und Funktionieren der damit in der jeweils rekonstruierten Perspektive bezeichneten Phänomene konstitutiv sind – und das Konzept damit von anderen zu unterscheiden erlauben. Diese Eigenschaften sind zu trennen von je konkreten, mehr oder weniger zufälligen oder für die Forschungsfrage nebensächlichen Begleiterscheinungen. Allerdings: Was wesentlich und was eher zufällig und beliebig ist, das gilt es in der vergleichenden Analyse erst herauszufinden.

Um sicherzustellen, dass wir die relevanten Eigenschaften und Dimensionen eines Konzepts sorgfältig und angemessen herausgearbeitet haben, kommt eine Variante des theoretischen Samplings zum Einsatz: Weitere Vorkommnisse eines am ersten Fall erarbeiteten Konzepts im Material werden sukzessive in die Analyse einbezogen. Durch solch fortgesetzte Vergleiche mit weiteren, ähnlichen Phänomenen im gleichen oder in anderen Fällen sind wir dann nicht nur in der Lage, das Konzept genauer zu bestimmen, wir werden auch zu Differenzierungen gelangen und Subkonzepte entwickeln. Diese Differenzierungen in der Konzeptentwicklung sind besonders wichtig, weil es im Fortgang der Analyse und Theorieentwicklung von Interesse sein wird, zu bestimmen, welche Variante des Konzepts in welchem Typ von Situation anzutreffen ist (und letztlich natürlich auch: warum). In weiteren Schritten kontrastiven Vergleichens werden zusätzlich Vorkommnisse des Ausgangskonzeptes untersucht, die sich gerade durch eine Variation der den Ausgangsfall prägenden Konzeptdimensionen auszeichnen: Wodurch unterscheiden sie sich von diesem?

Wir könnten beispielsweise ein Konzept wie „die eigene Leistung selbst messen" entwickeln und zwar an Fallmaterial von Freizeitläufern, die mit GPS-gestützten Tracking-Geräten ihre Trainingsumfänge messen und vergleichen. In weiteren Vergleichsoperationen könnten etwa Profisportler einbezogen werden oder Herzkranke, die zur besseren Diagnostik mit den gleichen Geräten ihre täglich bewältigten Wegstrecken elektronisch aufzeichnen. Dabei könnte sich zum Beispiel herausstellen, dass die gleiche Aktivität, die wir als „die eigene Leistung selbst messen" konzeptualisiert haben, für die Herzkranken als Beitrag zu einer lebensverlängernden Behandlung gesehen wird, für Profisportler hingegen als Selbstverständlichkeit, wenn man große Ziele erreichen will und für Hobbyläufer schließlich als Mittel, um die eigene sportliche Aktivität aufzuwerten, indem man die Profis imitiert.

Der Umstand, dass Konzept und Kategorie in der GT-Literatur anscheinend weitgehend synonym gebraucht werden, gibt immer wieder Anlass zu Missverständnissen und Nachfragen. Tatsächlich haben Corbin und Strauss eine dezidierte

Differenz im Sinn: „Konzepte, die sich als dem gleichen Phänomen zugehörig erweisen, werden so gruppiert, dass sie Kategorien bilden. Nicht alle Konzepte werden Kategorien. Letztere sind hochrangigere, abstraktere Konzepte als die, die sie
repräsentieren" (Corbin/Strauss 1990: 420). Kategorien sind also nicht etwas ‚kategorial' anderes als Konzepte, sondern lediglich deren summarische Transformation
auf die nächsthöhere Ebene der Allgemeinheit. Mehrere Konzepte, die sich in gleicher Perspektive auf gleichartige Phänomen beziehen, in ihrer Unterschiedlichkeit
aber gerade die Variabilität dieses Phänomens abbilden, können mit Blick auf den
identischen Kern dessen, was sie bezeichnen, als Kategorien aufgefasst und so in
einen größeren Ordnungszusammenhang gestellt werden. Das Konzept-Kategorie-
Verhältnis findet sich allerdings auf verschiedenen konzeptuellen Niveaus, d. h.
die Bezeichnung „Kategorie" ist nicht gleichbedeutend mit einem bestimmten
Niveau der Abstraktion: Auch eine Konzept-Subkonzept-Relation lässt sich als
Verhältnis von Kategorie und Konzept ausdrücken, ohne damit zusätzliche
Informationen zu gewinnen.

5.6 Schreiben theoretischer Memos

> Zwei Dinge sind zu unserer Arbeit nötig: Unermüdliche Ausdauer und die Bereitschaft,
> etwas, in das man viel Zeit und Arbeit gesteckt hat, wieder wegzuwerfen.
> (Albert Einstein)

Abgesehen von der Ethnografie gibt es im Bereich qualitativer Verfahren keinen
Ansatz, der so nachhaltig das Schreiben als methodisches Mittel der Theoriegenese
thematisiert wie die Grounded Theory. Anders allerdings als in der Ethnografie zielen Strauss unter anderem mit ihrem Credo für das Schreiben von „Memos" nicht
auf das Produzieren von Daten ‚im Feld' und auch nicht auf eine analytische Vor-
verarbeitung der Daten im Prozess ihrer schriftlichen Produktion, sondern auf die
Unterstützung von Prozessen der Datenanalyse im Verlauf des Kodierens. Ähnlich
dem von Kleist'schen Diktum von der „allmählichen Verfertigung der Gedanken
beim Reden" (Kleist 1964) zielt auch der Vorschlag, die analytische Arbeit durch
einen fortgesetzten Schreibprozess zu unterstützen, auf die Schaffung von Bedingungen, die der Kreativität bei der Theoriegenese förderlich sind: Schreiben also
als ‚Denkzeug'. Mehr aber noch geht es um Aspekte wie fortgesetzte Ergebnissicherung, Entlastung von Nebengedanken, Erleichterung von Teamarbeit, Theorie als
Prozess und Unterstützung von Entscheidungsprozessen in der Theorieentwicklung. Im Einzelnen:

Die Aufforderung, bereits zu Beginn der Datenanalyse mit dem Schreiben
zusammenhängender Texte, sogenannter „Memos", zu beginnen (Glaser/Strauss
1998/1967: 113 f.; Strauss 1991/1987: 151 ff.; Strauss/Corbin 1996/1990: 169 ff.), versteht sich im Kontrast zu der aus anderen methodischen Traditionen stammenden
Gewohnheit des Schreibens von Berichten am Ende der Projekte als eine Form fort-

laufender Ergebnissicherung. Damit entspricht die GT speziell den Erfordernissen einer auf qualitativ-interpretative Datenanalyseprozesse und auf inkrementelle Theoriebildung orientierten Forschungspraxis. Weil theorierelevante Entscheidungen bereits von Beginn der Analyse an getroffen und dann sukzessive weiterentwickelt werden, ist es unerlässlich, diese Entscheidungsprozesse fortgesetzt zu dokumentieren. Die mit dem „memoing" vorgeschlagene Verfahrensweise des Verfassens einzelner, immer als vorläufig zu verstehender Texte zu einzelnen Aspekten der entstehenden Theorie sowie zu über die Theorie hinausgehenden z. B. methodischen Fragen soll vor allem die Schwellenangst vor dem Verfassen erster Texte im Projekt vermindern: Es geht nicht um den Endbericht, sondern um einen vorläufigen Versuch, das Festhalten zunächst vager Ideen, die später, wenn sie sich als brauchbar erwiesen haben, weiter ausgebaut, detailliert und mit anderen Aspekten der Theorie zusammengeführt, andernfalls aber verworfen werden können und sollen.

Dem Aspekt der Ergebnissicherung dient es auch, nicht nur Stichworte, sondern vollständige Sätze zu schreiben, weil nur so die jeweilige Idee auch über die Zeit und für andere Teammitglieder verständlich wird bzw. bleibt. Umgekehrt ist das Niederschreiben analytischer Gedanken oder auch anderer projektrelevanter Ideen eine wichtige Entlastung für die weitere Arbeit, denn einmal niedergelegte Ideen erlauben es uns, sich weiteren analytischen Überlegungen unbelastet zuzuwenden.

Zugleich stellt der Prozess des Schreibens, Überarbeitens, Sortierens etc. von Memos einen sehr handfesten Schritt der Theoriebildung dar, der zur Systematisierung und zu Entscheidungen anleitet, weil Schriftlichkeit Festlegungen erfordert und weil Widersprüche in geschriebenen Texten sichtbar und überprüfbar werden. Die praktische Erfahrung, dass theoretische Konzepte von vagen Ideen ausgehend sukzessive weiter ausgearbeitet werden und dass einige analytische Ideen sich auch als unproduktiv erweisen und im Laufe des Projekts verworfen werden, während andere unerwartet in das Zentrum der Aufmerksamkeit rücken, macht überdies sehr deutlich, was die Vorstellung von inkrementeller Theoriebildung und von Theorie als Prozess praktisch bedeutet.

Es ist kein Zufall, dass Strauss und Corbin Vorschlägen zur Gestaltung des Memoschreibens in ihrem Lehrbuch sehr viel Aufmerksamkeit widmen, denn in der Tat hängt die Qualität der zu generierenden Theorie nicht allein von der Qualität der analytischen Arbeit am Datenmaterial ab, sondern mindestens ebenso sehr vom Prozess der schriftlichen Ausarbeitung. Gerade wenn es um erforderliche Integrationsleistungen geht, also um das In-Beziehung-Setzen der einzelnen Theorieelemente zu einem plausiblen Zusammenhangsmodell, und wenn die Bezüge zu anderen gegenstandbezogenen oder allgemeinen Theorien erarbeitet werden sollen, stellt systematisches, konzeptorientiertes Schreiben neben dem Blick auf die Daten das zentrale Arbeitsmittel dar.

5.7 Zusammenfassung und Einordnung

Kehren wir zum Abschluss von Kapitel 5 noch einmal zur prozessualen Perspektive der GT als einem umfassenden Forschungsstil zurück. In den Schriften zur GT, gleichviel ob von Strauss, von Glaser oder von neueren Autorinnen, wird sowohl ein Verfahren für die Interpretation und Analyse empirischen Materials präsentiert, als auch ein umfassender Forschungsstil entwickelt und begründet. Spezifische Verfahren der Gewinnung von Datenmaterial hingegen, wie etwa spezielle Interviewvarianten, werden nicht mit der GT verbunden. Mit anderen Worten: In der GT wird keine Vorentscheidung über für die Analyseaufgaben geeignete oder nicht geeignete Arten von Material getroffen. Selbst quantitative Daten werden grundsätzlich als mögliche Materialquellen betrachtet, auch wenn das in der Praxis GT-basierter Sozialforschung nur höchst selten zum Tragen kommt. Andere Ansätze in der qualitativen Sozialforschung sind dagegen mitunter spezifischer auf bestimmte Materialtypen zugeschnitten und knüpfen mit ihren analytischen Prozeduren an bestimmten Eigenschaften dieser Materialtypen an (etwa die narrationsanalytische Biografieforschung oder die Objektive Hermeneutik).

Die Besonderheit des Forschungsstils der GT liegt tatsächlich in der Art des Umgangs mit dem Datenmaterial, also in der systematischen Verwendung von Vergleichsheuristiken. Dabei ist es zunächst einerlei, ob es sich um Interviewmaterial oder Beobachtungsprotokolle, um Fotos oder Videosequenzen, um Webseiten oder Chatprotokolle handelt. Allerdings sollte der unterschiedliche Status des Materials bei der Auswahl der analytischen Mittel beachtet werden: Ein Interviewtranskript oder ein Chatprotokoll lassen sich z. B. trefflich unter Verwendung der Line-by-Line-Analyse bearbeiten. Wollte der Forscher mit diesem Mittel aber seine ethnografischen Beobachtungsprotokolle analysieren, so würde er vor allem sich selbst und seinen eigenen sprachlichen Ausdrucksbemühungen und Relevanzentscheidungen begegnen (auch das kann interessant sein, aber aus anderen Gründen). Bei Fotos und Videos wird es zumindest auf der Ebene detaillierter Analysetechniken noch einmal schwieriger, weil die im Rahmen der GT formulierten mikroanalytischen Prozeduren stark textorientiert sind. Unterschiedliche Materialsorten bedürfen also spezifischer, ihre konkrete Beschaffenheit berücksichtigender analytischer Zugänge, können dann aber im gleichen Forschungsstil in die Studie integriert werden.

Denn unabhängig von der Art des Datenmaterials folgen GT-basierte Studien einer identischen Forschungslogik, wie sie in Kapitel 5 skizziert wurde. Man kann sich den Forschungsprozess der GT grob als einen iterativ-zyklischen Ablauf vorstellen, in etwa so wie in Abbildung 5.2: Am Beginn steht die oft eher noch unscharfe Forschungsfrage, die zur Auswahl und ersten empirischen Erkundung eines ersten Falles führt. Diese empirischen Erfahrungen und das dabei generierte Material werden – zunächst vor allem im Wege des offenen Kodierens – analysiert. Dabei werden wir in der Regel einerseits auf bekannte, vertraute Phänomene stoßen, die sich unserem Wissensbestand ohne große Mühe zuordnen lassen; das wären dann qualitative Induktionen im Sinne von C. S. Peirce. Wir werden aber – hoffentlich – auch auf Zusammenhänge stoßen, die uns zunächst fremd, rätselhaft oder unverständlich anmuten und uns vor analytische Probleme stellen, die abduktive Schlüsse erfordern. Daraus resultieren sukzessive erste zunächst noch eher hypothetische und in den Konturen noch eher vage theoretische Konzepte. Deren Präzisierung, Stabilisierung und weitere empirische Fundierung (man kann hier von Validierungen sprechen, die immer auch eine deduktive Komponente haben) führt – im Modus des theoretischen Samplings – zur Auswahl und Erforschung weiterer Fälle oder Fallgruppen – woraufhin der geschilderte Zyklus erneut beginnt. Die Zyklen werden so lange und so vielfältig wiederholt wie es erforderlich ist, um zu einer hinreichend sicheren Antwort auf die – inzwischen präzisierte – Forschungsfrage zu gelangen.

So wenig wie die GT auf bestimmte Datentypen festgelegt ist, so wenig spezialisiert ist sie im Anwendungsbezug. Lagen die Anfänge der GT vor allem in der medizin- und arbeitssoziologischen Forschung, so finden sich heute in nahezu allen sozialwissenschaftlichen Fachdisziplinen und Forschungsfeldern GT-basierte Studien. Neben der traditionell starken Verankerung in der Soziologie wurde die GT insbesondere in den Erziehungs- und Pflegewissenschaften stark rezipiert, aber auch in Teilen der Psychologie und der Politikwissenschaften finden sich zunehmend GT-basierte empirische Studien. Zugleich zielt die GT auf gegenstandsbezogene Theorien mit praktischem Erklärungspotenzial, Theorien also, die auch für die Akteure im untersuchten Handlungsfeld rezipierbar sind und zu einem verbesserten Verständnis ihrer Praxis beitragen. Es geht also nicht allein um innerwissenschaftlichen Wissensfortschritt, sondern – ganz in pragmatistischer Tradition – um die Erzeugung gesellschaftlich nutzbaren Praxiswissens. In dieser Praxisanwendung liegt dann auch die letzte Überprüfung der Gültigkeit der erarbeiteten Ergebnisse.

Fast ein halbes Jahrhundert Praxis mit der GT haben zu vielfältigen Ausdifferenzierungen und Präzisierungen im Verfahren, aber auch zu einigen Versuchen der Neuausrichtung des Forschungsstils geführt, die hier nicht alle im Einzelnen vorgestellt werden können (z. B. Charmaz 2006; Dey 1999; Breuer 2009). Den jüngsten und zugleich weitestgehenden Neuentwurf hat die US-amerikanische Soziologin Adele Clarke vorgelegt. Sie verbindet eine Neuinterpretation der Strauss'schen GT-Variante mit dem postmodernen Interesse an der Analyse von Diskursen als einer neben Interaktion und Sozialstruktur dritten Ebene von Sozialität. Dabei nimmt ihr Ansatz der „Situationsanalyse", wie der Name schon andeutet, seinen empirischen Ausgangspunkt in der empirischen Erkundung von Handlungssituationen, verbindet dies aber mit forschungspraktischen Überlegungen zu einer besseren Integration von diskursiven und strukturellen Momenten, mit denen Handelnde in der Situation konfrontiert sind und die sie zugleich im Handeln miterzeugen, aufrechterhalten und modifizieren. Zum praktischen Instrumentarium der GT

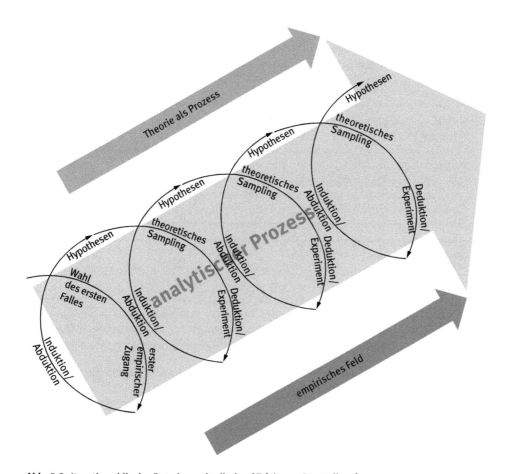

Abb. 5.2: Iterativ-zyklische Forschungslogik der GT (eigene Darstellung).

fügt Clarke Techniken des „mappings" hinzu, in denen schrittweise Zusammenhänge aus den verschiedenen Akteursperspektiven herausgearbeitet und grafisch
veranschaulicht werden. Dabei sind diese „maps" primär als analytisches Denk-
werkzeug gedacht und erst in zweiter Linie als Veranschaulichungen zur Ergebnispräsentation. Interessant ist Clarkes Ansatz aber auch, weil sie stärker noch als
Strauss selbst dessen theoretische Konzepte, wie die „Theorie sozialer Welten" oder
den „negotiated order approach" mit der methodischen Praxis verbindet (vgl. zu
Strauss theoretischem Werk Strübing 2007).

Gerade an diesen Weiterentwicklungen der GT zeigt sich, dass Forschungsstile
sich fortlaufend weiterentwickeln und immer wieder neuen oder neu wahrgenommenen Anforderungen begegnen müssen. Die mit dem Sozialkonstruktivismus
oder dem Postmodernismus aufgeworfenen Fragen (etwa die Relationalität von
Wissen oder die Reflexivität des Beobachterstandpunkts) waren zur Zeit der Entstehung der GT noch kaum präsent und wurden daher damals auch noch nicht expli-

zit adressiert. Inzwischen aber kommt man nicht mehr umhin, z. B. die Rolle von Interviewerinnen bei der Konstruktion des Materials oder die Bedeutung von Autorenschaft im wissenschaftlichen Analyse- und Schreibprozess auch methodisch zu reflektieren.

! Nach der Bearbeitung dieses Kapitels sollten Sie
- erläutern können, worauf der Forschungsstil der GT abzielt.
- die wesentlichen Verfahrenselemente benennen, erklären und voneinander unterscheiden können.
- ein Verständnis der mit der GT verbundenen Forschungslogik gewonnen haben.
- den Theoriebegriff der GT und das darin enthaltene Verständnis des Verhältnisses von Theorie zu Empirie beschreiben können.

⚡ Hier können Sie weiterlesen:
- Die klassische Einführung in die GT-Variante von Strauss: Strauss (1991/1994): Grundlagen qualitativer Sozialforschung, München: Fink/UTB.
- Eine kürzere Einführung unter Berücksichtigung erkenntnis- und wissenschaftstheoretischer Grundlegungen: Strübing (2014): Grounded Theory. Zur sozialtheoretischen und epistemologischen Fundierung eines pragmatistischen Forschungsstils, 3. Aufl., Wiesbaden: Springer VS.
- Eine Weiterentwicklung der GT: Clarke und Keller (2012): Situationsanalyse: Grounded Theory nach dem Postmodern Turn, Wiesbaden: Springer VS.
- Ein Handbuch zu verschiedenen Themen rund um die GT: Bryant und Charmaz (2007): The Sage Handbook of Grounded Theory, London: Sage.

6 Weitere analytische Verfahren: eine Auswahl

In diesem Kapitel werden aus der Vielzahl von Verfahren, die sich dem qualitativen Paradigma ！
zurechnen lassen, die neben der Grounded Theory wichtigsten in knapper Form vorgestellt. Im
Mittelpunkt stehen dabei Herkunft, Zielsetzung und methodologische Legitimation des Verfahrens
sowie die wesentlichen Verfahrensschritte in ihrem inneren Zusammenhang. Zugleich wird, wo dies
geboten erscheint, ein vergleichender Blick auf die in Kapitel 5 dargestellte Verfahrensweise der
Grounded Theory geworfen, um das erforderliche methodische und methodologische Unterscheidungsvermögen zu schärfen.

Der Markt an Methoden zur interpretativen und rekonstruktiven Verarbeitung qualitativen Datenmaterials ist zunehmend schwer zu überblicken, insbesondere,
wenn man die Varianten etablierter Verfahren mit in den Blick nimmt, die sich
über die Jahre entwickelt haben. An dieser Stelle soll es daher auch wieder nicht
um Vollständigkeit der Darstellung gehen, sondern darum, exemplarisch einige der
bekannteren Verfahren kurz vorzustellen. Sowohl was die angestrebten analytischen Ziele und deren methodologische Legitimation betrifft, als auch in Hinblick
auf praktische Verfahren und Arten nutzbaren Datenmaterials, repräsentieren die
hier skizzierten Ansätze so gut wie alle wesentlichen Richtungen, in die die qualitative Sozialforschung sich ausdifferenziert hat. Wie schon bei der Darstellung der
GT werden auch die kurzen Abschnitte über die einzelnen Verfahren Ihnen nicht
gleich das praktische Rüstzeug für eigene empirische Studien an die Hand geben,
wohl aber ein vertieftes Verständnis über die Ansprüche und Ziele, die typischen
Vorgehensweise und die geläufigsten methodologischen und sozialtheoretischen
Legitimationsrhetoriken ermöglichen.

6.1 Objektive Hermeneutik

> Leben läßt sich nur rückwärts verstehen, muss aber vorwärts gelebt werden.
> (Sören Kierkegaard, Tagebuch, 1843)

Viele qualitativ-interpretative Verfahren wählen zur Erforschung sozialer Zusam-
menhänge und Prozesse den Weg deutenden Verstehens subjektiv gemeinten
Sinns, weil ihre sozialtheoretischen Prämissen in der einen oder anderen Weise
dem handelnden Subjekt das Primat der Hervorbringung sozialer Situationen und
Strukturen zuschreiben. Die Objektive Hermeneutik (fortan OH) hingegen setzt einen anderen Akzent. Im anhaltenden soziologischen Disput um das Verhältnis von
Handlung und Struktur schlägt sie sich stärker auf die Seite der Struktur, fasst den
Strukturbegriff aber wesentlich differenzierter als die älteren Theorien des Struk-
turfunktionalismus. Die OH konstruiert damit eine Struktur-Handlungs-Relation,
in der Strukturen das Handeln dominieren, ohne es aber vollständig zu determinie-

https://doi.org/10.1515/9783110529920-006

ren und die Akteure zu nur mehr ausführenden Organen einer festgelegten sozialen Ordnung zu machen.

6.1.1 Der Entstehungskontext der Objektiven Hermeneutik

Um das Anliegen der OH und ihres relativ starken Struktur- und Regelbegriffs zu verstehen, müssen wir uns ihren Entstehungskontext vor Augen führen: Im Frankfurt der späten 1960er-Jahre, im Verbund von Studentenbewegung, Bildungsreform und Kritischer Theorie begann ein Team von Sozialforscherinnen unter Leitung des Adorno-Schülers Ulrich Oevermann (geb. 1940) sich in einem Forschungsprojekt „Elternhaus und Schule" mit dem Zusammenhang von Sprache und Schulerfolg zu beschäftigen und Möglichkeiten kompensatorischer Erziehung zu untersuchen. Die zunächst quantifizierend und hypothesentestend angelegte Untersuchung misslang allerdings, sie konnte den fraglichen Zusammenhang nicht hinreichend aufklären. Das Team stellte daraufhin sowohl seinen theoretischen Rahmen als auch das methodische Design infrage und begann, befeuert von ersten massiven Kritiken an quantitativen, messtheoretisch argumentierenden Verfahren in den USA, fortan vor allem an einer neuen Methodologie und Methode empirischer Sozialforschung zu arbeiten. Nachdem die Gruppe zunächst an Methoden zur Gewinnung qualitativer → Daten gearbeitet hatte, entwickelte und erprobte sie im Laufe der 1970er-Jahre auch hermeneutisch angelegte Verfahren der Datenanalyse und ließ sich dabei von neueren sprachwissenschaftlichen Erkenntnissen leiten. Auch Einflüsse der Kritischen Theorie sowie der Psychoanalyse sind unverkennbar.

Gerade in Prozessen von Sozialisation und Bildungserwerb, auf die diese Forschungsbemühungen zunächst gerichtet waren, zeigte sich schnell, dass die Akteure in dem, was sie tun oder sagen, in der Regel mehr ausdrücken als sie wissen oder explizit auszudrücken beabsichtigen. Anders war es nicht zu erklären, dass trotz intensiver Fördermaßnahmen für mehr Bildungsbeteiligung sozial schwächerer Schichten deren Bildungserfolge hinter dem betriebenen Aufwand weit zurückblieben. Die Strukturiertheit und Regelhaftigkeit des Sozialen, so verstanden es zumindest Oevermann und sein Team, spricht gewissermaßen durch die Akteure hindurch – und es ist die Aufgabe der Sozialforscher, diesen Strukturzusammenhang in den Datentexten ausfindig zu machen und zu explizieren. Dabei stehen Texte als → „Ausdrucksgestalten" im Zentrum des analytischen Interesses:

> Zentraler Gegenstand der Methodologie der objektiven Hermeneutik sind die latenten Sinnstrukturen und objektiven Bedeutungsstrukturen von Ausdrucksgestalten, in denen sich uns als Erfahrungswissenschaftlern (...) die psychischen, sozialen und kulturellen Erscheinungen einzig präsentieren, (...). Latente Sinnstrukturen und objektive Bedeutungsstrukturen sind also jene abstrakten, d. h. selbst sinnlich nicht wahrnehmbaren Konfigurationen und Zusammenhänge, die wir alle mehr oder weniger gut und genau „verstehen" und „lesen", wenn wir uns verständigen, Texte lesen, Bilder und Handlungsabläufe sehen, Ton und Klangsequenzen hören (...), die in ihrem objektiven Sinn durch bedeutungsgenerierende Regeln erzeugt werden

und unabhängig von unserer je subjektiven Interpretation objektiv gelten. Die objektive Hermeneutik ist ein Verfahren, diese objektiv geltenden Sinnstrukturen intersubjektiv überprüfbar je konkret an der lesbaren Ausdrucksgestalt zu entziffern, die (...) als Protokoll ihrerseits hör-, fühl-, riech-, schmeck- oder sichtbar ist. (Oevermann 2002: 1 f.)

Hier muss man zwei Gedanken unterscheiden, die Oevermann in diesem Zitat in einen Zusammenhang stellt: Da ist zunächst der schon in der frühen geisteswissenschaftlichen Hermeneutik Diltheys präsente Gedanke, dass in den manifesten Hervorbringungen menschlichen Handelns, den Texten, Haltungen, Objekten, sich immer auch etwas latent ausdrückt, das wir in der Alltagseinstellung mehr ahnend als wissend zur Kenntnis nehmen und auf das wir in unserem Handeln zumindest vorbewusst Bezug nehmen (vgl. dazu Dilthey 2004/1900). Schon Dilthey zielt darauf, dieses Wissen in systematischer Weise interpretativ zu erschließen und so der wissenschaftlichen Erkenntnis verfügbar zu machen. Weitergehend vertritt Oevermann aber die These, diese „Ausdrucksgestalten" würden durch „bedeutungsgenerierende Regeln erzeugt (...) und unabhängig von unserer je subjektiven Intention objektiv gelten". Er bezeichnet diese Position als „methodologischen Realismus" und plädiert damit für einen Realitätsbegriff, der mehr umfasst als „eine sinnliche Gegebenheit" der Welt (Oevermann 2003: 29).

Mit der Vorstellung von Handeln generierenden Regeln begibt sich die OH in die Nähe zu deterministischen Vorstellungen des Verhältnisses von Handeln und Struktur. Deshalb gilt es, den in der OH gemeinten Struktur- und Regelbegriff genauer zu bestimmen. Zunächst ist Struktur für Oevermann kein Synonym für den Begriff ‚Modell', denn Strukturen sind nicht konstruiert, um etwas besser zu verstehen, sondern sie stellen „eine Realität sui generis" (Reichertz 1991: 224) dar. Strukturen sind also keine Beschreibungsmittel für Konstellationen, Verlaufs- oder Verhaltensmuster, denn dann würde es sich um nachträgliche Typisierungen handeln, die im zu analysierenden Handeln nicht existieren und dort nichts bewirken könnten. Oevermann et al. (1979: 387 ff.) differenzieren die von ihnen gemeinten, in der Realität liegenden Strukturen nach ihrer Dauerhaftigkeit und Allgemeinheit: Danach gibt es zunächst die „universalen Strukturen (Grammatikalität, Logizität, Moralität und Vernünftigkeit), welche den Handlungsraum der Gattung ‚Mensch' eröffnen und begrenzen" (Reichertz 1991: 224). Diese Regeln werden als zeitlos und invariabel betrachtet. Alle anderen Strukturen sind dagegen historisch (also nicht zeitlos), unterscheiden sich aber untereinander noch einmal danach, wie weit sie zeitlich ausgreifen. Demnach gibt es hier sowohl relativ stabile Deutungsmuster, die z. B. ganze Epochen umfassen, als auch Strukturen, die sich auf zeitlich oder im Objektbezug wesentlich kleinere Zusammenhänge beziehen (Organisationen, Familien, Biografien).

In der OH wird Sozialität als von einem kaskadierenden System von überindividuellen Regeln/Strukturen bestimmt verstanden. Universelle Regeln, die deshalb auch als *generative Regeln* bezeichnet werden, wirken selbst regelerzeugend, indem sie weniger allgemeine Regeln hervorbringen, die wiederum dem Handeln der

Akteure vorausliegen und dieses mehr oder weniger nachhaltig formen. Die Härte, die diesem Struktur- und Regelkomplex zugemessen wird, variiert auch innerhalb der OH. Oevermanns Regelbegriff hat sich erst über die Zeit entwickelt und ist über die Jahrzehnte immer stärker in Richtung deterministischer Strukturbegriffe gerückt. Besonders überraschend und nicht umsonst beständig Anlass zur Kritik ist die von ihm behauptete Invarianz generativer Strukturen. Denn wenn man in großen Maßstäben denkt, dann kommt man nicht umhin, festzustellen, dass auch die Menschheit sich evolutionsgeschichtlich entwickelt hat und immer noch fortwährend Veränderungen erfährt. Dies ist mit universellen, invariaten Strukturen nur schwer zusammenzudenken, denn selbst grammatische Strukturen haben sich erst entwickelt und entwickeln sich weiter.

Für die Praxis der Sozialforschung ist das nicht immer ein Problem: Besagte generative Regeln (z. B. die Grammatik) sind zumindest „relativ statisch", d. h. sie werden nicht durch einzelne Interaktionsprozesse und nicht einmal durch Akkumulationen vieler Interaktionen in zeitlicher Nähe verändert, sondern unterliegen lediglich ‚in the long run' einem langsamen, fast unmerklichen Wandel (den wir nur im historischen Rückblick bemerken). In der Sozialforschung können wir also für viele Gegenstandsbereiche *pragmatisch* von einer Statik der generativen Regeln ausgehen. Die Frage der sozialtheoretischen Konsistenz dieses Regelbegriffs bleibt allerdings umstritten.

Man muss dabei auch sehen, dass die OH nicht wirklich darauf zielt, das im Text des Materials dokumentierte Handeln individueller Akteure und ihre Handlungsmotive aufzuklären. So betonen Oevermann et al. (1979: 381), dass „dieses Verfahren des rekonstruierenden Textverstehens mit einem verstehenden Nachvollzug innerpsychischer Prozesse, etwa bei der Interpretation von Befragungsergebnissen oder von durch projektive Tests erzeugten Antworten, nichts zu tun hat". Mit anderen Worten: „Was die Textproduzenten sich bei der Erstellung ihres Textes dachten, wünschten, hofften, meinten, also welche subjektiven Intentionen sie hatten, ist für die Objektive Hermeneutik ohne Belang, *da prinzipiell unzugänglich*" (Reichertz 1997: 31; Hervorh. im Orig.). Stattdessen will die OH am Einzelfall die fortgesetzte Reproduktion von Gesellschaft aus Gesellschaft aufzeigen. So ist z. B. in Sozialisations- und Bildungsfragen die Hartnäckigkeit schichtspezifischer Muster – trotz aller Bemühungen der letzten Jahrzehnte – durchaus frappierend und ruft nach sozialwissenschaftlicher Aufmerksamkeit.

Wie wir gesehen haben, denken sich Oevermann et al. zumindest jene nicht universellen Strukturen nicht als statische, gewissermaßen zweidimensionalen Gebilde, sondern als dynamisch: Sie entwickeln sich und werden im Handeln reproduziert, d. h. jede empirisch rekonstruierte Struktur hat immer schon eine Geschichte, sie ist gewordenes Ergebnis sozialer Prozesse. Allerdings gibt es hier weniger Freiheitsgrade als sie etwa die GT annimmt, denn weil die Entwicklung von Strukturen wiederum anderen, universell-generativen Strukturen unterworfen ist, bewegen sich auch die Möglichkeiten zu handelnder Modifikation von Regeln im engen Rahmen generativer Strukturen. Die OH hat mithin einen ausgesprochen hierarchischen Strukturbegriff, der auf der obersten Stufe bei universellen Strukturen endet: „Versuchen wir diese Reihe der zunehmenden historischen Reichweite von Strukturierungsgesetzlichkeiten auszuschreiten, gelangen wir irgendwann auf die Stufe der universellen, die Gattung Mensch und ihre Sozialität als solche bestimmenden generativen Strukturen." (Oevermann 1983: 273)

6.1.2 Drei Hindernisse und fünf Prinzipien

Was schlägt die OH nun also vor, um dieser generativen Strukturen des Sozialen habhaft zu werden? Denn: Umstandslos sichtbar sind Strukturen für die Objektiven Hermeneuten nicht. Strukturen liegen nicht auf der Hand, sie sind latent und müssen in einem aufwändigen Prozess der → Rekonstruktion ans Licht der interessierten wissenschaftlichen Öffentlichkeit gehoben werden. Zunächst einmal gilt es, drei wichtige Einschränkungen zu beseitigen oder deren Auswirkungen auf den interpretativen Prozess so weit als möglich einzuschränken. Diese drei Hindernisse sind wesentlich dafür verantwortlich, dass wir Strukturen im Alltag nicht einfach erkennen können. Es handelt sich um:

(1) das *Problem des Handlungsdrucks*: Wenn wir in alltäglichen Handlungssituationen stehen, dann können wir nicht rein beobachtend bzw. kontemplativ mit der Situation umgehen: Wir müssen ja immer zugleich in der Situation handeln (selbst das Nichtstun ist ein Handeln).

(2) Die *Notwendigkeit, Störungen aufseiten der Interpreten auszuschließen.* Im Grunde geht es um eine Abwandlung der Neutralitätsforderung, die die nomologisch-deduktive Forschung erhebt: Zwar sollen und können die Interpreten, wenn sie interpretieren, also kreativ sein sollen, nicht gleichzeitig neutral auftreten. Andererseits aber sollten → idiosynkratische Verzerrungen der → Interpretationen weitestmöglich ausgeschlossen sein: Wer die Welt immer nur durch die enge Brille einer beliebigen Ideologie betrachten kann oder wer unter wahrnehmungsrelevanten psychischen Störungen leidet, bringt schlechte Voraussetzungen mit für eine Bearbeitung des Datenmaterials gemäß der Vorstellungen der OH.

(3) Schließlich müssen nicht nur Störungen ausgeschlossen sein, es muss auch eine hinreichende Kompetenz für das Verständnis der Deutungszusammenhänge in der fraglichen Kultur vorliegen: Wir müssen die Sprache beherrschen, derer die Akteure in den Daten sich bedienen, wir müssen wissen, was typische Verhaltenserwartungen, Normen, Haltungen, Ausdrucksformen etc. sind. Diese Bedingung ist nicht unproblematisch, wenn wir an die Erforschung von Subkulturen oder gänzlich neuen Phänomenen in Bereichen der Gesellschaft denken, denen wir nicht selbst angehören oder entstammen. Wie können wir diese Felder erforschen, wenn wir doch ersichtlich dafür nicht die hinreichen-

de Deutungskompetenz mitbringen? (vgl. zu den drei Hindernissen der Sinnauslegung auch Oevermann et al. 1979: 391 ff.)

Sodann liegen der objektiv-hermeneutischen Textinterpretation, wie Andreas Wernet (2001) in seiner Einführung in die OH ausführt, folgende fünf Prinzipien zugrunde:
(1) Kontextfreiheit
(2) Wörtlichkeit
(3) Sequenzialität
(4) Extensivität
(5) Sparsamkeit

Was ist damit im Einzelnen gemeint? Beginnen wir mit der *Kontextfreiheit*: Was auf den ersten Blick befremdlich anmutet – hatten wir nicht gerade den Kontextbezug als ein Qualitätsmerkmal qualitativer Methoden herausgearbeitet? – hat im Rahmen der OH seinen Sinn: Es geht nicht darum, den Kontext eines Phänomens insgesamt außer Betracht zu lassen. Oevermann differenziert hier zunächst in einen „äußeren Kontext" (1981: 9), in dem die zur Analyse vorliegenden → Interakte tatsächlich situiert sind, und einen „inneren, interaktionstextimmanenten Kontext" (1981: 54). Ersterer soll zunächst in der Analyse unbeachtet bleiben, damit, wie Oevermann schreibt, „der im Verlauf der Interaktion real sich vollziehende Prozeß des Ausschließens von Optionen deutlich wird" (1981: 9). Es wird also davon ausgegangen, dass wir für einen methodisch kontrollierten Kontextbezug zuerst die Daten zum konkreten Interaktionsverlauf für sich genommen interpretieren müssen.

Bei Oevermann (1981: 9) finden wir dazu ein mittlerweile berühmtes und auch von Wernet verwendetes Beispiel:

1 K 1   Mutti, wann krieg ich denn endlich mal was zu essen. Ich hab so Hunger.

Es soll also bei der Interpretation einer solchen Passage darum gehen, unter Ausblendung des äußeren Kontexts und allein ausgehend von dieser ersten Äußerung oder dem ersten Interakt eines Interaktionsverlaufs gedankenexperimentell „Lesarten" darüber herauszuarbeiten, welche denkbaren Anschlüsse zu dieser Äußerung passen könnten. Methodischer Bezugspunkt ist dabei der „innere Kontext": Indem die unterschiedlichen Lesarten mit den faktisch vorliegenden Anschlussinterakten konfrontiert werden, erschließt sich die die Akteure in der Situation leitende, latente Sinnstruktur der Szene und auch der über die singuläre Szene hinausweisende allgemeine Gehalt. Man könnte also daran denken, dass ein krankes Kind aus dem Kinderzimmer der Mutter in der Küche seinen Hunger signalisiert oder dass der Mann von der Arbeit nach Hause kommt, sich in den Fernsehsessel plumpsen lässt, mit der Fernbedienung nach einer Fußballübertragung sucht und dabei seiner Frau („Mutti") seinen Hunger kundtut.

Aber in beiden möglichen Kontexten – und es gibt noch mehr Möglichkeiten – ist etwas Allgemeines Enthalten: Es wird – wie Wernet schreibt – „unterstellt, dass eine Person, die mit Mutti angesprochen wird, für die Essensbeschaffung zuständig ist und eine Nichtzuständigkeit bzw. Nichtverfügbarkeit seitens des Sprechers vorliegt" (Wernet 2001: 22). Tatsächlich aber – dieser äußere Kontext wird dann später kontrastierend in die Analyse einbezogen – handelt es sich um die Äußerung eines sechsjährigen Jungen, der sich gerade mit seiner Familie an den gedeckten Esstisch gesetzt hatte und Brot, Butter, Aufschnitt und Tomaten in Reichweite vor sich hatte. Der Dialog geht so weiter (Oevermann 1981: 9):

```
2 M 1    Bitte. Möchst dein Brot selbst machen oder soll ich dir's schmieren ?
3 K 2    Is mir egal.
4 M 2    Also mach's selbst.
5 K 3    Ach nein.
6 M 3    Kurt komm. Hier ist die Margarine.
```

Erst in dieser Kontrastierung der verschiedenen denkmöglichen Lesarten mit dem Äußerungskontext, die zunächst eine vom äußeren Kontext freie Interpretation erforderlich macht, wird „in aller Schärfe die Dissonanz zwischen der kontextunspezifischen Bedeutung der Äußerung und dem Äußerungskontext sichtbar" (Wernet 2001: 23): Das Essen steht ja offen auf dem Tisch. Hier wird sichtbar, warum es wichtig ist, die folgenden Sequenzen sowie den äußeren Kontext nicht mit in die Analyse einzubeziehen: Man würde sonst viele Lesarten bereits von vornherein ausschließen. Diese Vielfalt der Lesarten aber ist die zentrale Leistung der Sequenzanalyse in der OH, denn an der Diskrepanz zwischen der Vielfalt und der schlussendlichen (bewussten oder unbewussten) ‚Wahl' der Akteure lässt sich etwas über die Strukturreproduktion und die Spezifik des Einzelfalls ablesen.

Was nun die *Wörtlichkeit*, das zweite Prinzip der OH, betrifft, so wird schon an diesem Beispiel klar, dass kontextfreie Interpretation und die gedankenexperimentelle Rekonstruktion möglicher Kontexte stark auf den genauen Wortlaut der zu interpretierenden Äußerung angewiesen ist. „Das Prinzip der Wörtlichkeit besagt", so wiederum Wernet, „dass die Bedeutungsrekonstruktion den tatsächlich artikulierten Text in seiner protokolliert vorliegenden Gestalt nicht ignorieren darf, auch und gerade dann nicht, wenn innertextliche Widersprüche auftreten." (Wernet 2001: 23). Dahinter steckt eine konsequente Auslegung der von Sigmund Freud mit dem Begriff der Fehlleistung bezeichneten Idee, dass wir in dem, was wir sagen, oft viel mehr ausdrücken, als wir selbst wissen und dass sich dieses unbewusste Mehr an Bedeutung oft in Form von Versprechern in unsere Ausdrucksabsichten einschleicht: „zum Vorschwein bringen"; „auf das Wohl aufstoßen". Oft aber sind die Abweichungen von der Ausdrucksabsicht viel subtiler und entgehen gewöhnlich der Aufmerksamkeit des Alltagshandelns. Für die Interpretationshaltung wird damit allerdings eine gewisse ‚Pingeligkeit' zur Pflicht: Jenes selbstverständliche

Glätten, das wir im Alltag auf die Redebeiträge unserer Gesprächspartner anzuwenden pflegen, unterlassen wir in der wissenschaftlichen Interpretation bewusst.

Die Grundidee der *Sequenzialität* lautet: „die Interpretation folgt streng dem Ablauf, den ein Text protokolliert" (Wernet 2001: 27). Damit ist gemeint, das Textmaterial nicht als Steinbruch für die Konstruktion von Bedeutungen zu gebrauchen bzw. im Verständnis der OH: zu missbrauchen. Vielmehr soll eine Rekonstruktion der realen Verläufe in ihrer chronologischen Ordnung geleistet werden. Wir interpretieren also in der Abfolge, die die im Text protokollierten Ereignisse genommen haben, und versuchen Schritt für Schritt den Gang der Ereignisse zu rekonstruieren. In dem Beispiel von Oevermann würde man also erst die Frage des Kindes interpretieren und danach erst die Antwort der Mutter zur Kenntnis nehmen und ebenfalls interpretieren. Das heißt „bei der Interpretation der Frage des Kindes darf die darauf folgende Antwort der Mutter keine Rolle spielen" (Wernet 2001: 28). Umgekehrt darf die Antwort der Mutter erst in die Analyse einbezogen werden, wenn die Interpretation der Frage des Kindes als geklärt betrachtet werden kann.

Für Oevermann liegt der Vorteil der strengen Sequenzialität in der verschärften Kontrastivität, die so erzeugt wird: Im Lichte der vorhergehenden Interpretation der Frage des Kindes und möglicher Antworten der Mutter wird erst richtig deutlich, dass die tatsächliche Antwort eigentlich an der Frage des Kindes völlig vorbeigeht und stattdessen die Frage der Aufgabenverteilung beim Brotschmieren adressiert. Die Frage wird vom ‚Wann des Essens' zum ‚Wer der Essenszubereitung' umgelenkt.

Ein weiteres Prinzip der OH ist die *Extensivität*. Damit ist der Anspruch der OH gemeint, aus der „extensiven", also extrem detaillierten und ausführlichen Interpretation kleiner Textstellen eine diesem kleinen Textausschnitt hinterliegende und die einzelnen Interakte strukturierende Ganzheit zu rekonstruieren. Wernet weist allerdings darauf hin, dass hier ein anderes Verständnis von Ganzheit zugrunde liegt als es in anderen Zusammenhängen, auch in anderen Methoden angenommen wird: Mit „Ganzheit" ist hier nicht die „Vielfältigkeit der Erscheinungsformen" (Wernet 2001: 32) gemeint, sondern ein das Spezielle strukturierendes Allgemeines. Die OH knüpft hier an Theodor W. Adornos Begriff der Totalität an, der betont, dass jedes einzelne soziale Ereignis, jede Handlung immer schon gesellschaftlich vermittelt ist. Daher rührt auch der Anspruch, aus der Analyse einzelner Ereignisse bzw. Fälle auf die Totalität gesellschaftlicher Strukturzusammenhänge schließen zu können. Was nun dem Gebot der Extensivität folgend zu leisten ist, wäre eine „sinnlogisch erschöpfende" Interpretation, die also alle denkmöglichen Lesarten des Textes in Betracht zieht und eine vollständige Typologie „gedankenexperimenteller Kontexte" (Wernet 2001: 33) produziert. Die OH geht davon aus, dass Interpretationen im weiteren Fortgang regelmäßig scheitern, wenn man an einer Stelle die Interpretation nicht wirklich extensiv betrieben und das Deutungspotenzial ausgeschöpft hat.

Mit dem Gebot der *Sparsamkeit* in der Interpretation ist schließlich – das Extensivitätsgebot begrenzend – gemeint, dass nur solche Lesarten oder Deutungsalter-

nativen gebildet werden sollen, die sozusagen vom zu interpretierenden Text er-
zwungen werden, mit ihm also ohne weiteres kompatibel sind. Damit sollen
Lesarten vermieden werden, die nur dann denkmöglich sind, wenn man „fallspezifische Außergewöhnlichkeiten" (Wernet 2001: 35) unterstellt. Wenn wir also im
Material eine Aussage wie „Herr Berger, ich habe schon wieder Ihr Auto gesehen"
vorfinden und dazu Lesarten entwickeln wollen, wäre es eine solche fallspezifische
Außergewöhnlichkeit anzunehmen, dass die Aussage von einer Demenzpatientin
im Pflegeheim im Angesicht ihres Ehemanns getätigt wird. Es handelt sich also
vor allem um eine forschungs*ökonomische* Regel, die ein Zuviel an offensichtlich
irrelevanten Lesarten zu verhindern hilft. Dabei sollte allerdings klar sein, dass
hier die Abgrenzung zwischen gebotenen und zu weit führenden Interpretations-
vorschlägen mitunter schwer zu bestimmen ist.

Als empirisches Verfahren muss auch die OH ihren Materialbezug bestimmen.
Bevor wir also genauer betrachten, *wie* die OH interpretiert, wenden wir uns daher
zunächst der Frage zu, mit *was*, also mit welchem Datenmaterial die OH arbeitet
und wie sie es gewinnt. In den vorangegangenen Abschnitten war gelegentlich
schon die Rede von Texten. Tatsächlich bezieht die OH sich einzig und allein auf
Texte als empirisches Material, wobei der Begriff ‚Text' zugleich besonders weit
gefasst wird. Gerald Schneider (1985: 72) verweist darauf, dass „der Textbegriff der
OH (...) weitgehend synonym mit dem Begriff des Handelns in anderen Theorien
(ist)". Damit ist gemeint, dass Handeln in all seinen Äußerungsformen auch als
Text darstellbar ist. Handeln sei also, so Schneider, „auch gemäß den Erzeugungs-
und Verwendungsregeln sprachlicher Ausdrücke" (1985: 72) verstehbar und inter-
pretierbar – gerade darauf zielt die OH. Somit ist ihr Textbegriff umfassender als
der des alltäglichen Sprachgebrauchs oder auch der in anderen Methodologien ge-
bräuchliche. Texte umfassen hier neben geschriebenen Texten alle möglichen Entäußerungen menschlichen Handelns: Kunstwerke, Musik, Gebrauchsgegenstände,
aber auch die „hergestellte" Interaktion von Akteuren miteinander. Text wird hier
eher als *Textur* verstanden, also als Gewebe. Zugespitzt lässt sich sagen: Text ist
Realität, er wird also, wie es Reichertz (1997: 37) formuliert, „nicht als Beschreibung von Phänomenen behandelt, sondern als das zu erklärende Phänomen. Die
zu interpretierende soziale Realität ist also immer schon textförmig".

Davon unterscheidet die OH eine zweite Ebene des Textbegriffs, nämlich die
technische Übersetzung von sozialer Wirklichkeit in eine dauerhafte, der wissenschaftlichen Interpretation und Analyse überhaupt erst zugängliche Form, den sogenannten *Protokolltext*. Die Monopolstellung von Texten als Daten ist zumindest
in ihrer Zuspitzung gewöhnungsbedürftig, weil wir es in der Sozialforschung gewohnt sind, von einer Vielfalt möglicher Typen von Datenmaterial auszugehen.
Hintergrund ist auch hier die Idee der *Handlungsentlastung*: Protokolltexte geben
uns die Möglichkeit, uns aus der zu interpretierenden Situation zurückzuziehen
und ohne Handlungsdruck zu analysieren. Wir können den Text mehrfach anschauen, die Handlung selbst aber nur einmal.

Während die Idee von sozialer Wirklichkeit als Text(ur) vor allem auf eine analytische Parallelisierung der Herstellungsweisen von Sprache, nichtsprachlichem Handeln und Artefakten zielt, ist die Betonung der Bedeutung des Protokolltexts zumindest auch den in der Gründungszeit der OH noch eingeschränkten technischen Möglichkeiten geschuldet: Soziale Prozesse anders als textförmig zu speichern und für die Analyse verfügbar zu machen ist erst in den letzten Jahrzehnten mit der Verbreitung von PCs und bezahlbaren sowie für Laien handhabbaren digitalen audiovisuellen Medien stärker in den Blick gerückt. Auch wenn die OH die Bedeutung des Protokolltextes sehr stark macht, werden in diesem Verfahren inzwischen auch andere Medien, wie etwa Bild-Text-Ensembles Videos oder Filme bearbeitet (z. B. Haupert 1994; Peez 2006). Umgekehrt beziehen sich so gut wie alle qualitativ-empirischen Verfahren zunächst vor allem auf Texte als zu bearbeitendes Material.

Ausgehend von der Grundannahme der Regelgeleitetheit allen sozialen Handelns muss der Text für die OH verbindlicher Ausdruck dieser Regeln sein. „Jedes Element des Textes muss also in einem objektiven Sinn durch einen Regelbezug motiviert sein. Texte sind also nie als Produkte des Zufalls anzusehen" (Oevermann et al. 1979: 394). Das verweist zunächst zurück auf den Sinn des Prinzips der Wörtlichkeit und stellt – nebenbei bemerkt – eine Parallele zur ethnomethodologischen Konversationsanalyse mit ihrem Credo von der „order at all points" (s. Kap. 6.4.3) dar. Die in der OH bearbeiteten Textsorten sind nicht prinzipiell beschränkt, allerdings gibt es eine deutliche Präferenz „natürlicher Daten", d. h. von (Protokoll-)-Texten, die ohne Zutun der Forscherinnen erzeugt wurden. So werden etwa mediale Produkte erforscht (wie z. B. Oevermanns klassisch gewordene Interpretation einer Programmansage im Fernsehen; vgl. Oevermann 1983), aber auch transkribierte Mitschnitte aus Familieninteraktionen (s. das „Mutti, ..."-Beispiel), Mitschriften von Reden oder Selbstdarstellungen von Firmen und Institutionen. Zwar werden mitunter auch Interviews analysiert, allerdings muss hier die Rekonstruktion handlungsleitender Regeln immer vor allem auf die Dyade Informant – Interviewerin bezogen sein (Oevermann 1981: 46). Regeln, die das im Interview thematisierte vergangene Handeln hervorgebracht haben, werden also durch die Interviewhandlungen gebrochen im Protokolltext dokumentiert und sind so nur indirekt der Interpretation zugänglich.

6.1.3 Die Interpretationsverfahren der Objektiven Hermeneutik

Wie also geht nun die OH vor, wenn sie interpretiert, welches forschungspraktische Verfahren liegt ihr zugrunde? Schon der Singular in der Frage könnte hier in die Irre führen. Der Eindruck eines einheitlichen Verfahrens, den man beim Lesen der fünf von Wernet benannten Grundsätze bekommen könnte, wird von anderen Autoren konterkariert. So sieht Jo Reichertz als kritischer Sympathisant der OH in den Schriften von Oevermann wenigstens fünf voneinander unterscheidbare Verfahren:

- „Die *summarische Interpretation* unter Heranziehung eines breiten Kontextwissens",
- „Die *Feinanalyse* eines Textes auf acht unterschiedlichen Ebenen",
- „Die *Sequenzanalyse* jedes einzelnen Interaktionsbeitrages, Zug um Zug, ohne vorab den inneren oder äußeren Kontext der Äußerung zu explizieren",
- „Die ausführliche *Interpretation der objektiven Sozialdaten* aller an der Interaktion beteiligten",
- und schließlich die „*Veranschaulichung* der Untersuchungsergebnisse in Form einer Glosse" (Reichertz 1997: 38; Hervorh. i. Orig.).

Die Varianten lassen sich einerseits als historische Abfolge verstehen, als Entwicklung der Methode also. Zugleich wird die Unterschiedlichkeit des Verfahrens damit begründet, dass es sich bei der OH um eine → Kunstlehre handelt (z. B. Reichertz 1997: 39), bei der die Interpretinnen ihre Kunstfertigkeit immer erst ausbilden müssen und sich dabei – auch in Abhängigkeit von ihrem Gegenstand – in unterschiedliche Richtungen entwickeln. Auf alle diese Varianten einzugehen, würde hier den Rahmen der Darstellung sprengen, daher werden nachfolgend die drei gebräuchlichsten Varianten angesprochen: (1) Feinanalyse, (2) Sequenzanalyse und (3) Interpretation der objektiven Sozialdaten.

(1) Die *Feinanalyse* ist eine frühe Variante der OH, die laut Reichertz (1997: 40) bereits 1973 vorgestellt wurde, und 1979 erstmals in publizierter Form erschien (Oevermann et al. 1979: 391 ff.). In der sprachlich klareren Umformulierung von Reichertz lauten die Analyseebenen demnach:

0. Zustand des Handlungssystems aus der Sicht des nächsten Handelnden,
1. Paraphrase des sachlogischen Inhalts der Mitteilung,
2. Intention des Sprechers,
3. Konsequenzen der Handlung für das Handlungssystem,
4. Merkmale des ‚turn-taking',
5. Auffälligkeiten der sprachlichen und nichtsprachlichen Symbolorganisation,
6. Kommunikationsfiguren und Beziehungslogik des Handlungssystems,
7. Belege für die Erfüllung theoretischer Annahmen der zu entwickelnden Theorie.
    (Reichertz 1997: 40)

Die Ebenen entsprechen nacheinander durchzuführenden Arbeitsschritten, auch wenn die auf den verschiedenen Ebenen entwickelten Interpretationen nicht unbedingt klar voneinander zu trennen sind. Die differenzierte Unterscheidung dient vor allem dazu, die Interpreten zu sorgfältiger Analysearbeit anzuhalten (Reichertz 1997: 41), sie sind also in der Praxis eine Art Checkliste. Sichtbar wird, dass die Feinanalyse bei allem Anspruch der Rekonstruktion objektiver Strukturen immer an einer perspektivischen Interpretation aus Sicht des Sprechers/Handelnden ansetzt und zugleich die Merkmale des interaktiven Verlaufs („turn-taking") mit in den Blick nimmt. Wie genau die Interpretinnen es allerdings bewerkstelligen sollen, auf Sprecherintentionen zu schließen, bleibt unklar. Überhaupt fehlt dieser frühen Verfahrensvariante noch eine genauere Explikation der anzuwendenden Heuristiken.

(2) Dies ändert sich mit der *Sequenzanalyse*, die man als forschungspraktisches Kernstück der OH bezeichnen kann. Das Grundprinzip (das wir schon bei den fünf Prinzipien der OH kennengelernt haben) ist ebenso einfach wie wirkungsvoll: Es geht um die Rekonstruktion der Logik von Anschlusshandlungen. Situiertes Handeln, Oevermann spricht auch von „Lebenspraxis" im Unterschied zur Perspektive der Wissenschaft, besteht aus einer fortlaufenden Verkettung von aufeinanderfolgenden bzw. aneinander anschließenden Handlungen. Die Handlungsanschlüsse sind aber in der Regel nicht das Resultat ex ante reflektierter Rationalität, sondern werden ad hoc hergestellt. Sie stellen kreative Lösungen akuter Handlungsprobleme dar, entstehen aber zugleich – so die These der OH – nicht zufällig, sondern folgen implizierten Regeln. Daher versucht die Sequenzanalyse durch die systematische Untersuchung der einzelnen Interakte (in der Konversationsanalyse auch „turns" genannt, s. Kap. 6.4) in ihren Abfolgen („turn-taking") die im Handeln implizit zur Anwendung gekommene Strukturlogik zu rekonstruieren. „Nicht ex ante ist genau zu sagen, wie sich die Regeln neu kombinieren werden, aber ex post ist Schritt für Schritt nachzufahren, wie sie sich neu kombiniert haben." (Reichertz 1997: 42) Kernstück der streng sequenziellen Analyse ist es, „daß keine Informationen aus und Beobachtungen an späteren Interakten zur Interpretation eines vorausgehenden Interakts benutzt werden" (Oevermann et al. 1979: 414). Mit anderen Worten: In der Ausdeutung eines Interaktes ignorieren wir unser Wissen um die stattgehabten Anschlussinterakte (vgl. das angeführte Beispiel „Mutti, ..."). Die Interpretation jedes einzelnen Interaktes geschieht in der Weise, dass wir im Wege einer gedankenexperimentellen Maximierung der Deutungsmöglichkeiten *Lesarten* entwickeln, also denkmögliche Kontexte und Anschlussmöglichkeiten, wie sie bei ausschließlicher Betrachtung des fraglichen Interaktes grundsätzlich in Betracht kämen. Nachdem wir umfassend Lesarten entwickelt haben (Prinzip der Extensivität), vergleichen wir diese mit den tatsächlich im Material dokumentierten Anschlusshandlungen. Erst darin, so Oevermann et al., enthüllt sich die „objektive" Strukturlogik des Falles: „(E)rst die streng sequentiell arbeitende, Interakt für Interakt interpretierende Rekonstruktion des latenten Sinns einer Szene (macht) die fallspezifische Struktur und damit die Struktur, in der die Besonderheit des Falles sich objektiviert, sichtbar" (1979: 414). Denn die verschiedenen Lesarten haben jeweils spezifische Implikationen, sprich: Sie legen unterschiedliche Fortgänge des Handlungsverlaufs nahe.

Gerade für die Entwicklung von Lesarten wird in der OH auf die Arbeit von Interpretengemeinschaften gesetzt: Ähnlich der GT verspricht man sich davon auch in der OH eine gesteigerte Kreativität und zugleich ein Korrektiv gegenüber extrem fernliegenden Lesarten (Prinzip der Sparsamkeit). Ebenso wie die Line-by-Line-Analyse der GT ist die sehr kleinschrittig und gründlich verfahrende Sequenz-analyse der OH ein zeitaufwändiges Verfahren, das nicht auf das gesamte Material angewendet wird. Interpreten können sich vor Beginn der Sequenzanalyse eine für die Forschungsfrage besonders interessant erscheinende Materialstelle aussuchen. Allerdings besteht man in der OH darauf, dass diese Stelle dann umfassend fortlau-fend analysiert wird, ohne im Material zu ,springen' – und zwar mindestens so lange, bis sich eine Fallstrukturhypothese treffen lässt.

Wenn man einen ersten Interakt analysiert und mit den faktischen Anschluss-handlungen vergleicht, sind oft noch mehrere Lesarten prinzipiell kompatibel. Die-se werden analytisch zunächst mitgeführt. Wenn dann aber Lesarten für den an-schließenden Interakt entwickelt werden, dann kommen dabei nur diejenigen in Betracht, die auch mit dem vorangegangenen Interakt kompatibel sind. So wird nun Interakt für Interakt verfahren. „Auf diese Weise türmt sich im Zuge der Se-quenzanalyse ein Selektionswissen auf – auch ,innerer Kontext' genannt –, das die Entscheidung für oder gegen Lesarten späterer turns leichter und treffsicherer macht" (Reichertz 1997: 45 f.). Ein Ende der jeweiligen Sequenzanalyse ist – hier wiederum ähnlich der GT – an ein spezifisches Sättigungskriterium gebunden: Wenn „eine Lesart gefunden ist, die für den gleichen Interaktionstext Sinn macht, (...) sich also die Struktur der weiteren Interaktion voraussagen lässt" (Reichertz 1997: 46), dann kann der Interpretationsprozess abgebrochen werden.

(3) Das dritte geläufige Verfahren der OH, die *Interpretation objektiver Sozialdaten*, wird häufig der Sequenzanalyse vorangestellt. Doch was sind „objektive Sozialda-ten"? Hierunter wird zum einen die übliche soziodemografische Information ver-standen, wie sie auch im Nachgang qualitativer Interviews in der Regel erfasst wird, also Einkommen, Beruf, Alter, Wohnsituation etc. der untersuchten Person oder Familie. „Diese Daten bilden den Zustand eines Familiensystems zu einem gegebenen Zeitpunkt ab, sie klären also, *was* eine Familie zu einem bestimmten Moment ist" (Reichertz 1997: 46). Um ebenfalls herauszufinden, *wie* dieses konkre-te Familiensystem wurde was es ist, werden zum anderen Informationen zur sozia-len und ökonomischen Geschichte der Person/Familie herangezogen (z. B. Dauer einer Ehe, Karriereverläufe, einschneidende biografische Ereignisse).

Dieses Material dient den Forscherinnen zur Konstruktion einer sogenannten „Normalitätsfolie", die Angaben darüber macht, „was *vernünftigerweise*, d. h. nach Geltung des unterstellbaren Regelsystems (...) z. B. eine Person mit bestimmten Merkmalen, in einem spezifischen Kontext bei Konfrontation mit einem spezifi-schen Handlungsproblem tun könnte oder tun sollte" (Oevermann/Allert/Konau 1980: 23). Mit diesen Normalitätsfolien schafft die OH sich eine Art Referenzpunkt, demgegenüber das tatsächliche Handeln der Akteure im untersuchten Text auf Ab-weichungen und Übereinstimmungen geprüft werden kann, die dann wiederum zu interpretieren sind.

Was ist nun das Ergebnis objektiv-hermeneutischer Analysen und vor allem: Wie wird es forschungslogisch gerahmt? Als einzelfallanalytisches Verfahren zielt die sequenzanalytische Interpretation zunächst auf die Rekonstruktion eines singulären Falles in seiner Struktur. Reichertz nennt das „Einzelfallstrukturrekonstruktion" (Reichertz 1997: 50). Gemäß der Totalitätsannahme der OH müsste die am Fall erarbeitete Struktur aber über diesen hinaus Geltung beanspruchen können, also im Wesentlichen eine allgemeine Struktur repräsentieren und auch in seiner Singularität aus dieser erklärbar sein. Um diesen Schritt zur Generalisierung der Struktur zu gehen, bedient sich die OH einer Variante des von Popper entwickelten → Falsifikationsprinzips und vergleicht nun weitere Fälle gleichen Typs miteinander. Dabei wird die am ersten Fall erarbeitete Strukturaussage als zu überprüfende Fallstrukturhypothese verwendet. Widerlegen weitere Fälle diese → Hypothese, beruhen sie also nicht auf der angenommenen Strukturgesetzlichkeit, gilt die am ersten Fall entwickelte Ausgangshypothese als widerlegt, also als „falsifiziert". Wird sie hingegen nicht widerlegt, indem weitere Fälle keine widersprechenden Befunde zu Tage fördern, gilt sie als vorläufig gültig und auch als für prognostische Zwecke zumindest eingeschränkt tauglich. Auch wenn die Falsifikationslogik an nomologisch-deduktive Verfahren gemahnt, muss für die OH festgehalten werden, dass hier die Entdeckung der Hypothese bereits begründungspflichtiger Teil der empirischen Forschungsarbeit ist und nicht von außen an diese herangetragen wird. Die von Reichenbach eingeführte Trennung von Entdeckungs- und Begründungszusammenhang (s. Kap. 2.3) wird damit also aufgehoben. Allerdings ist diese empirische Erarbeitung der Hypothesen in der OH durch sehr nachdrücklich und apodiktisch formulierte sozialtheoretische Annahmen besonders stark präformiert.

6.1.4 Objektive Hermeneutik und Grounded Theory im Vergleich

Wenn wir OH und GT miteinander vergleichen, dann springen zunächst einige gravierende Unterschiede ins Auge: Der dominante Strukturbegriff und der Bezug auf eine spezifische Variante des Realismus in der OH stellen markante Unterschiede gegenüber der GT dar. Oevermann auf der einen und Strauss auf der anderen Seite schreiben den Handelnden in sehr unterschiedlichem Umfang eine Wirklichkeit hervorbringende und verändernde Handlungsmacht zu. Wo Strauss das Bild vom kreativen problemlösenden Akteur stark macht, akzentuiert Oevermann die Regelgebundenheit allen individuellen und kollektiven Handelns: Bei näherer Betrachtung entpuppen sich für ihn die situierten Einzelhandlungen am Ende als Hervorbringungen von Regeln, die die Akteure meist unbewusst befolgen. Auf diesem Wege lassen sich aus der Perspektive der OH Handlungen in ihrer objektiven Geltung erklären, indem Regelkomplexe herausgearbeitet und ihre Bedeutung für den Handlungsverlauf bestimmt werden.

OH und GT nehmen ihren Ausgangspunkt bei Einzelfällen, verfahren jedoch unterschiedlich damit: Während die OH sich in der Lage sieht, schon aus einzelnen Fällen Rückschlüsse auf die konkrete Verfasstheit gesellschaftlicher Teilbereiche zu ziehen (weil das Spezielle des Einzelfalls stets zugleich das Allgemeine in seiner Totalität zum Ausdruck bringt), erarbeitet sich die GT mit dem Mittel des kontrastiven Fallvergleichs den theoretischen Gehalt ihres Materials und nähert sich daher dem Typischen von Fällen und Fallgruppen in einer komparativen Zusammenschau an.

Gerade auf der forschungspraktischen Ebene sind aber auch Parallelen und Ähnlichkeiten nicht zu übersehen: Insbesondere Sequenzanalyse (OH) und Line-by-Line-Analyse (GT) weisen bei aller Unterschiedlichkeit der methodologischen Rahmung eine Reihe von Ähnlichkeiten auf: So folgen beide auf einem mikroanalytischen Niveau der Sequenzialität der im Material dokumentierten Sozialität. Auch sind beide Verfahren im ersten Zugriff auf das Material um eine Maximierung von Lesarten bemüht – die in der GT vor allem aus der Vergleichsarbeit resultieren, in der OH hingegen stärker einer gedankenexperimentellen Maximierung sachlogisch möglicher Handlungsanschlüsse entspringen. In beiden Fällen aber wird dies als → „Kunstlehre" aufgefasst, die sich nicht in verbindliche universelle Analyseregeln auflösen lässt.

6.2 Dokumentarische Methode

Wenn wir menschliche Entäußerungen, sei es gesprochene Sprache, seien es Texte, Skulpturen, Gemälde, Gebäude oder auch Fotos und Filme, zu „verstehen" oder zu „interpretieren" versuchen, dann stehen wir vor der Frage, ob der „Sinn" dieser Artefakte allein im subjektiv gemeinten Sinn ihrer Schöpfer aufgeht. Gibt es nicht doch immer etwas darüber hinausweisendes, allgemeines kulturelles oder gesellschaftliches? Wenn wir von Menschen als sozialen Wesen sagen, dass sie zu Individuen erst und nur insoweit werden als sie „vergesellschaftet" sind: Müsste dann nicht dieses Gesellschaftliche in jeder ihrer Entäußerungen wieder zum Vorschein kommen? Die Objektive Hermeneutik befasst sich, wie wir gesehen haben, mit ähnlichen Fragen und zielt dabei auf überindividuelle Regeln, die dem Handeln der Einzelnen implizit zugrunde liegen und durch geeignete methodische Verfahren aus Daten über deren soziales Handeln rekonstruiert werden können. Die Dokumentarische Methode (fortan DM) argumentiert ähnlich, verzichtet aber auf den strengen und fast deterministischen Regelbegriff Oevermanns. Ihr geht es auch nicht so sehr um den Nachweis, dass sich im Individuum und in seinem Handeln die Totalität des Gesellschaftlichen manifestiert, sondern sie will das So-geworden-Sein von Individuen auf einen Kern kollektiver Erfahrungen zurückzuführen und so ihre Handlungsweisen erklären. Sie tut dies, indem sie versucht, einer spezifischen Sinnebene im Material habhaft zu werden, dem sogenannten Dokumentsinn, in dem sich jene soziale und kulturelle Orientierung ‚dokumentiert‘, die die geschilderte, im Material repräsentierte Erfahrung strukturiert.

6.2.1 Der Entstehungskontext der Dokumentarischen Methode

Das, was wir heute in der qualitativen Sozialforschung als „Dokumentarische Methode" kennen, geht ursprünglich auf methodologische Überlegungen Karl Mannheims zurück. Der ungarisch-deutsche Wissenssoziologe Karl Mannheim (1893–1947) hat – vor allem in seinen 1921 verfassten *Beiträgen zu einer Theorie der Weltanschauungsinterpretation*" (Mannheim 2004/1921) – eine besondere methodologische Position im Hinblick auf die Interpretation menschlicher Hervorbringungen in Kunst und Kultur, aber auch im alltäglichen Handeln und Sprechen entwickelt: Wie kann man, so die Leitfrage seines methodischen Denkens, aus der Interpretation dieser Objekte ein zutreffendes Verständnis der sie hervorbringenden Kultur erarbeiten? Dabei schließt er zwar an die geisteswissenschaftlich-hermeneutische Methode Diltheys an, versucht aber zugleich, die Möglichkeit einer „objektivierenden Beobachterhaltung" (Bohnsack 2003a: 1) zu begründen, mit der sich ein Anschluss an sozialstrukturelle Analysen bewerkstelligen lässt. All das spielt sich in der Zeit der Weimarer Republik in Deutschland ab, in einem Klima zwischen Depression und unvermuteten intellektuellen Freiheiten, die doch bereits bedroht sind von einer politischen Polarisierung und Radikalisierung. Den damit verbundenen Repressionen entgeht schließlich auch der jüdischstämmige Mannheim durch seine Emigration nach England 1933 nur knapp. Die nach der Kaiserzeit plötzlich ‚aufgebrochene‘ und in Teilen aus den Fugen geratene Gesellschaft erregt Mannheims Neugierde. Er sieht, dass die Menschen nicht allein von Klassenschicksalen geprägt sind, sondern in Milieus und Generationen unterschiedlichen Einflüssen ausgesetzt sind, die ihr Handeln prägen, ohne dass sie das selbst zu sagen wüssten.

Mannheim geht mit seinem Ansatz im Unterschied zu Dilthey und Weber über den methodologischen Individualismus eines subjektiven Sinnverstehens hinaus. Die Forscherin soll sich aus den analytischen Fesseln der alltagsweltlichen Eingebundenheit befreien. Sein methodologischer Vorschlag dazu basiert vor allem auf der Idee einer „Einklammerung des Geltungscharakters", d. h. die Forscher sollen sich nicht den „mit dem immanenten Sinngehalt verbundenen Ansprüche(n) auf Wahrheit und normative Richtigkeit" (Bohnsack 2003a: 552) widmen, sondern diese explizit aus ihren Analysen fernhalten. Dies ist, wie Bohnsack (2006: 272) herausstellt, nicht weniger als ein vollständiger „Wechsel der Analyseeinstellung" des wissenschaftlichen Beobachters im Unterschied zur Perspektive des Common Sense bzw. der Alltagswelt: „Nicht das ‚Was‘ eines objektiven Sinns, sondern das ‚Daß‘ und das ‚Wie‘ wird von dominierender Wichtigkeit", so Mannheim (2004: 137) in seiner *Theorie der Weltanschauungsinterpretation*. Statt also – wie im Alltagshandeln – auf den Geltungscharakter von Aussagen abzustellen, soll die von

Mannheim vorgeschlagene DM stattdessen untersuchen, wie das, was für wahr und richtig gehalten wird, im Alltag erzeugt wird (vgl. Bohnsack 2006: 272).

Mannheim unterscheidet zunächst zwei Typen von Wissen, das konjunktive und das kommunikative. *Konjunktives Wissen* besteht aus einem gemeinsam geteilten Erfahrungsraum, in dem die kollektiv erlebte Geschichte für das eigene Handeln in atheoretischer Form verfügbar ist. Damit ist gemeint, dass wir als Handelnde vorbewusst auf diese kollektive Erfahrungsaufschichtung zurückgreifen, d. h. sie wirkt in unser Handeln hinein, ohne dass wir darüber Rechenschaft ablegen könnten. Auf diese Weise, so versteht es Mannheim, können die prägenden Erfahrungen, die z. B. Angehörige einer Generation (denken wir z. B. an die '68er) oder eines bestimmten Milieus (z. B. metropolitane Wirtschaftseliten oder Rechtsradikale im ländlichen Raum) miteinander teilen, handlungswirksam werden. Die gemeinsame Teilhabe an einem bestimmten konjunktiven Wissensbestand erlaubt uns in der Interaktion mit anderen ein intuitives Verstehen, das keiner Explikation bedarf. Es ist ein Verstehen, das darauf beruht, dass es gerade kein Verstehen des *subjektiven* Sinns ist, sondern der gemeinsamen Sinnwelt, der die Interaktionspartner angehören: „Verstehen bedeutet also – um es kurz zu fassen – das Eindringen in einen gemeinschaftlich gebundenen Erfahrungsraum, in dessen Sinngebilde und deren existentielle Unterlagen" (Mannheim 1980/1924/25: 272). Damit hat Mannheim, wie Pzyborski und Wohlrab-Sahr (2008: 104) bemerken, „ein grundlagentheoretisches Konzept von Kollektivität entwickelt, das vom Individuum ebenso wie von der konkreten Gruppe abgelöst ist". Man muss also nicht einer konkreten Gruppe angehören und deren weitere Mitglieder kennen. Es handelt sich vielmehr um einen „Erfahrungsraum", der Einzelne und Gruppen überspannt, von den Individuen als ein Inneres erlebt und erst dadurch zu jener Gemeinsamkeit wird, die die Handlungen der Einzelnen durch das darin aufgehobene konjunktive Wissen rahmt und als zu einem Sozialzusammenhang gehörend sichtbar werden lässt.

Kommunikatives Wissen ist im Unterschied dazu die Weise, in der wir uns einen Zusammenhang erschließen, an dem wir nicht unmittelbar, atheoretisch-intuitiv teilhaben. Die deutsche Sozialarbeiterin, die in einem Milieu griechischstämmiger Migranten Bildungsangebote vermitteln will, oder der FSJler, der im Altenheim den Weihnachtsbastelkreis leitet: Sie gehören dem jeweiligen Milieu oder der Generation nicht an und müssen sich daher die Erfahrungswelt ihrer Betreuten kommunikativ erschließen, und die – um im Beispiel zu bleiben – Griechinnen oder Rentner müssen sich in expliziter Kommunikation vermitteln, was nicht ohne Probleme ist und auch nur unvollständig gelingen kann: „Erfahrungen und Alltagswissen kommunikativ zu vermitteln ist eine vertrackte Aufgabe, da eigene Selbstverständlichkeiten zunächst erkannt und die spezifischen Wissenslücken des Gegenübers gleichsam erst erspürt werden müssen" (Kleemann/Krähnke/Matuschek 2009: 158).

Im Modus der kommunikativen Erfahrung geschieht mit dem Wissen noch etwas Zusätzliches: Es wird aus seinem Entstehungszusammenhang entbettet, also auch der sozialen Bezüge entkleidet, die es geprägt und hervorgebracht haben.

Das Denken wird, wie Mannheim schreibt „relativ überkonjunktiv, überpersönlich. Dieses Erfahren streift seine genetische Gebundenheit an einen bestimmten Erfahrungsraum ab" (Mannheim 1980/1924/25: 289). Es handelt sich also im Wortsinne um eine Form der *Entfremdung* von Wissen.

Denken wir z. B. an einen zukünftigen Schwiegersohn einfacher Herkunft, der, zu Besuch bei den sich zu den feinen Leuten zählenden Schwiegereltern, bemüht ist, angemessene Tischmanieren an den Tag zu legen – und dennoch gerade in diesem Bemühen, ohne es zu wollen, seine Herkunft offenlegt. Er macht im Sinne kommunikativen Wissens ,eigentlich' alles richtig, merkt aber vermutlich selbst, mit Sicherheit aber merken die Schwiegereltern in spe, dass dennoch gerade etwas ziemlich schiefläuft: Das von seinen Entstehungsgrundlagen in der Lebenswelt der feinen Leute abgeschnittene „Knigge-Wissen" lässt sich nicht angemessen in Handeln umsetzen. Zugleich drückt sich die eigene klassen-, generations- und milieuspezifische Prägung in vielen Nuancen des Handelns aus, über die der Mann sich nicht bewusst ist, die aber von allen Anwesenden dennoch bemerkt werden. Das, wofür die Handlung oder das hervorgebrachte Objekt über den subjektiv gemeinten Sinn hinaus noch steht, findet nicht nur in der Gestalt der Handlung oder des Objekts seinen Ausdruck, es hat vor allem eine tatsächliche Wirkung, die über das subjektive Wollen des Handelnden hinausgeht, ja, dessen Wollen häufig sogar konterkariert: Der zukünftige Schwiegersohn will zeigen, dass er dazu gehört und demonstriert doch genau das Gegenteil. Im Handeln dokumentiert sich also der soziale Wissenszusammenhang (die Schicht, die Generation, das Milieu) auch ohne dass der individuelle Akteur darüber im Einzelnen Rechenschaft ablegen könnte.

Auch die Forscherin ist am Erfahrungszusammenhang konjunktiven Wissens im Forschungsfeld nicht unmittelbar beteiligt, d. h. wenn sie sich das dort gültige atheoretische Wissen erschließen will, muss sie methodisch besondere Vorkehrungen treffen. Genau das ist das Anliegen der Dokumentarischen Methode, die auf die Differenz zwischen subjektiv gemeintem Sinn und der Sinnstruktur des beobachteten Handelns zielt.

Mannheim selbst war weit davon entfernt, praktische empirische Sozialforschung zu betreiben, seine Empirie beschränkte sich im Wesentlichen auf Beispiele zum Beleg seiner methodologischen und wissenssoziologischen Thesen. Daher war sein analytischer Vorschlag auch nicht so weit expliziert und kodifiziert, dass er als sozialwissenschaftliche Methode bruchlos hätte vermittelt werden können. Überdies gerieten seine Ideen in der Zeit des Nationalsozialismus und des Zweiten Weltkriegs zunächst in Vergessenheit und mussten im Zuge der Renaissance qualitativer Verfahren wieder neu entdeckt werden.

Dies geschah zuerst durch den amerikanischen Soziologen Harold Garfinkel, der in den 1960er-Jahren eine der damaligen radikalen Kritiken der methodologischen Positionen der Sozialwissenschaften entwickelte und sein kritisches Programm als *Ethnomethodologie* bezeichnete. Garfinkel definierte mit der Ethnomethodologie und unter ausdrücklichem Bezug auf Mannheims DM ein Forschungs-

interesse und eine Analysehaltung, die sich – anders als etwa die sozialwissenschaftliche oder die wissenssoziologische Hermeneutik in der Tradition von Berger
und Luckmann – nicht mehr auf die Rekonstruktion des subjektiv gemeinten Sinns
bezog, sondern „auf das Wie, also auf die Logik oder den modus operandi der
Prozesse der Herstellung von Sinnzuschreibungen und Motivunterstellungen"
(Bohnsack 2001: 328). In dieser Perspektive knüpft Garfinkel also nahtlos an Mannheim an. Die Ethnomethodologie wird uns in Kapitel 6.4 noch näher beschäftigen,
da sie die sozialtheoretische Grundlage für die dann vorzustellende Variante der
Konversationsanalyse bildet.

Der Soziologe Ralf Bohnsack war es schließlich, der mit seiner Forschungsgruppe für die aktuelle qualitative Sozialforschung in Deutschland die „Dokumentarische Methode" Mannheims aufgegriffen und mit empirischen Studien vor allem
in der Jugend-, Gender-, Organisations- und Medienforschung fruchtbar gemacht
hat. Insbesondere kommt ihm das Verdienst zu, Mannheims methodologische und
metatheoretische Überlegungen in praktische Forschungsweisen operationalisiert
zu haben, die, so die Kritik Bohnsacks (2001: 329), der Ethnomethodologie fehlten.
Entwickelt hat Bohnsack und sein Forschungsteam das forschungspraktische Verfahren vor allem im Rahmen eines Forschungsprojekts zu Jugendkulturen in einer
fränkischen Kleinstadt Mitte der 1980er-Jahre, während sie vor allem Gruppendiskussionen mit Jugendcliquen durchführten. Das Gruppendiskussionsverfahren, in
den 1950er-Jahren von Friedrich Pollock (1955) als „Gruppenexperiment" noch vor
allem hypothesentestend eingesetzt, wurde später von Werner Mangold (1960) sowie von Ute Volmerg (1977) in einigen Punkten kritisiert und weiterentwickelt.
Bohnsack knüpft vor allem an Mangold an und verbindet die Materialgewinnung
in Diskussionsrunden realer Gruppen (die also nicht wie Fokusgruppen künstlich
für Diskussion zusammengestellt werden, sondern ihren Alltag miteinander teilen)
mit der methodologischen Konzeption Mannheims. Neben Gruppendiskussionen
werden inzwischen aber auch vor allem visuelle Daten wie Fotos, Bilder und
Videos mithilfe der Dokumentarischen Methode für sozialwissenschaftliche Fragestellungen erschlossen (vgl. Bohnsack/Nentwig-Gesemann/Nohl 2001). Neuerdings
wird das Verfahren auch auf – insbesondere biografisch orientierte – Interviews
angewandt (Nohl 2006).

6.2.2 Die analytische Unterscheidung von Sinnebenen

Im Anschluss an Mannheim unterscheidet Bohnsack mit der Dokumentarischen
Methode zwei verschiedene Sinnebenen auf denen drei Arten von Sinnbezügen zu
finden sind: Wenn Menschen (z. B. in einer Gruppendiskussion) über Aspekte ihrer
Lebenspraxis berichten, können wir einerseits den *immanenten Sinngehalt* untersuchen, also ihren wörtlichen, expliziten Gehalt. Der immanente Sinngehalt „impliziert ein Modell zweckrationalen Handelns. Es entspricht der Interpretation von
‚Um-zu-Motiven' im Sinne von Alfred Schütz" (Bohnsack 2003b: 61). Auf dieser

Ebene erfassen wir also Motivstrukturen der Handelnden. Dabei lässt sich dann wiederum der *intentionale Ausdruckssinn*, also der vom Autor subjektiv gemeinte oder intendierte Sinn unterscheiden vom objektiven Sinn oder *Objektsinn*, der die allgemeine Bedeutung eines Textinhalts oder einer Handlung umfasst („Holzhacken", „Heiraten"). Allgemeine Bedeutungen sind gesellschaftlich institutionalisiert, d. h. die Handelnden können sich mit hinreichender Sicherheit wechselseitig darauf beziehen (Reziprozität) und sie *wissen* um diese Bedeutungen und Motive. Auf einer anderen als der immanenten Sinnebene ist das angesiedelt, was Mannheim den „Dokumentsinn" nennt (Mannheim 2004: 113). Dabei handelt es sich um eine Sinnschicht, die sich nur retrospektiv, in der Rezeption, analytisch erschließen lässt.

Es geht beim *Dokumentsinn* also um das, was verbale Interaktionen, Texte, Fotografien etc. über den immanenten Sinngehalt hinaus ausdruckmäßig repräsentieren, worauf in ihnen also implizit verwiesen und was in der Alltagsinteraktion intuitiv verstanden wird. Für die DM lässt sich dieser Dokumentsinn vor allem aus den Herstellungsweisen, also den Handlungspraktiken rekonstruieren: In der Art und Weise, wie ein Diskutant z. B. sein Argument im Diskurs aufbaut oder wie besagter Schwiegersohn sein angelesenes Wissen um die objektive Bedeutung gehobener Essensrituale *in situ* praktiziert, lässt sich der „Habitus" (Mannheim 2004/ 1921: 117) der Handelnden rekonstruieren, der zugleich individuell und kollektiv geprägt ist. Der Habitus-Begriff ist in der Soziologie nach Mannheim vor allem von Pierre Bourdieu (1930–2002) geprägt worden (Bourdieu 1979). Er bezeichnet die kollektiven Erzeugungsschemata, die sich die Handelnden im Laufe ihrer Sozialisation milieu- und klassenspezifisch angeeignet haben. Habitus stellen eine Form impliziten Wissens dar, das sich unwillkürlich in die Akteure ,einschreibt' und die Leiblichkeit ihrer Praktiken durchdringt. Der Aspekt der Leiblichkeit ist bei Mannheim noch nicht präsent, er spricht von einem „gesamt-geistigen" Habitus (Mannheim 2004/1921: 117), argumentiert aber analog, was die reflexive Nichtverfügbarkeit des habitualisierten Wissens betrifft.

Auf diesen Dokumentsinn also zielt die Rekonstruktionsarbeit der DM. Oder genauer gesagt: Die Differenz zwischen immanentem Sinngehalt und Dokumentsinn ist das Ziel der Bemühungen. Die Darstellung in Kapitel 6.2.3 orientiert sich an der rekonstruktiven Interpretation von Texten, insbesondere von Transkripten von Gruppendiskussionssitzungen; bei der Analyse anderer Datentypen, z. B. Fotos, Videos, Kunstwerken, müsste man dann analog verfahren.

6.2.3 Das Rekonstruktionsverfahren der Dokumentarischen Methode

Mit der „methodologischen Leitdifferenz" (Bohnsack 2003b: 64) von immanentem und dokumentarischem Sinngehalt korrespondiert forschungspraktisch der Unterschied zwischen (a) formulierender Interpretation und (b) reflektierender Interpretation. Sie bilden die ersten beiden Schritte im insgesamt vierstufigen analytischen

Prozess der DM. Auf sie folgen (c) die komparative Analyse und schließlich (d) die Typenbildung. In der Methodenliteratur gibt es kleine Unterschiede im Zuschnitt der Phasen, im forschungslogischen Ablauf ergibt sich dabei aber kein nennenswerter Unterschied (Bohnsack 2003b: 33; Przyborski/Wohlrab-Sahr 2014: 292).

(a) Die *formulierende Interpretation* bleibt noch im Bereich des ‚immanenten Sinngehalts' „ohne allerdings zu dessen Geltungsansprüchen (...) Stellung zu nehmen" (Bohnsack 2003b: 134). Hier kommt also die eingangs erwähnte „Einklammerung des Geltungssinns" ins Spiel. Wir interessieren uns daher in diesem Analyseschritt nicht dafür, ob das, was ausgesagt und dargestellt wird, zutreffend ist oder nicht. Rekonstruiert werden stattdessen die Themen der Interaktionen und der Diskurse: *Was* wird gesagt? Die formulierende Interpretation bleibt dabei noch gänzlich im Bedeutungssystem des Sprechers und der untersuchten Gruppe, ohne den die Darstellung strukturierenden Orientierungsrahmen analytisch in den Blick zu nehmen und zugleich ohne Urteile über eine universelle Wahrheit der im Material enthaltenen Äußerungen zu fällen.

Ganz praktisch lassen sich hier folgende Arbeitsschritte unterscheiden: (1) Beim Abhören der Audio- oder Videoaufzeichnungen (also schon vor der Transkription) versuchen wir, einen Überblick über den thematischen Verlauf (z. B. einer Gruppendiskussion) zu gewinnen, gliedern in Ober- und Unterthemen und vermerken, wer die Themen initiiert hat. (2) Im nächsten Schritt werden Passagen ausgewählt, die zum Gegenstand reflektierender Interpretation werden sollen. Dabei wird nach formalen und inhaltlichen Kriterien entschieden. So werden sowohl formal besonders ausgezeichnete Materialstellen, wie Anfangspassagen von Interviews oder Gruppendiskussionen, ausgewählt als auch Passagen mit besonderer „interaktiver und metaphorischer Dichte" (Bohnsack 2003b: 135), also z. B. schnelle und häufige Sprecherwechsel, auffällige Pausen im Gesprächsfluss oder Stilwechsel in der verbalen Präsentation. Diese Stellen sind von besonderem Interesse für die Analyse, weil davon ausgegangen wird, dass die thematische Relevanz für die Informantinnen hier besonders groß ist. Inhaltliches Kriterium ist die thematische Einschlägigkeit für Ausgangsfragestellung und die Vergleichbarkeit mit anderem Datenmaterial mit Blick auf die spätere komparative Analyse und Typenbildung. (3) Für die ausgewählten Passagen wird dann in „detaillierter formulierender Interpretation" die thematische Feingliederung herausgearbeitet. Damit ist „eine zusammenfassende (Re-)Formulierung des immanenten, des kommunikativ-generalisierten oder – alltagssprachlich ausgedrückt – des allgemein verständlichen Sinngehalts" (Przyborski/Wohlrab-Sahr 2014: 293) gemeint. In dieser Form der strukturierten Paraphrase erschließen wir uns die innere, thematische Gliederung des Textes bzw. der Abfolge verbaler Äußerungen. Auch wenn sich den Interpretinnen auf dieser Stufe der Auswertung noch nicht alle Passagen und Äußerungen erschließen, handelt es sich doch um eine erste Ebene des Sinnverstehens, die gerade für die Etablierung eines gemeinsamen Verständnisses zwischen den beteiligten Interpreten sorgen soll.

(b) Die anschließende *reflektierende Interpretation* zielt auf die „Rekonstruktion und Explikation des Rahmens, innerhalb dessen das Thema abgehandelt wird" (Bohnsack 2003b: 135), also darauf, wie, d. h. mit Bezug auf welches Orientierungsmuster bzw. welche Orientierungsrahmen das Thema behandelt wird. Bohnsack spricht hier von *negativen* oder *positiven Gegenhorizonten* innerhalb derer das jeweilige Thema präsentiert wird, also so etwas wie Abgrenzungsfolien vor deren Hintergrund das eigene Thema seine inhaltliche Gestalt gewinnt. Denken wir z. B. an einen Schüler, der schildert, wie er in eine Rauferei auf dem Schulhof eingreift und zugleich ausdrückt, dass man da ja seiner Meinung nach nicht einfach wegschauen kann. Aus der Analyse der im Material ausgedrückten Gegenhorizonte lässt sich der Rahmen des Erfahrungsraums der Akteure rekonstruieren, innerhalb dessen Orientierungsfiguren (also z. B. die Selbststilisierung zum „Retter", „Helden" oder „Versager", zur „guten Mutter" oder zum „fleißigen Angestellten") aufgespannt sind.

In einem anderen Beispiel, dass Przyborski und Wohlrab-Sahr (2014: 295 ff.) verwenden, sprechen drei junge, türkischstämmige Frauen über ihre Begegnungen mit deutschen Muttersprachlern in der Öffentlichkeit. Während die eine erst begonnen hat, darzustellen, wie überrascht diese Kontaktpersonen meist sind, wenn sie von ihnen, den nach äußerem Anschein Migrantinnen, in fließendem Deutsch angesprochen werden, beginnt eine der anderen beiden Frauen schon laut zu lachen: Obwohl keine konkrete Begegnung berichtet wird, ahnt sie doch bereits, was die Pointe der Darstellung sein wird; auch die dritte Frau stimmt in die Heiterkeit ein. „Den jungen Frauen ist augenblicklich klar, dass hier etwas amüsant ist, ohne dass sie es auf den Begriff bringen müssten oder könnten" (2014: 296). Hier zeigt sich besonders deutlich die atheoretische Verfügbarkeit dieses Orientierungswissens. Gegenhorizonte kann man in diesem Zusammenhang als die Relation von positiven und negativen Idealen verstehen. Am Fall der drei jungen Frauen kommen Przyborski und Wohlrab-Sahr zu der Feststellung, dass hier „der positive Horizont das Amüsement infolge der Provokation (ist). Die Grenze zeichnet sich dort ab, wo diese Provokation intentional wird" (2014: 296). In den von den Frauen geschilderten Interaktionen kehren sie situativ und eher unbeabsichtigt eine eingespielte Rollenverteilung um und genießen das unerwartete Ergebnis, der Spaß würde aber geschmälert, wenn sie sie absichtsvoll herbeiführen wollten.

Neben der Suche nach Gegenhorizonten ist auch die Analyse ihres „Enaktierungspotenzials" (Bohnsack 1989: 28) ein wichtiges Mittel der reflektierenden Interpretation. Mit Enaktierung ist die handlungspraktisch-alltägliche Umsetzung von Haltungen und Orientierungen gemeint. Die Relation zwischen positiven und negativen Horizonten kann z. B. so beschaffen sein, dass bis zu einem möglichen Grenznutzen die positive Orientierung problemlos handlungspraktisch werden kann (wie in dem Beispiel der drei jungen Frauen: Erst wenn die Provokation zu bemüht-intentional wird, verliert die Sache ihren positiven, lustvollen Aspekt). Es sind aber auch dilemmatische Strukturen denkbar, bei denen der positive Horizont immer vom negativen begleitet wird, z. B. wenn man wegen seiner ökologischen Wertorientierung unbedingt auf dem Land wohnen will, sich dadurch aber gezwungen sieht, zur Arbeit in die Stadt mit dem Auto zu fahren und so seine ökologischen Ideale hintanzustellen.

Ein weiteres Mittel der reflektierenden Interpretation ist ein *sequenzanalytisches Vorgehen* bei verbalem Material (Gruppendiskussionen oder Interviews), also „die Art und Weise, wie im Prozess der interaktiven und interpretativen Bezugnahme die Einzeläußerungen sequenziell einander zugeordnet werden können" (Bohnsack 2003b: 138). Die DM verfährt hier nicht unähnlich der OH (und, wie wir noch sehen werden, der Konversationsanalyse): Es geht zunächst darum, herauszuarbeiten, welche Horizonte ein erster Redezug (bzw. ein → Interakt) entwirft und welche Unterscheidungen damit verbunden sind, auf die der anschließende Redezug eine sinnvolle Fortführung oder Antwort darstellt. Auch die DM entwirft hier in der analytischen Arbeit zunächst eine Reihe denkmöglicher Lesarten und zieht ihre Schlüsse aus dem Verhältnis der Lesarten zu dem schließlich eingetretenen Fortgang im anschließenden Redezug. Interessant sind insbesondere Lesarten, die homolog, also funktional gleichbedeutend mit dem tatsächlichen Gesprächsanschluss, sind, weil sich daraus sozusagen die Regieanweisungen für derartige Abfolgen von Redezügen rekonstruieren lassen. Ob die analytischen Schlüsse und die rekonstruierte Regieanweisung zutreffend sind, wird schließlich unter Heranziehung des dritten Redezugs geprüft: Wenn in einer Gruppendiskussion z. B. Sprecher B auf eine Äußerung von Sprecher A mit Empörung reagiert, und wir davon ausgehen würden, dass A offenbar eine kollektive Norm verletzt hat, dann kann uns die Reaktion von Sprecher C auf A und B Aufschluss darüber geben, ob wir mit unserer Annahme richtig liegen: Vielleicht sagt C auch so etwas wie: „Na, nun hab' Dich mal nicht so!" und konterkariert damit unsere These über die Normverletzung: Offenbar sind die Normen hier nicht so eindeutig, dass man sich in der Empörung über A einig wäre.

Der so rekonstruierte Orientierungsrahmen bildet schließlich das kollektive, gemeinsam geteilte Muster, innerhalb dessen sich – in unserem ersten Beispiel – die Frauen bewegen und aus dem sie Verhaltenssicherheit beziehen: Was sie erleben, ordnet sich ohne reflexive Bemühungen in diesen Rahmen ein und kann so identitätssichernd verarbeitet werden. Im Reden darüber (z. B. in der Gruppendiskussion) dokumentiert sich dieser Orientierungsrahmen unwillkürlich.

(c) Die reflektierende Interpretation geht über in eine *Fall- bzw. Diskursbeschreibung*. Hier wird die Gesamtgestalt des einzelnen Falles zusammenfassend charakterisiert. Es geht um eine „vermittelnde Darstellung, Zusammenfassung und Verdichtung" (Bohnsack 2003b: 139) all dessen, was in den beiden vorangegangenen Arbeitsschritten rekonstruiert wurde, also um einen Aspekt der Ergebnispräsentation. Zu beachten ist hier, dass neben der Fallbeschreibung auch Diskursbeschreibungen gefertigt werden. Man könnte auch sagen: Ein Fall ist nicht unbedingt eine

Person, sondern unter Umständen auch ein Diskurs (s. auch Kap. 5.3). Dabei wird allerdings ein Diskursbegriff verwendet, der eher in Richtung Konversation zielt, es geht also um die sequenzielle Analyse und anschließende Beschreibung von Aufbau und Struktur der verbalen Interaktion z. B. in einer Gruppendiskussion oder in einem Interview. Fokussiert wird dabei auf das Verhältnis von Diskursstruktur und implizit thematischen Orientierungsgehalten. Dies unterscheidet den Diskursbegriff der DM von anderen Diskursbegriffen wie sie in weiten Teilen der Diskursanalyse gebräuchlich sind (zur dokumentarischen Analyse von Diskursorganisationen vgl. genauer Przyborski 2004).

Wie Bohnsack anmerkt, ist die Präsentationsform der Fall- und Diskursbeschreibung inzwischen gegenüber der Typenbildung in den Hintergrund getreten (Bohnsack 2003b: 141), d. h. weniger Einzelfalldarstellungen als vielmehr vergleichende Studien über eine Anzahl von Fällen mit einem bestimmten Verallgemeinerungsanspruch bestimmen die gegenwärtige Praxis der Dokumentarischen Methode.

(d) *Typenbildung* ist ein Vorgang, der in der einen oder anderen Form in jeder Art von qualitativ-interpretativer Forschung eine wichtige Rolle spielt (vgl. im Überblick Kluge 1999). Im Fall der DM geht es dabei vor allem darum, Bezüge zwischen spezifischen Orientierungen einerseits und dem „Erlebnishintergrund oder existenziellen Hintergrund, in dem die Genese der Orientierungen zu suchen ist, andererseits" (Bohnsack 2003b: 141) zu rekonstruieren. „Der Kontrast in der Gemeinsamkeit ist fundamentales Prinzip der Generierung einzelner Typiken und ist zugleich die Klammer, die eine ganze Typologie zusammenhält." (Bohnsack 2003b: 143). Ein Beispiel dafür wären milieuspezifische Unterschiede vor dem Hintergrund generationstypischer Gemeinsamkeiten der Erfahrungsbestände, also etwa auf der einen Seite Handwerker im ländlichen süddeutschen Raum und der anderen Seite kleine Beamte aus großstädtischen Milieus im Ruhrgebiet, die aber aller durch ihre Jugend im frühen Nachkriegsdeutschland generationsprägende gemeinsame Erfahrungsbestände aufweisen. Die komparative Typenbildung kann hier also aufzeigen, wie die eine Generation bestimmenden Zeitumstände in unterschiedlichen Milieus verarbeitet wurden und zu in Teilaspekten ähnlichen, dann aber auch wieder sehr verschiedenen Orientierungsrahmen führen.

Auch in der DM wird dabei eine Vergleichsheuristik verwendet, die wir schon bei der GT kennengelernt haben: die Abfolgen von minimalen und maximalen Kontrastierungen im Vergleich von Fällen bzw. Materialpassagen. Mit minimalen Kontrasten auf der Ebene der *singenetischen Typenbildung* wird versucht, zunächst eine an der Forschungsfrage orientierte „Basistypik" (Przyborski/Wohlrab-Sahr 2014: 303) zu abstrahieren (z. B. eine Schichttypik). Als archimedischer Punkt, der dem Vergleich Richtung und Perspektive gibt, die DM spricht auch vom → *Tertium Comparationis*, fungiert hier zunächst das Thema, innerhalb dessen der Vergleich angestellt wird (in unserem Schwiegersohn-Beispiel vielleicht Verhaltensunsicherheiten bei Intermilieu-Begegnungen). In maximal kontrastiven Vergleichen wird dann auf der Ebene der *soziogenetischen Typenbildung* eine Abgrenzung von anderen Typiken (z. B. Geschlecht: Geht es Schwiegertöchtern ebenso?) rekonstruiert. Daraus lassen sich verschiedenen Ausprägungen oder Varianten der Basistypik entwickeln und in fortschreitenden Fallvergleichen zunehmend von anderen Typiken abgrenzen. Die Genauigkeit der Abgrenzung gilt in der DM als ein Qualitätskriterium.

Wie leicht zu bemerken ist, ist dieses Verfahren in seiner methodologischen Einbettung, aber auch in den analytisch-rekonstruktiven Auswertungsschritten eine voraussetzungsvolle Angelegenheit. Auch die an sich in hinreichender Zahl vorliegenden Einführungstexte sind nicht wirklich geeignet, um Anfänger in die Lage zu versetzen, eigenständig mit der Dokumentarischen Methode zu arbeiten. Ähnlich wie die Objektive Hermeneutik und wesentlich stärker als die Grounded Theory setzt die DM auf methodenpraktisches Lernen in Forschungswerkstätten und Forschungsteams, also im Prinzip in Meister-Schüler-Beziehungen – was Vor- und Nachteile hat, auf jeden Fall aber der Ausbreitung des Verfahrens lange Zeit Grenzen gesetzt hat. In den letzten Jahren sind allerdings zunehmend gut verständliche, didaktisch aufbereitete und dennoch angemessen differenzierte Lehrtexte entstanden, die auch erste Schritte in die Praxis erlauben (insbesondere Przyborski/Wohlrab-Sahr 2014).

Viele Arbeiten, die sich auf die DM berufen, stammen aus dem Umfeld der Arbeitsgruppe von Ralf Bohnsack an der FU Berlin. Bohnsack selbst arbeitet vor allem in der Jugendmilieuforschung, auch viele andere Studien, gerade unter Verwendung der Gruppendiskussion, sind vor allem auf Themen aus dem Bereich Jugend, Jugendsozialisation, Jugendkulturen orientiert. Ein zweiter thematischer Schwerpunkt lässt sich in der Professionsforschung ausmachen, wo etwa professionsspezifische Wahrnehmungs- und Handlungsmuster rekonstruiert werden. Seit mit DM verstärkt auch Bilder und Filme analysiert werden, ist die Medienforschung als ein zunehmend wichtigeres Anwendungsfeld hinzugekommen (für einen thematischen Überblick zu Forschungsfeldern der DM vgl. Bohnsack/Schäffer/Przyborski 2006).

6.2.4 Dokumentarische Methode und Grounded Theory im Vergleich

Wenn wir nun die DM mit der GT vergleichen, dann zeigt sich – ähnlich wie bei der OH – eine vom pragmatistischen Grundkonzept der GT deutlich verschiedene sozial- und erkenntnistheoretische Rahmung, wohingegen es auf der Ebene der praktischen Analyseschritte eine Reihe von Ähnlichkeiten zu vermerken gibt. Die DM betont sehr stark die Bedeutung einer spezifischen Analyseeinstellung (objektivierende Beobachterhaltung, Einklammerung des Geltungscharakters). In der GT finden wir keine derartigen Vorgaben, es wird lediglich eine offen-kreative, abduktive Haltung anempfohlen. Das hängt auch damit zusammen, dass die GT einen forschungslogischen Rahmen für eine große Bandbreite möglicher Erkenntnisperspektiven bieten will, während die DM in der Tradition Mannheims speziell auf die Rekonstruktion dessen zielt, was in ihrem theoretischen Rahmen als Dokumentsinn firmiert. Auch pragmatistisch informierte Forschung im Stil der GT interessiert sich für das Verhältnis Akteur – Struktur, betont aber stärker den kreativen Umgang kompetenter Handelnder mit Strukturmomenten, die eher als (hindernde oder ermöglichende) Handlungsressourcen aufgefasst werden und auf die im Handeln mal explizit mal implizit Bezug genommen wird. In beiden sozialtheoretischen Rahmungen wird hingegen davon ausgegangen, dass die Handelnden, indem sie sich in der einen oder anderen Art auf Strukturmomente oder Orientierungsrahmen beziehen, diese zugleich reproduzieren.

Gewisse Unterschiede zeigen sich im Materialbezug: Die DM hat ihren Ausgangspunkt in der Arbeit mit Gruppendiskussionen genommen und diese Form der Datengewinnung dabei weiterentwickelt. Von dort ausgehend wurden nach und nach auch (v. a. narrative) Formen von Interviews sowie Fotos und Videos als Material für dokumentarische Analyseverfahren erschlossen. Vor allem im Fall der Analyse von bildförmigem Material mussten dazu die praktischen Analysemittel noch um ikonografische Methoden erweitert werden. Die GT hingegen trifft keinerlei Vorauswahl der Materialsorten, auch wenn viele der vorgestellten praktischen Kodierschritte offenkundig am Vorbild schriftlich niedergelegten Materials entwickelt wurden. Zugleich aber liegen die Anfänge der GT in einer interaktionistisch-ethnografischen Forschungspraxis, die in der DM keine nennenswerte Rolle spielt.

In den analytischen Prozeduren hingegen finden wir einige interessante Ähnlichkeiten zwischen den beiden Verfahren. Besonders deutlich wird dies bei den verwendeten Vergleichsheuristiken: Auch wenn die Methode der „weithergeholten Vergleiche" von Hughes (s. Kap. 5.4.1) in der GT sozialtheoretisch nicht so ambitioniert ist wie die Suche nach Gegenhorizonten in der DM, so sind doch beide in der Praxis probate und nicht unähnliche Mittel, um der aktuellen Materialstelle ihren ins theoretische zu abstrahierenden, thematisch wesentlichen Kern zu entlocken. Deutlicher noch sind die Ähnlichkeiten bei der systematischen Abfolge minimal und maximal kontrastierender Vergleiche, die in beiden Forschungsstilen zu den zentralen Heuristiken gehören. Was die sequenzanalytische Vorgehensweise betrifft, so hat die DM sicher mehr mit der OH als mit der GT gemein, doch hatten wir in Kapitel 5 bereits festgestellt, dass die Line-by-Line-Analyse der GT teilweise ähnlich verfährt. Die Ähnlichkeiten enden dann allerdings, wenn die GT über das axiale Kodieren situative und situationsübergreifende Zusammenhangsmodelle zu entwickeln versucht, während die DM vor allem auf die Typisierung von Orientierungsrahmen abzielt.

Ebenso wie die OH betont die DM ihren rekonstruktiven Anspruch – eine Rhetorik, die im Kontext der GT eher weniger gebräuchlich ist. Darin spiegelt sich am Ende die unterschiedliche Härte der zugrunde liegenden Strukturbegriffe, denn OH und DM beanspruchen eben – in unterschiedlicher Weise – unhintergehbare und dem Handeln der Akteure immer schon vorausliegende Regeln, Strukturen, Orientierungsrahmen analytisch herauszupräparieren, während in der GT auf allen Ebenen die Vorstellung sozialer Konstruiertheit dominiert.

6.3 Narrationsanalyse und Biografieforschung

Wie in Kapitel 4 über die Gewinnung verbaler Daten gezeigt, besteht eine besonders fruchtbare Form der Generierung verbalen Datenmaterials darin, dass wir unsere Informantinnen dazu bewegen, uns Aspekte ihrer Alltagserfahrung in Form einer Erzählung zu präsentieren. Da das auf diese Weise gewonnene Material sehr spezifisch beschaffen ist, bedarf es auch besonderer, narrationsanalytischer Methoden, wenn wir uns den Gehalt dieses Materials möglichst umfassend erschließen wollen. Von der Narrationsanalyse wird vor allem in der Biografieforschung Gebrauch gemacht. Biografien sind eigentümliche epistemische Konstrukte: Einerseits unterliegen sie, wie Martin Kohli mit der These von der „Institutionalisierung des Lebenslaufs" (Kohli 1985) konstatiert, gesellschaftlichen Normierungen, die in bestimmten, allgemein gewussten Formaten resultieren: Mit sechs Jahren wird man eingeschult, am Ende der Schulzeit steht die Berufswahl, Kinder bekommt man im jüngeren Erwachsenenalter, die Verrentung mit Mitte 60 läutet das dritte Lebensalter ein etc. Andererseits erleben wir unser Leben als ein individuelles, von anderen Leben auch in seiner Geschichtlichkeit unterscheidbares. Es gibt also neben der „Institutionalisierung" auch eine „Individualisierung" des Lebensverlaufs: Wir können auf Kinder ‚verzichten‘, ‚sogar‘ bis zum 75. Lebensjahr arbeiten oder unser erstes Kind ‚erst‘ im Alter von fünfzig Jahren bekommen. Die Idee unseren Lebenslauf selbst gestalten zu können, ist ein Aspekt des umfassenderen Prozesses der Individualisierung in modernen Gesellschaften. Allerdings verschwinden die genannten Institutionalisierungen nicht einfach, sie bleiben als Normalitätsfolien von mehr oder weniger großer Prägekraft auch für das moderne Individuum relevant: Gerade weil sie gesellschaftlich weitgehend geteilte Erwartungen repräsentieren, können wir uns auch bei der individuellen Gestaltung unseres Lebens zu ihnen ‚nicht nicht verhalten‘. Wenn wir auf Kinder verzichten, werden wir immer wieder in Situationen kommen, in denen wir uns dafür implizit oder explizit rechtfertigen müssen („Ach, Sie haben keine Kinder!?"), und wer mit 25 weder studiert noch eine Berufsausbildung hat, wird nicht nur von Verwandten, sondern auch von Ämtern als ‚nicht normal‘ behandelt. Menschen müssen also ihre subjektiven Ansprüche auf Gestaltung ihres Lebensverlaufs mit gesellschaftlichen Normalitätserwartungen und deren institutionalisierten Formen (Volljährigkeitsalter, Höchstalter des Kindergeldbezugs oder der Zulässigkeit von Adoptionen …) vermitteln. Die Entbettung aus den starren kollektiven Mustern traditionaler Gesellschaften macht das moderne Individuum zum Sachwalter seiner Biografie, d. h,. zum „Biografieträger", wie das in der Biografieforschung genannt wird.

Darüber hinaus ist die subjektive Wahrnehmung des eigenen gelebten Lebens mehr oder weniger different von der Wahrnehmung unseres Lebens durch andere. Und schließlich unterliegt unser subjektiver Blick auf das eigene Leben Veränderungen über die Zeit und ist abhängig von situativen Konstellationen: Manches, was wir erlebt haben, vergessen oder verdrängen wir, andere Erlebnisse bekommen über die Zeit eine andere Bedeutung für uns. Je nach der Situation, in der wir über unser Leben berichten, konstruieren wir dieses situationsangemessen neu. Dabei ist die eigene Biografie über weite Strecken des Alltagslebens nicht Gegenstand bewusster Reflexion. Zwar machen wir uns bei Bedarf Gedanken darüber, was wir bei einer Bewerbung in unseren tabellarischen Lebenslauf schreiben und was besser nicht. Aber wie wir unser Leben als Ganzes bislang gelebt haben und wie eines zum anderen geführt hat, das zu bedenken haben wir im Alltag wenig Anlass und Gelegenheit. Die narrationsanalytische Biografieforschung setzt nun genau hier an und untersucht Biografien als subjektive, situativ aktualisierte Darstellungen von Erfahrungsaufschichtungen. Biografien sind also nicht etwas Vorhandenes, das nur erzählt wird, sondern erst die Erzählung erzeugt die Biografie. In der Biografieforschung wird nun rekonstruiert, wie die Biografieträger ihre Lebensgeschichte, also einen in sich geordneten Ablauf von Ereignissen und Lebensabschnitten, selbst hervorbringen und erfahren (oder auch erleiden). Es geht nicht darum, ob die im narrativen Interview als Biografie entwickelte eigene Lebensgeschichte ‚wahr' ist, sondern darum, aus der situativen Konstruktion der Lebensgeschichte im narrativen Interview Rückschlüsse auf die strukturelle Typik des gelebten Lebens und der subjektiven Verarbeitungsweisen zu ziehen.

6.3.1 Die Entstehung der Biografieforschung

Zwar hatten sich bereits Thomas und Znaniecki in der frühen Chicago School für die Biografien in ihrem Forschungsfeld interessiert (s. Kap. 1.4), und in der polnischen Soziologie hat sich – anders als in anderen Ländern Europas und Nordamerikas – schon ab 1920, mit der Rückkehr Znanieckis nach Polen, eine jahrzehntelange Tradition der Forschung mit biografischen Daten entwickelt. Dies allerdings „ohne daß Biographie selbst als soziales Konstrukt in den Blick kam" (Fischer-Rosenthal 1991: 254). Die Gewinnung von biografischen Daten spielte also zunächst nur in instrumenteller Perspektive eine Rolle, Biografie selbst erschien noch nicht als eigenständige soziologische Kategorie. Ein weiteres frühes Zentrum der Biografieforschung – hier aber aus der disziplinären Perspektive der Psychologie – war das von Charlotte und Karl Bühler geleitete psychologische Institut der Universität Wien in den 1920er- und 1930er-Jahren (vgl. Rosenthal 2005: 161 f.)

Als elaborierte Methode mit einer angebbaren theoretischen Legitimation wurde die Erforschung von Biografien aus der Perspektive der Biografieträgerinnen erst ab den späten 1970er-Jahren vor allem durch den damals in Bielefeld wirkenden Soziologen Fritz Schütze (anfangs gemeinsam mit dem Linguisten Werner

Kallmeyer) etabliert. Am Anfang stand dabei der Entwurf eines gesprächsanalytischen Verfahrens auf der Basis erzähltheoretischer Überlegungen (Kallmeyer/ Schütze 1976: 1977). Schütze bringt die dabei entwickelte analytische Konzeption in den Folgejahren stärker in Zusammenhang mit dem Forschungsgegenstand Biografie und dem von ihm entwickelten Verfahren des narrativen Interviews (Schütze 1977, 1983), dass wir in Kapitel 4.4.3 bereits kennengelernt haben. Damit konstituiert er eine sehr enge Kopplung zwischen einer hochspezialisierten Methode der Materialgewinnung, einem genau darauf abgestimmten analytischen Verfahren und einem entsprechend stark gerichteten Erkenntnisinteresse.

6.3.2 Die erzähltheoretische Grundlegung

Der Ausgangspunkt von Schützes methodologischem Ansatz ist die Frage, wie eigentlich Stegreiferzählungen zustande kommen und gestaltet werden. Stegreiferzählungen sind solche Formen des Erzählens, die in der Situation (also ‚aus dem Stegreif') neu entworfen und präsentiert werden – im Unterschied also zu geplanten, vorstrukturierten Erzählweisen (z. B. professioneller Märchenerzähler oder der Autorinnen von Autobiografien). Schützes Ausgangshypothese lautet, dass „die formale Darstellungsordnung des Stegreiferzählens auf den Umstand zurückzuführen ist, daß autobiographisches wie jedes andere Stegreiferzählen sich an grundlegenden kognitiven Figuren der Erfahrungsrekapitulation ausrichtet" (Schütze 1984: 80). Hier wird mit anderen Worten postuliert, dass es im kollektiven Wissensvorrat einer Gesellschaft oder einer Kultur bestimmte formal-inhaltliche Strukturen der Wissens- oder besser: Erfahrungsrepräsentation gibt, die von kompetenten Mitgliedern „gewusst" werden und nach denen sie ihre Selbstdarstellung organisieren. Schütze, der sich dabei an den Ergebnissen der linguistischen Erzählforschung orientiert (Ehlich 1980; Gülich 1980), nennt diese Strukturen „Zugzwänge des Stegreiferzählens" (Schütze 1984: 81). Ihre Bedeutung für die Interaktionssituation des Erzählens liegt darin, dass sie die Verstehbarkeit der Geschichte für die Zuhörerin überhaupt erst herstellen, indem sie es dem Erzähler ermöglichen, den überbordenden Gehalt seines biografischen Wissens in eine in der konkreten Erzählsituation intersubjektiv vermittelbare Gestalt zu bringen. Die erzählende Person orientiert sich unbewusst an diesen im Laufe der Sozialisation erlernten Gestaltungsmustern, die den Zuhörenden in vergleichbarer Weise verfügbar sind.

Es sind drei verschiedene Zugzwänge, in die sich Erzählpersonen in einer erfolgreichen Haupterzählung verstricken:

(1) Der *Detaillierungszwang* bewirkt zweierlei: Er nötigt zum einen die Erzählerin zu einer mit der Chronologie der erzählten Ereignisse übereinstimmenden Darstellung, die von Ereignis zu Ereignis sinnhafte Verknüpfungen herstellt („So kam es, dass ich dann ins Internat geschickt wurde."). Zum anderen bringt er die Erzählerin dazu „Geschichten- und Ereignisträger, die Schauplätze, Zeiten und Ereignisse

zu benennen" (Hermanns/Tkocz/Winkler 1984: 105), wobei die Detailliertheit und → Indexikalität der Angaben mit der Zentralität des erzählten Ereignisses für die Lebensgeschichte zunimmt. Mit anderen Worten: Aus besonders detailreich und dicht erzählten Passagen können wir analytisch schlussfolgern, dass sie Höhe- oder Wendepunkte der Lebensgeschichte repräsentieren.

(2) Im Unterschied dazu meint *Gestaltschließungszwang*, dass der Erzähler, wenn er sich plausibel vermitteln will, nicht umhinkommt, angekündigte und begonnene Erzählteile (Gestalten) auch zu Ende zu führen, sie also zu „schließen". Eine Passage wie: „Und dann, ja, dann hatte ich also das Riesenglück, dass ich den Paul kennengelernt und mich total in ihn verliebt hab. Später habe ich dann den Richard geheiratet", würde uns als Zuhörer stutzig machen. Für uns als Forscher wäre es eine Stelle mangelnder Plausibilität, die wir in der Rückgriffsphase noch einmal ansprechen würden. Hinter solchen Passagen verbergen sich mitunter dramatische Ereigniszuspitzungen oder Misserfolge, die die Erzählperson ursprünglich nicht zu erzählen geplant hatte, in deren Schilderung sie sich aber durch die chronologische Abarbeitung der Lebensgeschichte hinein verwickelt hat.

(3) Schließlich gibt es noch den *Relevanzfestlegungs- und Kondensierungszwang*: Weil die Zeit der Erzählung und die Aufmerksamkeitsspanne der Zuhörer begrenzt sind, eine ‚komplette' Lebensgeschichte also nicht erzählt werden kann, verlangt eine erfolgreiche Erzählung von der Erzählerin die Auswahl der zu erzählenden Aspekte der Lebensgeschichte und auch eine Entscheidung darüber, welche Erzählteile detailliert und welche eher nur in groben Pinselstrichen dargeboten werden. Hier zeigt sich die Bedeutung einer nicht durch Zwischenfragen der Forscher gestörten Haupterzählung im narrativen Interview, denn nur so können Relevanzstrukturen der Erzählperson weitestgehend ‚ungestört' die Gestalt der Erzählung formen – was im Umkehrschluss für die Analyse bedeutet: Nur so können wir von der Erzählung auf die Relevanzstrukturen der Erzählperson rückschließen (zu den Zugzwängen des Erzählens vgl. Hermanns/Tkocz/Winkler 1984: 104 ff.).

Eine erzählte Lebensgeschichte enthält allerdings nicht ausschließlich Textteile, die als Erzählung gestaltet sind und in denen mithin die besagten Zugzwänge wirksam werden. Andere Darstellungsmodi, Schütze spricht von „Kommunikationsschemata der Sachverhaltsdarstellung" (Schütze 1984: 80), sind *Anekdoten*, d. h. standardisierte, so schon öfter zur Aufführung gebrachte Episoden mit einer Pointe, *Argumentationen*, d. h. Passagen, in denen ein bestimmtes Tun oder eine bestimmte Haltung begründet und legitimiert wird, sowie *Beschreibungen*, die eher resümierend das regelhafte, als Normalität markierte in verallgemeinerter Form darstellen. Diese drei Textsorten sind für die spätere Analyse ebenfalls von Bedeutung, können aber, da auf sie die vorgenannten Grundannahmen nicht zutreffen, nicht mit den Mitteln der erzähltheoretischen Konversationsanalyse erschlossen werden.

Eine biografietheoretisch entscheidende Frage betrifft das Verhältnis zwischen situativ, im Stegreiferzählen entwickelter Biografie und dem tatsächlich gelebten Leben. Selbst wenn wir uns schnell darauf verständigen, dass es sich hier nicht um ein schlichtes Abbildungsverhältnis handeln kann, bleibt immer noch die Frage, *welche* Art von Beziehung zwischen beiden Ebenen besteht. Schütze geht davon aus, dass das gelebte Leben sich vermittelt auch in der biografischen Selbstrepräsentation Ausdruck verschafft. Wohlrab-Sahr notiert dazu treffend: „Es geht Schütze nicht darum, dass eine objektive Ereignisabfolge gewissermaßen eine direkte Entsprechung im Text findet. Sondern es geht (...) um die Annahme, daß sich aufgrund der Verstrickung in die Zugzwänge des Erzählens die Art der kognitiven Aufbereitung reproduziert, die seinerzeit auch die Erfahrung selbst strukturiert hat" (zit. n. Küsters 2006: 33).

Die Erzählenden kämen also durch die Eigenlogik der erzählerischen Darstellungsform gar nicht umhin, sich im Moment der Erzählung ihren damaligen Erlebniszuständen und Kognitionen wieder anzunähern und diese so zu repräsentieren.

6.3.3 Das praktische Vorgehen

Die Narrationsanalyse in der von Schütze entwickelten Verfahrensweise startet mit einem sehr detaillierten Transkript eines narrativen Interviews, das im Erfolgsfall aus einer längeren geschlossenen Haupterzählung, einem narrativ angelegten Vertiefungsteil und einem argumentativ angelegten Nachfrageteil mit abstrahierenden Beschreibungen und eigentheoretischen Reflexionen der Erzählperson auf die eigene Lebensgeschichte besteht. Schütze schreibt zur besonderen Qualität dieses Materialtyps: „Nicht nur der ‚äußerliche' Ereignisablauf, sondern auch die ‚inneren Reaktionen', die Erfahrungen des Biographieträgers mit den Ereignissen und ihre interpretative Verarbeitung in Deutungsmustern, gelangen zur eingehenden Darstellung. Zudem werden durch den Raffungscharakter des Erzählvorgangs die großen Zusammenhänge des Lebensablaufs herausgearbeitet, markiert und mit besonderen Relevanzsetzungen versehen" (1983: 285 f.).

Diese Komplexität des Materials gilt es, sich nun in der Analyse zu erschließen.

(1) In einem ersten Arbeitsschritt wird dazu eine *formalsprachliche Analyse* des transkribierten Materials nach unterschiedlichen Textsorten bzw. Darstellungsformen durchgeführt. Es werden also gezielt die erzählenden Teile von den argumentativen und den beschreibenden Passagen unterschieden (die anekdotischen Passagen lassen sich in der formalsprachlichen Analyse oft noch nicht klar unterscheiden, dies geschieht also meist erst in der weiteren Analyse). Dieser Schritt der Analyse wird als formalsprachlich bezeichnet, weil hier formale Indikatoren, die „narrativen Rahmenschaltelemente" (1983: 286) zur Bestimmung der Textsorten und der Übergänge zwischen den Textsegmenten genutzt werden (z. B. „und dann", „plötzlich kam es, dass", „dann"). Ergebnis dieses Arbeitsschrittes ist eine

Beschreibung aufeinanderfolgender Segmente des um nicht narrative Textteile bereinigten Erzähltexts. Im Mittelpunkt der weiteren Analyse stehen die als Erzählung ausgeführten Materialteile, doch Beschreibungen und Argumentationen gehen zu einem späteren Zeitpunkt wieder in die Rekonstruktion mit ein.

(2) Der zweite Arbeitsschritt, die *strukturelle Beschreibung*, wendet sich der Binnenanalyse der einzelnen, durch formale Rahmenschaltelemente voneinander abgetrennten Segmente der Erzählung zu. Auch hier bilden wieder formale Elemente des Textes, sog. „formale Binnenindikatoren" (1983: 286) den Schlüssel zur Analyse. Dabei kann es sich um unterschiedliche Verknüpfungselemente (z. B. „und", „weil", „insofern"), sprachliche Indikatoren zeitlicher Ordnung („dann", „nun", „damals", „jetzt") oder um Stellen mangelnder Plausibilität (Pausen, veränderte Intensität des Erzählduktus, Selbstkorrekturen) handeln. Sie erlauben es, genauer zu bestimmen, in welchem Verhältnis die Segmente der Erzählung zueinanderstehen, wie größere oder kleinere Erzählbögen miteinander verkettet oder kausal aufeinander bezogen sind. Dabei wird nun zunehmend auch auf die inhaltliche Dimension des Hervorbringens und Erlebens der geschilderten Ereignisse Bezug genommen. Praktisch zeigt sich das daran, dass eine knappe Paraphrase der im einzelnen Erzählsegment dargestellten Begebenheiten am Anfang dieses Arbeitsschritts steht. Erst auf dieser Basis werden dann größere Sinnzusammenhänge rekonstruiert. Zum Beispiel stellt die Erzählperson vielleicht drei gleichartige Situationen in gescheiterten Bewerbungsgesprächen dar, deren Funktion für die Lebensgeschichte sich in der Analyse darin erweist zu zeigen, wie die ersten, noch unbedarften Versuche der Berufseinmündung am eigenen Unvermögen gescheitert sind. Damit geht die analytische Bewegung im zweiten Arbeitsschritt vom konkreten Inhalt hin zu zunehmend abstrakteren und umfassenderen Rekonstruktionen, die die Struktur der lebensgeschichtlichen Darstellung sichtbar werden lassen: „Die strukturelle Beschreibung arbeitet die einzelnen zeitlich begrenzten Prozeßstrukturen des Lebensablaufs – d. h. festgefügte institutionelle Lebensstationen; Höhepunktsituationen; Ereignisverstrickungen (...); dramatische Wendepunkte oder allmähliche Wandlungen; sowie geplante und durchgeführte biographische Handlungsabläufe heraus" (Schütze 1983: 286).

(3) Die Abstraktion vom konkreten Inhalt der lebensgeschichtlichen Erzählung setzt sich im anschließenden Arbeitsschritt, der *analytischen Abstraktion* fort, denn nun werden die von den Forscherinnen im Rahmen der strukturellen Beschreibung getroffenen abstrakten Aussagen zur Struktur der einzelnen Lebensabschnitte zueinander in Beziehung gesetzt. Dabei identifizieren die Forscher Muster und Logiken der Gestaltung der Biografie durch den Biografieträger. Das Ziel besteht darin, die „biographische Gesamtformung (herauszuarbeiten), d. h. die lebensgeschichtliche Abfolge der erfahrungsdominanten Prozeßstrukturen in den einzelnen Lebensabschnitte bis hin zur gegenwärtig dominanten Prozeßstruktur" (Schütze 1983: 286).

Dabei zeigt sich in der Regel, dass die Erzählperson auch in unterschiedlichen Lebenssituationen in bestimmter Weise gleichartig mit Ereignissen umgeht, sie z. B. als positive Herausforderung deutet und sie tatkräftig mitgestaltet oder aber eine Vielzahl von Situationen immer wieder auf eine früh erlittene z. B. Kränkungserfahrung zurückbezieht und sich im Handeln als blockiert erlebt.

(4) Nachdem die argumentativen und reflexiven Gesprächsanteile in den ersten drei Arbeitsschritten bewusst ausgeklammert wurden, zielt die *Wissensanalyse* nun speziell darauf, diese Textpassagen zu untersuchen und das darin enthaltene Wissen zu explizieren. Vor dem Hintergrund der bereits rekonstruierten Ebenen von Ereignisablauf, Erfahrungsaufschichtung und aufeinander bezogenen Prozessstrukturen des Lebensablaufs kann in der Wissensanalyse systematisch untersucht werden, in welcher Weise die eigentheoretischen Statements des Biografieträgers Funktionen wie Orientierung, Legitimierung, Selbstdefinition, Verdrängung etc. erfüllen, die in der einen oder anderen Weise zur Bewältigung der Biografie ohne Beschädigung der Identität in Anschlag gebracht werden müssen. Schütze weist hier ausdrücklich auf den Stellenwert einer vorgängigen Rekonstruktion von Ereignisabläufen und Erfahrungen der Erzählerin hin: „Ohne den lebensgeschichtlichen Ereignis- und Erfahrungsrahmen für die eigentheoretischen Wissensproduktionen des Biographieträgers zu kennen, ist es unmöglich, den Stellenwert autobiographischer Theorieproduktionen für den Lebenslablauf zu bestimmen" (Schütze 1983: 287).

Bis hierhin könnte man von einer biografischen Fallstudie sprechen. Doch Schützes Ansatz zielt über die Rekonstruktion des Einzelfalls hinaus, wie sich in den beiden anschließenden Arbeitsschritten zeigt:

(5) Zum Zweck *kontrastiver Vergleiche* werden systematisch weitere Fälle ausgewählt und mit dem Ausgangsfall verglichen. Ähnlich wie in der GT, von der Schütze stark beeinflusst wurde, sind auch in dieser Form der biografischen Narrationsanalyse eine sukzessive, an der entstehenden Theorie orientierte Fallauswahl und systematische Vergleichsstrategien in einem iterativ-zyklischen Prozess eng ineinander verwoben. Die Vergleichsarbeit kann sich dabei auf konkrete Analyseinteressen richten, also z. B. Arten der Einflussnahme von Eltern auf die Berufswahlentscheidung oder den Einfluss der Holocausterfahrung auf die individuelle Konstruktion der Biografie rekonstruieren. Sie kann aber auch ein eher abstraktgeneralisierendes Interesse verfolgen und z. B. Typiken von biografischen Prozessstrukturen erarbeiten. Wie Strauss für die GT so schlägt auch Schütze für die Narrationsanalyse vor, zunächst eine *Strategie des minimalen Vergleichs* zu verfolgen, also Fälle heranzuziehen, die in den interessierenden Ablaufmustern, Darstellungsmodi oder Bewältigungstypiken dem Ausgangsfall eher ähnlich sind. Die Abgrenzung und Differenzierung der entwickelten biografieanalytischen Konzepte erfolgt schließlich in einer *Strategie des maximalen Vergleichs*. Es werden also Fälle betrachtet, die zwar im interessierenden biografischen Themenfeld angesiedelt

sind, jedoch in der Verlaufstypik oder der Art der eigentheoretischen Konstruktionen signifikant von der zuvor betrachteten Fallgruppe abweichen.

(6) Die Vergleichsarbeit mündet schließlich in der *Konstruktion eines theoretischen Modells.* Als Quintessenz der analytischen und komparativen Arbeit werden nun „Prozeßmodelle spezifischer Arten von Lebensabläufen, ihrer Phasen, Bedingungen und Problembereiche (...) oder auch Prozeßmodelle einzelner grundlegender Phasen und Bausteine von Lebensabläufen" (Schütze 1983: 288) erarbeitet. Ein Beispiel dafür wären etwa typische Muster von Ingenieurbiografien, wie sie die Studie von Hermanns et al. (1984) rekonstruiert hat.

Diese Form der Analyse lässt sich nicht allein auf komplette Biografien anwenden, sondern auch auf Abschnitte von Lebensgeschichten, z. B. die Bewältigung einer Katastrophe oder den Verlauf von Berufseinmündungsprozessen.

6.3.4 Kritik und Varianten

Schützes Methode der biografischen Narrationsanalyse markiert zwar den Beginn der Entwicklung narrationsanalytischer Methoden und stellt eine zentrale Verfahrensweise zum Umgang mit dem in narrativen Interviews generierten Material dar. Doch gibt es sowohl gegenüber dem Verfahren des narrativen Interviews und seinem Anspruch als auch gegenüber den erzähltheoretischen Annahmen, die dem Auswertungsverfahren zugrunde liegen, begründete Kritik. So wird etwa infrage gestellt, ob die Fähigkeit zum Erzählen eher eine grundlegende, allen Menschen im Prinzip verfügbare Kompetenz ist oder ob hier unterschiedliche Ausprägungen dieser Kompetenz je nach Kultur- und Schichtzugehörigkeit vorliegen, die Einfluss auf die Art und Qualität der Ergebnisse haben (Fuchs-Heinritz 2009: 181). Kritisch hinterfragt wird auch die basale Annahme Schützes von einer Strukturgleichheit (→ Homologie) zwischen der Erfahrungsaufschichtung des erlebten Lebens und den Prozessstrukturen der lebensgeschichtlichen Erzählung – allerdings kommt diese Kritik aus einer systemtheoretischen Perspektive, die durch empirische Biografieforschung noch nicht aufgefallen ist und ihrerseits eine empirisch kaum zu belegende gegenteilige Grundannahme postuliert: Kommunikation wird als „kontingent" betrachtet. Es wird also angenommen, dass *kein* systematischer Zusammenhang zwischen Kommunikation und kommuniziertem Inhalt besteht (vgl. Nassehi/Saake 2002: 70). Zentraler noch ist der Einwand, dass die zeitlich sehr weiträumige Retrospektivität der Erzählung die Gefahr birgt, die vergangenen Erlebnisse mit aktuellen Befindlichkeiten zu überformen, sodass beides im Text nicht mehr zu unterscheiden sei (Bude 1985). Zwar beansprucht Schütze für das narrative Interview nicht, dass es eine getreue Abbildung erlebten Lebens ist, wohl aber aktuelle Bearbeitungen erlebten Lebens in der erzählenden Darstellung als solche sichtbar würden und in der Analyse entsprechende Behandlung erfahren.

Angesichts der unterschiedlichen Kritiken ist es nicht verwunderlich, dass sich in der Folge einige Varianten narrationsanalytischer Verfahren in der Biografieforschung entwickelt haben, die zwar im Kern die gleiche Strategie der Datengewinnung verwenden, aber andere Analysestrategien und abweichende theoretische und methodologische Vorannahmen verfolgen. Hier ist insbesondere Gabriele Rosenthal zu nennen, die in Studien über Holocaust- und Kriegserleben eine ursprünglich mit Wolfram Fischer-Rosenthal gemeinsam entwickelte, sequenzanalytische Narrationsanalyse verwendet, die sich methodologisch stark an die Annahmen der OH anlehnt (Rosenthal 1990, 1995). Auch die Dokumentarische Methode befasst sich mit ihren Mitteln mit der rekonstruktiven Bearbeitung narrativen Materials, denn, wie Przyborski/Wohlrab-Sahr feststellen: „Die Nähe von Erfahrung und Erzählung stellt eine ganz wesentliche methodisch-methodologische Komponente der Narrationsanalyse dar. Dies verweist auf gemeinsame Wurzeln und Entwicklung von Dokumentarischer Methode und Narrationsanalyse, auf fließende Grenzen der Verfahren und damit auch auf die Möglichkeit wechselseitigen Anknüpfens" (Przyborski/Wohlrab-Sahr 2014: 298).

Nach wie vor aber stellt die narrationsanalytische Biografieforschung in der ursprünglichen Fassung von Schütze das am stärksten etablierte Verfahren in der qualitativen Biografieforschung dar.

6.3.5 Narrationsanalyse und Grounded Theory im Vergleich

Ein wichtiger Unterschied zwischen Narrationsanalyse und GT liegt auf der Hand: Erstere ist auf eine spezifische Materialsorte, eben im Rahmen eines narrativen Interviews erzähltes Leben, fokussiert und zielt speziell auf lebensgeschichtliche Erfahrungsmuster sowie deren subjektive Verarbeitung durch die Biografieträgerin. Zugleich wird damit eine bestimmte theoretische Annahme über die Funktionsweise oder die Geneseprinzipien dieser Art von Material zugrunde gelegt, die linguistische Erzähltheorie. Entsprechend speziell sind die daraus abgeleiteten Verfahrensvorschläge. Für die GT hatten wir umgekehrt festgestellt, dass sie weder in ihrem Materialzugriff noch in den inhärenten Erkenntniszielen festgelegt ist: Es wird die Art von Material gesammelt und im Forschungsprozess produziert, die für die Beantwortung einer jeweiligen Frage geeignet zu sein verspricht. Und die dabei genutzten theoretischen Vorannahmen bewegen sich eher auf allgemein sozialtheoretischer Ebene und sind damit weit weniger spezifisch als die Erzähltheorie in der Narrationsanalyse bei Schütze.

Allerdings gibt es zwischen der von Fritz Schütze geprägten Variante der narrationsanalytischen Biografieforschung und der GT auch eine starke Verbindung, die methodengeschichtlich nicht zuletzt aus der engen Freundschaft zwischen Strauss und Schütze resultiert. Auch Schütze vertritt eine interaktionistische Theoriesposition, die mit der von Strauss weitestgehend deckungsgleich ist. Im praktischen Forschungsprozess zeigen sich die Parallelen besonders deutlich in der Art der

Fallauswahl – hier übernimmt Schütze das theoretische Sampling der GT – und in der Verschränkung dieser sukzessiven Fallauswahl mit gestaffelten Prozessen minimal und maximal kontrastiver Vergleiche. Theoretische Bezüge sind vor allem im Konzept der „Verlaufskurve" zu finden, mit dem Strauss eine erst ex post rekonstruierbare Prozessperspektive (z. B. Sterbeverläufe, Arbeitsbögen etc.) meint (ausführlicher Strübing 2007). Schütze adaptiert dieses Konzept für biografieanalytische Fragen. Unterschiede zur GT ergeben sich, wie gesehen, aus dem Erkenntnisinteresse und aus den dazu herangezogenen zusätzlichen Theoriebezügen.

Übrigens ergibt sich auch eine interessante Parallele zur Dokumentarischen Methode, genauer zum dort postulierten Erfordernis einer Einklammerung des Geltungssinns. Die Narrationsanalyse klammert in den ersten drei Analyseschritten, in denen Strukturmuster der Hervorbringung und Bewältigung der eigenen Lebensgeschichte rekonstruiert werden, die argumentativen, eigentheoretischen Beiträge der Erzählperson ebenfalls ein, um den Blick für die Strukturlogik der Biografiekonstruktion zu öffnen. Diese Logik ist der Biografieträgerin in der Regel nicht verfügbar und kann erst durch eine integrierte Analyse von Erzählung und eigentheoretischen Beiträgen rekonstruiert werden.

6.4 Ethnomethodologische Konversationsanalyse

> It was not from any large interest in language or from some theoretical formulation
> of what should be studied that I started with tape-recorded conversation,
> but simply because I could get my hand on it and I could study it again and again,
> and also, consequentially, because others could look at what I had studied and make of it
> what they could, if, for example, they wanted to be able to disagree with me.
> (Sacks 1984: 26)

Sowohl die Konversationsanalyse als auch die Ethnomethodologie sind bereits in vorangegangenen Kapiteln zur Sprache gekommen: Die Dokumentarische Methode wird von Bohnsack als eine methodisch verbesserte und explizitere Weiterentwicklung des ethnomethodologischen Grundgedankens des Dokumentarischen bzw. des Indexikalischen positioniert (s. Kap. 6.2.1), und die narrationsanalytische Biografieforschung hat wesentliche Anregungen aus konversationsanalytischer Richtung aufgenommen, auch wenn sie insgesamt eher gesprächsanalytisch und erzähltheoretisch fundiert ist (s. Kap. 6.3.1). Wie sich zeigen wird, verfolgt die ethnomethodologische Konversationsanalyse (im folgenden KA) – auf der Basis ihrer ethnomethodologischen Orientierung – andere Erkenntnisziele als die Dokumentarische Methode oder die narrationsanalytische Biografieforschung. Ihr geht es, kurz gesagt, in einer Mikroperspektive um die strikt empirische Erforschung der Herstellung von Interaktionsprozessen durch sprachliches Handeln und um die Identifizierung formaler Verfahren und Strukturen, derer die Handelnden sich bei dieser Herstellung wechselseitig bedienen.

6.4.1 Die Entstehung der Konversationsanalyse aus der Ethnomethodologie

Die Ethnomethodologie, aus der die Konversationsanalyse hervorging, wurde von Harold Garfinkel begründet, einem amerikanischen Soziologen, der bei Alfred Schütz und Aron Gurwitsch studiert und bei Talcott Parsons promoviert hat. Er arbeitete bei Parsons als Assistent, setzte sich aber schon in seiner Dissertation 1952 von dessen Idee einer Lösung des Problems sozialer Ordnung durch das Konzept eines normativen Konsenses kritisch ab. Gegen dessen Annahme, dass das vorgegebene, geteilte und internalisierte Wertesystem einen ‚an sich‘ wirksamen Vergesellschaftungszusammenhang bildet, wendet Garfinkel ein, dass „zwischen den immer nur allgemein formulierbaren Regeln und Werten einerseits, der unvermeidlich partikularen Situation des aktuellen Handelns andererseits ein erkenntnistheoretischer → Hiatus liegt" (Bergmann 2000a: 119; unter Bezug auf Heritage). Unabhängig davon also, was an Normen und Regeln in einer Gruppe, Organisation oder Gesellschaft wie auch immer verbindlich existiert: Die Handelnden müssen für die Probleme der Herstellung von Interaktion und Kommunikation in situ immer selbst praktische Lösungen finden, in denen sie ihr Wissen um die existierenden generellen Normen mit den konkreten Bedingungen der Situation vermitteln. Damit wird zugleich behauptet, dass die Handelnden auch jenes Wissen, das sie als von ihnen unabhängig und objektiv gegeben wahrnehmen, tatsächlich in ihrer fortgesetzten Interaktion erst erzeugen und fortschreiben:

> Gesellschaftliche Wirklichkeit wird von Garfinkel verstanden als eine Vollzugswirklichkeit, d. h. als eine Wirklichkeit, die von den Interagierenden „lokal" hervorgebracht und intersubjektiv ratifiziert wird. Dieser Vorgang der sinnvermittelten Wirklichkeitserzeugung kann, da alle kompetenten Gesellschaftsmitglieder an ihm teilhaben, nicht in subjektiv beliebiger Manier ablaufen, er erfolgt vielmehr methodisch, was bedeutet: Er weist einzelne formale und als solche beschreibbare Strukturmerkmale auf. (Bergmann 1994: 6)

Für Garfinkel – wie etwa auch für die Interaktionisten – findet also Vergesellschaftung, d. h. die Herstellung, Aufrechterhaltung und Modifikation sozialer Ordnung *in der Situation* statt. Nun könnte man geneigt sein zu denken: Nun, jeder Akteur macht das halt so irgendwie auf seine Weise. Garfinkel bringt hier aber ein entscheidendes zusätzliches Argument: Weil es um die Herstellung von sozialer Ordnung geht und also andere Gesellschaftsmitglieder als Teilnehmerinnen an diesem Prozess partizipieren, kann sinnvermittelte Wirklichkeitserzeugung nicht subjektiv beliebig ablaufen. Denn sonst wären diese jeweiligen Aktivitäten zur Aufrechterhaltung sozialer Ordnung wechselseitig nicht verstehbar, d. h. andere könnten daran nicht sinnvoll anschließen – sie würden also ihr Ziel verfehlen. Daraus folgert er, dass sinnvermittelte Wirklichkeitserzeugung systematisch und methodisch erfolgt, dass sie also auch einzelne formale und daher beschreibbare Strukturmerkmale aufweisen muss, mithin einer empirischen Analyse zugänglich sein müsste. Es ging Garfinkel daher in methodologischer Perspektive um ein Beobachten von Beobachtungen, darum also herauszufinden, wie Menschen im Alltagshandeln zu

Überzeugungen über die Absichten und Haltungen ihrer Interaktionspartner gelangen, Überzeugungen, die dann wiederum die Grundlage für das eigene Handeln werden. Sein Ziel ist somit die Analyse der formalen „Methoden", die alltäglich von Menschen innerhalb ihrer Sozialwelt zur Konstitution und zur Beobachtung einer als selbstverständlich hingenommenen sozialen Ordnung angewendet werden, daher der Begriff der „*Ethno*methodologie".

Garfinkel kritisierte damit zugleich die Methodenpraxis der (damaligen) Sozialwissenschaften, denen er vorwarf, nichts anderes zu tun, als das, was wir im Alltagshandeln ohnehin tun, nämlich zu beobachten und den subjektiv gemeinten Sinn, also die Motive unserer Interaktionspartner zu rekonstruieren. Mit seinen in der Soziologie berühmt gewordenen „Krisenexperimenten" („breaching experiments") gelingt es ihm, die Funktionsweise und Wirksamkeit solcher Ethnomethoden aufzuzeigen. So lässt er z. B. seine Studentinnen auf das von Kommilitonen als Grußformel verwendete „How do you do?" nicht – wie üblich mit „How do you do?" oder „Fine!" antworten, sondern mit ausführlichen Nachfragen, ob das nun finanziell oder beziehungsmäßig oder mit Blick auf die bevorstehenden Prüfungen gemeint sei. Die Reaktionen der so Angesprochenen waren oft empört oder entgeistert und folgten gerne dem Muster, dass sie schließlich nur höflich sein wollten und es ihnen eigentlich sehr egal sei, wie es dem Gegenüber wirklich gehe. Analytisch spannend sind für die Ethnomethodologie vor allem diese Reaktionen. An ihnen lässt sich zeigen, wie die irritierten Akteure die Situation und ihr Verständnis davon, wie es ‚richtig' ist, zu reparieren versuchen. Damit verweisen sie aber zugleich auf eben diese Richtigkeitsvorstellungen, also darauf, mit welchen Ethnomethoden Situationen dieses Typs gewöhnlich bewältigt werden und was sie ihnen bedeuten. Das „How do you do" wird dann z. B. als Höflichkeitsfloskel bei beiläufigen Begegnungen markiert.

Dabei greift Garfinkel – wie danach auch die Konversationsanalyse – auf die methodologischen Grundgedanken der Dokumentarischen Methode Mannheims zurück: Handlungen werden als Dokumente eines allgemeinen Musters verstanden, haben also indexikalische Eigenschaften. Beim Schluss von der konkreten Handlung auf das allgemeine Muster zeigt sich in der Abweichung von diesem Muster zugleich die Spezifik der konkreten Situation. „Zwischen Handlung und Muster besteht eine rekursive Beziehung" (Meuser 2003: 54). Ebenfalls in Anlehnung an Mannheim praktizieren Ethnomethodologie und Konversationsanalyse eine „ethnomethodologische Indifferenz" (Garfinkel/Sacks 2004/1970: 399), d. h. sie verzichten auf die Ergründung von Handlungsmotiven und ersetzen Warum-Fragen durch Wie-Fragen, indem sie auf die Methoden der Herstellung sozialer Ordnung in situ fokussieren.

6.4.2 Theoretische Positionen der Konversationsanalyse

Begründer der KA ist Harvey Sacks, der 1966 in Berkeley promoviert wurde, also in der Zeit als Goffman und Blumer dort lehrten. Formell war Sacks ein Schüler

Goffmans, tatsächlich aber wurde er viel stärker von Garfinkel beeinflusst, der damals einen Lehrstuhl in Los Angeles innehatte (Eberle 1997: 245). Sacks wurde Anfang der 1960er-Jahre durch die Arbeit in einer telefonischen Beratungsstelle für Suizidgefährdete auf die formale Struktur von Gesprächen aufmerksam (Schegloff 1992: XV) und begann detailgenaue Abschriften (Transkripte) der Gespräche minutiös zu analysieren. Die folgende Passage war eine der ersten, derer Sacks sich annahm (Schegloff 1992: XVI):

A: This is Mr Smith, may I help you?
B: I can't hear you.
A: This is Mr <u>Smith</u>.
B: Smith.

An dieser Sequenz aus einem Telefongespräch fiel Sacks 1964 die (auch im weiteren Gespräch fortgesetzte) Weigerung von B auf, gegenüber dem Berater seinen Namen preiszugeben. Er begann sich zu fragen, ob das Nichtverstehen des Namens des Gesprächspartners („I can't hear you") eventuell eine *Methode* zur Vermeidung der Nennung des eigenen Namens sein könnte. Und allgemeiner noch: Ob Gespräche derart detailliert organisiert sein könnten. Damit hatte er die ethnomethodologische Perspektive von Interaktion im Allgemeinen auf Gespräche als spezielle Form des Miteinanderhandelns übertragen. Schegloff, ein Wegbegleiter und zugleich einer der intellektuellen Nachlassverwalter des schon 1975 bei einem Autounfall tödlich verunglückten Sacks, markiert diese Episode als die Geburtsstunde der KA. Ihm ist daran nicht allein Sacks' Beobachtung im Detail wichtig, sondern vor allem die darin implizierte Feststellung, „that the talk can be examined as an object in its own right, and not merely as a screen on which are projected other processes, whether Balesian system problems or Schutzian interpretive strategies, or Garfinkelian commonsense methods. The talk itself was the action" (Schegloff 1992: XVIII).

Die Einsicht, dass Sprechen im umfassenden Sinne soziale Interaktion *ist* und diese nicht nur widerspiegelt war damals – trotz der schon gut zehn Jahre früher publizierten sprachpragmatischen Überlegungen in Wittgensteins *Philosophischen Untersuchungen* (2003/1953) – in der Soziologie noch nicht gut etabliert. Mit seiner These von der Organisiertheit und Geordnetheit von Gesprächen setzte sich Sacks in Widerspruch zu der damals dominierenden Position vieler Linguisten, wie etwa Noam Chomsky, der Gespräche als so kontingent betrachtete, dass sie für eine systematische Analyse nicht taugen würden (Heritage 1984: 235). Für Sacks hingegen war es eine ausgemachte Sache, dass natürliche, alltagsweltliche Gespräche eine innere Ordnung und Systematik aufweisen, die es in der Analyse sichtbar zu machen gilt. Er begann, die archivierten Bandmitschnitte der Beratungstelefonate genauer zu analysieren und entwickelte daran sukzessive sein Verfahren der, wie er es zunächst nannte, „conversational analysis". Weitere wichtige frühe konversationsanalytische Studien wurden von seinen damaligen Kollegen und Mitarbeiterinnen Emanuel Schegloff und Gail Jefferson durchgeführt. (Schegloff/Sacks 1988/89; Jefferson 1974; Jefferson/Sacks/Schegloff 1987). Die Verbreitung der Konversationsanalyse als Verfahren begann mit einer Serie von „lectures on conversation", die Sacks zwischen 1964 und 1972 hielt und die lange Jahre nur als Tonbandabschriften zirkulierten. Erst 1992, also rund 17 Jahre nach Sacks' frühem Tod, wurden diese editiert und als Standardwerk der Konversationsanalyse veröffentlicht (Sacks/Jefferson 1992).

Wenn die Ethnomethodologie, wie Bergmann (2000b: 55) notiert, ein „konstitutionsanalytisches Programm" ist, dann kann man Gleiches von der KA behaupten, denn auch ihr geht es um die Analyse der Genese von Sozialität. Wie konstituiert sich Gesellschaft im Reden, so lässt sich das Programm der KA knapp umreißen:

> Konversationsanalyse (= KA) bezeichnet einen Untersuchungsansatz, dessen Ziel es ist, durch eine strikt empirische Analyse „natürlicher" Interaktion die formalen Prinzipien und Mechanismen zu bestimmen, mittels derer die Teilnehmer an einem solchen Geschehen ihr eigenes Handeln, das Handeln anderer und die aktuelle Handlungssituation in ihrem Tun sinnhaft strukturieren, koordinieren und ordnen. (...) Die KA beschäftigt sich, kurz gesagt, mit den kommunikativen Prinzipien der (Re-)Produktion von sozialer Ordnung in der situierten sprachlichen und nichtsprachlichen Interaktion. (Bergmann 1994: 3)

Es geht also um kommunikative Herstellungsweisen, daher spielt der in der Ethnomethodologie geprägte Begriff des „doing" auch in der KA eine zentrale Rolle. Denn was immer in einem Gespräch soziale Realität sein soll, muss enaktiert, also im Sprechhandeln ‚getan' werden, damit es ‚ist'. Ein Experte etwa ist man nicht einfach, man muss fortlaufend auch in der verbalen Interaktion etwas tun, um ein Experte zu sein, also *doing ‚being a expert'*. Sacks bezieht dies aber nicht nur auf die Performanz von Rollen, sondern auch auf Gefühle oder bestimmte Arten und Elemente von Konversationen. So untersucht er in seinem Aufsatz *On doing ‚being ordinary'* (Sacks 1992) so basale Dinge wie Argumentieren, Fragen oder Sich-Erregen. Die zentrale analytische Einheit der KA sind „turns" oder „Redezüge", die in der Regel in „Paarsequenzen" oder „adjacency pairs" organisiert sind (z. B. Frage – Antwort oder Äußerung – Reaktion). Was ein *turn* ist, bestimmt sich dabei nicht nach rein sprachformalen Kriterien, sondern aus seiner Stellung im Interaktionsverlauf. Die KA analysiert deren Beitrag zur sequenziellen Ordnung der jeweiligen Situationen. Der Zusammenhang von Redezügen in Paarsequenzen wird dadurch erzeugt, dass der eröffnende *turn* eine Erwartungsstruktur erzeugt, der der zweite *turn* dann entspricht; die KA spricht hier von „konditioneller Relevanz". Diese existiert in allgemeiner Weise in sprachlichen Strukturen, derer die Redenden sich bedienen: Eine Frage erfordert eine Antwort, eine Aufforderung ein Bestätigung. Oft aber werden die Äußerungen noch einmal speziell auf den Adressaten hin organisiert, was in der KA als „recipient design" bezeichnet wird (Ayaß 2004: 9).

Die Perspektive des „doing being" verweist zugleich auf eine zentrale Funktion, die Handlungen und Äußerungen für Garfinkel und für Sacks erbringen müssen: Die Ausführung und Koordination szenischer Praktiken in der Interaktion hat nicht nur die Funktion, die Handlung selbst durchzuführen. Gleichzeitig müssen Handlungen im Vollzug als sinnvoll, angemessen und vernünftig präsentiert werden, damit sie identifizierbar, verstehbar und erklärbar werden. Garfinkel (1967: 1) nennt das „accountability" (Zurechenbarkeit). Handlungen werden also nicht erst sekundär zu erklärbaren, sinnvollen Handlungen gemacht, etwa durch Beobachter, sondern sie werden in gelingender Interaktion bereits so zur Aufführung gebracht, dass sie sich selbst plausibilisieren. Es ist also eine zusätzliche Aufgabe der Handelnden, diese Zurechenbarkeit aktiv herzustellen und dies auf eine Weise, die wahrgenommen, aber nicht explizit bemerkt und zum Gegenstand aktiver Reflexion gemacht wird (sonst würden wir z. B. sagen, das Expertentum von A sei nur „aufgesetzt"). Der auf diese Weise dem (z. B. sprachlichen Handeln) beigeordnete Sinn bestätigt sich damit im Handeln, das Handeln wird zurechenbar bzw. *accountable*.

Wenn man davon ausgeht, dass Handelnde grundsätzlich vor dieser Aufgabe stehen, dann kann man analytisch jeden Redezug mit „Why that now?" befragen, einer Frage, die Schegloff und Sacks in *Opening up Closings* (Schegloff/Sacks 1988/ 89) formulieren: Warum wird genau diese Äußerung gerade in diesem Moment so getan, wie sie getan wird? Man kann die Frage auch umkehren und fragen, für welches Problem eine jeweilige Handlung eine Lösung ist. Und dass es in der Interaktion fortwährend darum geht, Probleme zu lösen, dafür sorgt schon der erwähnte Hiatus zwischen (Wissen um die) allgemeinen Regeln des sozialen Miteinanders und der situativen Hervorbringung adäquater Anschlusshandlungen.

Daher verweist jede Äußerung in der Situation immer auch auf einen konkreten Kontext, in dem dieser Beitrag situiert ist, eine Handlungssequenz, an die er anschließt und die – umgekehrt – dann wieder an ihn anschließt. Verweisen heißt insofern, dass der einzelne Beitrag, der *turn*, ohne den konkreten Kontext nicht verstanden werden kann. Das gilt schon für die Interaktionspartner, umso mehr aber noch für externe Beobachterinnen wie z. B. Soziologinnen. So zeigt etwa Heritage (2010: 220 f.), wie ein „Oh," am Beginn eines *turns* im einen Fall ein Insistieren auf einer bestrittenen Sichtweise einleiten kann, während es in einem anderen Fall die Beendigung eines dem Sprecher aufgenötigten zugunsten eines selbst gewählten Themas anzeigt. Ohne Kenntnis der Anschlusskommunikation bliebe uns dieser Bedeutungsunterschied verborgen. Wir begegnen hier wieder dem Phänomen der *Indexikalität*: Weil sich in der notwendig lokalen Produktion sozialer Ordnung alle Handlungen auf den spezifischen situativen Kontext beziehen, spiegeln sie immer auch eine spezifische kontextuelle Orientierung wider.

Neben den Prinzipien von (1) „Accountability" und (2) Indexikalität ist die Herstellung einer sinnhaften Welt im interaktiven Vollzug durch weitere Strukturmerkmale charakterisiert. Insbesondere unterliegen Interaktionsprozesse (3) einer

„spezifische(n) Zeitökonomie" (Bergmann 1994: 7), denn die Endlichkeit der verfügbaren Zeit nötigt die Akteure zu pragmatischen Methoden der Abkürzung, die Handlungsfortschritt sichern, auch wenn nicht alle Fragen abschließend geklärt sein können. Dies ist gerade deshalb von besonderer Bedeutung, weil (4) die in den Handlungsanschlüssen und den dadurch vollzogenen Abstimmungen von Wirklichkeitsdefinitionen hergestellte Sinnhaftigkeit der Welt die einzige verfügbare Realität darstellt. Diese wird also vollzogen ohne je vollständig verstanden sein zu können. Schließlich ergibt sich daraus (5), dass die Konstitutionsprozesse von sozialem Sinn *reflexiv* prozessieren, „da die Handlung durch den dargestellten Sinn erklärbar und – umgekehrt – der Sinn durch die vollzogene Handlung bestätigt wird" (Bergmann 1994: 6). Sinn wird also zur Situation nicht von außen hinzugefügt, sondern er ist ihr konstitutiver Bestandteil.

6.4.3 Das praktische Vorgehen

Nun wird uns aber, nach all den theoretischen Vorüberlegungen und den prinzipiellen Aussagen, interessieren, wie die KA vor dem Hintergrund ihrer Zielsetzung praktisch vorgeht. Dabei stehen wir im Falle der KA vor einem besonderen Problem, denn für sie stehen das jeweils entdeckte Phänomen, das es zu erklären gilt, und die zu seiner wissenschaftlichen Analyse zu verwendenden Verfahren in einem engen Wechselverhältnis. Das heißt das konkrete Vorgehen kann im Prinzip nur nach Maßgabe des sich erst sukzessive offenbarenden Phänomens entwickelt werden – ein Grundmotiv auch anderer qualitativer Verfahren, das die KA aber mit besonderem Nachdruck vertritt. Aus diesem Grund wird in der KA die Darstellung des methodischen Vorgehens in Form allgemeiner Regeln eher vermieden. Dennoch lassen sich auch hier typische, wenngleich selbstredend anzupassende und weiterzuentwickelnde Analyseschritte angeben, wie sie in verschiedenen Einführungstexten zur KA im Wesentlichen übereinstimmend benannt werden.

Zunächst stellt sich dabei die Frage nach der Art des möglichen bzw. erforderlichen Datenmaterials: Weil die KA nach den in den Details und Nuancen der Sprachhandlungen liegenden formalen Methoden der Konstitution sozialer Ordnung sucht, ergibt sich zwingend, dass die Daten für konversationsanalytische Studien sehr detailliert und sehr nahe am tatsächlichen Handlungsablauf sein müssen und nicht selbst bereits mit Theorien der Beobachterinnen imprägniert sein dürfen. Deshalb werden in der KA keine Interviewtranskripte oder Beobachtungsprotokolle akzeptiert. Bergmann sieht derartiges Material als Ergebnis eines „rekonstruierenden Konservierungsmodus, (in dem) ein unwiederbringlich vergangenes soziales Geschehen durch Umschreibung, Erzählung oder Kategorisierung erfasst (wird), wobei jedoch das Geschehen in seinem ursprünglichen Ablauf weitgehend getilgt ist" (Bergmann 2000c: 535). Die KA legt daher Wert auf ‚rohe', ungeschnittene und nicht weiter didaktisch oder ästhetisch aufbereitete Tonaufnahmen (später auch audiovisuelle Aufzeichnungen), die als „registrierender Konservierungsmodus" bezeichnet werden: „Erst der registrierende Konservierungsmodus, der ein soziales Geschehen in den Details seines realen Ablaufs fixiert, ermöglicht es dem Sozialforscher, die ‚lokale' Produktion von sozialer Ordnung zu verfolgen, also zu analysieren, wie die Interagierenden sich in ihren Äußerungen sinnhaft aufeinander orientieren und gemeinsam, an Ort und Stelle, zu intersubjektiv abgestimmten Realitätskonstruktionen gelangen" (Bergmann 2000c: 531).

Die Verwendung von Telefonmitschnitten, die die stilbildende Anfangsphase der KA prägte, hat dabei noch einen besonderen Vorteil: Gestische und mimische Kommunikationsbeiträge typischer Interaktionen unter Bedingungen körperlicher Anwesenheit werden zwar nicht mit aufgezeichnet, sie stehen aber auch den telefonierenden Interaktionspartnerinnen nicht zur Verfügung, können hier also als Beitrag zur Produktion kommunikativer Anschlüsse ausgeschlossen werden (Ayaß 2004: 8). Konsequenterweise versucht man, bei der Transkription der Audio- oder Videodaten das Material möglichst vollständig und so detailliert wie möglich zu transkribieren. Anstatt also das aufgezeichnete Rohmaterial von zunächst irrelevant erscheinenden Bestandteilen zu ‚reinigen', werden in der KA alle Dialekteigentümlichkeiten, Intonationen, Versprecher, Pausen etc. mit in die – in der Notation entsprechend aufwändige – Transkription übernommen. Diese Detailversessenheit der KA hat mit einem basalen methodischen Prinzip zu tun: Das Prinzip der „order at all points" (Sacks 1984: 22) „besagt, dass kein in einem Transkript auftauchendes Textelement a priori als Zufallsprodukt anzusehen und damit als mögliches Untersuchungsobjekt auszuschließen ist" (Bergmann 1994: 10). Bis zum Beweis des Gegenteils soll also davon ausgegangen werden, dass jedes im Material auffindbare Detail aus der sequenziellen Ordnung der konkreten Interaktion hervorgebracht wurde und diese zugleich selbst mit konstituiert. Vorangehende Interakte stehen also nicht allein, sondern haben Konsequenzen für den Fortgang der Interaktion, jeder *turn* ist methodisch verknüpft mit vorangehenden und nachfolgenden *turns*.

John Heritage (2010: 213 ff.) unterscheidet in seiner Darstellung der typischen analytischen Vorgehensweise drei Schritte:

(1) Zunächst muss eine Interaktionspraktik als relevant für die Analyse ausgewählt werden. Das ist ein Entdeckungsprozess im Material, bei dem zugleich die Forschungsfrage mit entwickelt wird: Die Forscherin ‚stolpert' über ein Wort, einen Satzbeginn oder eine bestimmte Formulierung. Im erwähnten Beispiel von Heritage war es die Praktik der „Oh-prefaced responses", also eine im Anschluss an einen anderen *turn* auftretende Variante des Antwortens, die mit einem vorangestellten „Oh," eingeleitet wird (vgl. die ausführliche Analyse in Heritage 1998).

(2) Danach wird das Material nach weiteren Instanzen der gleichen Praktik durchsucht und über den Vergleich der Sequenzen, in denen die Praktik auftritt, genauer bestimmt, um was es sich handelt. Dabei werden im Material nicht nur gleichartige Praktiken entdeckt, sondern auch Varianten, die sich in be-

stimmten Nuancen vom Ausgangsfall unterscheiden. Wichtig ist dabei, dass die Platzierung in der Sequenz der aufeinanderfolgenden *turns* für die vergleichende Analyse herangezogen wird, denn die Praktik selbst, also in diesem Fall die Einleitung einer Antwort mit „Oh," ist zunächst gleich. Erst die Einbettung in eine Sequenz erlaubt es, hier zu Unterscheidungen zu kommen.

(3) Sind erst einmal unterschiedliche sequenzielle Einbettungen der fraglichen Praktik gefunden, so geht es nun darum herauszufinden, was die unterschiedliche Rolle und Bedeutung der Praktik im jeweiligen Konversationszusammenhang ist. Auch hier sind vergleichende Zugänge hilfreich, um zu Festlegungen zu kommen. So zeigte sich in dem von Heritage analysierten Fall, dass freistehende „Oh's" etwas anderes herstellen (die Bestätigung einer Antwort oder Frage als informativ bzw. angemessen) als ein den *turn* einleitendes „Oh" (das etwa die vorangehende Antwort auf eine Frage als selbstverständlich und die Frage als unnötig erscheinen lässt).

Wenn es darum geht, basale formale Methoden herauszuarbeiten, dann müsste nun weiterhin gezeigt werden, dass die jeweilige Methode (also hier das vorangestellte ‚Oh') kontextübergreifend die gleiche Leistung erbringt, es sich also nicht einfach um Zufall handelt. Ähnlich dem Schritt des heterogenen Vergleichs in der GT werden daher nun Instanzen dieser Praktik gezielt in voneinander deutlich unterscheidbaren Kontexten aufgesucht (z. B. privates Telefonat versus Talkshow oder öffentliches Interview) und analysiert, ob die Herstellungsleistung der Praktik in allen Fällen vergleichbar ist. Je unterschiedlicher die Kontexte sind, in denen die Praktik die gleiche Herstellungsleistung erbringt, als desto basaler kann sie gelten. Am Ende muss für die Bestimmung einer formalen Methode gezeigt werden, dass sie (1) übertragbar ist, also ein generatives Prinzip aufweist, das neue Fälle hervorbringen kann, dass sie (2) sowohl kontextübergreifend funktioniert als auch kontextsensitiv variiert wird und dass (3) die Akteure sich tatsächlich an dieser Methode orientieren.

Das Vorgehen der KA kann also grob in folgenden Schritten markiert werden: (1) Zunächst sichtet die Forscherin das vorliegende Material auf Geordnetheiten, also Muster oder Typiken des Gesprächsablaufs. (2) Im nächsten Schritt versucht sie, das mit dieser Regelhaftigkeit des Ablaufs adressierte Problem der Interaktionsorganisation zu identifizieren. Der Annahme der „order at all points" folgend müsste sich für jede Geordnetheit ein damit gelöstes oder adressiertes Problem der Interaktionsorganisation aufweisen lassen. (3) Daran anschließend gilt es, die zur Lösung des Problems eingesetzten (Ethno-)Methoden der Interaktionsorganisation zu rekonstruieren, um (4) schließlich die faktische Orientierung der Akteure an diesen formalen Strukturen (Methoden) zu belegen.

Zu den basalsten formalen Methoden der Interaktionsorganisation zählt das *turn-taking*, das Sacks u. a. bereits früh untersucht haben (Sacks/Schegloff/ Jefferson 1974). Dabei geht es um das Interaktionsproblem der Organisation von

Sprecherwechseln, das durch die Sequenzen von zwei direkt benachbarten oder aneinander gelagerten *turns* geleistet wird, die von verschiedenen Sprechern produziert werden. Dabei erfordern bestimmte Arten erster *turns* bestimmte Arten zweiter *turns*, damit die Interaktion als angemessen wahrgenommen wird. Auffällig wird die basale Bedeutung des Turn-Taking-Systems gerade an abweichenden Fällen: Ohne weiter darüber nachzudenken, registrieren wir in der Regel wenn eine Antwort auf eine Frage ausbleibt oder in Form einer Gegenfrage präsentiert wird. Insofern bilden derartige *Paarsequenzen* einen normativen Rahmen, an dem sich die Beteiligten wechselseitig die Besonderheit konkreter Konversationen aufzeigen.

6.4.4 Verbreitung, Aktualität und Perspektiven

Die KA war in ihren Anfängen ein rein nordamerikanisches, um nicht zu sagen: kalifornisches Projekt, doch dies änderte sich ab etwa Anfang der 1970er-Jahre. Die KA fand von da an sukzessive nicht nur geografisch über die USA hinaus Verbreitung. Im deutschsprachigen Raum wurde die KA früh von Jörg Bergmann aufgegriffen und übernommen, unter anderem mit einer Studie über „Klatsch" (Bergmann 1987). Auch andere akademische Fächer, insbesondere die Linguistik, begannen sich für die KA zu interessieren. Überdies lieferte die KA mit ihrer sequenziell organisierten Analyse sprachlicher Äußerungen eine Vorlage für andere, später entwickelte sequenzanalytisch operierende Ansätze, wie die Objektive Hermeneutik, die Dokumentarische Analyse, die narrationsanalytische Biografieforschung oder auch die Line-by-Line-Analyse im Rahmen der Grounded Theory. Aus dem Zusammenwirken von KA und phänomenologischer Soziologie hat sich zudem mit der Gattungsanalyse ein weiteres neues Verfahren und Forschungsfeld entwickelt (Luckmann 2012; Knoblauch/Luckmann 2000).

Die in der Folgezeit immer weiter ausdifferenzierte KA hat sich inzwischen eine Vielfalt von Themenfeldern erschlossen (für eine Übersicht vgl. Ayaß/Meyer 2012; Sidnell/Stivers 2013). So wurden Interaktionen in institutionellen Zusammenhängen untersucht, etwa im juristischen Milieu (Kompter 2013), in der Schule (Gardener 2013) oder in medizinischen Kontexten (Gill/Roberts 2013). Auch spezifische Konstellationen und Akteursgruppen sind gesondert untersucht worden, wie etwa die Interaktionen zwischen *native speakers* mit *non-native speakers* (z. B. Brouwer 2003) z. B. im Zusammenhang mit Zweitsprachenerwerb, oder Interaktion unter Kindern (Kidwell 2013). Andere wichtige Themenfelder betreffen Emotionen und Affekte (Ruusuvuori 2013; Jefferson/Sacks/Schegloff 1987; Heath 1989) oder Wissensasymmetrien in Konversationen (Drew 2012). Vielversprechende Felder, denen sich die KA in den letzten Jahren stärker zuwendet, sind zudem die Medienforschung (Ayaß 2004) und die Erforschung technisierter Kommunikation (Krummheuer 2010).

Die KA hat sich als konstitutionstheoretisches Programm zum Ziel gesetzt, die grundlegenden Ethnomethoden der Herstellung und sinnhaften Deutung von Interaktion zu erforschen. Daraus ergibt sich allerdings auch ein Problem dieser Methode: In den frühen Arbeiten der Konversationsanalyse von Sacks, Schegloff und Jefferson wurde vor allem das für die Herstellung situativer Interaktionen basale *Turn-Taking*-System und seine Implikationen in empirischen Studien ausführlich erforscht, auch viele weitere grundlegende formale Strukturen praktischen Handelns *sind* inzwischen entdeckt. Daraus ergibt sich die Frage, ob die KA damit ihr Ziel erreicht hat oder ob es weitere Anwendungsfelder gibt, an denen sich weitergehende Fragestellungen abarbeiten und neue Erkenntnisperspektiven entwickeln lassen.

Als Indikator für die Weiterentwicklung der konversationsanalytischen Perspektive kann gelten, dass in neueren Arbeiten in der Regel kaum noch von *Konversationsanalyse* die Rede ist, sondern von *talk-in-interaction* (Psathas 1995). Darin drückt sich eine Perspektivverschiebung aus: Galt die Aufmerksamkeit der KA in der frühen Phase vor allem der sprachlichen Konstitution von Sozialität, so weitet die Perspektive von *talk-in-interaction* den Blick über das Sprachliche hinaus auch auf die sonstigen körperlichen Praktiken wie Mimik, Gestik, Blickkontakte, Orientierung von Körpern im Raum (Proxemik) etc. und deren Betrag zur Sozialität: Es geht um das Tun und nicht mehr allein um das Sprechen. Dabei wird die Rahmung von Konversationen durch das organisatorische Umfeld miteinbezogen: In Gerichten funktionieren Äußerungen anders als in Schulen, zugleich werden genau diese Organisationen in den Interaktionen im *talk-in-interaction* immer wieder reproduziert, wenn auch nicht immer identisch. Dies geht einher mit methodischen Innovationen und der Etablierung neuer Datentypen, insbesondere ist hier die *multimodale Analyse* zu nennen, d. h. die integrierte Analyse von auditiven und visuellen Dimensionen von Videomitschnitten aus ‚natürlichen Situationen‘ (Mondada 2008), wobei hier Elemente von KA, Ethnomethodologie und linguistischer Interaktionsanalyse bei der Materialbearbeitung genutzt werden. Daraus hat sich ein breit ausdifferenziertes Forschungsfeld entwickelt, das z. B. in den *workplace studies* einen Schwerpunkt hat (Heath/Luff 2013; Goodwin/Goodwin 1996).

6.4.5 Konversationsanalyse und Grounded Theory im Vergleich

Verglichen mit der GT springt ein erstes Merkmal der KA sofort ins Auge: Die Ausrichtung auf ein sehr spezifisches Erkenntnisinteresse. Während GT als Forschungsstil offen für jedwedes sozialwissenschaftliches Forschungsprogramm ist, solange es auf inkrementelle Theoriebildung zielt, interessiert sich die KA dezidiert für die Ethnomethoden der Herstellung von Sozialität in der (v. a. sprachlichen) Interaktion. Dabei ist die KA als Methode zwar wenig kodifiziert, hat in der Praxis aber einen eher homogenen Kanon von Verfahrensprinzipien etablieren können, der sich durch das sehr gerichtete Erkenntnisinteresse und durch eine starke Theoriefundierung in der Ethnomethodologie erklären lässt. Im Vergleich zur GT ist die KA also eher ein Spezialverfahren. Andererseits aber interessiert sich die KA gerade für die konstitutiven Prozesse von Gesellschaftlichkeit, zielt also auf den Kern soziologischer (und linguistischer) Erkenntnisinteressen.

Die strenge und theoretisch stark gerahmte Fokussierung auf Ethnomethoden der Teilnehmerinnen stellt dabei eine deutlich andere Forschungsperspektive dar als der in der GT eher etwas vage formulierte Anspruch auf Rekonstruktion der Perspektiven der Informantinnen. Im heuristischen Umgang mit Datenmaterial gibt es andererseits einige Strukturähnlichkeiten zu vermerken. So bedient sich auch die KA einer zwischen Homogenität und Heterogenität der Bezugsfälle oszillierenden Vergleichsheuristik, allerdings auf einer eher ‚mikroskopischen‘ Fallebene von *turns* und ihren sequenziellen Kontexten. Auch die Grundhaltung der situativen Entwicklung adäquater methodischer Praktiken in Abhängigkeit von den Eigenheiten des jeweiligen Fallmaterials und der sich darin erst sukzessive entfaltenden Forschungsfrage können als Analogien zur GT verstanden werden.

6.5 Diskursanalyse

Es ist ein nicht ganz einfaches Unterfangen, ‚die‘ Diskursanalyse auf wenigen Seiten abzuhandeln, denn schon beim Begriff ‚Diskurs‘ beginnen die Probleme: Unter Diskurs wird in unterschiedlichen Kulturen Verschiedenes verstanden: Im deutschsprachigen Raum ist ein Diskurs eine Form der öffentlichen Problematisierung und Thematisierung (z. B. der Diskurs über die Zukunft der Altersvorsorge oder über die medizinethische Vertretbarkeit religiös motivierter Beschneidungen). Die französische Kultur versteht unter Diskurs dagegen eher einen wissenschaftlichen oder in anderer Weise gelehrten Vortrag oder Text und im angelsächsischen gilt schon eine Unterhaltung als Diskurs (Keller 2007: 13). Andererseits ist der theoretische Ausgangspunkt so gut wie aller Varianten einer sozialwissenschaftlichen Diskursanalyse der von dem Philosophen Michel Foucault (1926–1984) in den 1960er-Jahren in Frankreich entwickelte Diskursbegriff. Nach Foucault sind Diskurse „als Praktiken zu behandeln, die systematisch die Gegenstände bilden, von denen sie sprechen. Zwar bestehen diese Diskurse aus Zeichen; aber sie benutzen diese Zeichen für mehr als nur zur Bezeichnung der Sachen. Dieses mehr macht sie irreduzibel auf das Sprechen und die Sprache. Dieses mehr muß man ans Licht bringen und beschreiben" (Foucault 1973: 74).

Foucault bezieht sich also anders als in der Soziologie bis dahin üblich, auf Sozialität, indem er sie wesentlich nicht als durch das individuelle Handeln von Akteuren (Weber), die Interaktion von sozialisierten Subjekten (Mead) oder die strukturbildende Wirkung von Normen und Sanktionen (Parsons) erzeugt betrachtet. Stattdessen schreibt er bestimmten sprachlichen Praktiken die Leistung zu, soziale Wirklichkeit regelhaft hervorzubringen. Seit Mead und Blumer ist uns die Idee vertraut, dass Menschen die Objekte ihrer Welt im Handeln (einschließlich des sprachlichen Handelns) hervorbringen. Doch Foucault verändert hier die Perspektive und schreibt Diskursen selbst – und nicht ihren Sprechern – diese Hervorbringungsleistung zu. Für Foucault bilden Diskurse also eine von Akteuren erschaffene Realität nicht einfach ab, sondern sie erzeugen Wissensordnungen, die für die soziale Realität konstitutiv sind. Auf analytischer Ebene fragt er also, welche Gegenstände und Wissensformationen in Diskursen nach welchen Regeln erzeugt werden. Foucault interessierte sich dabei vor allem für die Herstellung und Aufrechterhaltung von Machtverhältnissen über Diskurse im Sinne herrschender Wissensordnungen, die ein bestimmtes Sprechen ermöglichen, anderes hingegen behindern oder gar unterbinden. Allerdings richtet er seine Aufmerksamkeit nicht wie die strukturalistischen Sprachtheorien auf Diskurse im Sinne objektiver und starrer Systeme von Sprach- und Sprechregeln, sondern er untersucht als Poststrukturalist die Wechselwirkungen zwischen der abstrakt-symbolischen Ebene der Diskurse und der situativ-konkreten Ebene der Praktiken des Sprechens und Handelns.

Der Begriff des Diskurses ist auch der Soziologie seit Langem geläufig, vor allem in Meads Rede vom „universe of discourse". Er meint damit „jenes System gemeinsamer oder gesellschaftlicher Bedeutungen, das jeder Gedanke als seinen Kontext voraussetzt" (Mead 1983/1934: 198). Diskursuniversen sind für ihn also dem Denken als ermöglichend vorausgesetzt. Mead hatte hier allerdings eine sehr umfassende und abstrakte Dimension grundsätzlicher sozialer Verständigungsfähigkeit im Blick (Mead 1934: 157, 195) und behandelte dabei Fragen von Macht und Herrschaft eher nachrangig. Dagegen zielt der Diskursbegriff Foucaults auf eine mittlere Ebene Sozialität stiftender Prozesse und geht explizit davon aus, dass in Diskursen hervorgebrachte Wissensordnungen in machtgeprägten Beziehungen zueinander existieren und immer wieder miteinander konfligieren: So brachte etwa der Diskurs der spätmittelalterlichen Scholastik eine Wissensordnung hervor, gegen die sich der aufkommende Diskurs von Naturwissenschaften und Aufklärung anfangs nur mit Mühe und mit massiven Auseinandersetzungen etablieren konnte.

Foucault hat bis zu seinem frühen Tod eine ganze Reihe materialer historischer Diskursanalysen vorgelegt, unter anderem über die Institution von Gefängnissen und Sanktionierungssystemen (Foucault 1977b) oder über zentrale Begriffe wie Wahnsinn, Krankheit oder Sexualität sowie über die damit verbundenen Wahrheitsspiele (Foucault 1977a). Er zeigt darin, wie sich im Laufe der Gesellschaftsgeschichte immer wieder hegemoniale Diskurse herausbilden und das Denken und Handeln ganzer Epochen prägen.

6.5.1 Diskursanalyse ist nicht gleich Diskursanalyse

Stärker noch als andere Verfahrenstraditionen hat sich die Diskursanalyse (DA) in unterschiedliche Richtungen ausdifferenziert. In einem allgemeinen und stark sprachwissenschaftlich beeinflussten Verständnis wird Diskursanalyse als Sprachgebrauchs- oder Gesprächsforschung verstanden (Keller 2007: 20). Damit stellt sich unmittelbar die Frage nach dem Unterschied zu Konversationsanalyse, denn auch viele Varianten der Diskursanalyse analysieren sehr kleinteilig den konkreten Sprachgebrauch in situativen Kontexten. Die formal-pragmatische Diskursforschung, die in dieser Weise verfährt, bestimmt den Unterschied im Kern so, dass die KA sich analytisch vor allem auf die Rekonstruktion des *Wie* der Herstellung von Sozialität in der Konversation richtet, während Diskursforschung eher auf die Frage der mit der Konversation angezielten Zwecke, also das *Wozu* der Konversation, fokussiert. Hier sind die Grenzen allerdings fließend.

Neben der allgemeinen Diskursanalyse oder auch Gesprächsforschung (vgl. dazu Deppermann 1999), haben sich einige Varianten entwickelt, die ihren Gegenstand und ihre Forschungsperspektive in unterschiedlicher Weise spezifizieren und teilweise spezielle methodische Zugänge nutzen. So vertritt die von Norman Fairclough (2002/1989) und Ruth Wodak (2007/1996) entwickelte *Critical Discourse Analysis* (CDA) ein anderes methodisches Programm als die *Kritische Diskursanalyse* (KDA), die in Deutschland von Siegfried Jäger (2009/1999) ausgearbeitet wurde. In neuerer Zeit prägt vor allem Reiner Keller die methodische Diskussion zur Diskursanalyse, der unter Bezug sowohl auf Foucault als auch auf die konstruktivistische Wissenssoziologie eine methodisch mit Elementen der Grounded Theory (s. Kap. 5) und der sozialwissenschaftlichen Hermeneutik (Hitzler/Honer 1997) angereicherte *Wissenssoziologische Diskursanalyse* (WDA) vertritt (Keller 2011).

Vor allem die CDA und die KDA verbinden sprachwissenschaftliche und sozialtheoretische Forschungsinteressen mit dezidiert gesellschaftskritischen Untersuchungsperspektiven. Die CDA etwa „verknüpft marxistische Theorietraditionen (...) mit Foucaultscher Diskurstheorie" (Keller 2007: 27), indem sie sich auf das Theorieprogramm von Louis Althusser (1918–1990) und Antonio Gramsci (1891–1937) bezieht. Althusser fasst Ideologien als relativ autonome Ebene des Gesellschaftlichen und modifiziert damit die klassische marxistische Perspektive der Abhängigkeit des Überbaus (Religion, Kultur, Ideengeschichte etc.) von der ökonomischen Basis der Produktionsverhältnisse. Ideologien erzeugen insofern einen eigenständigen Beitrag zur Reproduktion gesellschaftlicher Verhältnisse, ohne damit allerdings vollständig von ihren materiellen Grundlagen und institutionellen Bezügen entkoppelt zu sein. Gramscis Verständnis von Hegemonie wiederum ist besonders geeignet, um partielle und temporäre Formationen von Macht und Herrschaft analytisch zu differenzieren. „Hegemonie bezeichnet (...) einen letztlich prekären, nur auf Zeit stabilen Zustand in einem Feld beständiger Kämpfe um die hegemoniale Position", so Keller (2007: 28) unter Bezug auf Fairclough.

Die von Jäger entwickelte KDA nimmt ihren Ausgangspunkt ebenso bei Foucault, kombiniert dessen Ansatz jedoch mit dem von Jürgen Link geprägten Verständnis von Diskursen und Inter-Diskursen sowie mit der von den beiden russischen Psychologen Lew Vygotsky (1896–1934) und Alexei Leontjew (1903–1979) in der ersten Hälfte des 20. Jahrhunderts entwickelten Tätigkeitstheorie. Mit *Inter-*

Diskursen bezeichnet der Literaturwissenschaftler Link die Summe aller Diskursele-mente, die Bestandteile nicht nur eines, sondern mehrerer Diskurse sind. Dabei versteht er Diskurse als eine Art Sonderwissensbestände, die mit Formen des Re-dens und Handelns verbunden und in die Machteffekte eingelassen sind. Link interessiert sich dafür, auf welche Weise einzelne solcher Diskurselemente von ei-nem Diskurs in andere migrieren und wie sie so sukzessive zu allgemeinen ideolo-gischen Konzepten bestimmter Gesellschaftsformationen werden. Mit dem Bezug auf die Tätigkeitstheorie, die vor allem in arbeitspsychologischer Perspektive eine kritische auf eine Stärkung des Subjekts zielende Reformulierung der marxisti-schen Gesellschaftstheorie darstellt, schafft die KDA einen Übergang zur Erklärung der objektiven Gebundenheit subjektiver Hervorbringungsweisen im Sprechen und Handeln.

Die von Keller entwickelte Variante der Diskursanalyse nimmt ihren Ausgangs-punkt in einer dezidiert soziologischen Perspektive und zwar in der von Berger und Luckmann (1981/1966) geprägten *Wissenssoziologie*. Diese geht von der sozialen Konstruiertheit gesellschaftlichen Wissens aus, das objektiviert und institutionali-siert den Handelnden als äußerlich entgegentritt und deren Zugang zur Welt ver-mittelt. Dies ist für Keller die Brücke zur Diskurstheorie Foucaults: „Wissenssozio-logische Diskursanalyse untersucht diese gesellschaftliche [sic!] Praktiken und Prozesse kommunikativer Konstruktion, Stabilisierung und Transformation symbo-lischer Ordnungen sowie deren Folgen: Gesetze, Statistiken, Klassifikationen, Techniken, Dinge oder Praktiken bspw. sind in diesem Sinne Effekte von Diskursen und ‚Voraus'-Setzungen neuer Diskurse" (Keller 2007: 57).

Die wissenssoziologische Diskursanalyse interessiert sich dabei vor allem für die Ebene von Organisationen, Institutionen und anderen Formen kollektiver Ak-teure sowie die auf dieser Ebene stattfindenden Prozesse der Konstitution von sozi-alem Sinn. Sie bezieht in dieser Ausrichtung unterschiedliche Ebenen der Rekons-truktion ein: „*Akteure* formulieren die kommunizierten Beiträge, aus denen sich Diskurse aufbauen; sie orientieren sich dabei in ihren (*diskursiven*) *Praktiken* an den verfügbaren Ressourcen sowie den Regeln der jeweiligen Diskursfelder" (Keller 2007: 57; Hervorh. i. Orig.).

Damit sind nur drei eher zentrale Varianten der Diskursanalyse genannt, tat-sächlich aber gibt es eine schwer überschaubare Vielfalt von Ansätzen, die sich in unterschiedlicher Weise auf Diskurse als zentralen Gegenstand der Analyse beru-fen. Eine gute Übersicht bieten dazu Keller (2007) sowie Keller et al. (2004: 2006).

6.5.2 Die methodischen Mittel der Diskursanalyse

Die Meinungen darüber, ob es sich bei der Diskursanalyse um eine empirische For-schungsmethode handelt oder um ein Theorieprogramm, gehen auseinander. Das ist auch nicht ganz einfach zu entscheiden, solange wir die DA pauschal betrach-ten. Differenziert man aber nach den oben unterschiedenen Ansätzen der DA, dann zeigt sich folgendes Bild: Die Fundierung der DA durch Foucault nahm ihren Anfang deutlich in einer theoretisch-programmatischen Positionierung und noch ohne eine ausgearbeitete Methodologie (wenngleich nicht ohne Bezug auf Empirie). Foucault verfolgte auch nicht das Ziel einer Kanonisierung *der* diskursanalytischen Methoden und verstand die unterschiedlichen von ihm praktizierten Vorgehensweisen der (v. a. historisch orientierten) Rekonstruktion von Diskursen eher als eine, wie es der Diskursanalytiker Siegfried Jäger (2006: 104) formuliert, „kleine Werkzeugkiste". Dabei legte Foucault in seinen Analysen den Schwerpunkt auf historische Rekonstruktionen von Wissensordnungen vor allem in den Wissenschaften. Dahinter steckte eine fundamentale Kritik der Vorstellung einer historisch-kontinuierlichen Annäherung des Wissens an die Wahrheit, der Foucault mit dem Nachweis fundamentaler Diskontinuitäten des Wissens insbesondere Mitte des 17. und eingangs des 19. Jahrhunderts begegnete (Link 2006: 408 f.).

Jäger entwickelt mit seiner KDA einen stärker methodisch orientierten und explizierten Zugriff auf die Erforschung von Diskursen, wenngleich auch hier die genaueren analytischen Schritte der Materialbearbeitung eher lose expliziert werden. Deutlich detaillierter sind die methodischen Handreichungen bei der CDA (Wodak 2007). Allerdings richtet sich das Programm der CDA auch stärker auf eine gesprächsanalytische Ebene, die vor allem mit linguistischen Verfahren erschlossen werden soll. Das Fehlen einer explizit methodischen Vorlage bei Foucault nimmt Kellers WDA zum Anlass, neben theoretischen Erweiterungen auch einige Elemente der Grounded Theory und der sozialwissenschaftlichen Hermeneutik (Hitzler/ Honer 1997) in die Diskursanalyse zu importieren. Zum Verständnis der Unterschiede und Ähnlichkeiten im praktischen Vorgehen der verschiedenen Varianten von DA muss hier eine kurze Skizze genügen:

(a) Die KDA beginnt mit (1) der Wahl und Begründung eines Diskursstrangs (also Abfolgen von Diskursfragmenten zum gleichen Thema) und (2) der Diskursebene (z. B. Politik, Medien, Alltag oder Wissenschaft), auf der dieser untersucht werden soll. In weiteren Schritten wird (3) der diskursive Kontext und werden die für die Untersuchung wesentlichen diskursiven Ereignisse expliziert sowie (4) ein entsprechendes → Datenkorpus erschlossen und aufbereitet. Es kann sich dabei z. B. um Serien einschlägiger Interviews relevanter Akteure in Printmedien handeln, um Aufzeichnungen von Talkshows oder um Publikationen rund um eine wissenschaftliche Kontroverse. An eine (5) Strukturanalyse des zusammengestellten Materials mit Blick auf den interessierenden Diskursstrang folgt (6) eine Feinanalyse besonders einschlägiger Diskursfragmente (Texte), bei der es darum geht, den Anlass, das Medium und die Textgattung genauer zu bestimmen, Themenfolge und Gestaltung zu analysieren sowie die in den Texten ausgedrückten ideologischen Gehalte herauszuarbeiten. Die Einzelelemente der analytischen Schrittfolge werden (7) in der Interpretation zusammengeführt. Schließlich wird (8) der Diskursstrang insgesamt analysiert und (9) durch eine vergleichende Zusammenschau verschiedener angefertigter Analysen von Diskurssträngen der gesamte Diskurs analysiert (Keller 2007: 33; für eine detailliertere Darstellung s. Jäger 2009/1999).

(b) Erwartungsgemäß beginnt auch die CDA mit (1) der Bestimmung eines diskursbezogenen Forschungsproblems und (2) stellt daraufhin ein Datenkorpus für die Analyse zusammen. Neben diesem Datenkorpus im engeren Sinne (also z. B. einer Serie von Aufzeichnungen medial-diskursiver Ereignisse) wird darüber hinaus (3) weiteres Datenmaterial herangezogen, mit dem sich der Kontext des fraglichen Diskurses in unterschiedlichen Dimensionen erschließen lässt. Erforderlichenfalls sind dann (4) vorliegende Sprachdaten zu transkribieren. Aus dem so aufbereiteten Material werden (5) systematische Zusammenstellungen als Sample ausgewählt und (6) analysiert. Die Analyse geht dabei von einer formalen und inhaltlichen Analyse der Texte über eine Analyse der unmittelbaren situativen Kontexte hin zu einer Klärung des Zusammenhangs zwischen Diskursereignis und dem sozialem Kontext des Diskurses. An dieser Stelle finden dann z. B. Fragen nach dem Einfluss von Machtbeziehungen auf die Gestalt des Diskurses auf verschiedenen sozialen Ebenen oder nach der Stellung des Diskurses in bestimmten Machtkämpfen ihren Platz.

(c) Auch in der WDA, die Diskurse als „analytisch abgrenzbare Ensembles von Praktiken und Bedeutungszuschreibungen" (Keller 2007: 59) versteht, beginnt man (1) mit der Festlegung bestimmter zu untersuchender Diskursfelder (z. B. Pränataldiagnostik oder Migration) und (2) der Formulierung einer vorläufigen Fragestellung. Vor dem Hintergrund der Beschaffenheit des Diskursfelds und der Fragestellung geht es nun (3) darum, den Umfang der Untersuchung und die konkret anzuwendenden Verfahren der Korpusgenerierung und der Materialanalyse zu bestimmen. Diese drei Schritte stehen zwar am Anfang des Forschungsprozesses, sind aber zugleich sehr voraussetzungsvoll. Daher beginnt eine entsprechende Studie ganz praktisch zunächst mit der Rezeption der verfügbaren Literatur zum Thema und unter Umständen auch mit der Durchführung von Experteninterviews (s. Kap. 4.4.2) zum jeweiligen Diskurs. In diesem Punkt zeigt sich die WDA im Vergleich zu den beiden anderen skizzierten Verfahren deutlich als sozialwissenschaftlich basierter Ansatz im Unterschied zu eher literatur- oder sprachwissenschaftlichen Ausrichtungen. Das weitere Prozedere weist in der Struktur des Vorgehens deutliche Bezüge zum Forschungsstil der Grounded Theory auf. Denn auch in der WDA wird im Stile des theoretischen Samplings das Datenkorpus schrittweise und in Abhängigkeit vom Fortschreiten der parallel betriebenen Materialanalyse und Hypothesengenerierung gebildet, wobei „durchgängig auf die ‚Passung' zwischen Fragestellung, methodischer Umsetzung und zugrunde gelegtem Datenmaterial geachtet werden (muss)" (Keller 2007: 81).

Für die Zusammenstellung des Datenkorpus, d. h. für die Auswahl aus einer oft schwer überschaubaren Fülle möglichen Materials wird in der WDA im Sinne einer „Suchhypothese" „unterstellt, dass spezifischen empirischen Daten, die zunächst nur als singuläre, in Raum und Zeit verstreute Ereignisse (Äußerungen) existieren und dokumentiert sind, ein Zusammenhang, eine Regel oder Struktur unterliegt" (Keller 2007: 79). Es werden also Datenmaterialien gesammelt, die voraussichtlich in der Summe den fraglichen Diskurszusammenhang aufweisen. Zugleich finden sich häufig in einzelnen Texten nicht nur Bezüge zu dem infrage stehenden Diskurs, sondern zu verschiedenen Diskursen. Ein Fachaufsatz zur Biogenetik etwa kann wichtige Beiträge zum bioethischen Diskurs um die Grenzen wissenschaftlicher Eingriffe in die natürliche Reproduktion des Menschen enthalten, zugleich aber auch zu bestimmten fachinternen Debatten um die Eignung bestimmter gentechnischer Reproduktionstechniken oder um die ökonomische Verwertbarkeit von Biotechnologien.

Auch in der WDA wird nicht das komplette Material detailliert untersucht, sondern nur ein begründet ausgewählter Teil. Dieser wird dann einer von Keller als „interpretative Analytik" bezeichneten Feinanalyse unterzogen: „Diese umfasst, bezogen auf ein einzelnes Aussageereignis, die Analyse seiner Situiertheit und materialen Gestalt, die Analyse der formalen und sprachlich-rhetorischen Struktur und die interpretativ-analytische Rekonstruktion der Aussageinhalte" (2007: 93). Wie diese Analyseschritte im Detail erfolgen sollen, dazu macht die WDA keine präskriptiven Angaben, sondern offeriert eher ein plurales Set aus einer Vielzahl von Ansätzen der qualitativen Sozialforschung. Hier spielen insbesondere die Kodierverfahren der GT mit ihren spezifischen Vergleichsheuristiken eine Rolle, aber auch deutungsmusteranalytische Vorgehensweisen aus dem Bereich der sozialwissenschaftlichen Hermeneutik (vgl. zur Deutungsmusterananlyse Lüders/Meuser 1997).

Der Bezug auf die hermeneutische Tradition ist insofern bemerkenswert, als vor allem in der frühen französischen Diskussion zur Diskursanalyse die Hermeneutik zunächst als eine Methode diskutiert wurde, die aus strukturalistischer Perspektive wegen ihrer Zentrierung auf Subjekte und ihre Aussageabsichten abzulehnen sei. Um ein – im Verständnis der damaligen Zeit – höheres Maß an „Wissenschaftlichkeit" zu erlangen, wollte man zunächst eher eine weitgehend automatische, computerisierte Analyseform einsetzen, um Subjektivität der Forschenden auszuschließen. Dagegen betont Keller, dass die „Diskursanalyse (...) immer und notwendig ein Prozess hermeneutischer Textauslegung (ist)" (Keller 2007: 72), Subjektivität der Forschenden also – entsprechend dem Verständnis der qualitativen Sozialforschung – kein zu vermeidendes Übel, sondern eine besondere Qualität ist. Umgekehrt aber bleibt es dabei, dass Diskursanalyse nicht auf die Rekonstruktion der subjektiven Absichten der Sprecher zielt, sondern auf die sich darin niederschlagenden und reproduzierten Diskurse: „Die Diskursforschung beschäftigt sich nicht mit der Rekonstruktion subjektiver Sinnzuschreibung oder Wissensvorräte, der Analyse ‚kleiner Lebenswelten' oder der ethnographischen Erkundung ‚fremder Welten um die Ecke'. Auch geht es ihr weder um ‚subjektive' Fallstrukturen des biographischen Erzählens noch um ‚objektive' Fallstrukturen von Interaktionsbeziehungen, Identitätsbildungen u. a." (Keller 2007: 74).

Damit ist vor allem ausgedrückt, dass es den verschiedenen Varianten diskursanalytischer Ansätze nicht primär um Einzelfälle und Typologien von Fällen geht.

Die Fälle sind vielmehr nur Instanzen, an denen sich fragmentarisch Elemente dessen zeigen, was es als übergreifenden und überdauernden Diskurs erst noch zu rekonstruieren gilt. „Diese Aggregation von Einzelaussagen zu Aussagen über ‚den' Diskurs markiert den zentralen Unterschied zu den meisten qualitativen Ansätzen, die pro Text (in der Regel Interviews) von einer in sich konsistenten und geschlossenen Sinn- und Fallstruktur ausgehen, d. h. einen Text als vollständiges Dokument genau eines Falles betrachten." (Keller 2007: 74)

Gemessen an den Verfahren, die in den Kapiteln 5 bis 6.4 vorgestellt wurden, liegt dieser Aussage allerdings ein etwas vereinfachtes Bild qualitativer Sozialforschung zugrunde, das, wenn es auch für Teile der Forschungspraxis nicht ganz falsch ist, für die Ebene der Methodendarstellung doch eher irreführend ist.

Bei allen drei hier skizzierten Verfahren war die Rede von der Zusammenstellung eines Datenkorpus, eine Formulierung die vor allem aus der quantitativen und qualitativen Inhaltsanalyse geläufig ist. Bei einer Ethnografie oder einer Interviewstudie würden wir nicht von Datenkorpus sprechen und erst recht nicht davon, es zusammenzustellen. Das verweist auf die Typik des Materials, mit dem die Diskursanalyse umzugehen pflegt: Es geht hier in der Regel um vom (Diskurs-)Feld erzeugtes Material: öffentliche Podiumsdiskussionen, Parlamentsreden, Artikel in Print- oder Onlinemedien, Fernsehbeiträge oder wissenschaftliche Fachkonferenzen. Dieses Material fällt meist in viel größerem Umfang an, als es am Ende in einer qualitativen Studie interpretativ analysiert werden kann. Dennoch ist es wichtig, sich zunächst der verfügbaren Materialien zu vergewissern und eine begründete Auswahl für eine eigene Materialbasis zur jeweiligen Diskursanalyse zu treffen. Gerade bei medial verarbeiteten Diskursen (und das sind mittlerweile so gut wie alle) gilt es einerseits, Redundanzen zu vermeiden: Alle wichtigen gesellschaftlichen Themen werden z. B. in allen Tages- und Wochenzeitungen und auf allen Fernsehsendern behandelt, dabei aber inhaltlich zu einem großen Teil nur dupliziert. Ein Datenkorpus zusammenzustellen bedeutet also auch, dass man durch geeignete Auswahlen Doppelungen im Material reduziert, ohne andererseits relevante Beiträge zur Konstitution eines Diskurses zu übersehen.

6.5.3 Verbreitung, Aktualität und Perspektiven

Das Programm der Diskursanalyse ist in unterschiedlichen methodischen oder theoretischen Konkretisierungen in einer ganzen Reihe von Sozial- und Geisteswissenschaften zu Hause. Es findet sich in der Geschichtswissenschaft wie in der Politologie, in der Soziologie wie in der Linguistik. Gerade in den letzten Jahren haben die Verwendung und die Sichtbarkeit der Diskursanalyse deutlich zugenommen. Eine Vielzahl neuerer Publikationen ist erschienen, und insbesondere die zunehmende Orientierung diskursanalytischer Texte weg von theoretischen Reflexionen über die Angemessenheit und Relevanz von Diskursbegriffen hin zu einer stärker empirisch-analytischen und methodisch explizierten Darstellung hat die Wahrnehmung der Diskursanalyse als Forschungsmethode befördert. Die Themen, denen sich die verschiedenen Schulen der Diskursanalyse widmen, decken die ganze Breite gesellschaftlicher Felder und Politikbereiche ab, so etwa Einwanderung (Jäger 2004), Müll (Keller 2004), Klima (Viehöver 2004), Humangenetik (Waldschmidt 2004), Krieg (Schwab-Trapp 2004) oder Sexualität (Maasen 2004).

6.5.4 Diskursanalyse und Grounded Theory im Vergleich

Aus der Perspektive der Methodengenese könnten GT und DA kaum unterschiedlicher sein: Während Foucault die DA und vor allem den Begriff des Diskurses zunächst und vor allem als ein Theorieprogramm ins Werk gesetzt hat, verdankt sich die GT umgekehrt vorrangig einem forschungspraktischen, empirischen Programm. Das hat auch zu komplementären Problemen in der Rezeption der Ansätze geführt: So hat die GT immer wieder mit dem Problem einer auf das instrumentelle und methodentechnische verkürzten Verwendung zu kämpfen, während die DA oder zumindest einige ihrer Varianten eher Probleme haben, einen methodisch geregelten Wirklichkeitszugang als Basis ihrer postulierten theoretischen Ergebnisse plausibel zu machen. Zwar war gerade bei Foucault immer deutlich, dass er sich auf empirisch vorfindliche gesellschaftliche Phänomene bezieht, unklar aber blieb, wie er sicherstellt, dass diese Befunde über impressionistische Alltagswahrnehmungen hinausgehend als wissenschaftlich-systematisch gelten können. Für die GT wiederum hat es einige Jahrzehnte gedauert, bis die Bedeutung der epistemologischen und sozialtheoretischen Fundierung im Methodendiskurs angemessen wahrgenommen wurde.

Vielleicht haben gerade diese komplementären Einseitigkeiten in neuerer Zeit zur Entstehung von vermittelnden, beide Perspektiven verbindenden Vorschlägen beigetragen. So hat, wie wir gesehen haben, Reiner Keller mit seiner wissenssoziologischen DA das methodische Vakuum der Foucault'schen Diskursanalyse mit Anleihen aus der GT gefüllt. Umgekehrt hat Adele Clarke (2012/2004) mit ihrem Ansatz der „Situationsanalyse" eine Weiterentwicklung der GT vorgelegt, die explizit die Diskursperspektive mit in die Analyse der Situiertheit sozialen Handelns einbezieht (und den Situationsbegriff damit programmatisch erweitert). Was auf den ersten Blick paradox erscheinen mag – die Integration einer situationsübergreifenden Sozialitätsform in die analytische Fokussierung der Situiertheit von Interaktion – ist auf den zweiten Blick nachgerade zwingend: Alle Formen von Vergemeinschaftung und Vergesellschaftung sind situationsübergreifend und bringen die Vielzahl konkreter Situationen synchron sowie diachron in einen sozialen Zusammenhang. Der Diskursbegriff ist ein Vorschlag, das situationsübergreifende Entstehen von Ordnung zu fassen. Die GT wiederum und erst recht die Situationsanalyse Clarkes haben sich nie als in ihrem Analyseinteresse auf Situationen beschränkt verstanden, sondern die Situation nur als naheliegenden empirischen Zugangspunkt einer auf die handelnde Hervorbringung von Sozialität zielenden Sozialforschung betrachtet. In der *Theorie sozialer Welten* (Strauss 1993), die Clarkes' Situationsanalyse zugrunde liegt, werden mit den Konzepten „soziale Welt" und „Arena" zwei Theoriefiguren entwickelt, in denen, allerdings als Fortentwicklung der Mead'schen Vorstellung von Diskursuniversen, die diskursive Konstitution von Sozialität bereits mitgedacht ist.

Folgerichtig lassen sich DA und GT auf der Ebene der Forschungspraxis und der methodischen Verfahrensvorschläge kaum sinnvoll vergleichen, zumindest dann nicht, wenn man DA pauschal in den Blick nimmt. Bei einzelnen Varianten sieht das etwas anders aus, deren Vergleich würde aber den Rahmen dieser Darstellung sprengen. – Wenn man über den hier angestellten Vergleich mit der GT auch Bezüge zu anderen hier vorgestellten Ansätzen betrachtet, dann fällt auf, dass gerade die CDA in ihren praktischen Verfahren eine Reihe von Ähnlichkeiten zur vorgestellten ethnomethodologischen Konversationsanalyse aufweist. Zu einer Diskussion der Unterschiede und Ähnlichkeiten dieser beiden Ansätze vgl. Billig und Schegloff (1999).

6.6 Zusammenfassung

Wie sich in den Kapiteln 5 und 6 zeigt, unterscheiden sich die Verfahren der qualitativen Sozialforschung auf mehreren Ebenen:

(1) Zunächst differieren sie in den *sozialtheoretischen und epistemologischen Basisannahmen*: Was ist Realität? Was sind Akteure? Welche Rolle spielen Strukturen oder Diskurse für soziales Handeln? Wie und wo entsteht Sozialität? Wodurch zeichnet sich wissenschaftliches Wissen gegenüber Alltagswissen aus? So haben wir im Falle der OH und auch bei der DM einen eher starken Strukturbegriff gesehen, während die GT und – auf andere Weise – die KA Strukturen des Sozialen eher als fortwährende Hervorbringungsleistungen der Handelnden betrachten. Noch einmal anders konstruiert die Diskursanalyse dieses Verhältnis, indem sie neben sozialen Strukturen Diskurse als eigenständige soziale Formen mit eigener Wirkmächtigkeit für das soziale Handeln am Werke sieht.

(2) Aus diesen unterschiedlichen Ausgangspositionen ergeben sich Konsequenzen für die jeweiligen Anforderungen an *methodische Zugriffe auf die soziale Wirklichkeit*. Weil die KA die Konstitutionsleistungen in der konkreten situativen Interaktion und insbesondere im kommunikativen Austausch verortet, setzt sie eben dort und mit der deshalb gebotenen Detailliertheit und methodischen Strenge („order at all points") an. Auch die OH, die DM und die Narrationsanalyse sowie einige diskursanalytische Ansätze beziehen sich (mit leicht differierenden Begründungen und in unterschiedlichen praktischen Formen) auf ‚mikroskopisch' genaue Analysen vor allem verbaler Interaktionen. Die unterschiedlichen Varianten der Diskurs-

analyse unterscheiden sich gerade in der Art und Detailliertheit des untersuchten Materials. Vor allem die wissenssoziologische Diskursanalyse pflegt hier einen variablen Umgang mit den verschiedenen Materialtypen und ist in diesem Punkt der GT besonders nahe. Zugleich sind die meisten Verfahren irgendeiner Art von Sequenzanalyse verpflichtet. Die KA betreibt praktisch ausschließlich sequenzanalytische Bearbeitungen des Materials, in der OH und in der DM stellen sie den Kern des Verfahrens, in der Narrationsanalyse einen wichtigen Teil dar. Die GT wird mit der Line-by-Line-Analyse immer dann sequenzanalytisch und mikroskopisch, wenn die Situation es erfordert und das Material dafür geeignet ist.

(3) Von der Art des methodischen Zugriffs nicht zu trennen sind die *Anforderungen,* die *an das als zur Analyse geeignet betrachtete Material* gestellt werden. Besonders streng verfährt hier die KA mit der strikten Beschränkung auf ‚natürliche' Daten, extrem detaillierten Transkriptionsregeln und der Forderung, auch Audio- und möglichst sogar Videoaufzeichnungen des transkribierten Materials zur Analyse heranzuziehen. Auch DM und OH arbeiten mit Transkriptionen, und zumindest die OH bevorzugt ‚natürliche' Daten, allerdings werden mit beiden Verfahren auch Interviews, Gruppendiskussionen und zunehmend auch Bild-Text-Dokumente bearbeitet. Die narrationsanalytische Biografieforschung ist mit einer gewissen Zwangsläufigkeit auf biografische Interviews angewiesen, legt an deren Transkription allerdings nicht so strenge Maßstäbe an wie die KA. In die GT wiederum wie auch in die wissenssoziologische Diskursanalyse finden je nach Forschungsgegenstand ganz unterschiedliche Datenmaterialien Eingang.

(4) Schließlich unterscheiden sich die vorgestellten Verfahren in puncto *Gegenstandsbezug* zum Teil gravierend voneinander. Mit anderen Worten: Die Verfahren beanspruchen, mit ihren Analysen sehr unterschiedliche soziologische Fragen zu behandeln: Wo die GT ausgehend von der Interaktionssituation, aber unter Einbezug des aktuellen und historischen Kontexts eine gegenstandsbezogene, die Perspektiven der Akteure rekonstruierende Theoriebildung anstrebt, zielt die Konversationsanalyse auf den Nachweis formaler Ethnomethoden, mit denen kompetent Handelnde untereinander Anschlusshandlungen erzeugen – und so fortwährend die soziale Welt hervorbringen. Im Unterschied dazu will die OH und mit anderen Akzenten auch die DM aufzeigen, welche generativen Strukturen sich im Handeln und Sprechen der Menschen dokumentieren. Strukturen will auch die narrationsanalytische Biografieforschung herausarbeiten, allerdings in der in diesem Buch vorgestellten Variante nicht im Sinne generativer Regeln, sondern im Sinne von ex post zu rekonstruierenden Mustern und Verlaufskurven, die Auskunft über subjektive Verarbeitungsweisen biografischer Ereignisse und die Selbstrepräsentation der Biografieträger in der Interviewsituation geben sollen.

Bei aller Unterschiedlichkeit der vorgestellten methodischen Perspektiven sollte nicht übersehen werden, dass in der Forschungspraxis häufig Verfahren in der

einen oder anderen Weise miteinander kombiniert bzw. einzelne Verfahrenselemente aus anderen Verfahren entlehnt werden, sei es die Sequenzanalyse, das
theoretische Sampling oder die Heuristik positiver und negativer Gegenhorizonte.
Verfahrenskombinationen finden wir z. B. – wie gezeigt – zwischen Diskursanalyse
und GT, aber auch zwischen OH und GT (vgl. Hildenbrand 2005), zwischen Narrationsanalyse und Ethnografie (vgl. Rosenthal/Bogner 2009), aber auch in den fließenden Übergängen zwischen Diskursanalyse und KA.

! Nach der Bearbeitung dieses Kapitels sollten Sie
– die verschiedenen Ansätze zur Analyse qualitativer Daten voneinander unterscheiden, aber
auch Parallelen zwischen den Ansätzen erkennen können.
– einzelne Verfahrenselemente identifizieren und den richtigen Ansätzen zuordnen können.
– die Ablauflogik der jeweiligen analytischen Prozesse verstanden haben.
– ein Verständnis der Unterschiede und Gemeinsamkeiten der mit diesen Verfahren verbundenen Forschungslogiken gewonnen haben.
– die sozialtheoretischen Grundüberlegungen, auf denen diese Verfahren beruhen, erläutern
und vergleichen können.
– in der Lage sein, die Legitimationsrhetorik der unterschiedlichen Ansätze zu rekonstruieren.
– entscheiden und begründen können, welche Verfahren sich für welche Untersuchungszwecke
sinnvoll einsetzen lassen.

⚡ Hier können Sie weiterlesen:
Objektive Hermeneutik:
– Oevermann et al. (1979): Die Methodologie einer objektiven Hermeneutik und ihre allgemeine
forschungslogische Bedeutung in den Sozialwissenschaften, in: Soeffner (Hrsg.): Interpretati-
ve Verfahren in den Sozial- und Textwissenschaften, Stuttgart: Metzler, 352–433.
– Wernet (2001): Einführung in die Interpretationstechnik der objektiven Hermeneutik, Opladen:
Leske + Budrich.
– Exemplarische Analyse: Kutzner (2012): Arbeit, Beruf und Habitus: Fallrekonstruktionen von
Erwerbsbiografien mit der Objektiven Hermeneutik, in: Schittenhelm, K. (Hrsg.): Qualitative
Bildungs- und Arbeitsmarktforschung, Wiesbaden: Springer VS, 203–239.

Dokumentarische Methode:
– Przyborski/Wohlrab-Sahr (2014): Qualitative Sozialforschung, München: Oldenbourg, 277–
314.
– Zu zentralen Begriffen: Bohnsack (2012): Orientierungsschemata, Orientierungsrahmen und
Habitus, in: Schittenhelm (Hrsg.): Qualitative Bildungs- und Arbeitsmarktforschung, Wiesba-
den: Springer VS, 119–153.
– Exemplarische Analyse: Schittenhelm (2005): Soziale Lagen im Übergang. Junge Migrantinnen
und Einheimische zwischen Schule und Berufsausbildung, Wiesbaden: VS.

Narrationsanalytische Biografieforschung:
– Hermanns (1992): Die Auswertung narrativer Interviews. Ein Beispiel für qualitative Verfahren,
in: Hoffmeyer-Zlotnik (Hrsg.): Analyse verbaler Daten. Über den Umgang mit qualitativen Daten, Opladen: Westdeutscher Verlag, 110–141.
– Schütze (1981): Prozeßstrukturen des Lebenslaufs, in: Matthes/Pfeifenberger (Hrsg.): Biographien in handlungswissenschaftlicher Perspektive, Nürnberg: Nürnberger Forschungsvereini-
gung, 67–156.

- Schütze (1983): Biographieforschung und narratives Interview, in: Neue Praxis, 13. Jg., Heft 3, 283–293
- Exemplarische Analyse: Hermanns et al. (1984): Berufsverlauf von Ingenieuren – Biographie-analytische Auswertung narrativer Interviews, Frankfurt a. M.: Campus.

Ethnomethodologische Konversationsanalyse:
- Einführend: Eberle (1997): Ethnomethodologische Konversationsanalyse, in: Hitzler, R./Honer, A. Sozialwissenschaftliche Hermeneutik, Leske + Budrich, 245–279.
- Heritage (1984): Garfinkel and Ethnomethodology, insbesondere 233–292.
- Überblick über aktuelle Forschung: Sidnell/Stivers (Hrsg.) (2013): The Handbook of Conversation Analysis, Chichester: Wiley-Blackwell.
- Historische Ursprünge: Sacks/Jefferson (1992): Lectures on Conversation, Oxford: Blackwell
- Exemplarische Analyse: Sacks/Schegloff/Jefferson (1974): A Simplest Systematics for the Organization of Turn-Taking for Conversation, in: Language, 50. Jg., Heft 4, 696–735.

Diskursanalyse:
- Keller (2007): Diskursforschung. Eine Einführung für SozialwissenschaftlerInnen, Wiesbaden: VS.
- Zur Vielfalt sozialwissenschaftlicher Diskursanalyse-Ansätze: Keller et al. (2001): Handbuch sozialwissenschaftliche Diskursanalyse, 2 Bde., Wiesbaden: VS.
- Exemplarische Analyse: Zimmermann (2010): Familie als Konfliktfeld im amerikanischen Kulturkampf. Eine Diskursanalyse, Wiesbaden: VS.

Qualitative Analyseverfahren insgesamt:
Vergleichende Darstellung mit Beispielen aus der Forschungspraxis: Kleemann et al. (2009): Interpretative Sozialforschung: eine praxisorientierte Einführung, Wiesbaden: VS.

7 Und war es auch gut?
Gütekriterien qualitativer Forschung

! In diesem Kapitel geht es um die Möglichkeit, gute von schlechter qualitativer Forschung zu unterscheiden. Wir sprechen von Gütekriterien oder Qualitätskriterien, wenn wir die Eigenschaften bezeichnen wollen, die es uns erlauben, etwas, sei es ein technisches Gerät, ein Gedicht oder eben Forschung, als qualitativ höherwertig im Vergleich zu anderen Geräten, Gedichten, Forschungen einzuschätzen. Für die qualitative Forschung werden hier fünf solcher Kriterien vorgeschlagen und begründet: Gegenstandsangemessenheit, empirische Sättigung, theoretische Durchdringung, textuelle Performanz und Originalität.

Gleichviel ob eine qualitativ-empirische Studie ethnomethodologisch oder im Stil der Grounded Theory, ob sie objektiv-hermeneutisch, ethnografisch dicht beschreibend oder dem Ansatz der Dokumentarischen Methode folgend operiert: Sie wird immer wieder in Prozesse des Beurteilens eingespannt sein. Schon im Prozess des Forschens wollen wir wissen, ob wir auf dem ‚richtigen Weg‘ sind; zuvor bereits beurteilen Gutachterinnen der Forschungsförderer, ob uns gute Forschung zu einem relevanten Thema zuzutrauen ist; und in der Rezeption unserer Ergebnisse schließlich treten erneut beurteilende Instanzen auf den Plan: Peer Reviewer von Zeitschriften, Zuhörerinnen bei unseren Vorträgen, Leser unserer Forschungsberichte. Güteprüfungen treten dabei in zwei Varianten auf, als externe und als interne. Externe Gütebeurteilungen z. B. durch Gutachterinnen und Rezipienten richten sich auf die Produkte eines Forschungsprozesses, der selbst aber im Sinne einer Blackbox unverfügbar bleibt. Sichtbar ist ein bestimmtes Produkt, nicht, wie es hergestellt wurde. Davon zu unterscheiden sind jene internen Selbstevaluationen, die Forschende im Verlauf eines Projekts immer wieder, mal eher implizit und routinemäßig, mal systematisch und formalisiert, immer aber in Kenntnis des eigenen Forschungsprozesses und seiner Rahmenbedingungen durchführen. Diese internen, auf Selbststeuerung ausgerichteten Güteprüfungen sind integraler Teil iterativ-zyklisch prozessierender Forschung und treten sowohl als inkorporierte Forschungshaltungen als auch als kommunikative Praktiken auf.

All diese Beurteilungsprozesse bedürfen entsprechender Kriterien, auf die sich Güteurteile berufen können. Gütekriterien sind also Maßstäbe für die Bewertung der Qualität von etwas, in unserem Falle also: von qualitativ-empirischen Studien in der Sozialforschung. Dabei ist zunächst noch bestimmungsbedürftig, was genau wir unter ‚Qualität‘ in dem Zusammenhang verstehen wollen. Ebenso muss geklärt werden, wie zu bestimmen ist, ob und in welchem Umfang eine Studie ein bestimmtes Kriterium erfüllt.

Gütekriterien müssen wir von den übergreifenden gemeinsamen Leistungs*merkmalen* qualitativer Forschung einerseits und den praktischen Maßnahmen zur Herstellung und Sicherung dieser Güte andererseits unterscheiden. Allgemeine

https://doi.org/10.1515/9783110529920-007

Leistungsmerkmale (wie Offenheit oder Reflexivität; s Kap. 1.5) markieren das An-
spruchsprofil und die Zielperspektiven qualitativ-empirischer Forschung. *Qualitätssichernde Maßnahmen* stellen auf der Ebene verfahrensspezifischer Praktiken
sicher, dass sich diese Zielperspektiven erreichen lassen. Sie bieten die Gewähr
dafür, dass das gewonnene Datenmaterial in angemessenem Bezug zur Fragestellung steht (z. B. theoretisches Sampling; s. Kap. 5.3), dass Materialanalysen dicht
genug für die angestrebten theoretischen Aussagen sind (z. B. die Sequenzanalyse
der Objektiven Hermeneutik; s. Kap. 6.1) und dass Vereinfachungen und Abkürzun-
gen vermieden werden (z. B. mit dem Order-at-all-Points-Prinzip der Konversationsanalyse; s. Kap. 6.4). Sie unterstützen damit die Herstellung dessen, was eine
Forschergemeinschaft als Güte empirischer Forschung anzuerkennen bereit ist. Im
Unterschied dazu spezifizieren *Gütekriterien* die in den Leistungsmerkmalen enthaltenen Versprechen und Ziele und benennen diejenigen Eigenschaften von Verfahren und Ergebnissen, an denen sich erkennen lässt, inwieweit dies einer Studie
gelungen ist.

Gütekriterien sind kein Selbstzweck. Wofür genau aber bzw. in welchen Zusammenhängen werden sie gebraucht? Zur Beantwortung dieser Frage ist es wichtig,
sich zu vergegenwärtigen, dass Forschung grundsätzlich unter Bedingungen der
Konkurrenz und der Knappheit von Ressourcen stattfindet. Mittel müssen einge-
worben, Personal gewonnen und Ergebnisse in der begrenzten Aufmerksamkeitsspanne einer interessierten Fachöffentlichkeit möglichst sichtbar platziert werden.
In all diesen Kontexten finden Beurteilungen statt, die sich an Kriterien orientieren
müssen. Weil es sich um Wissenschaft handelt, reichen rein subjektive Gefallens-
bekundungen zur Begründung dieser Urteile nicht hin. Gefragt sind Kriterien, die
ein seriöses Maß an Rationalität und Intersubjektivität für sich beanspruchen
können.

Gegenüber der Gesellschaft bzw. gegenüber den verschiedenen sozialen Um-
welten, an die Wissenschaft in irgendeiner Weise anschließt, bestehen zudem besondere Legitimationserfordernisse. Wissenschaftliches Wissen ist kostspielig und
aufwändig, daher kann es nicht nur darum gehen, ob die Forschung korrekt, or-
dentlich, regelkonform und methodisch sauber gemacht wurde, sondern es wird
immer auch eine bestimmte Nutzenerwartung mit in die Beurteilung eingehen:
Wissenschaft soll Wissen produzieren, das in irgendeiner Weise neu ist, also über
bestehendes Wissen hinausgeht. In den Sozialwissenschaften sind die Nutzener-
wartungen selten so konkret wie in der Materialforschung oder der Pharmakologie,
alter Wein in neuen Schläuchen kann aber in keinem Fall befriedigen.

Wissenschaftliches Wissen soll nicht nur neu, es soll auch richtig sein. Mitunter ist in diesem Zusammenhang die Rede davon, dass wissenschaftliches Wissen
„wahr" sein müsse, allerdings ist die Bestimmung des Wahrheitsbegriffs eine
schwierige Angelegenheit, insbesondere wenn – wie meist in der qualitativen Sozialforschung – die erkenntnistheoretische Grundannahme eine andere ist als im
Realismus. Wenn man die in Kapitel 2.3 vorgestellte pragmatistische Epistemologie

zugrunde legt, dann wäre ein Wissen wahr, das erweiterte Handlungsmöglichkeiten zur Lösung aufgetretener Probleme aufweist. Auf diesem Wege wären wir wieder bei neuem Wissen bzw. bei Wissen, das im fraglichen aktuellen Handlungs- oder Verwendungskontext insofern neu ist, als es weiteres Handeln ermöglicht.

Mitunter ist die Feststellung von Qualität und Leistung eine – zumindest auf den ersten Blick – einfache Angelegenheit: Eine Weitspringerin, die 6,15 m springt, hat einen besseren Sprung abgeliefert als ihre Konkurrenten mit 5,80 m. Immer vorausgesetzt allerdings, wir haben uns zuvor darauf verständigt, dass es beim Weitsprung um die Weite des Sprunges und nicht etwa die Ästhetik der Sprungbewegung oder der Landung gehen soll (wie etwa beim Skispringen, wo die reine Weite allein nicht hinreicht). Qualität braucht also immer bestimmte Referenzen, auf die hin zugerechnet werden soll. Deren Bestimmung ist ein sozialer Aushandlungsprozess, der uns im Gebrauch von Kriterien in der Regel gar nicht mehr verfügbar ist. Je nach zu beurteilendem Gegenstand kommt dabei nur ein begrenztes Set an Kriterien überhaupt in Betracht: Weitsprung auf die Frisur der Springerinnen zuzurechnen, ist vermutlich nur begrenzt hilfreich, und Wohnzimmerkamine nach dem Maß ihres Stromverbrauchs zu unterscheiden, wird nicht gelingen.

Ob eine Eigenschaft relevant für die Feststellung der Qualität einer Sache ist, ist zu unterscheiden von der Frage, auf welchen Wegen sie sich differenziert feststellen lässt. So lässt sich das Vorhandensein mancher Eigenschaften im Rahmen definierter Voraussetzungen z. B. quantifizieren, also in relativen oder absoluten Maßzahlen ausdrücken. Die standardisierte Sozialforschung etwa verfährt im Rahmen der engen Voraussetzungen der axiomatischen Messtheorie (Kromrey/Roose/ Strübing 2016: 219) so und zieht etwa Signifikanzmaße als Indikatoren zur vergleichenden Beurteilung der Güte einzelner Hypothesentests heran. Mitunter wird vorausgesetzt, dass die in der standardisierten Sozialforschung entwickelten, messtheoretisch begründeten Gütekriterien wie Validität, Reliabilität, Objektivität und Repräsentativität eben auch für qualitative Studien der angemessene Maßstab sind. Das ist allerdings eine irreführende Ansicht, die auf einem methodenmonistischen Grundverständnis und dem messtheoretischen Paradigma standardisierter Sozialforschung beruht. Diese aber sind qualitativer Forschung wesensfremd.

Wie in den vorangegangenen Kapiteln ausführlich dargestellt und begründet, verfährt die qualitativ-interpretative und rekonstruktive Sozialforschung grundlegend anders als die standardisierte Forschung und bedarf insofern auch anderer Kriterien, wenn es um die Gütebeurteilung geht. Dabei kommt erschwerend hinzu, dass die schwer zu überschauende Vielfalt der in rund 100 Jahren qualitativer Sozialforschung hervorgebrachten Forschungsansätze mit ihren unterschiedlichen epistemologischen Grundannahmen, sozialtheoretischen Verortungen und methodologischen Konzepten die Bestimmung ansatzübergreifender Gütekriterien für die qualitative Forschung zu einer besonderen Herausforderung macht. Zwar sind sich Vertreterinnen eines Ansatzes untereinander meist schnell über die Qualität einer Studie einig und können sich dabei auf die konkreten Funktionsbedingungen bestimmter Theorie-Methoden-Sets berufen, etwa für die Ethnografie (Hammersley 2001), die Grounded Theory (Charmaz/Bryant 2010; Strübing 2002) oder die Konversationsanalyse (Peräkylä 2010). Das allein kann aber nicht alle Zwecke erfüllen, die bei der Güteprüfung zu berücksichtigen sind. Denn es sollen auch vergleichende Beurteilungen über verschiedene Ansätze hinweg (etwa für Förderentscheidungen, Dissertationsgutachten, Berufungsverfahren) möglich werden, und auch Gutachtende, die nicht einer jeweiligen Verfahrenstradition angehören, sollen kompetente Urteile treffen können.

Zu diesem Zweck bietet es sich an, sich auf die allgemeinen Leistungsmerkmale qualitativer Forschung zu beziehen, von denen wir in Kapitel 1.5 festgestellt haben, dass sie im Großen und Ganzen für alle qualitativen Verfahren relevant sind. Zu klären ist dann, wie sich erkennen lässt, dass qualitativ empirische Studien diese Leistungsansprüche auch erfüllen. Besondere Bedeutung kommt dabei der iterativ-zyklischen Prozesslogik qualitativen Forschens zu, denn in ihr vermitteln sich Empiriebezug, Theoriebezug und Methodenbezug interpretativen Forschens, weil hier Datengewinnung, -analyse und Theoriebildung als Prozesse fortwährend aufeinander verweisen und aufeinander verwiesen sind. Die Qualität einer qualitativen Studie muss sich also daran messen lassen, wie gut es ihr gelingt, diese drei Dimensionen reflexiv aufeinander zu beziehen und durch diese Passung Erkenntnisse über den Forschungsgegenstand systematisch herauszuarbeiten. Diese Anforderung lässt sich in den fünf Gütekriterien spezifizieren, die in den Kapiteln 7.1 bis 7.5 vorgestellt werden.[1]

7.1 Gegenstandsangemessenheit

Wenn in der empirischen Sozialforschung von Gegenstandsangemessenheit gesprochen wird, dann meist in dem recht anspruchslosen Verständnis, dass Untersuchungsmethoden ihrem Gegenstand angemessen sein sollen (z. B. Steinke 1999: 38): So sind für die Erforschung von Lebensgeschichten narrative Interviews angemessen und Gruppendiskussionen für die Erforschung kollektiver Orientierungen. Tatsächlich aber geht der Anspruch von Gegenstandsangemessenheit als einem und zwar dem basalen Gütekriterium qualitativer Forschung erheblich weiter:
- *Vielfältige Passungsverhältnisse*: Es wird nicht allein das Verhältnis von Methode und Gegenstand verhandelt, sondern es geht um multiple Passungsverhältnisse von empirischen Fällen, Methoden, Datentypen, Theorien und Fragestel-

---

1 Dieses Kapitel unterbreitet einen neuen Vorschlag für Güterkriterien qualitativer Sozialforschung. Dieser Vorschlag ist in den letzten Jahren in einer Reihe fruchtbarer Diskussionen zwischen Ruth Ayaß, Stefan Hirschauer, Uwe Krähnke, Thomas Scheffer und dem Autor entstanden und separat publiziert worden (Strübing et al. 2018). Der vorliegende Text nimmt intensive Anleihen bei dem publizierten Text, ohne dies jeweils gesondert zu vermerken.

lungen, die insgesamt den Gegenstand erst konstituieren. Theorieperspektiven entwerfen unseren Gegenstand, Fragestellungen spezifizieren ihn, Methoden sollen ihn erschließen, in Datentypen soll er sich niederschlagen und beobachtete Fälle sollen ihn repräsentieren. All diese Beziehungen können misslingen: Fälle, die den Gegenstand nicht aufscheinen lassen, Datentypen, die nicht den erforderlichen analytischen Zugang bieten, Theorievorlieben, die den Gegenstand nicht erschließen können, oder Methoden, die ihn analytisch verfehlen.

– *Fortgesetzte Justierungsprozesse*: Gegenstandsangemessenheit wird nicht in einem einmaligen konzeptuellen Entwurf, dem Forschungsdesign, hergestellt, sondern in Prozessen fortgesetzter Justierung. Immer wieder müssen theoretische Perspektiven weiterentwickelt, Fallauswahlen ergänzt und Analysemethoden überprüft werden. Dies auch, weil die Forschungsfragen im Projektverlauf einer fortwährenden Reformulierung und Neufassung bedürfen – eine Konsequenz jener Offenheit, die eines der zentralen Leistungsmerkmale qualitativer Forschung ist. Besondere Aufmerksamkeit verdient in diesen Justierungsprozessen die Anpassung des methodischen Repertoires an den sich konstituierenden Gegenstand. Anders als in der standardisierten Forschung steht bei qualitativen Studien nicht die Korrektheit der Methodenanwendung im Mittelpunkt, sondern ein Anschmiegen der Methoden an einen Gegenstand *in the making*, der von den Forschenden ein hohes Maß an Reflexivität erfordert.

– *Reduzierter Methodenbegriff*: Angesichts der basalen Bedeutung von Angemessenheit für die Qualität qualitativer Forschung müssen methodische Zugriffe einem erfahrungswissenschaftlich geöffneten Verständnis folgen. Statt Methoden als Standardmuster einer Idealform der Forschung zu verstehen, denen ihre Gegenstände gerecht werden müssen, ist es umgekehrt der Gegenstand, der seine je spezifische methodische Strenge entwickelt. Diese besteht darin, dass das Methodische immer wieder neu aus dem Gegenstandsbezug entwickelt werden muss. Gute qualitative Forschung wendet also Methoden nicht an, sondern nutzt die Tricks und Kniffe, die „tricks of the trade", wie Howard Becker (1998) sie genannt hat, um offen und flexibel ein jeweils angemessenes methodisches Repertoire zu entwickeln.

– *Starker Empiriebegriff*: Komplementär zu einem reduzierten Methodenbegriff beruht gute qualitative Sozialforschung auf einem dezidiert gestärkten Begriff des Empirischen. Dies gilt insbesondere im Verhältnis zur standardisierten Forschung, die zwar Empirie reklamiert, tatsächlich aber die spezifischen Anforderungen empirischer Gegenstände schnell hinter methodischen Rigorismen zurücktreten lässt. Das emphatische Verhältnis zum Empirischen zeigt sich in der qualitativen Forschung z. B. in der Intensivierung kommunikativer Kontakte zum Feld etwa in der narrativen Biografieforschung, in der extensiven Teilnahme an sozialen Prozessen im Feld in der Ethnografie oder auch in der minutiösen technischen Aufzeichnung in der Konversationsforschung. Daraus ergeben sich Datentypen, die gegenüber theoretischen Vereinnahmungen eine hohe Widerständigkeit zeigen. Angemessene und immer wieder angepasste Methoden stellen damit sicher, dass die primären Sinnkonstruktionen des Gegenstandsbereichs gegenüber verdinglichten Begriffsbildungen theoretischer Vorannahmen gestärkt und zu Gehör gebracht werden. Das ist deshalb ein Mehr an Qualität, weil die soziale Praxis oft mehr weiß und innovativer ist als die theoretische Vorstellungskraft. Ein starker Empiriebegriff darf indes nicht mit einer reinen Reproduktion von Teilnehmerinnensichten verwechselt werden, denn in diesen ist nie das Ganze des fraglichen sozialen Zusammenhangs aufgehoben. Um ihn herauszupräparieren, bedarf es immer einer gelungenen Balance von Empirie und Theorie.

7.2 Empirische Sättigung

Mit empirischer Sättigung ist jene Qualität gemeint, die eine Studie aus der empirischen Durchdringung des Forschungsgegenstands und aus der Verankerung ihrer Interpretationen im Datenmaterial gewinnt. Empirische Sättigung wird auf drei Ebenen hergestellt: (1) Durch die Erschließung des Feldes und den Rapport zum Feld, (2) durch Vielfalt und Breite des Samples, (3) durch die Intensität mit der Daten gewonnen und analysiert werden.

(1) *Felderschließung und Rapport*: Einen Zugang zum empirischen Feld herzustellen ist kein einmaliger Akt zu Beginn einer Studie (s. Kap. 3.3). Auch wenn die ersten Kontakte zum Feld von zentraler Bedeutung sind, weil sie die initiale Positionierung der Forschenden gegenüber ihrem Feld herstellen: Die Aushandlungen darüber, welche Auskunft das Feld über sich zu geben bereit ist, sind ein über das gesamte Projekt hinweg andauernder Prozess. Dieser Report ist nicht nur erforderlich, um gute Daten generieren zu können, sondern er stellt selbst ein wichtiges Datum dar, denn in ihm reproduzieren sich zentrale Merkmale des untersuchten Feldes (Lau/Wolff 1983). Das Potenzial des Rapports als Datum zu nutzen, kann nur gelingen, wenn Forschende eine reflexive Orientierung an den Tag legen, sich also analytisch ‚neben' die zwischen ihnen und dem Feld ablaufenden Prozesse stellen. Die Qualität des Feldzugangs zeigt sich darin, ob es gelingt, ein Vertrauensverhältnis zu etablieren, dass uns einen Zugang zu vertraulichen Material, zu gut geschütztem Wissen, zu den Hinterbühnen der Interaktion gewährt. Empirische Sättigung bedeutet hier, auch über Widerstände hinaus die Grenzen des Feldes auszuloten.

(2) *Breite und Vielfalt des Samples*: Reichhaltiges und der Forschungsfrage angemessenes Datenmaterial zu gewinnen, ist ein aktiver Herstellungsprozess, in den die Forschenden – auch über den Rapport hinaus – verstrickt sind. Denn Forschende treffen laufend Auswahlentscheidungen, in denen bestimmte Repräsentationen spezifischer Aspekte des Feldes überhaupt erst zu Daten werden. Das hat schon George Herbert Mead früh mit besonderer Klarheit formu-

liert: „But facts are not there to be picked up. They have to be dissected out, and the data are the most difficult of abstractions in any field. More particularly, their very form is dependent upon the problem within which they lie." (Mead 1938: 98). Das richtige Ausrichten von Kameras und Mikrofonen, die geglückte Wahl von Beobachtungszeitpunkten, ein guter Blick für die Auswahl von Dokumenten im Feld oder von Gesprächspartnerinnen für Interviews: All dies trägt zu empirischer Sättigung bei. Ein gutes Datenkorpus ist weniger eine Frage der schieren Menge als vielmehr der Systematik der Auswahl mit Blick auf die sich entwickelnde Fragestellung. Das theoretische Sampling der Grounded Theory (s. Kap. 5.3) ist hier eine hilfreiche qualitätssichernde Maßnahme, weil es auf eine Passung von Theoriegenese und Materialauswahl zielt – einschließlich kontrastiver und negativer Fälle. Erst so lassen sich auch die Geltungsgrenzen empirisch basierter Aussagen feststellen und absichern, erst so kann die erforderliche Differenziertheit und Variation entstehen, die den Unterschied zwischen einer gegenstandsbezogenen Theorie und einer flüchtigen, oberflächlichen Analyse ausmacht.

(3) *Datenerzeugungs- und Analyseintensität*: Der Grad der empirischen Sättigung hängt schließlich auch davon ab, die Generierung und Analyse des Materials mit der angemessenen Intensität zu betreiben. Das Datenmaterial muss, gleichviel mit welchen der vorgestellten Forschungsstile und -ansätze, systematisch, aus vielfältigen Perspektiven, kritisch distanziert, aber auch mit Empathie aus der Nähe so lange analysiert und verglichen werden, bis das eintritt, was die Grounded Theory „theoretische Sättigung" nennt (s. Kap. 5.3), bis wir also im aktuellen Material nichts relevantes Neues mehr finden und zu weiteren Daten übergehen können. Was es zu verhindern gilt, sind dünne Paraphrasen, schlichte Reproduktionen der Selbstbeschreibungen des Feldes und oberflächliche Subsumtion unter theoretische Kategorien. Aber weil Daten eben nichts Vorgefundenes sind, sondern Produkte einer aktuellen Herstellungsleistung, gilt die Intensitätsanforderung schon für die Herstellung des Materials. Schlechte Leitfadeninterviews, die keine Narrativität erzeugen oder ethnografische Beobachtungen, denen Relevantes entgeht oder es in den Protokollierungen nicht auf den Punkt zu bringen wissen, verfehlen dieses Erfordernis – mit der Konsequenz, dass auch analytisch dann nicht mehr viel zu holen ist.

Empirisch gesättigt kann eine Studie auch dann sein, wenn sie nur einen einzigen Fall untersucht, vorausgesetzt, der Fall ist in sich hinreichend anspruchsvoll und das zu seiner Herstellung generierte Material ist reichhaltig, dicht und in sich angemessen differenziert. Einige Klassiker qualitativer Forschung verdanken ihren Klassikerstatus gerade dieser Leistung, etwa William F. Whytes *Street Corner Society* (Whyte 1993/1943) oder Harold Garfinkels *Agnes*-Studie (Garfinkel 1967).

7.3 Theoretische Durchdringung

Die in der Sozialforschung üblichen dichotomen Begriffspaare ‚Theorie/Empirie'
und ‚Theorie/Methode' suggerieren die Möglichkeit von empiriefreier Theorie, theoriefreien Methoden und vortheoretischer Empirie. Solche Vorstellungen sind aber
weder wissenschaftstheoretisch noch soziologisch haltbar. Sie verführen zu einem
instrumentellen Methodengebrauch – mit der Folge einer Entkopplung der Metho-
dendiskurse von ihren sozialtheoretischen Grundlegungen und einer eher techno-
kratischen Methodenanwendung in der Forschung. Qualität qualitativer Sozialforschung heißt daher auch, diese unfruchtbaren Dichotomien in jene Prozesse
aufzulösen, die Theorien, Empirie und Methoden miteinander verbinden. Gute qualitative Sozialforschung ist, mit einem Ausdruck von Georg Simmel, immer „theoretische Empirie" (Kalthoff 2008: 9). Insofern besteht heute weitgehend Einigkeit darüber, dass theoretisches Vorwissen nicht nur unvermeidlich ist (Meinefeld 1997),
sondern – richtig dosiert – auch einen entscheidenden Beitrag zur Qualität empirischer Studien leistet (vgl. die Beiträge in Kalthoff/Hirschauer/Lindemann 2008).

Mit dem Kriterium der theoretischen Durchdringung ist daher ein drittes unver-
zichtbares Kriterium für die Qualität qualitativer Untersuchungen benannt. Damit
ist gemeint, dass gegenstandsangemessene, empirisch gesättigte Forschung ebenso auf Theorie angewiesen ist, wie sie auf Theorie(-fortschritt) zielt. Damit ist theoretische Durchdringung ein zur empirischen Sättigung komplementäres Kriterium.
Nur wenn beides erreicht wird, kann eine Studie gegenstandsangemessen sein.
Denn erst der sensible Umgang mit Theorieperspektiven erlaubt es, aus der Fülle
empirischer Beobachtungen Auswahlen zu treffen und Beobachtungslücken gedanklich zu überbrücken. Umgekehrt kann erst die tiefe Verstrickung ins empirische Material die Angemessenheit einer jeweiligen theoretischen Perspektivierung
aufzeigen. Zwischen beiden Kriterien besteht also ein Verhältnis der Kokonstitu-
tion: Sie bedingen einander wechselseitig und funktionieren nur gemeinsam.

Mit diesem Gütekriterium die Bedeutung theoretischen Denkens für qualitative
Forschung besonders herauszustellen, ist schon deshalb erforderlich, weil in der
Phase der Wiederentdeckung und Ausformung qualitativer Ansätze in den 1960er-
und 1970er-Jahren zunächst vor allem die Abgrenzung gegenüber der damals noch
dominierenden Form standardisierter Theorietests der standardisierten Sozialforschung im Vordergrund stand. Letztere pflegte in ihrer Theoriedominanz die Erfah-
rungsvielfalt und den Erfindungsreichtum sozialer Praktiken eher zu ignorieren.
Gegen diese deduktiven Orientierungen wurden zunächst vor allem induktive Verfahren und mitunter auch latent theoriekritische Positionen gesetzt (insbesondere
Glaser/Strauss 1967; Glaser 1992) die jedoch sukzessive zu differenzierteren Ansätzen weiterentwickelt wurden (s. Kap. 2.1).

Ein starker Empiriebegriff, wie er das Gros qualitativer Sozialforschung kenn-
zeichnet, darf eben nicht gegen die produktive Leistung der Theorie gerichtet verstanden werden. Er ist vielmehr ein Korrektiv gegenüber zu stark formierenden

Methodenverständnissen: Wenn methodische Maximen rigidisiert werden, verlieren sie ihren Gegenstand und werden selbstbezüglich. Das Kriterium der theoretischen Durchdringung hingegen wird von einem nachhaltigen Bezug auf Empirie sinnvoll verstärkt. Dabei müssen die Perspektiven der Teilnehmenden einerseits in den Deutungen der Forschenden sichtbar bleiben, sie dürfen nicht durch Theoriebezüge zum Verstummen gebracht werden. Sie bedürfen andererseits aber einer kritischen Distanzierung gerade durch den Bezug auf Theorie, wenn ihr Gehalt – auch über das den Teilnehmenden aktuell Verfügbare hinaus – erschlossen und in theoriegenerativer Absicht fruchtbar gemacht werden soll. Über sinnvolle und sinnvoll dosierte Theoriebezüge lösen sich die Forschenden von den Perspektiven der Teilnehmenden, in die sie das Feld und der Rapport hineinziehen. Gute qualitative Forschung muss also statt der dichotom strukturierten Entscheidung zwischen entweder deduktiv oder induktiv verfahrender Forschung eine abduktive Forschungshaltung entwickeln (Reichertz 2003), in der induktive, abduktive und deduktive Modi des Schließens den Prozess abwechselnd und ineinandergreifend strukturieren und so jene iterative Zyklik konstituieren, ohne die qualitative Forschung nicht gelingen kann (s. Kap 5.7).

Die Güte qualitativer Forschung und ihre Theoriehaltigkeit stehen nicht in einem einfachen Verhältnis positiver Korrelation. Ein Mehr an Theorie macht Forschung nicht notwendig besser. Es geht vielmehr um die Qualität der Theoriebezüge, also darum, wie gekonnt sie dazu genutzt werden, sich den Untersuchungsgegenstand forschend verfügbar zu machen und ihn in fachlicher Perspektive herzustellen. Wir können dabei zwei gedankliche Bewegungen unterscheiden: (1) Theoretische Perspektivierungen lassen uns in die empirische Studie *hineinfinden*, sie helfen, das Feld und den Gegenstand aufzuschließen, die Materialauswahl anzuleiten und Sichtbarkeit für Aspekte zu erzeugen, die aus dem Blickwinkel der Teilnehmenden nicht zur Sprache kommen können. (2) In anderer Richtung gewinnt qualitative Forschung an Qualität hinzu, wenn es durch theoretische Perspektivierung gelingt, die immer spezifischen und konkreten Fälle auf Begriffe zu bringen, die Anschlussfähigkeit an Bisheriges schaffen und für Nachfolgendes erhöhen. Statt ewig isolierter Neuanfänge bieten sie dann Einsichten in Weiteres und nutzen Einsichten von Vorgängigem. Der konsequente Bezug auf Theorie ist damit die Voraussetzung, um aus der empirischen Analyse wieder *hinauszufinden* und sie in den jeweiligen Fachdiskurs zu integrieren.

Theoretische Durchdringung als Kriterium bedeutet also zusammengefasst, sich das empirische Feld unter Rückgriff auf theoretische Perspektiven verfügbar zu machen und ihm so mehr Auskünfte abzulauschen als es selbst zu erteilen in der Lage ist. Die Bedeutung von Theorie liegt hier darin, Differenzen zum Teilnehmerwissen zu erzeugen. Im Fall gelungener Forschung stehen dabei empirisches Feld und theoretisches Denken in einem produktiven Verhältnis wechselseitiger Irritation. Theoretische Perspektivierungen bewahren den so konstituierten Forschungsgegenstand vor einer Überformung durch methodische Rigorismen und schaffen Anschlüsse an relevante Fachdiskurse.

7.4 Textuelle Performanz

Was hat, so könnte man irritiert fragen, die Textqualität mit der Qualität einer empirischen Studie zu tun? Doch bei näherer Betrachtung zeigt sich, dass Abschlussberichte und Zeitschriftenaufsätze eben nicht nur Berichte über stattgehabte Forschung darstellen, sondern dass erst in ihnen das Ergebnis der Forschung gegenüber Rezipientinnen hergestellt wird. Es ist der Text, der Leser und Feld zusammenbringt und in der Perspektive der Lesenden den Forschungsgegenstand herstellen muss. Forschende sind also nicht nur Datenproduzenten und -analytiker, sie sind immer auch Autorinnen. Die Kompetenz, Leser gut zu führen, sie in Forschung hineinzuziehen und von den Ergebnissen zu überzeugen, lässt sich mit dem Kriterium der *textuellen Performanz* fassen. Ergebnisse qualitativer Forschung sprechen nicht für sich selbst und es stehen auch keine Standardformate zu ihrer Darstellung zur Verfügung. Dies bedeutet, dass beim Verfassen einer empirischen Studie neben der „Logik der Forschung" (Popper 1994/1935) auch die „Logik der Darstellung" (Bude 1989: 527) und die „logic of generating scientific belief" (Reichertz 1992: 333) von erheblichem Belang sind.

Die bei der textuellen Darstellung der Forschungsergebnisse zu bewältigende Schwierigkeit ist eine doppelte: Weil nur die Forscherin-Autorin beide Sinnwelten kennt, die des erforschten Feldes wie auch die der angezielten Publika, muss der verfasste Text *erstens* die Logik des Feldes in die Leseerwartungen und Fachperspektiven von Forschungsförderung, Praktikerinnen, Peer Reviewern und anderen Fachkolleginnen übersetzen. Misslingt dies, sind Texte überfrachtet mit im Feld gesammelten aber unkommentierten Äußerungen, länglichen Kontextbeschreibungen oder erzählten Episoden, die allenfalls mitfühlende Anteilnahme, nicht aber kognitiven Nachvollzug analytischer Perspektiven erzeugen.

Die *zweite* Schwierigkeit, die der Text zu meistern hat, liegt darin, dass Schriftkommunikation eine „rhetorical activity" (Atkinson 1990: 10) ist, Lesende also nicht als konkrete Personen ansprechbar sind, sondern als *hidden observers*, die in ihren Reaktionen von Autor und Text nicht unmittelbar zu kontrollieren sind. Daher muss der Text so organisiert sein, dass er überzeugt, also die Zustimmungsbereitschaft anonymer Publika mobilisiert. In ihren Texten müssen Forschende sich daher verständlich und stilvoll ausdrücken, plausibel argumentieren, und sie dürfen dabei nicht hinter den Wissensstand ihrer Leserschaft zurückfallen.

Die Autorschaft einer qualitativen Studie impliziert weit mehr als nur die Fixierung von Untersuchungsergebnissen mittels Wörtern und Bildern. Die Darstellung fungiert als Medium, durch das Forschende und ihre Rezipienten in eine soziale Interaktion treten. Die Frage, ob eine qualitative Studie gelungen ist, kann ohne eine Antizipation der Leserinnen und ohne deren Anschlusskommunikation (Gutachten, Diskussionsbeiträge, weitere Forschungen, die die präsentierten Ergebnisse aufgreifen) gar nicht geklärt werden. Zukünftige Leser begleiten also die Verfertigung einer Studie als ‚generalisierte Andere' fortwährend.

7.5 Originalität

Mehr noch als im Fall der textuellen Performanz mag der Status von Originalität als Gütekriterium qualitativer Forschung zunächst überraschen. Doch ist damit nicht so etwas wie individuelle Kunstfertigkeit gemeint, sondern die Einlösung des grundsätzlichen Anspruchs an Wissenschaft, einen Erkenntnisfortschritt zu erzielen. In den Wissenschaften ist Erkenntnisgewinn nicht das finale Ergebnis eines Projekts, sondern immer auch der Ausgangspunkt für Anschlussforschung zu gleichen oder ähnlichen Gegenständen. Insofern ist Originalität eine kollektive Hervorbringung: Eine Studie muss zeigen, dass ihr Beitrag zu einem bestimmten Forschungsfeld relevant und neu ist, und dies zeigt sich darin, dass in der weiteren Forschung auf diese Studie Bezug genommen wird. Originalität manifestiert sich also darin, dass relevante Adressaten mit den Ergebnissen einer Studie die Wissensbestände ihres Feldes nicht einfach verdoppelt oder gar unterschritten sehen, sondern in ihnen neue Einsichten für ihr Handeln in der Wissenschaft bzw. in außerwissenschaftlichen Praxisfeldern entdecken. Die Gefahr der Unterschreitung dieser Wissensbestände droht auf drei Ebenen:

(1) Auf der Ebene des Common Sense sind in der Sozialforschung alle unsere Gegenstände immer schon in der einen oder anderen Weise interaktiv und begrifflich erschlossen. Die Teilnehmenden im Feld wissen jeweils auf ihre Art etwas über die Sache, für die wir uns forschend interessieren. Ihr Alltagswissen muss in adäquater Weise in der wissenschaftlichen Beschäftigung mit der Sache aufgegriffen werden. Es geht jedoch nicht darum, es einfach zu reproduzieren, sondern sich analytisch dazu zu verhalten, ohne es zu ignorieren.

(2) In aller Regel existiert in den untersuchten Feldern gesellschaftlicher Praxis immer auch ein *Sachwissen des Feldes*, das nicht unterschritten werden darf. Dies droht, wenn professionelles Wissen (etwa das von Fischern und Seeleuten bei einer Ethnografie zur Hochseefischerei) gar nicht erst herangezogen oder als dem wissenschaftlichen Wissen untergeordnet behandelt wird. Um Originalität zu erzielen, müssen Forschende sich also auch in der Sachdimension kundig machen und dieses Wissen für ihre Theoriebildungsprozesse heranziehen.

(3) Originalität kann ferner nur für sich reklamieren, wer seine Studie wissend um den *Stand der Forschung* des eigenen Faches betreibt. Die Einordnung in den Stand der relevanten Forschung erlaubt es erst, die eigene Arbeit als innovativen Beitrag im Fachdiskurs zu positionieren, an andere Forschungen anzuschließen und selbst Anschlüsse für weitere Forschung zu schaffen. Auch die mitunter auf Singularität plädierenden qualitativen Studien sind gerade zum Beleg ihrer Originalität immer darauf verwiesen, sich im Kontext der Forschung ihres Faches zu verorten.

Als Gütekriterium erfordert die Aussicht auf Originalität also eine dreifache Absicherung der jeweiligen Studie: Sie muss auf Allgemeinwissen des Feldes aufbauen,

die fachlichen Standards der Praktiker respektieren und sich mit ähnlich ausgerichteten Studien des Faches auseinandersetzen. Damit ist Originalität noch nicht
gesichert, eine Unterschreitung relevanten Wissens aber vermieden.

7.6 Zusammenfassung

In dem hier vorgestellten Sinne ist qualitative Forschung also gut, wenn sie ihren
Gegenstand über den Forschungsprozess hinweg angemessen entwickelt, dabei
den interaktiven Prozess seiner empirischen Sättigung ebenso bewältigt wie seine
fortwährende theoretische Perspektivierung und diese forschende Herstellungsleistung gegenüber relevanten Publika in ihrer Gültigkeit und ihrem Erkenntniswert
vermitteln kann.

Doch es bleiben einige abschließende Fragen zu beantworten, z. B. die nach
dem Verhältnis der fünf vorgestellten Kriterien zueinander. Man kann Gegenstandsangemessenheit mit gutem Grund als grundlegendstes dieser Gütekriterien
bezeichnen, und zwar in dem Sinne, dass Gegenstandsangemessenheit zwar nicht
alles ist, ohne sie aber alles nichts. Für die Qualität einer Studie reicht es also nicht
hin, wenn sie im vorgestellten Sinne ihren Gegenstand angemessen entwickelt,
aber tut sie das nicht, dann kann die Studie, auch wenn sie z. B. besonders originell
oder blendend geschrieben ist nicht wirklich gut sein. Tatsächlich stehen alle
fünf Gütekriterien in engen Verweisungsverhältnissen zueinander (s. Abb. 7.1). Dabei mögen Gegenstandsangemessenheit, empirische Sättigung und theoretische
Durchdringung auf den ersten Blick als vorrangig gegenüber textueller Performanz
und Originalität erscheinen. Doch der Eindruck täuscht, denn Studien, die ihren
Gegenstand empirisch und theoretisch angemessen konzipieren und entwickeln,
ohne dies in ihrer textuellen Repräsentation auch sichtbar zu machen und dabei
ihre Originalität in Form erweiterten Wissens zu verdeutlichen, versäumen es, die
Ernte ihrer Mühen einzufahren und bleiben ihrer *Scientific Community* damit etwas
schuldig.

Zugleich enthält dieses, wie jedes andere Set von Gütekriterien, ein gewisses
Maß an Variation. Zunächst in der Hinsicht, dass die verschiedenen Kriterien sich
unterschiedlich gewichten lassen und jede Studie in einem Kriterium besser punkten kann und in einem anderen schlechter. So mag eine deskriptiv reiche und glän-
zend geschriebene Studie vielleicht nicht zugleich auch begrifflich originell und
theoretisch innovativ sein. Des Weiteren wird die evaluative Praxis in den unterschiedlichen Ansätzen qualitativer, interpretativer und rekonstruktiver Forschung
von Kriterium zu Kriterium Variationen erzeugen, was die Bedeutung eines Krite-
riums und auch seine genauere Auslegung betrifft. Ethnomethodologische Studien
werden ihren Theoriebezug etwas anders auffassen als etwa Studien aus der Objektiven Hermeneutik, ebenso wie sich Ethnografien in einigen Punkten von den Ge-
wichtungen in der Dokumentarischen Methode unterscheiden werden. Auch die

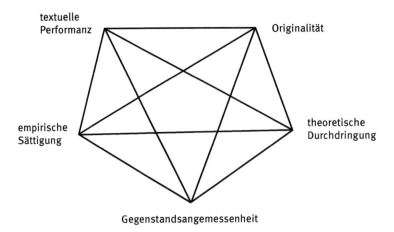

textuelle Performanz

Originalität

empirische Sättigung

theoretische Durchdringung

Gegenstandsangemessenheit

Abb. 7.1: Das Pentagramm qualitativer Gütekriterien (Strübing et al. 2018).

unterschiedlichen Fachkulturen und Verwendungskontexte von Soziologie oder Erziehungswissenschaften, Politikforschung oder Kulturwissenschaften mögen hier noch einmal unterschiedliche Akzente setzen. Insgesamt aber führt an der grundsätzlichen Bedeutung der vorgeschlagenen fünf Kriterien kein Weg vorbei.

Allerdings soll hier nicht verschwiegen werden, dass der Vorschlag dieser fünf Gütekriterien, auf den sich das vorliegende Kapitel bezieht, bei Drucklegung der zweiten Auflagen des Bandes noch sehr neu ist und daher noch nicht zu einem Teil des allgemeinen Kanons akzeptierten Wissens der qualitativen Sozialforschung werden konnte. Es wird also interessant sein, die Diskussionen zu verfolgen, die sich in nächster Zeit dazu noch entwickeln werden.

Auch die weitergehende Frage, ob die hier präsentierten Gütekriterien qualitativer Forschung sich auch auf die standardisierte Forschung mit ihrer dominanten Methodizität übertragen lassen, lädt zu kontroversen Debatten ein. Allerdings lässt sich mit einiger Berechtigung argumentieren, dass der weiter gefasste Bezugsrahmen, der mit dem Pentagramm qualitativer Gütekriterien aufgespannt wird, die messtechnischen Verkürzungen der Gütekriterien quantitativer Forschung plastischer werden lässt, und so auch plausibler macht, was viele an dieser Forschung so vermissen. Die vorgeschlagenen Gütekriterien sind jedenfalls keine Indikatoren, die sich messen und in Maßzahlen ausdrücken lassen. Sie sind Orientierungsmarken für den Versuch einer Verifizierung von Güteurteilen.

Was dabei stets bleibt und mit derartigen Gütekriterien nicht standardisiert und pseudo-objektiviert werden kann, ist die praktische Aufgabe des Einschätzens und Beurteilens: Es bedarf in jedem Fall der „practical capacity to assess research" (Hammersley 2007: 300). Was wir im Einzelfall als gegenstandsangemessen und empirisch gesättigt gelten lassen wollen, was unseren Ansprüchen an theoretischer Durchdringung genügt und uns in seiner textuellen Präsentation als originell überzeugt, das muss immer noch an konkreten Einzelfällen bestimmt und innerhalb der *Scientific Community* kommunikativ validiert werden. Mit den genannten Gütekriterien aber lassen sich einzelne Studien in einem fünfdimensionalen Feld verorten. Als Rezipient, Gutachterin oder Verwender von Forschung lässt sich damit besser explizieren, in welcher Hinsicht eine Studie besser oder schlechter gelungen ist. Als Forschende wiederum können wir diese Kriterien als Zielmarken für die fortlaufende Überprüfung und Nachjustierung unserer Forschungsarbeit nutzen.

Nach der Bearbeitung dieses Kapitels sollten Sie
- Gütekriterien von allgemeinen Leistungsmerkmalen qualitativer Forschung einerseits und von qualitätssichernden Maßnahmen andererseits unterscheiden können.
- die spezifische Problematik der Bestimmung von Kriterien für qualitative Forschung kennen.
- wissen, warum Gütekriterien in der Wissenschaft unverzichtbar sind.
- Kriterien für gute qualitative Forschung benennen und begründen können.

Hier können Sie weiterlesen:
- Der aktuelle Beitrag zur Begründung eigenständiger Gütekriterien qualitativer Forschung, auf dem dieses Kapitel beruht: Strübing/Hirschauer/Ayass/Krähnke/Scheffer (2018): Gütekriterien qualitativer Forschung – ein Diskussionsanstoß, Zeitschrift für Soziologie 47(2).
- Flick (2005): Standards, Kriterien, Strategien. Zur Diskussion über Qualität qualitativer Sozialforschung. Zeitschrift für Qualitative Bildungs-, Beratungs- und Sozialforschung 6(2), 191–210.
- Ein Beitrag zur Diskussion in den angelsächsischen Ländern: Seale (2007): Quality in Qualitative Research, in: Seale/Gobo/Gubrium/Silverman (Eds.), Qualitative Research Practice, London: Sage, 379–389.
- Den Stand der Diskussion in den Erziehungswissenschaften dokumentiert: Helsper/Kelle/ Koller (2016): Qualitätskriterien der Begutachtung qualitativer Forschungsvorhaben in der Erziehungswissenschaft. Ergebnisse eines DFG-Roundtable, Zeitschrift für Pädagogik 62(5), 738–748.

8 Forschungsethik und qualitative Forschung

! In diesem Kapitel erfahren Sie, warum die Forschung grundsätzlich ethischer Erwägungen bedarf und welche konkreten ethischen Prinzipien im Zusammenhang mit qualitativer Forschung zum Tragen kommen. Geklärt wird ferner, wie es um das Verhältnis von Ethik und Recht bestellt ist und unter welchen Bedingungen eine „Ethisierung" der Sozialwissenschaften auch kontraproduktiv sein kann.

8.1 Forschungsethische Reflexivität: Können wir verantworten, was wir tun?

Zu Forschen bedeutet immer auch, in eine Sache einzudringen und sie sich mindestens gedanklich verfügbar zu machen. Von Forschenden wird erwartet, dass sie hartnäckig sind und ‚an der Sache dranbleiben'. In der Sozialforschung ist diese ‚Sache' aber das Miteinanderhandeln von Menschen, also ein höchst verletzlicher Bereich. Jede Art von Forschung kann Auswirkungen auf Individuen, Gruppen und ganze Gesellschaften haben, wie sich etwa an der Kernforschung oder an der Stammzellenforschung deutlich zeigen lässt. In der empirischen Sozialforschung, zumal in der qualitativen, sind diese Auswirkungen sehr unmittelbar, denn mit unseren Forschungsmethoden dringen wir oft sehr tief in die untersuchten Milieus, die privaten Lebensverhältnisse und die sensiblen Wissensbereiche der Teilnehmenden vor. Manche unserer Methoden (denken wir an die Objektive Hermeneutik, die Dokumentarische Methode, aber auch die narrationsanalytische Biografieforschung) beanspruchen explizit mehr herauszufinden, als die Teilnehmenden von sich zu sagen wissen. Damit kommt Sozialforscherinnen eine besondere Verantwortung zu, die ein hohes Maß an forschungsethischer Reflexivität erfordert.

Damit sind wir im Kerngeschäft eines Metiers, das in Methodenlehrbüchern leider meist ein Schattendasein führt, aber für kompetente Forschung doch unabdingbar ist: Der Ethik, einer „Reflexionswissenschaft der Moral" (Unger 2014: 18), die uns hier als Forschungsethik begegnet, also als eine auf das Forschungshandeln *angewandte Ethik*. Deren Bedeutung ergibt sich indirekt schon aus dem Grundsatz der Freiheit der Forschung, der z. B. im Grundgesetz verankert ist (Art. 5 GG). Denn die einzige Schranke, die der Forschungsfreiheit dort gesetzt wird, ist die Treue zur Verfassung. Damit ist vorprogrammiert, dass schrankenloses Forschungshandeln in Konflikt mit anderen schutzwürdigen Interessen geraten kann. Forschungsethische Reflexivität zielt also darauf, diese Interessen im praktischen Forschungshandeln so gegeneinander abzuwägen, dass potenzielle Schädigungen nach besten Ermessen vermieden werden.

https://doi.org/10.1515/9783110529920-008

8.2 Drei Beispiele

In der Geschichte der empirischen Sozialforschung gab es immer wieder ethisch hoch problematische Vorfälle, die Anlass dazu gaben, über verbindliche Regeln für ethisch legitimes Handeln in der Sozialforschung nachzudenken. Drei Beispiele sollen die Bandbreite der Probleme beleuchten:

–   *Project Camelot*: Im Jahre 1964 begann die US-Army unter dem Decknamen „Camelot" ein groß angelegtes empirisches Forschungsprojekt, dessen Ziel es war, die Entstehung von Revolutionen und Aufständen weltweit, aber insbesondere in den Ländern Südamerikas zu erforschen und Mittel zu ihrer Verhinderung zu entwickeln. Namhafte Soziologinnen, Psychologen, Anthropologinnen und Historiker wurden aufgefordert, an diesem Projekt mitzuwirken, das mit der für damalige Verhältnisse unglaublichen Summe von 4 bis 6 Mio. US-Dollar für 3 bis 4 Jahre gefördert werden sollte. In lateinamerikanischen Ländern geschahen damals aus Perspektive der US-amerikanischen Politik und des Militärs besorgniserregende Dinge, denn die kubanische Revolution unter Fidel Castro und Che Guevara ermunterte linksgerichtete Freiheitsbewegungen in vielen der damals häufig autokratisch regierten Länder Süd- und Mittelamerikas zu einer nachhaltigen Veränderung der politischen Verhältnisse. Die USA sahen darin nicht nur eine politische Bedrohung, sondern auch eine Beeinträchtigung ihrer wirtschaftlichen Interessen, hatten sich doch US-amerikanische Konzerne in diesen Staaten mit Diktatoren und Despoten oft gut arrangiert und betrieben florierende Geschäfte mit der Ausbeutung der Rohstoffe des südlichen Kontinents.

    Nun sollte die Sozial- und Verhaltenswissenschaft helfen dieses Geschäftsmodell abzusichern, indem sie wissenschaftliches Handlungswissen zur Steuerung ganzer Gesellschaften oder zumindest zur Vorhersage der Handlungsweisen potenziell feindlicher Kräfte lieferten. Wissenschaftlerinnen wurden über Konferenzen und in persönlichen Anschreiben eingeladen, an dem Projekt mitzuwirken, und eine erstaunliche Zahl teilweise durchaus namhafter Sozialwissenschaftler (unter ihnen James S. Coleman, Lewis Coser und Shmuel N. Eisenstadt) nahm die Einladung – mit sehr unterschiedlichen Motiven – an. Zu den Eingeladenen gehörte auch der norwegische Soziologie Johan Galtung, ein Konfliktforscher, der zu der Zeit gerade in Chile lehrte. Er schlug die Einladung nicht nur aus, sondern skandalisierte das Vorgehen der USA, indem er das Ansinnen der US-Regierung und des Militärs öffentlich machte und argumentierte, dass eine Beteiligung von Wissenschaftlerinnen an staatlicher Einflussnahme auf fremde Gesellschaften nicht mit dem Ethos der Sozialwissenschaften vereinbar sei. Durch Galtungs Positionierung und die Unterstützung durch andere namhafte Sozialforscher wie Irving Louis Horowitz (Horowitz 1966) stieg der öffentliche Druck auf das US-Militär und die Regierung so stark, dass das Projekt nach öffentlichen Anhörungen offiziell bereits im Juli 1965 wieder eingestellt wurde. Inoffiziell allerdings wurde und wird weiterhin (und nicht nur in den USA) sozialwissenschaftliche Forschungskompetenz für staatliche Machtinteressen genutzt.

– *Milgram-Experiment*: 1961 führte der amerikanische Psychologe Stanley Milgram (1933–1984) in New Haven ein psychologisches Experiment zur Frage von Autorität und Gehorsam durch. Faschismus und Holocaust hatte die Wissenschaft begreiflicherweise für diese Fragen sensibilisiert und Milgram wollte herausfinden, wie weit Versuchspersonen mit Menschen gefährdenden oder missachtenden Handlungen gehen würden, wenn sie von einer Autoritätsperson ermutigt werden. Dazu hatte er eine Versuchsanordnung ersonnen, in der ein Wissenschaftler als Versuchsleiter, ein „Schüler" und ein „Lehrer" agieren. Der „Lehrer" war dabei unwissentlich die eigentliche Versuchsperson, die vom Versuchsleiter angewiesen wurde, den „Schüler" abzufragen und bei falschen Antworten mit elektrischen Schlägen zu bestrafen. Der „Schüler", in Wirklichkeit ein Schauspieler, der in das Experiment eingeweiht war, befand sich hinter einer Glasscheibe, für den „Lehrer" gut sichtbar, und zudem war er erkennbar elektrisch verkabelt. Dem „Lehrer" stand ein elektrischer Schaltkasten mit einem Drehregler zur Verfügung, mit dem er die Stromspannung für die zu verabreichenden Stromschläge dosieren konnte, wobei die Skala bis in den Bereich einer tödlichen Stromdosis reichte. Die Ergebnisse des Experimentes waren wissenschaftlich hochinteressant: Die Versuchspersonen in ihrer Rolle als „Lehrer" versetzten den „Schülern" bei wiederholt falschen Antworten immer höherer Stromschläge, obwohl sie die Leiden der Schüler durch die Glasscheibe beobachten konnten und deren immer schriller werdende Schreie deutlich zu hören waren. 26 von 40 Versuchspersonen verabreichten – nach eindringlichen Aufforderungen des Versuchsleiters, aber ohne direkten Zwang – die letale Maximaldosis von 450 Volt.

   *Obwohl die wissens*chaftliche Publikation der Ergebnisse (Milgram 1963) dem Forscher einen renommierten Preis einbrachte, wurde sein Vorgehen von vielen seiner Kollegen als unethisches Forschungshandeln missbilligt (Baumrind 1964), und er wurde in der Folge von der *American Psychological Association* für ein Jahr ausgeschlossen. Ihm wurde vorgeworfen, die Versuchspersonen unter einem falschen Vorwand ins Labor gelockt und dann einer potenziell traumatischen Erfahrung ausgesetzt zu haben.

– *Der Fall Springdale*: Arthur Vidich und Joseph Bensman veröffentlichten 1958 in den USA die Ergebnisse einer qualitativ-empirischen Gemeindestudie. Sie hatten eine als „Springdale" anonymisierte Kleinstadt im Staat New York untersucht (Vidich/Bensman 1958). Kritik an der Publikation der Studie entzündete sich zunächst an der unzulänglichen Anonymisierung der in der Untersuchung genannten Personen. Diese hatten sämtlich Pseudonyme bekommen, Rückschlüsse auf die konkreten Personen waren aber relativ leicht möglich, da auch die Funktionen genannt wurden, die sie im Ort innehatten (was bei der

Analyse lokaler Machtstrukturen und Beziehungsverhältnisse kaum zu vermeiden ist). Ein zweiter Kritikpunkt betraf den Umgang mit den Reaktionen der Teilnehmenden der Studie, die sich teilweise heftig gegen die Schlussfolgerungen wehrten, die der Forschungsbericht zog. Insbesondere Aussagen „zur Machtstruktur in der Gemeinde und die Behauptung, es gäbe in Springdale so etwas wie eine ‚unsichtbare Regierung‘, in der einflussreiche Personen, die keine öffentlichen Ämter innehaben, gleichwohl die Geschicke der Kleinstadt bestimmten" (Hopf 2016/2000: 202), erregten die Gemüter und führten zu der Forderung, den Bericht umzuschreiben. Die Autoren verweigerten sich dieser Forderung und hielten ihren professionsinternen Kritikern (u. a. William F. Whyte) entgegen, dass man bei der Untersuchung organisationaler Machtstrukturen auf derartige Reaktionen gefasst sein müsse, aber nicht darauf Rücksicht nehmen könne, wolle man nicht den wissenschaftlichen Anspruch der Studie und das Bemühen aufgeben, zum Wissenschaftsfortschritt beizutragen.

Diese drei Fälle verweisen auf unterschiedliche Fragen angemessenen Handelns in den Sozialwissenschaften und markieren damit die ganze Breite dessen, was inzwischen als Forschungsethik in diesen Fächer verhandelt wird: Das Project Camelot zeigt die Bedeutung der Unabhängigkeit wissenschaftlicher Forschung von wirtschaftlichen und politischen Interessen. Wenn sich Sozialforschung Staaten oder Unternehmen andient, missbraucht sie den Kredit, den der Nimbus der Wissenschaft ihr gewährt und verrät am Ende die Interessen derer, die sich ihr im Vertrauen auf ihre Unbestechlichkeit und Neutralität anvertraut haben. Es zeigt sich aber auch, dass Forschungsmethoden und wissenschaftliches Wissen nicht immun gegen Missbrauch sind. Am Milgram-Experiment lässt sich etwas über die delikate Balance zwischen legitimem wissenschaftlichem Erkenntnisinteresse und den Gefahren lernen, denen wir unsere Teilnehmenden mitunter aussetzen: Wo genau sollen wir die Grenzen ziehen? Unter welchen Bedingungen und zu welchen Zwecken ist es vertretbar, dass wir Teilnehmende an unserer Forschung über unsere tatsächlichen Erkenntnisinteressen befristet oder gar dauerhaft täuschen? Milgram hätte die Erkenntnisse, die er mit seinen Experimenten gewonnen hat, nicht erzielen können, wenn er die Versuchspersonen in den tatsächlichen Versuchsaufbau und die genauen Untersuchungsziele eingeweiht hätte. Aber kann das die Täuschung rechtfertigen, wenn man sich die Gefahr einer Traumatisierung der Versuchspersonen vergegenwärtigt? Der Springdale-Fall verdeutlicht das Dilemma, in das Forschende geraten können, wenn sie überzeugt und mit guten Gründen ihre Forschungsergebnisse vertreten wollen, dabei aber auf Widerspruch aus dem Feld stoßen. Sollen sie den Widerspruch aushalten oder ihre Ergebnisse an der Selbstwahrnehmung des Feldes oder einzelner seiner Mitglieder ausrichten?

8.3 Forschungsethische Prinzipien

Diese und andere Fälle führten in den amerikanischen Sozial- und Verhaltenswissenschaften der 1960er-Jahre zu einer Sensibilisierung für forschungsethische Fragen. So hat sich die American Sociological Association (ASA) bereits 1969 einen *Code of Ethics* gegeben, in dem Rechte und Pflichten der Sozialforschung gegenüber ihren Informantinnen genauer geregelt werden (ASA 1999). In Deutschland haben die Deutsche Gesellschaft für Soziologie (DGS) und der Berufsverband Deutscher Soziologinnen und Soziologen (BDS) erst 1993 einen vergleichbaren Ethik-Kodex verabschiedet, der 2014 noch einmal überarbeitet wurde (DGS/BDS 2014). Neben der Verpflichtung der Forschenden auf wissenschaftliche Integrität und Objektivität sowie auf die Verwendung bestmöglicher Standards der Forschung betont der Kodex das Erfordernis der Vollständigkeit bei der Ergebnisveröffentlichung. Auch die Finanzierungsquellen sind zu nennen, um mögliche Interessenkonflikte und Voreingenommenheiten sichtbar zu machen. Ein wichtiger Punkt ist zudem die Öffentlichkeit der Ergebnisse: Wenn die organisierte Wissenschaft forscht, gehören die Ergebnisse der Allgemeinheit – auch dann, wenn das empirische Feld z. B. in einzelnen Privatunternehmen liegt. Deren schutzwürdige Interessen (Patente, Betriebsgeheimnisse etc.) sind dabei allerdings zu wahren – Forschung ist kein investigativer Journalismus. Die bedeutsamsten Punkte im Ethik-Kodex von DGS und BDS sind aber jene, die die Konsequenzen aus den benannten Dilemmata ziehen:

(1) Das *Prinzip der Nichtschädigung* besagt, dass „Personen (…) durch die Forschung keinen Nachteilen oder Gefahren ausgesetzt werden (dürfen). Die Betroffenen sind über alle Risiken aufzuklären, die das Maß dessen überschreiten, was im Alltag üblich ist." (DGS & BDS 2014, § 2, Abs. 5). Das meint nicht nur, dass Teilnehmende an Studien nicht in Situationen körperlicher oder seelischer Gefährdung gebracht werden dürfen. Die Rede ist hier explizit von „Personen"; das bezieht sowohl alle direkt am Projekt Beteiligten ein als auch Personen, Personengruppen und Bereiche der Gesellschaft, die durch das jeweilige Projekt und seine Ergebnisse gefährdet oder beeinträchtigt werden könnten. Im Einzelnen:

– Die schutzwürdigen Interessen der *Forschenden* gilt es insbesondere in den machtförmigen, hierarchisierten und von Konkurrenz bestimmten institutionellen Zusammenhängen zu wahren, in denen organisierte wissenschaftliche Forschung veranstaltet wird. Vorgesetzte dürfen ihre Mitarbeiter z. B. bei der Arbeit im Feld keinen vermeidbaren Gefahren aussetzen (denken wir an Ethnografien in gewaltbereiten oder gar kriminellen Milieus) und das geistige Eigentum aller Beteiligten Forscherinnen muss gewahrt bleiben, ebenso Publikationsrechte und die Urheberschaft für Forschungsergebnisse.

– *Studierende* sollen geschützt werden; z. B. dürfen sie nicht gezwungen werden sich als Teilnehmende für Experimente oder Befragungen zur Verfügung zu stellen. Ihre eigenständigen Beiträge zur Forschung dürfen ihnen nicht enteignet werden.

– Die *direkt an Studien teilnehmenden Personen*, also jene, die wir beobachten (auch: filmen oder fotografieren), befragen oder von denen wir Dokumente gewinnen und analysieren, müssen im Rahmen des Vorhersehbaren davor bewahrt werden, körperliche oder seelische Schäden zu erleiden. So können sich Interviewpartner abhängig davon, wie sie befragt werden, leicht zu Aussagen über illegale Handlungen hinreißen lassen, deren Publikation, z. B. im Forschungsbericht, zu polizeilichen Ermittlungen führen könnten. Und narrative Interviews mit seelisch instabilen (z. B. suizidgefährdeten) Personen können bei unsachgemäßer Durchführung deren seelisches Wohlbefinden schwer beeinträchtigen. Für die praktische Forschung ergibt sich daraus zunächst die Aufforderung, Datenmaterial gründlich und mit Blick auch auf künftige Verwendungen zu anonymisieren oder zu pseudonymisieren. Es geht aber zugleich um eine sensible und vorausschauende Einschätzung der sozialen, psychischen und emotionalen Befindlichkeit der Teilnehmenden.

– Doch auch *nicht direkt teilnehmende Personen* können durch eine empirische Studie Nachteile erleiden. So kann etwa in der Untersuchung ein Bild bestimmter Milieus, einer Gruppe von Menschen oder bestimmter Typen von Personen (Jugendliche aus benachteiligten Vierteln, Alte, Unternehmerinnen, alleinerziehende Väter) entstehen, das zu deren negativer Stigmatisierung führt oder ihre legitimen politischen oder wirtschaftlichen Ziele konterkariert. Diese potenziellen Gefährdungen müssen im Laufe einer Studie immer wieder abgewogen werden.

(2) *Prinzip der informierten Einwilligung.* Dieses zweite Prinzip ethischer Abwägungen im Forschungsprozess wird häufig auch als *informed consent* bezeichnet. Im Grundsatz gilt „für die Beteiligung an sozialwissenschaftlichen Untersuchungen, dass diese freiwillig ist und auf der Grundlage einer möglichst ausführlichen Information über Ziele und Methoden des entsprechenden Forschungsvorhabens erfolgt. (...)" (DGS & BDS 2014, § 2, Abs. 3). Teilnehmende sollen also immer wissen, worauf sie sich einlassen, wenn sie sich der Forschung zur Verfügung stellen.

Dieses allgemeine Prinzip bedarf allerdings situativer Anpassungen, je nach methodischem Zuschnitt und Fragestellung. Wenn z. B. eine Studie etwas über geschlechterdifferenzierende Praktiken heterosexueller Paare herausfinden und dazu die Interaktion dieser Paare in Paar-Interviews beobachten will, dann kann das nur funktionieren, wenn die Teilnehmenden dieser Forschungsfrage unbefangen gegenüberstehen, also nicht vorab über das genaue Erkenntnisinteresse im Bilde sind. Ihnen wird daher vorab ein anderes oder zumindest viel allgemeineres Thema genannt, das dann auch in den Interviewfragen thematisiert wird (z. B. die energetische Sanierung selbst genutzten Wohnraums; Offenberger 2016). Tatsächlich wird dann aber (auch) ihre Interaktion untereinander und mit der Interviewerin beobachtet und protokolliert. Paare werden also zunächst über den wahren Zweck der Untersuchung getäuscht, was in klarem Widerspruch zum Prinzip der informierten Einwilligung zu stehen scheint. Gerechtfertigt ist eine solche Vorgehensweise, wenn das erforderliche Datenmaterial auf anderem Wege nicht zu gewinnen ist und wenn den Teilnehmenden nach Beendigung des Interviews der tatsächliche Zweck offenbart und ihnen Gelegenheit gegeben wird, ihre Zusage im Nachhinein zu widerrufen. Problematisch ist die Einhaltung dieses Prinzips auch bei ethnografischen Beobachtungen im öffentlichen Raum, z. B. in Fußballstadien, bei Konzerten oder in Fußgängerzonen. Dann ist es rein praktisch nicht leistbar, von allen potenziell zu beobachtenden Personen ihr Einverständnis einzuholen.

Es ist inzwischen üblich, dass die Einwilligung schriftlich dokumentiert wird, indem die Teilnehmenden vorab eine vorgefertigte Erklärung unterzeichnen (zu einem Muster für Interviewdaten siehe Arbeitsgruppe Datenschutz und qualitative Sozialforschung 2014: 19). Doch was genau ist Gegenstand der Einwilligung? Es geht ja nicht nur darum, sich zur Teilnahme z. B. an einem Leitfadeninterview oder einer Gruppendiskussion bereitzuerklären, sondern auch um die bedingte Freigabe der dabei generierten Materialien, deren genaue Beschaffenheit sowie – besonders wichtig – die Zwecke, für die sie verwendet werden dürfen.

Solange die Verwendung der Daten sich lediglich auf die Forschenden selbst bezieht, die in der qualitativen Forschung über die Strecke des empirischen Kontaktes ein Vertrauensverhältnis zu den Teilnehmenden entwickeln, stellt die Einwilligung meist kein Problem dar. Diese idealisierende Annahme eines entre nous der Datennutzung wird indes schnell brüchig, wenn das Datenmaterial in größeren Projektzusammenhängen zirkulieren oder in Interpretengemeinschaften und Forschungswerkstätten bearbeitet werden soll. Doch selbst wenn der Vertrauensvorschuss der Teilnehmenden den sozialen Zusammenhang rund um das jeweilige Projekt noch mit umfasst: Wie sieht es mit der (zumindest ausschnittsweisen) Publikation der Daten in Berichten und wissenschaftlichen Artikeln aus? Überdies ist in den vergangenen Jahren zunehmend die Erwartung genährt worden, das Forschungsdaten längerfristig in Forschungsdatenzentren archiviert werden, um bei Zweifeln an der empirischen Evidenz publizierter Ergebnisse auch nach Projektablauf noch eine Datenbasis für Überprüfungen zu haben. Und schließlich wird mitunter auch im Bereich qualitativer Daten über die Nutzung von Material vergangener Projekte für Sekundäranalysen nachgedacht – eine nicht ganz unproblematische Vorstellung, auf die hier nicht näher eingegangen werden kann (vgl. Hirschauer 2014). Ein *informed consent* aber muss all diese prospektiven Anschlussnutzungen des in der Forschungssituation generierten Materials antizipieren. Sie in der Einverständniserklärung aufzulisten, ist nicht das Problem, doch wie können Teilnehmende aus forschungsfernen Milieus z. B. das Schädigungspotenzial einer Zweitnutzung digital archivierter Daten zutreffend einschätzen? Und wenn sie es können: Werden wir sie dann noch zur Teilnahme gewinnen können?

Forschungsethische Prinzipien, wie sie im Ethikkodex der deutschen Soziologie (und ähnlich in anderen Ländern) formuliert sind, insbesondere die Prinzipien der Nichtschädigung und der informierten Einwilligung, sind also nie absolut zu setzen, sondern bedürfen der fallweisen Abwägung und Anpassung. Dabei handelt es sich in der qualitativen Sozialforschung nicht um eine einmalige Entscheidung, sondern um einen das Projekt begleitenden dialogischen Prozess, weil Gegenstand, Teilnehmende und Feldzugänge sich im Prozess der Forschung miteinander entwickeln.

8.4 Forschungsethik und Recht

Forschungshandeln unterliegt nicht nur den moralischen Imperativen der Forschungsethik, es ist zugleich in vielfältiger Weise rechtlich reguliert. Dabei rahmen rechtliche Anforderungen und ethische Erwägungen ineinander wechselseitig und können nur als ‚Paket' verstanden werden. Die grundgesetzliche Garantie der Freiheit der Forschung (GG § 5, Abs. 3) kollidiert vor allem mit den ebenso hohen Rechtsgütern des Schutzes der Privatsphäre und der informationellen Selbstbestimmung – die ihre rechtliche Fassung vorausgehenden ethischen Erwägungen verdankt. Praktische Forschungsethik wiederum ist auf die rechtlichen Rahmungen verwiesen, die neben dem Grundgesetz z. B. auch im Datenschutzrecht niedergelegt sind.

Das Datenschutzrecht hat sich mit dem veränderten technischen Repertoire für Datengewinnung, -archivierung, -auswertung und -verbreitung beständig weiterentwickelt und ausdifferenziert – oft in gesellschaftlichen Konflikten und politischen Kontroversen. Bekannt geworden ist insbesondere die Auseinandersetzung um die Volkszählung 1983, die in der Konsequenz zum bahnbrechenden Urteil des BVG vom 15. Dezember 1987 mit der expliziten Verankerung eines Rechts auf informationelle Selbstbestimmung im Grundrechtekatalog der Bundesrepublik Deutschland geführt hat. Neben den deutschen Rechtsnormen werden zunehmend auch europäische Regelungen (etwa die 2018 in Kraft getretene europäische Datenschutzgrundverordnung) für die Möglichkeiten empirischer Sozialforschung bedeutsam.

Datenschutz ist aber nicht identisch mit Forschungsethik: Während der Ordnungsrahmen, den etwa das Bundesdatenschutzgesetz bietet, rechtlich verbindlich ist und auf juristischem Wege eingeklagt werden kann, handelt es sich bei forschungsethischen Normen um Formen der Selbstverpflichtung der Wissenschaften und ihrer einzelnen Fächer. Wesentliche Rechtsnormen bedürfen überdies einer auch forschungsethisch belehrten Auslegung, wie sich am Grundrecht der informationellen Selbstbestimmung und der praktischen Verfahrensweise beim *informed consent* leicht zeigen lässt: Wie wir gesehen haben, kann es Fälle geben, in denen die Information von Teilnehmenden und deren explizite Einwilligung erst nachträglich und mitunter auch gar nicht möglich ist. Solche Entscheidungen basieren auf einer Abwägung zwischen informationeller Selbstbestimmung und dem gesell-

schaftlichen Interessen an den Ergebnissen der Forschung. Das Bundesdatenschutzgesetz (in § 14, Abs. 2) und ähnliche Rechtsnormen schreiben dafür ein an
bestimmte Bedingungen geknüpftes „Forschungsprivileg" fest: Wenn die Forschung im Interesse der Allgemeinheit ist, die Daten anders nicht oder nicht ohne
übermäßigen Aufwand zu gewinnen sind, dann kann moderat von der strengen
Form der Einwilligungspflicht abgewichen werden.

Anders als Angehörige anderer Berufsgruppen wie Ärztinnen, klinische Psychologen oder Pfarrerinnen unterliegen Sozialforscherinnen keiner Schweige-
pflicht, d. h. sie haben gegenüber staatlichen Instanzen und in juristischen Auseinandersetzungen kein Zeugnisverweigerungsrecht. Das hat zur Konsequenz, dass
ein forschungsethisch gebotenes Schweigen (Vertrauensschutz gegenüber den Teilnehmenden) für Forschende zu juristischen Verwicklungen bis hin zu strafrechtli-
chen Konsequenzen führen kann. Dies betrifft also gleichermaßen das Problem der
Schädigung von Teilnehmenden und ihrem Umfeld wie auch die Schädigung der
Forschenden selbst. Wenn Teilnehmende in vertrauensvollen Settings den Forschenden gegenüber Wissen preisgeben, dann gehen sie nicht davon aus, dass
dieses Wissen Dritten zu Ohren kommen könnte, zumal die Forschenden ihnen ja
Anonymität zusichern. Das fehlende Zeugnisverweigerungsrecht kann dann aber
(z. B. bei Forschung in halblegalen Milieus) dazu führen, dass Ermittlungsbehör-
den die Forschenden zur Herausgabe nicht anonymisierter Daten zwingen und den
Teilnehmenden damit ein Schaden entsteht. Zum Beispiel könnte eine Migrantin
im vertrauensvollen Binnenverhältnis einer ethnografischen Studie ihre tatsächliche Nationalität und ihr wahres Alter mitgeteilt haben, Informationen, die sie den
Behörden aus Angst vor einer Abschiebung bislang verschwiegen hat. Wenn die
Forschenden sich andererseits auf ihre Verpflichtung gegenüber ihren Teilnehmenden berufen und die Herausgabe verweigern, können sie selbst einen Schaden erleiden, weil ihnen rechtliche Sanktionen drohen. Und selbst wenn sie sich rechts-
konform verhalten, erleiden sie einen Schaden, weil ihre Glaubwürdigkeit im Feld
durch die Preisgabe der Daten nachhaltig beschädigt würde. Forschungsethische
Abwägungen müssen also von Fall zu Fall die möglichen rechtlichen Konsequenzen mitbedenken.

8.5 Ethisierung der Sozialforschung? Ethische Reflexivität versus formalisiertes Ethik-Assessment

Die Kapitel 8.1 bis 8.4 sollten verdeutlicht haben, dass es unabdingbar ist, sich als
Sozialforscherin auch mit ethischen Bewertungen des eigenen Tuns zu befassen.
Allerdings stellt sich die Frage nach adäquaten Formen, in denen dies geschehen
kann und dem Maß an Verbindlichkeit mit dem dies geschehen soll. In der medizinischen Forschung ist seit Langem sehr strikt geregelt, dass medizinische Studien,
bei denen Patienten einbezogen oder betroffen sind, grundsätzlich einer Ethik-

kommission vorzulegen sind, die die Unbedenklichkeit des Forschungsvorhabens bescheinigen muss, damit das Forschungsvorhaben durchgeführt werden darf (Muster-Berufsordnung der Ärzte, § 15). In den Sozialwissenschaften gibt es eine solche Verbindlichkeit nicht, allerdings sind die Dinge in den letzten Jahren auch hier etwas in Bewegung geraten. Verschiedene Entwicklung lassen sich beobachten:

So machen große internationale Fachzeitschriften auch in den Sozialwissenschaften immer häufiger ein sogenanntes „ethical approval", also eine von einer Ethikkommission ausgestellte Unbedenklichkeitsbescheinigung, zur Bedingung für die Annahme von Beiträgen zur Publikation. Das hat faktisch die Konsequenz, dass Projekte die eine solche Unbedenklichkeitsbescheinigung nicht vorweisen können, von Publikationen vor allem in hochrangigen Forschungsjournalen ausgeschlossen sind. In der Folge werden nun auch in den Sozialwissenschaften erste Ethikkommissionen eingerichtet – zunächst aus dem schlichten Grund, dass es eine legitimierte Instanz braucht, die entsprechende *ethical approvals* ausstellen kann. Zugleich erwägen Forschungsförderer wie die DFG und die EU, ob und unter welchen Voraussetzungen sie für die Beantragung von Projektförderungen ebenfalls eine ethische Unbedenklichkeitsbescheinigung fordern sollen. Es lässt sich also ein Trend zur Institutionalisierung und Formalisierung im Umgang mit Forschungsethik in den Sozialwissenschaften beobachten. Doch wie lässt sich diese Entwicklung erklären und wie ist sie einzuschätzen?

Den Hintergrund für die Institutionalisierung der Forschungsethik bildet der beobachtbare Strukturwandel der Wissenschaften insgesamt, der auch die Sozialwissenschaften erfasst hat. Eine angemessene forschungsethische Sensibilität zu erwerben, die zu einer Art ethischer Selbststeuerung im praktischen Forschungsprozess führt, galt traditionell als ein Nebenprodukt der wissenschaftlichen Sozialisation im Studium sowie in der langjährigen Arbeit an Lehrstühlen und in Forschungszentren. Lange Zeit wurde davon ausgegangen, dass Sozialwissenschaftlerinnen auch ohne explizite curricular und institutionell verankerte Ausbildung und Kontrolle eine Haltung ethisch richtigen Handelns entwickeln, die dann ihr praktisches Tun anleitet. Auch wenn dies schon immer eine idealisierte Vorstellung gewesen sein mag, ist doch festzustellen, dass sich in der Sozialforschung eine neue Dimension von Konkurrenz und Effizienzorientierung etabliert hat, die auch Einfluss auf die Kapazität forschungsethischer Selbstregulierung und Reflexion hat. Die Umstellung der Hochschuletats von Grundfinanzierung auf mehr und mehr kompetitive projektförmige Drittmittelfinanzierung erhöht den Druck, schnell „Output" zu produzieren, um der steigenden Zahl knapp befristeter Mitarbeiter Anschlussperspektiven zu bieten.

Parallel dazu lässt sich eine veränderte Gewichtung von Leistungsindikatoren beobachten, eine Entwicklung, die der Soziologe Richard Münch (2012) einmal als „Tonnenideologie" der Forschung bezeichnet hat: Zunehmend gilt die Anzahl von Zeitschriftenpublikationen und deren Zitationshäufigkeit als dominierender wenn nicht einziger Leistungsindikator, teilweise noch begleitet vom Umfang der Drittmitteleinwerbungen. Diese Entwicklung begünstigt nicht nur das Auftreten von Plagiatsfällen und Fälschungen, sondern sie bedroht auch die Einhaltung etablierter ethischer Standards der Forschenden untereinander und gegenüber ihren empirischen Feldern.

Eine weitere Entwicklung, gerade innerhalb der qualitativen Sozialforschung, ist deren zunehmende Medialität bei der Materialgewinnung: Wo vor zwei Jahrzehnten noch handschriftlich geführte Feldtagebücher und analoge Tonaufzeichnungen von Interviews dominierten, finden wir heute fast alle Primärmaterialien bereits in digitaler Form und zusätzlich eine immer breitere Verwendung von Fotos, Videos und Internetdaten (Blogs, E-Mail, Twitter-Nachrichten), bei denen der Persönlichkeitsschutz der Teilnehmenden immer schwerer zuverlässig zu gewährleisten ist. Notizbücher vergilben, Magnetbänder lösen sich auf, aber digitale Videos oder Audiomitschnitte können sich im Netz rasant verbreiten und auf unabsehbare Zeit dort überdauern. Überdies sind die Recherche- und Verknüpfungsmöglichkeiten im Internet unter dem Aspekt des Schutzes von Persönlichkeitsrechten überaus besorgniserregend.

All dies produziert rechtliche und – vermittelt – ökonomische Risiken, gegen die Zeitschriften und Forschungsförderer sich abzusichern versuchen, indem sie *ethical approval*s einfordern. Die Vehemenz, mit der das teilweise geschieht, wird besser verständlich, wenn man sich vergegenwärtigt, dass viele internationale Zeitschriften ihren Sitz in den USA haben und dort ein sehr drastisches Schadensersatzrecht herrscht, bei dem schon einzelne Vorkommnisse die ökonomische Basis einer Zeitschrift bedrohen können. Angesichts dieser Entwicklungen nimmt es nicht wunder, dass schlichtes Vertrauen in die ethisch einwandfreie Haltung von Forschenden vielfach nicht mehr als hinreichend erachtet wird. Die Forderung nach institutionalisierten Formen der Sicherung forschungsethischer Unbedenklichkeit wird damit zumindest plausibilisiert.

Andererseits birgt diese Entwicklung auch Risiken und droht in der Maßlosigkeit mit der sie teilweise verfolgt wird (z. B. in Kanada; vgl. dazu Van den Hoonaard 2011), der qualitativ empirischen Forschung Schaden zuzufügen. Darauf hat der britische Soziologe Martyn Hammersley (Hammersley 2008) in einem Aufsatz hingewiesen, in dem er vor den „evils of ethical regulations" warnt. Hammersley verweist auf die gravierenden Konsequenzen, die forschungsethische Beurteilungen von Ethikkommissionen nach sich ziehen können (z. B. die Versagung von Projektförderungen oder der Ausschluss von wichtigen Publikationsmöglichkeiten) und kritisiert, dass die Kommissionen in mehrfacher Hinsicht eine mangelnde Eignung für diese Aufgabe aufweisen. Insbesondere bestünde in Ethikkommissionen kein einheitliches Verständnis über unzweifelhafte, klar begründbare Interpretationen ausformulierter forschungsethischer Grundsätze. Damit würden die getroffenen Entscheidungen von Zufälligkeiten der konkreten Konstellation im Entscheidungsgremium bedroht. Hammerley äußert auch prinzipielle Zweifel an der fachlichen Kompetenz solcher Kommissionen. Angesichts der Vielfalt möglicher Methoden und der Unterschiedlichkeit der konkreten Forschungssituationen sei es ihnen kaum möglich valide Urteile zu treffen. Vor diesem Hintergrund warnt Hammersley vor „ethical enthusiasm or moralism" und rät, anstelle zunehmend vereinheitlichter und formalisierter Begutachtungsprozeduren in Ethikkommissionen mit ihren weitreichenden Entscheidungsbefugnissen zu einer stärkeren Verlagerung forschungsethischer Bewertungen auf die Ebene der praktischen Vollzügen, die von Kommissionen eher beratend begleitet werden sollten.

Es zeigt sich also, dass hier keine einfachen Antworten möglich sind, weder in der forschungsethischen Abwägung im Forschungsprojekt selbst noch im Austarieren der Aufgaben zwischen formalisierten Prozessen und gelebter Ethik des Forschens vor Ort.

Nach der Bearbeitung dieses Kapitels sollten Sie   **!**
- die Erforderlichkeit ethischer Abwägungen in der qualitativen Forschung verstanden haben.
- zentrale Prinzipien ethisch angemessenen Forschungshandelns erläutern können.
- das Verhältnis ethischer Abwägungen zu rechtlichen Rahmungen des Forschungshandelns bestimmen können.
- in der Lage sein, eigene praktische Forschungsvorhaben forschungsethisch zu reflektieren.
- einschätzen können, in welchem Verhältnis ethische Reflexivität zu institutionalisierten Ethikbeurteilungen stehen.

Hier können Sie weiterlesen: **⌕**
- Ein hochaktueller Sammelband zu Fragen der Forschungsethik speziell in der qualitativen Forschung: Unger/Narimani/M'Bayo (Hrsg.) (2014): Forschungsethik in der qualitativen Forschung, Wiesbaden: Springer VS.
- Hopf (2016/2000): Forschungsethik und qualitative Forschung, in: Hopf (Hrsg.): Schriften zu Methodologie und Methoden qualitativer Sozialforschung, Wiesbaden: Springer VS, 195–205.
- Ethik-Kodex der Deutschen Gesellschaft für Soziologie und des Berufsverbandes deutscher Soziologinnen und Soziologen (2014) (www.soziologie.de/index.php?id=19).
- Der Rat für Sozial- und Wirtschaftsdaten hat im Jahr 2017 allgemeine, für die Sozial-, Verhaltens- und Wirtschaftsforschung gedachte Empfehlungen veröffentlicht: RatSWD (Hrsg.) (2017): Forschungsethische Grundsätze und Prüfverfahren in den Sozial- und Wirtschaftswissenschaften, Berlin (https://www.ratswd.de/dl/RatSWD_Output9_Forschungsethik.pdf).

9 Zum Schluss

9.1 Was fehlt?

Als die Tageszeitung „Die TAZ" in den späten 1970er-Jahren neu auf dem Zeitungsmarkt erschien, überraschte sie durch eine regelmäßige Rubrik, die mit „Was fehlt?" überschrieben war. Dort fanden sich kurze Stichworte zu den Nachrichten und Themen, über die in dieser Ausgabe nicht, in anderen Mainstream-Tageszeitungen aber vielleicht schon berichtet wurde. Die TAZ positionierte sich damit nicht nur als in der Auswahl ihrer Themen alternative Tageszeitung, sie hob vor allem die Tatsache in das Bewusstsein der Medienöffentlichkeit, dass eine Tageszeitung, wie jede Form der Wissensrepräsentation, Auswahlen erforderlich macht und dass das Politische des Mediums nicht nur in der Art der Berichterstattung und in der Positionierung im Meinungsspektrum liegt, sondern sehr wesentlich in der Auswahl dessen, was als berichtenswert erachtet wird – und was nicht.

Auch Methodenlehrbücher sind in ihren Inhalten weder vollständig, noch repräsentieren sie eine objektive, allgemeingültige Auswahl. Autoren stehen bestimmten methodischen Positionen näher als anderen, sie präferieren bestimmte Methoden der Datengewinnung und -analyse, sie halten einige Verfahren für von größerem allgemeinem Interesse als andere und sie haben in bestimmten Bereichen mehr praktische Forschungserfahrung als in anderen. Und schließlich sind manche Bücher auf viele Seiten, andere auf deutlich weniger Seiten angelegt. All das prägt die Themenauswahl und -darstellung. Zur Fairness der Darstellung aber gehört dann auch, zu benennen, was der Auswahl zum Opfer gefallen ist und keinen Eingang in den Text gefunden hat. Was also fehlt in diesem Buch?

9.1.1 Weitere Formen der Materialgewinnung

Als Formen der Materialgewinnung sind hier nur die Ethnografie und Formen qualitativer Interviews vorgestellt worden – zweifelsohne die am weitesten verbreiteten und grundlegendsten Verfahren. Nicht vorgestellt habe ich z. B. Verfahren der Datengewinnung aus dem Internet. Dieses noch vergleichsweise junge Feld bietet faszinierende Möglichkeiten, allerdings unterliegt die Datengewinnung in diesem Medium sehr speziellen Bedingungen. Faszinierend ist, dass im Internet Datenmaterial fast en passant produziert wird, weil alles protokolliert wird und vieles davon auch öffentlich zugänglich ist. Archive von Mailinglisten, Foren und Chats bieten wunderbare Einblicke in (spezifische Arten von) Konversationen; Internetseiten und Repräsentationen sozialer Netzwerke wie Facebook erlauben ungeahnte Zugänge zu Prozessen der Konstitution von Sozialität. Viele der im Netz zu gewinnenden Materialien erfüllen zudem die Bedingungen „natürlicher Daten" (Bergmann 1985), denn sie sind reine Konstruktionen des Feldes, entstanden unabhängig von

https://doi.org/10.1515/9783110529920-009

Forscher und Forschungsprozess. Speziell sind diese Daten insofern, als dass sie nur einen sehr eingeschränkten Teil des Alltagshandelns von „Usern" abbilden. Vor allem die eher reflektierte Form schriftsprachlicher Äußerung gerät so in den Blick, was parallel dazu außerhalb des Mediums passiert (Chatpartner treffen sich mitunter in realen Leben) und in welchen sozialen Situationen die im Netz sichtbaren Beiträge produziert werden (manche Facebook-„Freunde" hocken nebeneinander auf dem Sofa, während sie sich etwas posten), das bleibt solange verborgen, wie wir nicht ergänzende Formen der Materialgewinnung einsetzen (vgl. z.B. Strübing 2006). Mit den internetbasierten Verfahren der Datengewinnung sind uns aber nicht nur neue Arten von Material zugänglich geworden, es erschließt sich unserer Forschung auch ein neues Feld sozialer Aktivität – das spätestens seit der Jahrtausendwende sowohl quantifizierend als auch qualitativ umfangreich erforscht wird (Ellrich 2002; Wittel 2000; Lamla 2010). Dabei geht es zunehmend auch um soziale und technische Prozessdaten (oft als Big Data bezeichnet), wie wir sie alltagsbegleitend fortwährend produzieren, oft auch, ohne dass wir es bemerken (etwa beim teilautonomen Autofahren oder in Praktiken digitaler Selbstvermessung).

Auch Fotos und vor allem Videos bekommen immer mehr Bedeutung als Datenmaterial. Beide kommen in unterschiedlicher Weise in der qualitativen Sozialforschung zum Tragen: als im Feld generiertes und der Forschung nachträglich zugänglich gemachtes oder als von der Forscherin erzeugtes Material, das entweder im Kontext monomethodischer Zugänge erschlossen wird oder aber in multimethodischen oder ethnografischen Forschungsdesigns. So werden etwa Fotoapparate oder Videokameras an Informantinnen ausgeliehen mit der Bitte, bestimmte Aspekte ihres Alltagslebens aus ihrer eigenen Perspektive zu dokumentieren, oder es werden bereits vorliegende Fotoalben, Familienvideos oder Beiträge in Online-Plattformen wie YouTube analysiert. In der Ethnografie haben Fotos von Beginn an eine große Rolle gespielt, etwa in der klassischen Studie von Gregory Bateson und Margaret Mead zum *Balinese Character* (1942). In jüngerer Zeit hält die Nutzung von Videos vermehrt auch Einzug in die Ethnografie (z.B. in Form der „Fokussierten Ethnografie" Knoblauch 2001).

9.1.2 Weitere Forschungsstile und Analyseverfahren

Wie sich gerade am Beispiel der Foto- und Videomaterialien in der Sozialforschung zeigt, wird auch das Feld der Forschungsstile und Analyseverfahren in den letzten Jahren immer umfangreicher und vielfältiger. So haben sich eine Reihe unterschiedlicher Bildanalyseverfahren etabliert, die überwiegend an bereits aus der Analyse textueller Daten bekannte Forschungsstile anknüpfen, zugleich aber neue, der Spezifik des Mediums angepasste Varianten konstituieren (Bohnsack 2007; Breckner 2003; Kanstrup 2002). Auch die sich zuletzt stark entwickelnden Verfahren der Videoanalyse schließen an bekannte Forschungsstile an, allerdings sind hier stärker die medialen und technischen Eigenheiten des Materialtyps prägend für die Gestalt der Verfahren (Bødker 1996; Corsten/Krug/Moritz 2010; Fischer 2009; Knoblauch/Tuma/Schnettler 2010). Gerade für die Videoanalyse gilt, dass sich ihre Entstehung und ihre rasche Verbreitung in zweierlei Hinsicht den gewachsenen technischen Möglichkeiten verdanken: Zum einen sind Bewegtbilder mehr und mehr in digitaler Form verfügbar und damit leichter der Analyse zugänglich. Zum zweiten werden Videos in unterschiedlichsten Nutzungskontexten zunehmend wichtige Träger gesellschaftlichen Wissens (YouTube, Lehrvideos in der Fortbildung, Alltagsvideos von Handykameras etc.).

Weiterentwicklungen und Varianten etablierter Verfahren finden sich allerdings auch im Bereich klassisch textgebundener oder ethnografischer Verfahren wie etwa die *lebensweltliche Ethnografie* (Honer 1993; Hitzler/Honer 2011), die *Gattungsanalyse* (Günthner/Knoblauch 1997) und die *Metaphernanalyse* (Schmitt 1997) – um nur einige zu nennen. Ebenfalls nicht behandelt wird in diesem Buch eine Form der Inhaltsanalyse, die sich zwar auf qualitative Daten bezieht und sich deshalb „Qualitative Inhaltsanalyse" nennt (Mayring 2007), forschungslogisch allerdings eher der Idee des Hypothesentests als der empirischen Theoriegenese verpflichtet ist und insofern nicht zum Bestand der hier behandelten qualitativen, interpretativen und rekonstruktiven Verfahren zählt.

9.1.3 Fall- und Datenauswahl

Jede Form des empirischen Zugangs muss das Material für ihre Analysen auswählen; in wissenschaftlichen Zusammenhängen ist dabei Systematik und Legitimation unabdingbar: Wer aus empirischem Material wissenschaftlich legitimierte analytische Schlüsse ziehen will, muss nachweisen können, dass die von ihm getroffene Auswahl aus der potentiell unendlichen Zahl von Untersuchungsfällen dem Ziel der Studie und den etablierten wissenschaftlichen Standards angemessen ist. In einem ersten Schritt ist das noch eher einfach: Es lässt sich meist gut begründen, warum die meisten empirischen Vorkommnisse für die eigene Studie nicht relevant sind (wer die Biografieverläufe katholischer Pfarrer erforschen will, wird Frauen und evangelische Geistliche getrost ausschließen können). Auch zu begründen, warum die im Prinzip geeigneten Fälle nicht vollständig in die Analyse einbezogen werden, ist kein Hexenwerk: Zeit und sonstige Forschungsressourcen sind endlich, was eine Begrenzung der Fallzahl unabdingbar macht. Damit ist aber auch das methodologisch kniffligere Problem der Auswahl von zu untersuchenden Fällen aus der Gesamtheit prinzipiell geeigneter Fälle aufgerufen – einschließlich der Frage, wie sich plausibel von den ausgewählten Fällen auf einen größeren Zusammenhang zurückschließen (generalisieren) lässt. In der quantifizierenden Forschung behilft man sich hier meist mit wahrscheinlichkeitstheoretisch begründeten Zufallsauswahlen Kromrey et al. (2016: 278 ff.), und die geringere Tiefe der empirischen Fallanalysen erlaubt dort die Verarbeitung relativ großer Zahlen von Erhebungsfällen, d. h. auf jedem einzelnen Fall ruht eine geringere ‚Beweislast'.

In der qualitativ-interpretativen Forschung, in der die Zahl der zu analysierenden Fälle selten einen niedrigen zweistelligen Bereich überschreitet, wollen diese wenigen Fälle mit besonderem Bedacht ausgewählt sein. Dies ist bei theoriegenerierenden Verfahren zugleich besonders delikat, weil hier auch die Auswahlkriterien für Fälle in einem gewissen Umfang erst im Verlauf der empirisch basierten Theoriebildung Gestalt annehmen. In der Forschungspraxis finden sich immer noch häufig eher pragmatische Verfahren des Samplings, bei denen z. B. versucht wird, bekannte quantitative Verteilungen von als relevant vermuteten soziodemografischen Merkmalen (Geschlecht, Alter, Einkommen o. Ä.) grob angenähert proportional in kleinen qualitativen Fallauswahlen abzubilden. Oder es werden vorab bestimmte zentrale Dimensionen komparativer Untersuchungsperspektiven gleichmäßig abgebildet (z. B. Zugehörigkeit zu einer von zwei unterschiedlichen Abteilungen eines Unternehmens, unterschiedliche Migrationshintergründe oder Modelle häuslicher Arbeitsteilung).

Für die theoriegenerierenden Verfahren der qualitativen Sozialforschung sind diese Samplingstrategien allerdings eher Behelfskonstruktionen, forschungspragmatisch mitunter unvermeidlich, forschungslogisch aber nie ganz schlüssig. Denn die Relevanz der Auswahlkriterien und ihrer Gewichtung wäre ja im Prozess der Forschung erst zu erweisen, und wenn die Fallauswahl bereits abgeschlossen ist, bevor sich deren mangelnde Passung zeigen kann, ist es für ein Umsteuern im Prozess bereits zu spät. Diesen Problemen begegnet die Grounded Theory mit dem in Kapitel 5 dargestellten Verfahren des theoretischen Samplings, bei dem Fälle im Prozess der Materialgewinnung und -analyse sukzessive für die Bearbeitung ausgewählt werden. Diese Vorgehensweise ist mit anderen Forschungsstilen der qualitativen Forschung problemlos kombinierbar und findet zunehmend Verbreitung (für vergleichende Diskussionen von qualitatativen Samplingstrategien vgl. z. B. Bauer/Aarts 2000; Merkens 2000; Morse 2007; Strübing 2003; Schittenhelm 2009).

9.1.4 Varianten von Forschungsdesigns: Organisation der Prozessschritte

Abhängig vom Zweck der Untersuchung, der Art der Fragestellung, den Möglichkeiten des Feldzugangs, aber auch der gewählten Methode muss das „Design" einer empirischen Studie immer wieder neu bestimmt werden. Auch dabei handelt es sich um eine Entscheidung der Forscher, nicht um eine der Methode inhärente Struktur. Mit anderen Worten: Wer ein empirisches Projekt durchführt, muss jeden Schritt seines Vorgehens, einschließlich der grundsätzlichen Designentscheidungen selbst legitimieren. Die Berufung auf die gewählte Methode und die dahinterliegende Methodologie kann in diesem Legitimationsprozess nur als argumentative Ressource genutzt werden, nicht als Beweis für die Richtigkeit der Entscheidung.

Dies ergibt sich, wie in Kapitel 1 diskutiert, aus der grundsätzlichen Anpassungsbedürftigkeit abstrakter Regeln an empirische Verhältnisse.

Forschungsdesigns können in mehreren Dimensionen variieren. Dabei sind die innerhalb dieser Dimensionen getroffenen Festlegungen oft voneinander abhängig: Wenn z. B. ein sukzessives → Sampling gewählt wird, hat dies notwendig Konsequenzen für die Organisation der Prozessschritte, es kann z. B. nicht von Beginn der Analyse an über alle Fälle hinweg verglichen werden. Die Größe dessen, was als Fall aufgefasst wird (in Bezug auf dessen Komplexität, aber auch auf die verfügbare Materialmenge), kann stark variieren – mit der Konsequenz, dass die Zahl der analytisch zu verarbeitenden Fälle ebenfalls variiert. So finden wir qualitative Vergleiche z. B. zweier Firmen ebenso wie typisierende Vergleiche etwa der Berufsauffassung einer größeren Zahl von Arbeitnehmerinnen. Mitunter wird auch nur ein einziger Fall in einer Einzelfallstudie analysiert, entweder weil der Fall wegen seiner Exzeptionalität besondere Aufmerksamkeit verdient (z. B. der Fall der Massenmorde des Norwegers Breivik) oder weil er als besonders typisch für eine bestimmte Gruppe von Fällen angesehen wird – wie etwa in der klassischen Einzelfallstudie *The Jack-Roller* von Shaw (1930), in der der Fall eines devianten Jugendlichen mit unterschiedlichem Datenmaterial aus verschiedenen Perspektiven analysiert wird, um ein Verständnis jugendlicher Devianz insgesamt zu gewinnen.

Forschungsdesigns können stärker auf gegenwärtige Konstellationen abzielen oder aber die Genese von Phänomenen in ihrem zeitlichen Verlauf fokussieren, also prozessrekonstruktiv arbeiten (wie z. B. in der Biografieforschung üblich). Häufig finden wir allerdings Studien, die beides miteinander kombinieren, weil sich ein fundiertes Verständnis aktueller Zustände oft erst durch die Rekonstruktion ihrer Genese gewinnen lässt.

Ein spezielles und in den letzten Jahren immer bedeutsamer gewordenes Feld qualitativer Untersuchungen ist die qualitative Evaluationsforschung. Evaluation betrifft die meist begleitend angelegte Überprüfung und Bewertung der Zielerreichung von Programmen und Projekten (z. B. die Einführung der Bachelorstudiengänge in Deutschland, die Einführung von Gemeinschaftsschulen in Baden-Württemberg oder die Reorganisation der Deutschen Bank AG nach der Finanzmarktkrise). Aus der engen zeitlichen und räumlichen Koppelung von Untersuchungsgegenstand und Untersuchung, aber auch aus der spezifischen Konstellation von Zielen und Mitteln, die mit Projektförmigkeit gewöhnlich einhergeht, stellen Evaluationen besondere Anforderungen an die Organisation des Forschungsprozesses. Hinzu kommt, dass Auftraggeber von Evaluationsforschung häufig auch die Initiatoren oder Förderer der zu untersuchenden Projekte oder Programme sind (Ministerien, Unternehmensleitungen), womit die Forschung sehr konkrete Konsequenzen erzeugen kann und immer in Gefahr steht, in die Politiken des Feldes eingebunden zu werden (für einen Überblick über Konzepte und Designs der qualitativen Evaluationsforschung vgl. Flick 2006).

9.1.5 Typenbildung

Wie sich in der Darstellung der unterschiedlichen Verfahren der Materialanalyse schon gezeigt hat, besteht eine wesentliche Form der fallübergreifenden Verallgemeinerung darin, Typen von Fällen zu bilden, wobei Fälle hier wiederum im weiteren Sinne zu verstehen sind, also Personen, Gruppen, Organisationsformen, Ereignisse, Prozessverläufe, Handlungen usf. betreffen können. Das wesentliche Moment der empirischen Typenbildung besteht in der Abstraktion der zentralen Merkmale. Es muss also, um zu verallgemeinernden Aussagen zu kommen, bestimmt werden, welche Merkmale des konkreten Falles aus Perspektive der aktuellen Forschungsfrage als konstitutiv für das fragliche Phänomen zu betrachten sind. Die Kombination dieser Merkmale ergibt das Typische des Falles, also das → Tertium Comparationis, in Bezug auf das die einzelnen Fälle eines Typs untereinander vergleichbar und von Fällen anderer Typen unterscheidbar sind (s. als Einführung und Überblick Kelle/Kluge 1999).

Eine besondere Form der Typenbildung hat Max Weber bereits zu Beginn des vergangenen Jahrhunderts entwickelt (Weber 2004/1904) und in zahlreichen empirischen Studien erprobt, unter anderem in der 1904/1905 zuerst erschienen Studie *Die protestantische Ethik und der Geist des Kapitalismus* (Weber 2006). Mit dem Weber'schen „Idealtypus" ist über die Bestimmung der wesentlichen Merkmale hinaus durch konsequente Übersteigerung dieser Merkmale die Konstruktion eines idealen, d. h. empirisch in Reinform so nicht auffindbaren Typs gemeint. Es handelt sich also nicht um den kleinsten gemeinsamen Nenner einer nach bestimmten Kriterien ausgewählten Gruppe von Fällen, sondern um einen außerhalb des Empirischen liegenden ‚archimedischen Punkt', von dem aus ein Maßstab zur Beurteilung einzelner empirischer Fälle und zu deren Vergleich gewonnen werden kann (zum Idealtypus in der qualitativen Forschung vgl. Przyborski/Wohlrab-Sahr 2014: 376–397).

Typenbildung ist ein zentrales Mittel in der qualitativen Sozialforschung, wenn es um die generalisierende Darstellung der Ergebnisse geht. Wie wir am Beispiel der GT sehen konnten, werden Typen aber nicht einfach am Ende der Untersuchung zur übersichtlichen Darstellung einzelner Ergebnisse gebildet, sondern sie stellen z. B. in der *constant comparative method* eine zentrale Heuristik der Vergleichsorganisation dar: Die Kategorien, Konzepte und Subkonzepte, die in der vergleichenden Analyse in homogenen und heterogenen Fallkontrastierungen gewonnen werden, stellen ein in erklärender Perspektive entwickeltes System von Typen dar.

9.1.6 Qualitative Analyse und Software

Die Zeiten, in denen qualitativ-empirische Forschung vor allem mit Papier und Stift erledigt wurde, neigen sich dem Ende zu. Noch bis in die 1990er-Jahre galt es praktisch als ausgemacht, dass quantitative Datensätze sich vorzüglich mit Statistik-software erschließen lassen, ja, dass erst Computerprogramme und leistungsfähige Rechner es überhaupt erlauben, der großen Datensätze Herr zu werden, die dabei anfallen. Während man auf der anderen Seiten der Idee einer computergestützten Analyse qualitativen Datenmaterials allenthalben mit unverhohlener Skepsis begegnete. Dieses Bild hat sich inzwischen nachhaltig gewandelt. Neben die immer größere Ausdifferenzierung computerisierter Analyseverfahren quantitativer Datensätze und die zunehmende Verfügbarkeit dieser Verfahren auf PCs und Laptops, ist inzwischen ein breites und ausdifferenziertes Angebot an Softwarepaketen getreten, die als CAQDAS bezeichnet werden: *Computer-Assisted Qualitative Data Analysis Software* (für einen Überblick der wichtigsten Programme s. Lewins/Silver 2007). Zwar können wir nach allem, was wir in diesem Buch über die Anforderungen an Prozesse der qualitativen Datenanalyse gelernt haben, kaum erwarten, dass ein Computerprogramm uns diese Arbeit gewissermaßen auf Knopfdruck abnimmt (was für Statistikprogramme nicht minder gilt). Allerdings gibt es in den Arbeitsprozessen der interpretativen und rekonstruktiven Forschung Aufgaben und Arbeitsschritte, die nicht nur ohne Qualitätsverlust auf Computersoftware verlagert werden können, sondern bei denen von ihrer computergestützten Erledigung sogar ein Gewinn an Qualität zu erwarten ist. Vor allem umfassende Softwarepakete wie ATLAS.ti® bieten inzwischen voll ausgebaute Arbeitsumgebungen an, in denen von der Transkription von Audio- und Videodateien bis hin zum Endbericht und zur Materialarchivierung alle Prozesse qualitativer Analysemethoden durchgeführt und visualisiert werden können (Friese 2012).

CAQDAS-Programme sind zunächst vor allem Systeme zur Unterstützung der Verwaltung von Datenmaterial und analytischen Strukturen. Digitalisierte Medien aller Art können in Projekte eingebunden, anhand von Metadaten sortiert und mit mehr oder weniger mächtigen Suchwerkzeugen durchforstet werden. Zitate aus dem Material, Kodierungen oder andere analytische Abstraktionen sowie Memos und andere Auswertungstexte lassen sich verwalten und meist in flexibler Weise miteinander in Beziehung setzen. Allerdings ergeben sich aus der elektronischen Verfügbarkeit der Struktur von Material und Analysen auch eine Reihe neuer analytischer Möglichkeiten: (1) Der Umfang des für die Analyse des Materials verfügbar zu machenden Materials kann erhöht werden, ohne dass der Überblick verloren geht. Auch wenn damit die analytische Kapazität des Forschungsteams nicht erweitert wird, ergeben sich insbesondere für prozessorientierte Sampling-Prozesse mit wechselnden Kriterien neue Möglichkeiten. (2) Visualisierungen analytischer Strukturen, wie z. B. qualifizierte Netzwerke zwischen Kodes, unterstützen Theoriebildungsprozesse und erleichtern die Darstellung der Ergebnisse in Publikationen. (3) Da sich nicht nur die Materialien, sondern auch die analytischen Strukturen mit geeigneten Werkzeugen durchsuchen lassen, bieten sich neue Möglichkeiten der Hypothesenprüfung, aber auch der Exploration neuer Zusammenhangmodelle. Auch hier aber gilt, dass die Nutzung dieser Optionen im konkreten Forschungskontext reflektiert und legitimiert werden muss (zu den gängigen Programmpaketen s. auch S. 201).

9.2 Ausblick: die Zukunft qualitativer Verfahren

Wenn wir einen Blick auf die absehbaren Perspektiven der qualitativen Sozialforschung werfen, dann kann mit wenig Risiko prognostiziert werden, dass die Bedeutung qualitativer Verfahren weiter zunehmen wird. Neben der Ausbreitung in weitere Anwendungsfelder (die Markt- und Meinungsforschung beginnt erst, sich auch mit qualitativen Verfahren zu befassen) und Fächer (in der Psychologie gerät der quantitative Bias unter Druck und die Politikwissenschaften durchlaufen eine Phase verstärkter Empirisierung, die zunehmend auch qualitative Forschung einschließt) sind vor allem fünf Trends zu beobachten:

(1) Visuelle Daten werden vermehrt und methodisch systematischer in interpretative und rekonstruktive Forschung einbezogen. Unterstützt durch die wachsende Verfügbarkeit leicht handhabbarer technischer Aufzeichnungs- und Verarbeitungstechnologien, aber auch durch die Zunahme und Ausdifferenzierung kodifizierten Methodenwissens für die Materialanalyse, gewinnen Foto- und Videodaten an Bedeutung für die qualitative Forschung.

(2) Stärker in den Blick geraten die Empirie-Theorie-Verhältnisse in der qualitativen Sozialforschung. Dabei geht der Trend zu einer ‚kontrollierten Verflüssigung‘ der Grenze zwischen Theorie und Empirie, einer, wie es Kalthoff u. a. (2008) nennen, „theoretischen Empirie", die die wechselseitigen Konstitutionsverhältnisse des Theoretischen und des Empirischen in den „Wirklichkeitswissenschaften" des Sozialen betont und instrumentelle Zugriffe sowohl auf Theorie wie auf Methoden als unangemessen kritisiert (einige Aspekte dieses Themas wurden in den Kap. 2 und 7 diskutiert).

(3) Umgekehrt und im theoretischen Anspruch fast konträr dazu ist eine Ausweitung des Feldes der Mixed-Methods-Ansätze zu beobachten, die – instrumentell begriffene – quantitative und qualitative Verfahren zu kombinieren versuchen und von einer wechselseitigen Ergänzungsbedürftigkeit nomologisch-deduktiver und interpretativ-rekonstruktiver Verfahren ausgehen (Creswell/ Plano Clark 2011; Ragin 1987).

(4) Beobachten lassen sich weiterhin verstärkte Bemühungen um eine systematische Archivierung qualitativen Datenmaterials und die Entwicklung von Perspektiven für qualitativ-empirische Sekundäranalysen. Hier sind allerdings noch zahlreiche Probleme zu lösen, etwa datenschutzrechtliche Regelungen der Datenweitergabe, Anonymisierungsverfahren für große Mengen kontextreichen Materials (z. B. Feldprotokolle, Video-Mitschnitte) oder die Erschließung der extrem heterogenen Materialtypen mittels einheitlicher Metadaten-Klassifikationen. Abgesehen von technischen und rechtlichen Fragen gibt es in vielen

Bereichen und bezogen auf eine Reihe von Materialsorten die Frage nach der Sinnhaftigkeit von Sekundäranalysen (Hirschauer 2014). Dies gilt in besonderer Weise für die Ethnografie, die stärker als jedes andere Verfahren von der leiblichen Präsenz der Forscherin im Feld lebt und von deren Protokollen ‚aus erster Hand' lebt – Datenmaterial, das in Archiven kaum Platz finden wird. Doch auch audiovisuelles Material wie Fotos, Videos und Tonmittschnitte sind für Sekundäranalysen kaum brauchbar, weil die forschungsethisch und datenschutzrechtlich gebotene Anonymisierung vom Material kaum etwas übriglässt, das als Datum von Interesse wäre.

(5) Die weitere Ausdifferenzierung qualitativer Verfahren erscheint einerseits kaum vermeidlich, denn Innovationsdruck und Profilierungserfordernisse machen es zu verlockend, auch kleinen Variationen von Verfahren einen eigenen Namen und Status zu verschaffen. Andererseits liegt hier aber auch die Gefahr, dass das Feld qualitativer Verfahren konturlos und unüberschaubar wird. Es ist daher wichtig, sich immer wieder der zentralen Linien und Grundentscheidungen zu vergewissern und sich klar zu machen, dass manch neues Verfahren vor allem alter Wein in neuen Schläuchen ist. Um die auseinanderstrebenden Teile der qualitativen Forschung zu einem konsistenten Ganzen zusammenzuhalten braucht es unter anderem einen Konsens über Gütekriterien qualitativer Forschung – eine Diskussion, die gerade erst Fahrt aufzunehmen beginnt (s. Kap. 7).

„Wenn Du ein Schiff bauen willst," so schrieb Antoine de Saint-Exupery in *Die Stadt in der Wüste*, „dann trommle nicht Männer zusammen um Holz zu beschaffen, Aufgaben zu vergeben und die Arbeit einzuteilen, sondern lehre die Männer die Sehnsucht nach dem weiten, endlosen Meer." Ganz in diesem Sinne hoffe ich, dass dieses Buch, wenn es auch nicht jedes praktische Detail ausbuchstabieren konnte, so doch bei der einen Leserin oder dem anderen Leser die Lust auf gute qualitative Forschung geweckt hat – alles andere kommt mit der Praxis.

Glossar

Ausdrucksgestalt: Elemente des sprachlichen oder parasprachlichen Handelns, in denen sich latente Sinnstrukturen ausdrücken und in der Forschung rekonstruktiv erschließen lassen (insbesondere in der Objektiven Hermeneutik).

Daten: Kognitive Relationen, die wir im analytischen Prozess zwischen Teilen des Materials und unserer analytisch-theoretischen Struktur entwickeln, d. h. nicht das Material selbst (z. B. ein Interviewtranskript) ist das Datum, sondern die durch unsere Analyseperspektive gebundene Beziehung zwischen Material und entstehender gegenstandsbezogener Theorie. Darum werden Daten auch nicht „gesammelt", sondern „generiert", und sie verändern sich im Fortschritt der analytischen Arbeit.

Datenkorpus (auch: Korpus): Das Korpus umfasst die Gesamtheit des für eine Studie generierten Datenmaterials. Während der häufiger benutzte Begriff des Samples eher fallorientiert gedacht ist (als Gesamtzahl der in die Studie einbezogenen Fälle), zielt der Begriff des Korpus auf die Summe der Materialstücke und ist vor allem in der Konversationsanalyse und in der Ethnografie gebräuchlich.

Erkenntnistheorie (auch: Epistemologie): Eine gewöhnlich in der Philosophie angesiedelte Wissenschaft, in der Theorien über die Voraussetzungen und das Funktionieren von Erkenntnisprozessen entwickelt werden. Im Unterschied zur Wissenschaftsforschung befasst sich die Erkenntnistheorie in theoretisch-systematischer Weise mit Axiomen über Realität, Realitätszugänge und – im Spezialgebiet der Erkenntnislogik – mit der logischen Analyse wissenschaftlicher Aussagesysteme und deren Wahrheitsansprüchen.

Falsifikationsprinzip: Von Popper im Rahmen des Kritischen Rationalismus entwickeltes wissenschaftliches Schlussverfahren, bei dem eine wissenschaftliche Aussage über die empirische Welt zunächst als Hypothese formuliert wird, die durch strenge Tests an der Wirklichkeit scheitern können muss. Die Gültigkeit der Hypothese wird durch die Überprüfung weiterer empirischer Fälle aber nicht „verifiziert", indem positive Prüfergebnisse dieser Fälle die Gültigkeit der Hypothese belegen, sondern es wird umgekehrt (idealtypisch) intensiv nach negativen, die Hypothese also falsifizierenden Fällen gesucht. Werden solche Fälle gefunden, gilt die Hypothese als gescheitert. Solange sich aber trotz intensiver Suche keine negativen Fälle finden, gilt die Hypothese als *vorläufig* gültig. Mit dem *F.* korrigiert der Kritische Rationalismus das im Logischen Positivismus in den 1920er-Jahren entwickelte Verifikationsprinzip.

Heuristik: Verfahren zur Gewinnung neuer Erkenntnisse. Als Alltagsheuristik häufig eine vorreflexive Erkenntnispragmatik, die erst ex post und insbesondere auf dem Weg zu einer systematischen und verwissenschaftlichen Verwendung kognitiv erfasst und gerahmt wird.

Hiatus: Der schon in der Sprachphilosophie des späten Wittgensteins angelegte und für die Soziologie und die Methodologie von Harold Garfinkel fruchtbar gemachte Gedanke, dass zwischen normativen Regeln und konkreten Handlungssituationen eine Differenz besteht, eine als *H.* bezeichnete Lücke, die nur durch situiertes Handeln zu überbrücken ist. Damit ist zweierlei gesagt: Normen können nicht determinierend auf Handeln in Situationen wirken, und umgekehrt: Wenn wir situiertes Handeln verstehen wollen, genügt es nicht, dieses aus Norm- und Wertbezügen zu erklären, sondern wir müssen die aktiven Konstitutionsleistungen der Teilnehmerinnen erforschen.

https://doi.org/10.1515/9783110529920-010

Homologie: Strukturgleichheit. Zwei Prozesse, Zusammenhänge, Muster können in ihrer Struktur gleichartig (nicht identisch) sein, obwohl sie in Inhalt und Funktion völlig voneinander verschieden sind.

Hypothese: Tentative Formulierung einer theoretischen, also vom Fall bzw. den Fällen abstrahierenden Zusammenhangsaussage, die in den empirischen Wissenschaften einer Überprüfung an der Realität standhalten muss (→ *Falsifikationsprinzip*). In der qualitativen Sozialforschung werden Hypothesen in der Regel im Laufe des empirischen Forschungsprozesses aufgestellt und im weiteren Fortgang überprüft und sukzessive zu einer Theorie des Gegenstandsbereichs weiterentwickelt.

Idiosynkratisch: Idiosynkrasie betrifft die in allgemeine zwischenmenschliche Verständigung nicht aufzulösenden, allein dem Sprecher zugänglichen Inhalte (griech.: *idios* = selbst/eigen und *synkrasis* = Zusammenmengung), hier vor allem in Bezug auf singuläre interpretative Aussagen in Interpretengemeinschaften von Bedeutung.

Indexikalität: Ein in der Soziologie vor allem von Harold Garfinkel geprägter Begriff, der ursprünglich auf die Semiotik des C. S. Peirce zurückgeht und den Verweisungszusammenhang zwischen sprachlichen Äußerungen und Bedeutungsgehalten bezeichnet: Eine Äußerung spricht nicht für sich, sie enthält nicht die vollständige gemeinte Bedeutung, sondern sie bekommt ihren Sinn aus dem Äußerungskontext. Nur wenn den Interaktionspartnerinnen dieser Kontext gleichermaßen hinreichend präsent ist, kann die Äußerung gelingen und ‚passende' Anschlusshandlungen hervorbringen (vgl. ausführlicher: Garfinkel 1981/1973: 210 ff.).

Interakt: Die „elementarste Einheit menschlichen Handelns und damit auch die kleinste analytische Einheit" (Oevermann et al. 1979: 379), auf die interaktions- oder handlungstheoretisch begründete Methoden zugreifen können. Der im Rahmen der Objektiven Hermeneutik geprägte Begriff entspricht den in anderen Verfahren, insbesondere in der Konversationsanalyse, verwendeten Begriffen „Redezug" oder „turn". Mit diesen Bezeichnungen ist die Vorstellung verbunden, dass die einzelnen Interakte in einer irgendwie geordneten Weise aufeinanderfolgen. Verschiedene Forschungsstile versuchen diese Geordnetheit und ihre Motive, Regeln, Orientierungsrahmen durch mikroskopische Analyse der Sequenz von Interakten zu rekonstruieren (neben der Objektiven Hermeneutik, sind dies v. a. die Dokumentarische Analyse, die Ethnomethodologie sowie die Konversationsanalyse).

Interpretation: Oberbegriff für deutend verstehende und damit an Alltagsheuristiken anknüpfende Verfahren zur Rekonstruktion subjektiver Sinnstrukturen aus manifesten, sinnlich wahrnehmbaren Vergegenständlichungen wie Sprache, Haltungen, Handlungen, Artefakten.

Kunstlehre: In Methodendiskussionen häufig gebrauchte Metapher zur Selbst- oder Fremdetikettierung qualitativ-interpretativer Forschungsstile. Hintergrund ist die eher geringe Kodifizierung methodischer Regeln und das hohe Maß an situativer Auslegungsbedürftigkeit sowohl der Regeln als auch des empirischen Materials. Von Kritikern qualitativer Verfahren wird dies gern negativ im Sinne unkontrollierter Subjektivität konnotiert und mit dem Vorwurf mangelnder Wissenschaftlichkeit verknüpft. Vertreter qualitativer Verfahren unterstreichen dagegen die besondere, durch Regelbefolgung allein nicht erreichbare Leistung einer auf subjektive Beiträge bauenden Kunstlehre.

Methodologie: Eine Wissenschaftsdisziplin, die in legitimatorischer Weise zwischen Theorieansprüchen aus Wissenschaftstheorie, Epistemologie und Sozialtheorien einerseits und den konkreten empirischen Verfahrensweisen andererseits vermittelt.

Material: Das, was wir z. B. an Dokumenten und Interviewtranskripten, an Videos, Fotos oder Tonaufnahmen aus dem Untersuchungsfeld in die interpretative und analytische Arbeit einbringen. Material in diesem Sinne ist nichts Objektives, denn es ist von uns als Material ausgesucht und (abgesehen von Dokumenten aus dem Feld und Verhaltensspuren) gemeinsam mit den Akteuren im Feld produziert worden. Material ist die Ausgangsbasis für die Produktion von Daten.

Rekonstruktion: Ergebnis der interpretativen Leistungen der Forschenden im Sinne des Herauspräparierens des subjektiv gemeinten Sinns der Akteure aus dem Material. Steht häufig auch für den Anspruch einiger qualitativer Forschungsverfahren, darüber hinaus auch einen überindividuellen Sinn, eine objektive Handlungslogik oder generative Handlungsregeln zu rekonstruieren, die sich durch das Handeln der Akteure hindurch realisieren, ohne diesen bewusstseinsmäßig (vollständig) zugänglich zu sein.

Sampling (auch: Fallauswahl oder Auswahlverfahren): Systematik des Vorgehens bei der Zusammenstellung eines Materialkorpus für die empirische Analyse. Die kleineren Fallzahlen qualitativ-interpretativer Studien erlauben eine einzelfallbezogene Systematik der Kombination von Fällen entweder zu Untersuchungsbeginn (systematisches *S.*) oder, gesteuert von der entstehenden gegenstandsbezogenen Theorie, im Verlauf des Forschungsprozesses (theoretisches *S.*).

Tertium Comparationis: Begriff aus der Logik und der Rhetorik. In einem Vergleich von zwei Objekten ist das *T. C.* die gemeinsame Eigenschaft, die den Vergleich überhaupt erst sinnvoll möglich macht: Es heißt zwar mitunter alltagssprachlich, man könne nicht ‚Äpfel mit Birnen vergleichen‘, aber es geht natürlich schon, solange wir uns nur darauf beziehen, dass beides Obstsorten sind und wir ihre Unterschiedlichkeit *als* Obst vergleichend beurteilen wollen. Für systematische Typenbildung in verschiedenen empirisch-analytischen Verfahren ist dieser Zusammenhang bedeutsam. Das *T. C.* ist dann zugleich in der jeweiligen Analyseperspektive der Oberbegriff, oder die übergeordnete, umfassende Kategorie (z. B. Grounded Theory oder Dokumentarische Methode).

Wissenschaftstheorie: Theorien darüber, wie Wissenschaft zu ihrem Wissen kommt und – in normativer Perspektive – wie die Gültigkeit wissenschaftlichen Wissens begründet werden kann. Dabei spielen erkenntnistheoretische Positionen ebenso eine Rolle wie gesellschaftstheoretische Annahmen. Auch wenn sich wissenschaftstheoretische Argumentationen auf historisch-konkrete Entwicklungen in Wissenschaft und Gesellschaft beziehen, tun sie dies doch nicht in einer streng empirisch-methodischen Weise. Als Fach gehört die *W.* zur Philosophie, auch wenn viele ihrer führenden Vertreter aus der Physik oder benachbarten Naturwissenschaften stammen. Wichtige Vertreter der *W.* sind Thomas S. Kuhn („Die Struktur wissenschaftlicher Revolutionen" von 1962), Paul Feyerabend („Wider den Methodenzwang" von 1976) und natürlich Karl R. Popper, der den Kritischen Rationalismus geprägt hat („Die Logik der Forschung" von 1935).

Weitere Ressourcen

Die Entwicklung in den qualitativen Methoden verläuft sehr dynamisch und das erworbene Wissen muss fortlaufend aktualisiert und erweitert werden, wenn man in der Lage sein will, gut informierte Methodenentscheidungen zu treffen. Neben den im Buch immer wieder zitierten Lehrbüchern sind insbesondere einschlägige Fachzeitschriften, aber auch Internetportale, Foren und Mailinglisten[1] wichtige Quellen für eine fortlaufende Aktualisierung des Methodenwissens. Darüber hinaus sind Softwarepakete zur Unterstützung interpretativer und rekonstruktiver Datenanalyse aus der Sozialforschung nicht mehr wegzudenken. Im Folgenden werden zu all diesen Ressourcen einige weiterführende, wenngleich nicht erschöpfende Hinweise gegeben.

Zeitschriften für qualitative Sozialforschung und Methoden

In jeder guten und umfassend ausgerichteten sozialwissenschaftlichen Fachzeitschrift finden sich regelmäßig qualitativ-interpretative Studien; die hier genannten Zeitschriften weisen demgegenüber jedoch eine Spezialisierung auf die in diesem Buch behandelten Themenfelder auf. Viele dieser Zeitschriften (wenngleich nicht alle) haben ein sogenanntes *Peer Review*, d. h. die eingereichten Artikel werden einem aufwändigen Begutachtungsverfahren unterzogen, in dem Fachkolleginnen bewerten, ob die Qualität und Aktualität der Artikel für eine Veröffentlichung hinreichend ist.

- *Critical Discourse Studies* (www.tandfonline.com/toc/rcds20/current)
- *Ethnography* (eth.sagepub.com/)
- *FQS Forum Qualitative Sozialforschung*: mehrsprachiges Onlinejournal, das Beiträge in Deutsch, Englisch oder Spanisch veröffentlicht und teilweise auch ins Englische übersetzt; die Zeitschrift wird im Open-Access-Modus veröffentlicht, d. h. sie ist kostenlos online zugänglich. Alle Abstracts sind auch in Englisch verfügbar. (http://www.qualitative-research.net/)
- *Gesprächsforschung*: Onlinezeitschrift zur Analyse verbaler Interaktion (www.gespraechsforschung-ozs.de/)
- *International Journal of qualitative Studies in Education* (www.tandfonline.com/toc/tqse20/current)
- *Journal of Ethnographic and qualitative Research* (www.jeqr.org/)
- *Narrative Inquiry* (www.benjamins.com/cgi-bin/t_seriesview.cgi?series=NI)
- *Qualitative Health Research* (qhr.sagepub.com/)
- *Qualitative Inquiry* (qix.sagepub.com/)
- *Qualitative Market Research. An International Journal* (www.emeraldinsight.com/journal/qmr)
- *Qualitative Report*: amerikanische Open-Access-Zeitschrift für qualitative Sozialforschung (www.nova.edu/ssss/QR/index.html)
- *Qualitative Research*: britische Zeitschrift für qualitative Studien und Methodendiskussionen (qrj.sagepub.com/)
- *Qualitative Sociology Review*: in Polen beheimatete englischsprachige Zeitschrift mit internationalem Anspruch (www.qualitativesociologyreview.org/ENG/index_eng.php)
- *Qualitative Social Work*: internationale Zeitschrift für qualitative Sozialarbeitsforschung (qsw.sagepub.com/)
- *Sozialer Sinn*: deutsche Zeitschrift mit Schwerpunkt Objektive Hermeneutik, die aber auch Beiträge zu allgemeinen Fragen qualitativer Sozialforschung druckt (www.sozialer-sinn.de/)

---

1 Internettessourcen ändern sich schneller als Buchauflagen, daher können einzelne der hier angegebenen und für die 2. Auflage erneut geprüften Links sich über die Zeit als veraltet erweisen.

https://doi.org/10.1515/9783110529920-011

- *Zeitschrift für Qualitative Forschung*: vom Zentrum für Qualitative Bildung-, Beratungs- und Sozialforschung (ZBBS) an der Universität Magdeburg herausgegebene Zeitschrift (www.budrich-journals.de/index.php/zqf)

Internetressourcen zur qualitativen Sozialforschung

Portale und Ressourcensammlungen

- *QUALITATIVE SOZIALFORSCHUNG*: von der Deutschen Forschungsgemeinschaft gefördertes Portal an der Freien Universität Berlin, das u. a. eine der international renommiertesten Online-Zeitschriften für qualitative Forschung herausbringt (FQS) sowie eine einschlägige Mailingliste betreibt (www.qualitative-forschung.de/)
- *QUALITI – Qualitative Research Methods in the Social Sciences: Innovation, Integration and Impact:* Portal der Cardiff University in Wales und Teil des ESRC National Centre for Research Methods, der nationalen Forschungsinfrastruktur von Großbritannien (www.cardiff.ac.uk/socsi/qualiti/index.html)
- *CAQDAS Networking Project:* Die Universität in Surrey, England, betreibt ein großes Forschungs- und Servicecenter für qualitative Sozialforschung mit einem Schwerpunkt auf Fragen der Softwareunterstützung in der qualitativen Sozialforschung (www.surrey.ac.uk/sociology/research/researchcentres/caqdas/index.htm)
- *QUASUS – Methoden qualitativer Sozial-, Unterrichts- und Schulforschung.* deutschsprachige Plattform der PH Freiburg mit hilfreichen Hinweisen für den Einstieg in die qualitative Forschung (quasus.ph-freiburg.de/)

Mailinglisten, die sich ausschließlich oder vorwiegend mit qualitativer Sozialforschung befassen

- *QSF_L:* eine vom Portal „Qualitative Sozialforschung" betriebene deutschsprachige Liste (https://lists.fu-berlin.de/listinfo/qsf_l)
- *QUALRS-L:* eine internationale Mailingliste zur qualitativen Sozialforschung in den Human-wissenschaften (https://listserv.uga.edu/cgi-bin/wa?A0=QUALRS-L)
- *Gesprächsforschung:* Liste zu Themen rund um die verschiedenen Varianten der Analyse verbaler Daten, insbesondere in Form von Konversationsanalysen (www.gespraechsforschung.de/liste.htm)
- *QUAL-SOFTWARE:* in Surrey, England, beheimatete Liste, die vielfältige aktuelle Informatio-nen und Diskussionen zu ‚Computer-Assisted Qualitative Data Analysis Software' (CAQDAS) aber auch weitere Informationen zur qualitativen Forschung insgesamt bietet (www.surrey.ac.uk/sociology/research/researchcentres/caqdas/resources/discussion/index.htm)

Organisationen für qualitative Sozialforschung

- *Sektion Methoden der qualitative Sozialforschung in der deutschen Gesellschaft für Soziolo-gie (DGS):* Mitglieder und Nichtmitglieder der DGS, die aus soziologischer Perspektive mit qualitativen Methoden forschen, sind hier organisiert. (www.soziologie.de/index.php?id=110)
- *DGS-Sektion Biographieforschung:* Hier liegen die Themenschwerpunkte auf der Narrations-analyse als Methode und der Biografie als Soziologischem Gegenstandsbereich. (www.soziologie.de/index.php?id=120)
- *DGS-Sektion Wissenssoziologie:* inhaltlich auf die soziale Konstruktion von Wissen bezogen, versammelt die Sektion zugleich viele sozialwissenschaftlich-hermeneutisch, phänomenolo-gisch und ethnografisch arbeitende Forscherinnen (www.wissenssoziologie.de)

- *European Sociological Association, Research Chapter 20:* Qualitative Methods (www.europeansociology.org/research-networks/)
- *QualiService:* an der Universität Bremen angesiedeltes Projekt für die Archivierung und Erschließung qualitativen Datenmaterials zum Zweck von Sekundäranalysen (www.qualiservice.org)
- *Kommission für Qualitative Bildungs- und Biographieforschung in der Deutschen Gesellschaft für Erziehungswissenschaft* (www.dgfe.de/sektionen-kommissionen/ sektion-2-allgemeine-erziehungswissenschaft/kommission-qualitative-bildungs-und- biographieforschung.html)

Auswahl an Softwarepaketen zur Unterstützung qualitativ- interpretativer Sozialforschung (CAQDAS)

- *ATLAS.ti®:* sehr flexibles, in Leistungsumfang und Handhabung unübertroffenes deutsches Softwarepaket für Windows® und Apple®, das ursprünglich auf Basis des Forschungsstils der Grounded Theory entwickelt wurde (www.atlasti.com)
- *MAXQDA®:* ebenfalls ein sehr leistungsfähiges deutsches Softwarepaket, das seinen Ursprung und seine besonderen Stärken in der Verbindung qualitativer und quantitativer Forschung hat (www.MAXQDA.com)
- *HyperRESEARCH®:* einzige CAQDAS-Software die ursprünglich für Apple-Betriebssysteme entwickelt wurde (www.researchware.com)
- *NVivo®:* australisches Programm, Nachfolger des Klassikers *Nud*ist*; beansprucht ebenso wie *ATLAS.ti®* und *MAXQDA®*, das gesamte Spektrum an methodischen Anforderung qualitativer Forschung zu unterstützen, kommt aber in puncto Handhabung und Leistungsumfang nicht ganz an diese beiden Programme heran (www.qsrinternational.com)
- *Transana:* einzige Open-Source-Software unter den CAQDAS-Paketen, spezialisiert auf die Analyse von Video- und Audiodaten (www.transana.org)
- *QDA Miner®:* Paket das vor allem auf Anwender von Mixed-Methods-Ansätzen zielt, also auf die Integration von Daten für qualitative und quantitative Analysen und insbesondere auf kombinierte Formen der Inhaltsanalyse (www.provalisresearch.com)

Eine vorzügliche Übersicht über Software zur qualitativen Datenanalyse (CAQDAS) findet sich unter: www.surrey.ac.uk/sociology/research/researchcentres/caqdas/support/choosing/.

Literaturverzeichnis

Abels, Heinz (1998): Interaktion, Identität, Präsentation: Kleine Einführung in interpretative Theorien der Soziologie, Opladen: Westdeutscher Verlag.

Adorno, Theodor W. et al. (Hrsg.) (1991): Der Positivismusstreit in der deutschen Soziologie, Darmstadt: Wissenschaftliche Buchgesellschaft.

Amann, Klaus; Hirschauer, Stefan (1997): Die Befremdung der eigenen Kultur. Ein Programm, in: Hirschauer, S.; Amann, K. (Hrsg.): Die Befremdung der eigenen Kultur. Zur ethnographischen Herausforderung soziologischer Empirie, Frankfurt a. M.: Suhrkamp, 7–52.

Anderson, Nels (1923): The Hobo; the Sociology of the Homeless Man, Chicago, Ill.: University of Chicago Press.

Appadurai, Arjun (1996): Modernity at Large: Cultural Dimensions of Globalization, Minneapolis, Minn.: University of Minnesota Press.

Arbeitsgruppe Bielefelder Soziologen (1976): Kommunikative Sozialforschung: Alltagswissen und Alltagshandeln, Gemeindemachtforschung, Polizei, Politische Erwachsenenbildung, München: Fink.

Arbeitsgruppe Bielefelder Soziologen (1981): Alltagswissen, Interaktion und gesellschaftliche Wirklichkeit, Opladen: Westdeutscher Verlag.

Arbeitsgruppe Datenschutz und qualitative Sozialforschung (2014): Datenschutzrechtliche Anforderungen bei der Generierung und Archivierung qualitativer Interviewdaten, RatSWD Working Paper Series, 238, Berlin: Rat für Sozial- und Wirtschaftsdaten.

ASA (1999): Code of ethics, American sociological association (http://www.asanet.org/about/ethics.cfm; letzter Abruf: 17.09.2017).

Ashcroft, Bill; Griffiths, Gareth; Tiffin, Helen (2007): Post Colonial Studies: The Key Concepts, London: Routledge.

Atkinson, Paul (1990): The Ethnographic Imagination: Textual Constructions of Reality, London; New York: Routledge.

Ayaß, Ruth (2004): Konversationsanalytische Medienforschung, in: Medien& Kommunikationswissenschaft, 52. Jg., Heft 1, 5–29.

Ayaß, Ruth; Meyer, Christian (Hrsg.) (2012): Sozialität in Slow Motion. Theoretische und empirische Perspektiven, Festschrift für Jörg Bergmann, Wiesbaden: Springer VS.

Baszanger, Isabelle (1998): The Work Sites of an American Interactionist: Anselm L. Strauss, 1917–1996, in: Symbolic Interaction, 21. Jg., Heft 4, 353–377.

Bateson, Gregory; Mead, Margaret (1942): Balinese Character: A Photographic Analysis, New York: The New York Academy of Sciences.

Bauer, Martin W.; Aarts, Bas (2000): Corpus Construction: A Principle for Qualitative Data Collection, in: Bauer, M. W.; Gaskell, G. (Hrsg.): Qualitative Researching with Text, Image and Sound: A Practical Handbook, London: Sage, 19–37.

Bauer, Martin W.; Gaskell, George (2000): Qualitative Researching with Text, Image and Sound A Practical Handbook, London: Sage.

Baumrind, Diana (1964): Some Thoughts on Ethics of Research: After reading Milgram's „Behavioral Study of Obedience.", in: American Psychologist, 19. Jg., Heft 6, 421–423.

Becker, Howard S. (1998): Tricks of the trade: how to think about your research while you're doing it, Chicago, Ill.: University of Chicago Press.

Becker, Howard S.; Geer, Blanche; Hughes, Everett C.; Strauss, Anselm L. (1961): Boys in White. Student Culture in Medical School, Chicago: University of Chicago Press.

Berger, Peter L.; Luckmann, Thomas (1981/1966): Die gesellschaftliche Konstruktion der Wirklichkeit, Reinbek b. H.: Rowohlt.

Bergmann, Jörg (1981): Ethnomethodologische Konversationsanalyse, in: Schröder, P.; Steger, H. (Hrsg.): Dialogforschung, Düsseldorf: Schwann, 9–51.

https://doi.org/10.1515/9783110529920-012

Bergmann, Jörg (1985): Flüchtigkeit und methodische Fixierung sozialer Wirklichkeit. Aufzeichnungen als Daten der interpretativen Soziologie, in: Bonß, W.; Hartmann, H. (Hrsg.): Entzauberte Wissenschaft. Zur Relativität und Geltung soziologischer Forschung, Göttingen: Schwartz, 299–320.

Bergmann, Jörg (1987): Klatsch. Zur Sozialform einer diskreten Indiskretion, Berlin: De Gruyter.

Bergmann, Jörg (1994): Ethnomethodologische Konversationsanalyse, in: Fritz, G.; Hundsnurscher, F. (Hrsg.): Handbuch der Dialoganalyse, Tübingen: Niemeyer 3–16.

Bergmann, Jörg (2000a): Ethnomethodologie, in: Flick, U.; Kardorff, E. v.; Steinke, I. (Hrsg.): Qualitative Forschung. Ein Handbuch, Reinbek b. H.: Rowohlt, 118–135.

Bergmann, Jörg (2000b): Harold Garfinkel und Harvey Sacks, in: Flick, U.; Kardorff, E. v.; Steinke, I. (Hrsg.): Qualitative Forschung. Ein Handbuch, Reinbek b. H.: Rowohlt, 51–62.

Bergmann, Jörg (2000c): Konversationsanalyse, in: Flick, U.; Kardorff, E. v.; Steinke, I. (Hrsg.): Qualitative Forschung. Ein Handbuch, Reinbek b. H.: Rowohlt, 524–537.

Billig, Michael; Schegloff, Emanuel A. (1999): Critical Discourse Analysis and Conversation Analysis: An Exchange between Michael Billig and Emanuel A. Schegloff, in: Discourse & Society, 10. Jg., Heft 4, 543–582.

Black, Mary; Metzger, Duane (1965): Ethnographic Description and the Study of Law, in: American Anthropologist, Jg., Heft 67, 144–165.

Blumer, Herbert (1939): An Appraisal of Thomas and Znaniecki's „The Polish Peasant in Europe and America", New York: Social Sciences Research Council.

Blumer, Herbert (1954): What is wrong with Social Theory?, in: American Sociological Review, 19. Jg., Heft 1, 3–10.

Blumer, Herbert (1956): Sociological Analysis and the ,Variable', in: American Sociological Review, 21. Jg., Heft 6, 683–690.

Blumer, Herbert (1986/1969): Symbolic Interactionism: Perspective and Method, Berkeley; London: University of California Press.

Boas, Franz (1910): Kwakiutl Tales, New York: Columbia University Press.

Bødker, Susanne (1996): Applying Activity Theory to Video Analysis: How to make Sense of Video Data in Human-Computer Interaction, in: Nardi, B. A. (Hrsg.): Context and Consciousness: Activity Theory and Human-Computer Interaction, Cambridge, MA: MIT Press, 147–174.

Bohnsack, Ralf (1989): Generation, Milieu und Geschlecht. Ergebnisse aus Gruppendiskussionen mit Jugendlichen, Opladen: Leske + Budrich.

Bohnsack, Ralf (2001): Dokumentarische Methode. Theorie und Praxis wissenssoziologischer Interpretation, in: Hug, T. (Hrsg.): Wie kommt Wissenschaft zu Wissen?, 4 Bde., Bd. 3, Einführung in die Methodologie der Sozial- und Kulturwissenschaften, Hohengehren: Schneider, 326–345.

Bohnsack, Ralf (2003a): Dokumentarische Methode und sozialwissenschaftliche Hermeneutik, in: Zeitschrift für Erziehungswissenschaft, 6. Jg., Heft 4, 550–570.

Bohnsack, Ralf (2003b): Rekonstruktive Sozialforschung. Einführung in qualitative Methoden, Opladen: Barbara Budrich.

Bohnsack, Ralf (2007): Die dokumentarische Methode in der Bild- und Fotointerpretation, in: Bohnsack, R.; Nentwig-Gesemann, I.; Nohl, A.-M. (Hrsg.): Die dokumentarische Methode und ihre Forschungspraxis: Grundlagen qualitativer Sozialforschung, Opladen: Leske + Budrich, 69–91.

Bohnsack, Ralf; Nentwig-Gesemann, Iris; Nohl, Arnd-Michael (2001): Die dokumentarische Methode und ihre Forschungspraxis: Grundlagen qualitativer Sozialforschung, Opladen: Leske + Budrich.

Bohnsack, Ralf; Schäffer, Burkhard; Przyborski, Aglaja (2006): Das Gruppendiskussionsverfahren in der Forschungspraxis, Leverkusen: Barbara Budrich.

Bourdieu, Pierre (1979): Entwurf einer Theorie der Praxis – auf der ethnologischen Grundlage der kabylischen Gesellschaft, Frankfurt a. M.: Suhrkamp.

Breckenridge, Carol; Appadurai, Arjun (1989): On Moving Targets, in: Public Culture, 1. Jg., Heft 2, I–IV.

Breckner, Roswitha (2003): Körper im Bild. Eine methodische Feinanalyse, in: Zeitschrift für Qualitative Bildungs-, Beratungs- und Sozialforschung, 4. Jg., Heft 1, 33–60.

Breuer, Franz (2009): Reflexive Grounded Theory: Eine Einführung für die Forschungspraxis, Wiesbaden: VS.

Brouwer, Catherine E. (2003): Word Searches in NNS: NS Interaction: Opportunities for Language Learning? in: The Modern Language Journal, 87. Jg., Heft 4, 534–545.

Bude, Heinz (1985): Der Sozialforscher als Narrationsanimateur: Kritische Anmerkungen zu einer erzähltheoretischen Fundierung der interpretativen Sozialforschung, in: Kölner Zeitschrift für Soziologie und Sozialpsychologie, 37. Jg., 327–336.

Bude, Heinz (1989): Der Essay als Form der Darstellung sozialwissenschaftlicher Erkenntnisse, in: Kölner Zeitschrift für Soziologie und Sozialpsychologie, 41. Jg., 526–539.

Bude, Heinz; Dellwing, Michael (2013): Blumers Rebellion 2.0. Eine Wissenschaft der Interpretation, in: Bude, H.; Dellwing, M. (Hrsg.): Symbolischer Interaktionismus: Aufsätze zu einer Wissenschaft der Interpretation, Berlin: Suhrkamp, 7–26.

Bulmer, Martin (1984): The Chicago School of Sociology. Institutionalization, Diversity, and the Rise of Sociological Research, Chicago: University of Chicago Press.

Charmaz, Kathy (2006): Constructing Grounded Theory: A Practical Guide through Qualitative Analysis, London: Sage.

Charmaz, Kathy; Bryant, Antony (2010): Grounded Theory and Credibility, in: Silverman, D. (Hrsg.): Doing Qualitative Research a practical handbook, London: Sage, 291–309.

Cicourel, Aaron V. (1974/1964): Methode und Messung in der Soziologie, Frankfurt a. M.: Suhrkamp.

Clarke, Adele E. (2012/2004): Situationsanalyse: Grounded Theory nach dem Postmodern Turn, Wiesbaden: Springer VS.

Clarke, Adele E.; Star, Susan Leigh (2007): The Social Worlds Framework as a Theory-Methods Package, in: Hackett, E.; Amsterdamska, O.; Lynch, M.; Wacjman, J. (Hrsg.): Handbook of Science and Technology Studies, Cambridge, MA: MIT Press, 113–137.

Clifford, James (1992): Travelling Cultures, in: Grossberg, L.; Nelson, C.; Treichler, P. A. (Hrsg.): Cultural Studies, New York: Routledge, 96–116.

Clifford, James; Marcus, George E. (1986): Writing Culture: the Poetics and Politics of Ethnography, Berkeley: University of California Press.

Corbin, Juliet; Strauss, Anselm L. (1990): Grounded Theory Research: Procedures, Canons and Evaluative Criteria, in: Zeitschrift für Soziologie, 19. Jg., Heft 6, 418–427.

Corsten, Michael; Krug, Melanie; Moritz, Christine (Hrsg.) (2010): Videographie praktizieren. Herangehensweisen, Möglichkeiten und Grenzen, Wiesbaden: VS.

Cressey, Donald Ray (1953): Other People's Money: A Study in the Social Psychology of Embezzlement, Glencoe, Ill.: Free Press.

Cressey, Paul G. (1932): The Taxi-Dance Hall: A Sociological Study in Commercialized Recreation and City Life, Chicago, Ill.: University of Chicago Press.

Creswell, John W.; Plano Clark, Vicki L. (2011): Designing and Conducting Mixed Methods Research, Los Angeles, CA: Sage.

Delfos, Martine F. (2004): „Sag mir mal ...". Gesprächsführung mit Kindern, Weinheim: Beltz.

Deppermann, Arnulf (1999): Gespräche analysieren. Eine Einführung in konversationsanalytische Methoden, Opladen: Leske + Budrich.

Devereux, Georges (1984): Angst und Methode in den Verhaltenswissenschaften, Frankfurt a. M.: Suhrkamp.

Dewey, John (1963): The Reflex Arc Concept in Psychology, in: Dewey, J. (Hrsg.): Philosophy, Psychology and Social Practice, New York: Putnam's Sons, 252–266.

Dey, Ian (1999): Grounding Grounded Theory: Guidelines for Qualitative Inquiry, London; Boston: Academic Press Inc.

DGS; BDS (2014): Ethik-Kodex der Deutschen Gesellschaft für Soziologie und des Berufsverband deutscher Soziologinnen und Soziologen.

Diekmann, Andreas (2007/1995): Empirische Sozialforschung. Grundlagen, Methoden, Anwendungen, Reinbek b. H.: Rowohlt.

Dilthey, Wilhelm (2004): Die Entstehung der Hermeneutik, in: Strübing, J.; Schnettler, B. (Hrsg.): Methodologie interpretativer Sozialforschung. Klassische Grundlagentexte, Konstanz: UVK/ UTB, 19–42.

Dittmar, Norbert (2001): Transkribieren. Ein Leitfaden für Forscher und Laien, Opladen: Leske+Budrich.

Drew, Paul (2012): Wissensasymmetrien in (alltags)sprachlichen Interaktionen, in: Ayaß, R.; Meyer, C. (Hrsg.): Sozialität in Slow Motion. Theoretische und empirische Perspektiven, Wiesbaden: Springer VS, 151–180.

Dunbar, Christopher; Rodriguez, Dalia; Parker, Laurence (2004): Race, Subjectivity and the Interview Process, in: Gubrium, J. F.; Holstein, J. A. (Hrsg.): Handbook of Interview Research, Thousand Oaks, CA: Sage, 279–298.

Eberle, Thomas S.; Maeder, Christoph (2010): Organizational Ethnography, in: Silverman, D. (Hrsg.): Doing Qualitative Research. A Practical Handbook, London: Sage, 53–73.

Eberle, Thomas Samuel (1997): Ethnomethodologische Konversationsanalyse, in: Hitzler, R.; Honer, A. (Hrsg.): Sozialwissenschaftliche Hermeneutik: eine Einführung, Opladen: Leske + Budrich, 245–279.

Eder, Donna; Fingerson, Laura (2004): Interviewing Children and Adolescents, in: Gubrium, J. F.; Holstein, J. A. (Hrsg.): Handbook of Interview Research: Context & Method, Thousand Oaks, CA: Sage, 181–202.

Ehlich, Konrad (1980): Der Alltag des Erzählens, in: Ehlich, K. (Hrsg.): Erzählen im Alltag, Frankfurt a. M.: 11–27.

Ellrich, Lutz (2002): Die Realität virtueller Räume. Soziologische Überlegungen zur ‚Verortung‘ des Cyberspace, in: Maresch, R.; Werber, N. (Hrsg.): Raum – Wissen – Macht. Über den neuen Willen zum Raum, Frankfurt a. M.: Suhrkamp, 92–113.

Emerson, Robert M. (Hrsg.) (1983): Contemporary Field Research: A Collection of Readings, Boston: Little Brown.

Emerson, Robert M.; Fretz, Rachel I.; Shaw, Linda L. (2005): Writing Ethnographic Fieldnotes, Chicago: Univ. of Chicago Press.

Fairclough, Norman (2002/1989): Language and Power, Harlow: Longman.

Fischer-Rosenthal, Wolfram (1991): Biographische Methoden in der Soziologie, in: Flick, U. et al. (Hrsg.): Handbuch qualitative Sozialforschung, München: PVU, 253–256.

Fischer, Wolfram (2009): Rekonstruktive Videoanalyse. Wahrnehmungs- und interaktionstheoretische Grundlagen, Methoden, Ms., Kassel: Universität Kassel.

Flick, Uwe (2006): Qualitative Evaluationsforschung Konzepte – Methoden – Umsetzung, Reinbek b. H.: Rowohlt.

Flick, Uwe (2007): Qualitative Forschung: Eine Einführung, Reinbek b. H.: Rowohlt.

Fontana, Andrea (1997): Review: Symbolic Interaction and Ethnographic Research: Intersubjectivity and the Study of Human Lived Experience. By Robert Prus, in: Sociological Inquiry, 67. Jg., Heft 1, 123–124.

Foucault, Michel (1973): Archäologie des Wissens, Frankfurt a. M.: Suhrkamp.

Foucault, Michel (1977a): Der Wille zum Wissen (Sexualität und Wahrheit Bd. 1), Frankfurt a. M.: Suhrkamp.

Foucault, Michel (1977b): Überwachen und Strafen. Die Geburt des Gefängnisses, Frankfurt a. M.: Suhrkamp.

Friebertshäuser, Barbara (1997): Interviewtechniken – ein Überblick, in: Friebertshäuser, B.;
    Prengel, A. (Hrsg.): Handbuch Qualitative Forschungsmethoden in der
    Erziehungswissenschaft, Weinheim: Juventa, 371–395.
Friese, Susanne (2012): Qualitative Data Analysis with ATLAS.ti, Los Angeles: Sage.
Gardener, Rod (2013): Conversation Analysis in the Classroom, in: Sidnell, J.; Stivers, T. (Hrsg.):
    The Handbook of Conversation Analysis, Chichester: Wiley-Blackwell, 593–611.
Garfinkel, Harold (1967): Studies in Ethnomethodology, Engelewood-Cliffs: Prentice-Hall.
Garfinkel, Harold (1981): Das Alltagswissen über soziale und innerhalb sozialer Strukturen, in: AG
    Bielefelder Soziologen (Hrsg.): Alltagswissen, Interaktion und gesellschaftliche Wirklichkeit,
    Opladen: Westdeutscher Verlag, 189–262.
Garfinkel, Harold; Sacks, Harvey (2004): Über formale Strukturen praktischer Handlungen, in:
    Strübing, J.; Schnettler, B. (Hrsg.): Methodologie Interpretativer Sozialforschung. Klassische
    Grundlagentexte, Konstanz: UVK/UTB, 389–426.
Geertz, Clifford (1987): Dichte Beschreibung: Bemerkungen zu einer deutenden Theorie von
    Kultur, in: Geertz, C. (Hrsg.): Dichte Beschreibung: Beiträge zum Verstehen kultureller
    Systeme, Frankfurt a. M.: Suhrkamp, 7–43.
Gerson, Elihu M. (1991): Supplementing Grounded Theory, in: Maines, D. R. (Hrsg.): Social
    Organizations and Social Processes. Essays in Honour of Anselm Strauss, New York: Aldine
    de Gruyter, 285–301.
Gill, Virginia T.; Roberts, Felicitas (2013): Conversation Analysis in Medicine, in: Sidnell, J.;
    Stivers, T. (Hrsg.): The Handbook of Conversation Analysis, Chichester: Wiley-Blackwell,
    575–592.
Glaser, Barney G. (1965): The Constant Comparative Method of Qualitative Analysis, in: Social
    Problems, 12. Jg., Heft 4, 436–445.
Glaser, Barney G. (1978): Theoretical Sensitivity: Advances in the Methodology of Grounded
    Theory, Mill Valley, CA: Sociology Press.
Glaser, Barney G. (1992): Emergence vs Forcing: Basics of Grounded Theory, Mill Valley, CA:
    Sociology Press.
Glaser, Barney G.; Strauss, Anselm L. (1965): Awareness of Dying, Chicago: Aldine.
Glaser, Barney G.; Strauss, Anselm L. (1968): Time for Dying, Chicago: Aldine.
Glaser, Barney G.; Strauss, Anselm L. (1998/1967): Grounded Theory. Strategien qualitativer
    Forschung, Göttingen: H. Huber.
Glaser, Barney G.; Strauss, Anselm L. (1967): The Discovery of Grounded Theory: Strategies for
    Qualitative Research, Chicago: Aldine.
Gläser, Jochen; Laudel, Grit (2004): Experteninterviews und qualitative Inhaltsanalyse als
    Instrumente rekonstruierender Untersuchungen, Wiesbaden: VS.
Gobo, Giampietro (2008): Doing Ethnography, London: Sage.
Goffman, Erving (1953): Communication Conduct in an Island Community, Chicago: University of
    Chicago.
Goffman, Erving (1961): Encounters. Two Studies in the Sociology of Interaction, Indianapolis:
    Bobbs-Merrill.
Goffman, Erving (1974): Das Individuum im öffentlichen Austausch, Frankfurt a. M.: Campus.
Goffman, Erving (1975/1963): Stigma. Über Techniken der Bewältigung beschädigter Identität,
    Frankfurt a. M.: Suhrkamp.
Goffman, Erving (2001): Die Interaktionsordnung, in: Goffman, E.; Knoblauch, H. A. (Hrsg.):
    Interaktion und Geschlecht, Frankfurt a. M.: Campus, 50–104.
Goffmann, Erving (1999/1967): Interaktionsrituale: Über Verhalten in direkter Kommunikation,
    Frankfurt a. M.: Suhrkamp.
Goodwin, Charles; Goodwin, Marjorie Harness (1996): Seeing as a Situated Activity: Formulating
    Planes, in: Engeström, Y.; Middleton, D. (Hrsg.): Cognition and Communication at Work.,
    Cambridge: Cambridge University Press, 61–95.

Gülich, Elisabeth (1980): Konventionelle Muster und kommunikative Funktionen von Alltags-erzählungen, in: Ehlich, K. (Hrsg.): Erzählen im Alltag, Frankfurt a. M.: Suhrkamp, 335–384.

Günthner, Susanne; Knoblauch, Hubert A. (1997): Gattungsanalyse, in: Hitzler, R.; Honer, A. (Hrsg.): Sozialwissenschaftliche Hermeneutik. Eine Einführung, Opladen: Leske + Budrich, 281–307.

Gupta, Akhil; Ferguson, James (1997): Discipline and Practice: „The Field" as Site, Method, and Location in Anthropology, in: Gupta, A.; Ferguson, J. (Hrsg.): Anthropological Locations: Boundaries and Grounds of a Field Science, Berkeley, CA: University of California Press, 1–46.

Habermas, Jürgen (1967): Zur Logik der Sozialwissenschaften, Philosophische Rundschau: Beiheft, Tübingen: Mohr.

Hammersley, Martyn (2001): Ethnography and the Disputes over Validiity, Vortrag im Rahmen einer Tagung der DGS-Methodensektion zu „Standards und Strategien zur Sicherung von Qualität und Validität in der qualitativen Sozialforschung", Mannheim: Universität Mannheim.

Hammersley, Martyn (2007): The Issue of Quality in Qualitative Research, in: International Journal of Research & Method in Education, 30. Jg., Heft 3, 287–305.

Hammersley, Martyn (2008): Against the Ethicists: On the Evils of Ethical Regulation, in: International Journal of Social Research Methodology, Jg., 1–14.

Hannerz, Ulf (1995): „Kultur" in einer vernetzten Welt. Zur Revision eines ethnologischen Begriffes, in: Kaschuba, W. (Hrsg.): Kulturen, Identitäten, Diskurse: Perspektiven europäischer Ethnologie, Berlin: Akademie, 64–84.

Haupert, Bernhard (1994): Objektiv-hermeneutische Fotoanalyse am Beispiel von Soldatenfotos aus dem Zweiten Weltkrieg, in: Garz, D.; Kraimer, K. (Hrsg.): Die Welt als Text, Frankfurt a. M.: Suhrkamp, 281–314.

Heath, Christian (1989): Pain Talk. The Expression of Suffering in the Medical Consultation, in: Social Psychology Quarterly, 52. Jg., Heft 2, 113–125.

Heath, Christian; Luff, Paul (2013): Embodied Action and Organizational Activity, in: Sidnell, J.; Stivers, T. (Hrsg.): The Handbook of Conversation Analysis, Chichester: Wiley-Blackwell, 283–307.

Helfferich, Cornelia (2004): Die Qualität qualitativer Daten: Manual für die Durchführung qualitativer Interviews, Wiesbaden: VS.

Heritage, John (1984): Garfinkel and Ethnomethodology, Cambridge (UK): Polity Press.

Heritage, John (1998): Oh-prefaced Responses to Inquiry, in: Language in Society, 27. Jg., 291–334.

Heritage, John (2010): Conversation Analysis, in: Silverman, D. (Hrsg.): Doing Qualitative Research. A Practical Handbook, London: Sage, 208–230.

Hermanns, Harry (1981): Das narrative Interview in berufsbiographisch orientierten Untersuchungen, Arbeitspapiere 9, Kassel: Universität Kassel.

Hermanns, Harry (2000): Interviewen als Tätigkeit, in: Flick, U.; Kardorff, E. v.; Steinke, I. (Hrsg.): Qualitative Forschung. Ein Handbuch, Reinbek b. H.: Rowohlt, 360–368.

Hermanns, Harry; Tkocz, Christian Winkler, Helmut (1984): Berufsverlauf von Ingenieuren: Biographieanalytische Auswertung narrativer Interviews, Frankfurt a. M.: Campus.

Hildenbrand, Bruno (2005): Fallrekonstruktive Familienforschung: Anleitungen für die Praxis, Opladen: Leske + Budrich.

Hirschauer, Stefan (2001): Ethnographisches Schreiben und die Schweigsamkeit des Sozialen. Zu einer Methodologie der Beschreibung, in: Zeitschrift für Soziologie, 30. Jg., Heft 6, 429–451.

Hirschauer, Stefan (2002): Grundzüge der Ethnographie und die Grenzen verbaler Daten, in: Schaeffer, D. (Hrsg.): Qualitative Gesundheits- und Pflegeforschung, Bern: Huber, 35–46.

Hirschauer, Stefan (2008): Die Empiriegeladenheit von Theorien und der Erfindungsreichtum der Praxis, in: Kalthoff, H.; Hirschauer, S.; Lindemann, G. (Hrsg.): Theoretische Empirie, Frankfurt a. M.: Suhrkamp, 165–187.

Hirschauer, Stefan (2014): Sinn im Archiv? Zum Verhältnis von Nutzen, Kosten und Risiken der Datenarchivierung, in: Soziologie, 43. Jg., Heft 3, 300–312.

Hitzler, Ronald; Honer, Anne (2011): Kleine Leiblichkeiten, Wiesbaden: VS.

Hitzler, Ronald; Honer, Anne (Hrsg.) (1997): Sozialwissenschaftliche Hermeneutik. Eine Einführung, Opladen: Leske + Budrich.

Hitzler, Ronald et al. (Hrsg.) (1994): Expertenwissen: Die institutionalisierte Kompetenz zur Konstruktion von Wirklichkeit, Opladen: Westdeutscher Verlag.

Hoffmann-Riem, Christa (1980): Die Sozialforschung einer interpretativen Soziologie – Der Datengewinn, in: Kölner Zeitschrift für Soziologie und Sozialpsychologie, 32. Jg., 339–372.

Hollstein, Betina; Ullrich, Carsten G. (2003): Einheit trotz Vielfalt? Zum konstitutiven Kern qualitativer Sozialforschung, in: Soziologie, 32. Jg., Heft 4, 29–43.

Honer, Anne (1993): Lebensweltliche Ethnographie: Ein explorativ-interpretativer Forschungsansatz am Beisp. von Heimwerker-Wissen, Wiesbaden: DUV.

Hopf, Christel (1978): Die Pseudo-Exploration – Überlegungen zur Technik qualitativer Interviews in der Sozialforschung, in: Zeitschrift für Soziologie, 7. Jg., Heft 2, 97–115.

Hopf, Christel (2000): Forschungsethik und qualitative Forschung, in: Flick, U.; Kardorff, E. v.; Steinke, I. (Hrsg.): Qualitative Forschung. Ein Handbuch, Reinbek b. H.: Rowohlt, 589–600.

Hopf, Christel (2016): Forschungsethik und qualitative Forschung, in: Hopf, C. (Hrsg.): Schriften zu Methodologie und Methoden qualitativer Sozialforschung, Wiesbaden: Springer VS, 195–205.

Horowitz, Irving Louis (1966): The Life and Death of Project Camelot, in: American Psychologist, 21. Jg., Heft 5, 445–454.

Hughes, Everett C. (1971): The Sociological Eye: Selected Papers, Chicago: Aldine.

Hull House, Residents (1895): Hull House Maps and Papers: A Social Settlement. A Presentation of Nationalities and Wages in a Congested District of Chicago, together with Comments and Essays on Problems growing out of the Social Conditions, New York: Crowell.

Jäger, Margarete (2004): Die Kritik am Patriarchat im Einwanderungsdiskurs. Analyse einer Diskursverschränkung, in: Keller, R.; Hirseland, A.; Schneider, W.; Viehöver, W. (Hrsg.): Handbuch sozialwissenschaftliche Diskursanalyse, Bd. 2, Wiesbaden: VS, 421–437.

Jäger, Siegfried (2006): Diskurs und Wissen. Theoretische und methodische Aspekte einer Kritischen Diskurs- und Dispositivanalyse, in: Keller, R.; Hirseland, A.; Schneider, W.; Viehöver, W. (Hrsg.): Handbuch sozialwissenschaftliche Diskursanalyse, Bd. 1, Wiesbaden: VS, 83–114.

Jäger, Siegfried (2009/1999): Kritische Diskursanalyse. Eine Einführung, Münster: Unrast.

Jahoda, Marie; Lazarsfeld, Paul F.; Zeisel, Hans (1982/1933): Die Arbeitslosen von Marienthal. Ein soziographischer Versuch mit einem Anhang zur Geschichte der Soziographie, Frankfurt a. M.: Suhrkamp.

Jefferson, Gail (1974): Error Correction as an Interactional Resource, in: Language and Society, 3. Jg., Heft 2, 181–199.

Jefferson, Gail; Sacks, Harvey; Schegloff, Emanuel A. (1987): Notes on Laughter in the Pursuit of Intimacy, in: Button, G.; Lee, J. R. E. (Hrsg.): Talk and social Organisation, Clevedon: Multilingual Matters, 152–205.

Joas, Hans (1988): Eine soziologische Transformation der Praxisphilosophie – Giddens' Theorie der Strukturierung, in: Giddens, A. (Hrsg.): Die Konsitution der Gesellschaft, Frankfurt a. M.: Campus, 9–50.

Joas, Hans; Knöbl, Wolfgang (2004): Sozialtheorie: zwanzig einführende Vorlesungen, Frankfurt a. M.: Suhrkamp.

Kallmeyer, Werner; Schütze, Fritz (1976): Konversationsanalyse, in: Studium der Linguistik, 1. Jg., 1–28.

Kallmeyer, Werner; Schütze, Fritz (1977): Zur Konstitution von Kommunikationsschemata der Sachverhaltsdarstellung, in: Wegener, D. (Hrsg.): Gesprächsanalysen, Hamburg: 159–274.

Kalthoff, Herbert (2006): Beobachtung und Ethnographie, in: Ayaß, R.; Bergmann, J. (Hrsg.): Qualitative Methoden der Medienforschung, Reinbek b. H.: Rowohlt, 146–182.

Kalthoff, Herbert (2008): Einleitung: Zur Dialektik von qualitativer Forschung und soziologischer Theoriebildung, in: Kalthoff, H.; Hirschauer, S.; Lindemann, G. (Hrsg.): Theoretische Empirie, Frankfurt a. M.: Suhrkamp, 8–32.

Kalthoff, Herbert; Hirschauer, Stefan; Lindemann, Gesa (Hrsg.) (2008): Theoretische Empirie, Frankfurt a. M.: Suhrkamp.

Kanstrup, Anne Marie (2002): Picture the Practice: Using Photography to Explore Use of Technology Within Teachers' Work Practices, in: Forum Qualitative Sozialforschung/Forum: Qualitative Social Research, 3. Jg., Heft 2, 32.

Kaplan, Abraham (1964): The Conduct of Inquiry: Methodology for behavioral science, San Francisco: Chandler Pub. Co.

Kelle, Udo (1994): Empirisch begründete Theoriebildung: Zur Logik und Methodologie interpretativer Sozialforschung, Weinheim: Deutscher Studienverlag.

Kelle, Udo (2007): Die Integration qualitativer und quantitativer Methoden in der empirischen Sozialforschung: theoretische Grundlagen und methodologische Konzepte, Wiesbaden: VS.

Kelle, Udo; Kluge, Susann (1999): Vom Einzelfall zum Typus: Fallvergleich und Fallkontrastierung in der qualitativen Sozialforschung, Leverkusen: Leske + Budrich.

Keller, Reiner (2004): Der Müll der Gesellschaft. Eine wissenssoziologische Diskursanalyse, in: Keller, R.; Hirseland, A.; Schneider, W.; Viehöver, W. (Hrsg.): Handbuch sozialwissenschaftliche Diskursanalyse, Bd. 2, Wiesbaden: VS, 197–232.

Keller, Reiner (2007): Diskursforschung. Eine Einführung für SozialwissenschaftlerInnen, Wiesbaden: VS.

Keller, Reiner (2011): Wissenssoziologische Diskursanalyse. Grundlegung eines Forschungsprogramms, Wiesbaden: Springer VS.

Keller, Reiner (2012): Das interpretative Paradigma, Wiesbaden: Springer VS.

Keller, Reiner; Hirseland, Andreas; Schneider, Werner; Viehöver, Willy (2004): Handbuch sozialwissenschaftliche Diskursanalyse, Bd. 2, Wiesbaden: VS.

Keller, Reiner (2006): Handbuch sozialwissenschaftliche Diskursanalyse, Bd. 1, Wiesbaden: VS.

Keppler, Angela (1994): Tischgespräche: Über Formen kommunikativer Vergemeinschaftung am Beispiel der Konversation in Familien, Frankfurt a. M.: Suhrkamp.

Kern, Horst (1982): Empirische Sozialforschung – Ursprünge, Ansätze, Entwicklungslinien, Frankfurt a. M.: Campus.

Kidwell, Mardi (2013): Interaction among Children, in: Sidnell, J.; Stivers, T. (Hrsg.): The Handbook of Conversation Analysis, Chichester: Wiley-Blackwell, 511–532.

Kleemann, Frank; Krähnke, Uwe; Matuschek, Ingo (2009): Interpretative Sozialforschung: eine praxisorientierte Einführung, Wiesbaden: VS.

Kleist, Heinrich von (1964): Über die allmähliche Verfertigung der Gedanken beim Reden, in: Kleist, H. v. (Hrsg.): Sämtliche Werke und Briefe, Bd. 2, 319–324.

Kluge, Susann (1999): Empirisch begründete Typenbildung: Zur Konstruktion von Typen und Typologien in der qualitativen Sozialforschung, Opladen: Leske + Budrich.

Knoblauch, Hubert (2001): Fokussierte Ethnographie, in: Sozialer Sinn, 2. Jg., 123–141.

Knoblauch, Hubert; Heath, Christian (2006): Die Workplace Studies, in: Rammert, W.; Schubert, C. (Hrsg.): Technographie: Zur Mikrosoziologie der Technik, Frankfurt a. M.: Campus, 141–161.

Knoblauch, Hubert; Luckmann, Thomas (2000): Gattungsanalyse, in: Flick, U.; Kardorff, E. v.; Steinke, I. (Hrsg.): Qualitative Forschung. Ein Handbuch, Reinbek b. H.: Rowohlt, 538–546.

Knoblauch, Hubert; Tuma, René; Schnettler, Bernt (2010): Interpretative Videoanalysen in der Sozialforschung, Enzyklopädie Erziehungswissenschaften Online (EEO), Fachgebiet Methoden der empirischen erziehungswissenschaftlichen Forschung, Weinheim: Juventa.

Knorr Cetina, Karin (1984/1981): Die Fabrikation von Erkenntnis: Zur Anthropologie der Naturwissenschaft, Frankfurt a. M.: Suhrkamp.

Kohli, Martin (1985): Die Institutionalisierung des Lebenslaufs, in: Kölner Zeitschrift für Soziologie und Sozialpsychologie, 37. Jg., 1–27.

Kompter, Martha (2013): Conversation Analysis in the Courtroom, in: Sidnell, J.; Stivers, T. (Hrsg.): The Handbook of Conversation Analysis, Chichester: Wiley-Blackwell, 612–629.

Kong, Travis S.; Mahoney, Dan; Plummer, Ken (2004): Queering the Interview, in: Gubrium, J. F.; Holstein, J. A. (Hrsg.): Handbook of Interview Research: Context & Method, Thousand Oaks, CA: Sage, 239–258.

König, René (1984): Soziologie und Ethnologie, in: Müller, E. W.; König, R.; Koepping, K.-P.; Drechsel, P. (Hrsg.): Ethnologie als Sozialwissenschaft. Kölner Zeitschrift für Soziologie und Sozialpsychologie; Sonderband 26, Wiesbaden: Westdeutscher Verlag, 56–68.

Kowal, Sabine; O'Connel, Daniel C. (2000): Zur Transkription von Gesprächen, in: Flick, U.; Kardorff, E. v.; Steinke, I. (Hrsg.): Qualitative Forschung. Ein Handbuch, Reinbek b. H.: Rowohlt, 437–446.

Kozinets, Robert V. (2010): Netnography. Doing Ethnographic Research Online, Los Angeles: Sage.

Kromrey, Helmut; Roose, Jochen; Strübing, Jörg (2016): Empirische Sozialforschung. Modelle und Methoden der standardisierten Datenerhebung und Datenauswertung mit Annotationen aus qualitativ-interpretativer Perspektive, Stuttgart: UVK/utb.

Krummheuer, Antonia (2010): Interaktion mit virtuellen Agenten? Zur Aneignung eines ungewohnten Artefakts, Stuttgart: Lucius & Lucius.

Kuklick, Henrika (1992): The Ecology of Sociology, in: Hamilton, P. (Hrsg.): George Herbert Mead: Critical Assessments, Bd. 3: Mead and Social Behaviourism, London; New York: Routledge, 231–236.

Küsters, Ivonne (2006): Narrative Interviews: Grundlagen und Anwendungen, Wiesbaden: VS.

Kvale, Steinar; Brinkmann, Svend (2009): InterViews. Learning the Craft of Qualitative Research Interviewing, London: Sage.

Lamla, Jörn (2010): Kultureller Kapitalismus im Web 2.0. Zur Analyse von Segmentations-, Intersektions- und Aushandlungsprozessen in den sozialen Welten des Internets, in: Zeitschrift für Qualitative Forschung, 11 Jg., Heft 1, 11–36.

Lamnek, Siegfried (1988): Qualitative Sozialforschung Bd. 1: Methodologie, München; Weinheim: Psychologie Verlagsunion.

Latour, Bruno; Woolgar, Steve (1979): Laboratory Life: The Social Construction of Scientific Facts, Beverly Hills: Sage.

Lau, Thomas; Wolff, Stephan (1983): Der Einstieg in das Untersuchungsfeld als soziologischer Lernprozeß, in: Kölner Zeitschrift für Soziologie und Sozialpsychologie, 35. Jg., 417–437.

Lewins, Ann; Silver, Christina (2007): Using Software in Qualitative Research: A Step-by-Step Guide, Los Angeles: Sage.

Lindemann, Gesa (2008): Theoriekonstruktion und empirische Forschung, in: Kalthoff, H.; Hirschauer, S.; Lindemann, G. (Hrsg.): Theoretische Empirie, Frankfurt a. M.: Suhrkamp, 107–128.

Lindner, Rolf (1981): Die Angst des Forschers vor dem Feld, in: Zeitschrift für Volkskunde, 77. Jg., 51–70.

Lindner, Rolf (1990): Die Entdeckung der Stadtkultur: Soziologie aus der Erfahrung der Reportage, Frankfurt a. M.: Suhrkamp.

Lindner, Rolf (2004): Walks on the Wild Side. Eine Geschichte der Stadtforschung, Frankfurt a. M.: Campus.

Link, Jürgen (2006): Diskursanalyse unter besondere Berücksichtigung von Interdiskurs und Kollektivsymbolik, in: Keller, R.; Hirseland, A.; Schneider, W.; Viehöver, W. (Hrsg.): Handbuch sozialwissenschaftliche Diskursanalyse, Bd. 1, Wiesbaden: VS, 407–430.

Lofland, John (1979): Feld-Notizen, in: Gerdes, K. (Hrsg.): Explorative Sozialforschung, Stuttgart: 110–120.

Luckmann, Benita (1970): Politik in einer deutschen Kleinstadt, Stuttgart: Enke.

Luckmann, Thomas (1980): Lebenswelt und Gesellschaft: Grundstrukturen und geschichtliche Wandlungen, Paderborn, München, Wien, Zürich: Schöningh.

Luckmann, Thomas (2012): Alles Soziale besteht aus verschiedenen Niveaus der Objektivierung. Ein Gespräch, in: Ayaß, R.; Meyer, C. (Hrsg.): Sozialität in Slow Motion. Theoretische und empirische Perspektiven, Wiesbaden: Springer VS, 21–39.

Lüders, Christian; Meuser, Michael (1997): Deutungsmusterananalyse, in: Hitzler, R.; Honer, A. (Hrsg.): Sozialwissenschaftliche Hermeneutik. Eine Einführung, Opladen: Leske + Budrich, 57–79.

Maasen, Sabine (2004): Zur Therapeutisierung sexueller Selbste. „The Making Of" einer historischen Diskursanalyse, in: Keller, R.; Hirseland, A.; Schneider, W.; Viehöver, W. (Hrsg.): Handbuch sozialwissenschaftliche Diskursanalyse, Bd. 2, Wiesbaden: VS, 121–148.

Malinowski, Bronislaw (1922): Argonauts of the Western Pacific, London: Routledge.

Malinowski, Bronislaw (1967): A Diary in the Strict Sense of the Term, New York: Harcourt Brace & World.

Malinowski, Bronislaw (1973/1948): Magie, Wissenschaft und Religion, und andere Schriften, Frankfurt a. M.: S. Fischer.

Mangold, Werner (1960): Gegenstand und Methode des Gruppendiskussionsverfahrens, Frankfurt a. M.: Europäische Verlagsanstalt.

Mannheim, Karl (1980/1924/25): Strukturen des Denkens, Frankfurt a. M.: Suhrkamp.

Mannheim, Karl (2004): Beiträge zur Theorie der Weltanschauungs-Interpretation, in: Strübing, J.; Schnettler, B. (Hrsg.): Methodologie interpretativer Sozialforschung. Klassische Grundlagentexte, Konstanz: UVK/UTB, 101–153.

Marcus, George (1995): Ethnography in/of the World System: the Emergence of Multi-Sited Ethnography, in: Annual Review of Anthropology, 24. Jg., 95–117.

Maus, Heinz (1962): Zur Vorgeschichte der empirischen Sozialforschung, in: König, R. (Hrsg.): Handbuch der empirischen Sozialforschung (erster Halbband), Stuttgart: Enke, 18–37.

Mayring, Philipp (2007): Qualitative Inhaltsanalyse: Grundlagen und Techniken, Weinheim: Beltz.

Mead, George Herbert (1934): Mind, Self & Society from the Standpoint of a Social Behaviorist, Chicago, Ill.: The University of Chicago Press.

Mead, George Herbert (1938): The Philosophy of the Act. Edited and with an Introduction by Charles W. Morris, Chicago: University of Chicago Press.

Mead, George Herbert (1983/1934): Geist, Identität und Gesellschaft, Frankfurt a. M.: Suhrkamp.

Meinefeld, Werner (1997): Ex ante-Hypothesen in der Qualitativen Sozialforschung: Zwischen „fehl am Platz" und „unverzichtbar", in: Zeitschrift für Soziologie, 26. Jg., Heft 1, 22–34.

Merkens, Hans (2000): Auswahlverfahren, Sampling, Fallkonstruktion, in: Flick, U.; Kardorff, E. v.; Steinke, I. (Hrsg.): Qualitative Forschung. Ein Handbuch, Reinbek b. H.: Rowohlt, 286–299.

Merton, Robert K. (1949): Social Theory and Social Structure, New York: Columbia University Press.

Merton, Robert K.; Kendall, Patricia L. (1979): Das fokussierende Interview, in: Hopf, C.; Weingarten, E. (Hrsg.): Qualitative Sozialforschung, Stuttgart: Klett-Cotta, 171–204.

Meuser, Michael (2003): Ethnomethodologie, in: Bohnsack, R.; Marotzki, W.; Meuser, M. (Hrsg.): Hauptbegriffe qualitativer Sozialforschung, Opladen: Leske + Budrich, 53–55.

Meuser, Michael; Nagel, Ulrike (2001): ExpertInneninterviews – vielfach erprobt, wenig bedacht. Ein Beitrag zur qualitativen Methodendiskussion, in: Bogner, A.; Littig, B.; Menz, W. (Hrsg.): Das Experteninterview. Theorie, Methode, Anwendung, Opladen: Leske + Budrich, 71–93.

Mijic, Ana (2010): Glaube kann Berge versetzen. William I. Thomas: „Die Definition der Situation" – das Thomas Theorem, in: Neckel, S.; Mijic, A.; von Scheve, C.; Titton, M. (Hrsg.):

Sternstunden der Soziologie. Wegweisende Theoriemodelle des soziologischen Denkens, Frankfurt a. M.: Campus, 21–26.

Milgram, Stanley (1963): Behavioral Study of Obedience, in: The Journal of Abnormal and Social Psychology, 67. Jg., Heft 4, 371–378.

Mondada, Lorenza (2008): Using Video for a Sequential and Multimodal Analysis of Social Interaction: Videotaping Institutional Telephone Calls, Forum Qualitative Sozialforschung / Forum: Qualitative Social Research, 9(3), Art. 39 (http://nbnresolving.de/urn:nbn:de:0114-fqs0803390, letzter Abruf: 13.04.2010).

Morse, Janice M. (2004): Interviewing the Ill, in: Gubrium, J. F.; Holstein, J. A. (Hrsg.): Handbook of Interview Research, Thousand Oaks, CA: Sage, 317–328.

Morse, Janice M. (2007): Sampling in Grounded Theory, in: Bryant, A.; Charmaz, K. (Hrsg.): The Sage Handbook of Grounded Theory, London: Sage, 229–244.

Münch, Richard (2012): Die Kolonisierung von Bildung und Wissenschaft durch Rankings: Einschränkung von Diversität und Behinderung des Erkenntnisfortschritts, in: DGS (Hrsg.): Sozblog (http://soziologie.de/blog/2012/07/die-kolonisierung-von-bildung-und-wissenschaft-durch-rankings-einschrankung-von-diversitat-und-behinderung-des-erkenntnisfortschritts-zur-empfehlung-des-dgs-vorstandes-aus-dem-che-ranking-auszusteig, Blog der Deutschen Gesellschaft für Soziologie; letzter Abruf: 30.05.2017).

Nassehi, Armin; Saake, Irmhild (2002): Kontingenz: Methodisch verhindert oder beobachtet? Ein Beitrag zur Methodologie der qualitativen Sozialforschung, in: Zeitschrift für Soziologie, 31. Jg., Heft 1, 66–86.

Nieswand, Boris (2008): Ethnographie im Spannungsfeld von Lokalität und Sozialität, in: Ethnoscripts, 10. Jg., Heft 2, 75–103.

Nilsson, Nils Gunnar (1971): The Origin of the Interview, in: Journalism Quarterly, 48. Jg., 707–713.

Nohl, Arnd-Michael (2006): Interview und dokumentarische Methode. Anleitungen für die Forschungspraxis, Wiesbaden: VS.

Odendahl, Teresa; Shaw, Aileen M. (2004): Interviewing Elites, in: Gubrium, J. F.; Holstein, J. A. (Hrsg.): Handbook of Interview Research, Thousand Oaks, CA: Sage, 299–316.

Oevermann, Ulrich (1981): Fallrekonstruktion und Strukturgeneralierung als Beitrag der objektiven Hermeneutik zur soziologisch-strukturtheoretischen Analyse, Frankfurt a. M.: Universität Frankfurt.

Oevermann, Ulrich (1983): Zur Sache. Die Bedeutung von Adornos methodologischem Selbstverständnis für die Begründung einer materialen soziologischen Strukturanalyse, in: Friedeburg, L. v.; Habermas, J. (Hrsg.): Adorno-Konferenz, Frankfurt a. M.: Suhrkamp (stw), 234–289.

Oevermann, Ulrich (2002): Klinische Soziologie auf der Basis der Methodologie der objektiven Hermeneutik – Manifest der objektiv-hermeneutischen Sozialforschung, Institut für hermeneutische Sozial- und Kulturforschung e. V., Frankfurt: 33 S.

Oevermann, Ulrich (2003): Strukturprobleme supervisorischer Praxis: eine objektiv hermeneutische Sequenzanalyse zur Überprüfung der Professionalisierungstheorie, Frankfurt a. M.: Humanities Online.

Oevermann, Ulrich; Allert, Tilman; Konau, Elisabeth (1980): Zur Logik der Interpretation von Interviewtexten. Fallanalyse anhand eines Interviews mit einer Fernstudentin, in: Heinze, T.; Klusemann, H.-W.; Soeffner, H.-G. (Hrsg.): Interpretation einer Bildungsgeschichte, Bensheim: päd-extra-Verlag, 15–69.

Oevermann, Ulrich; Allert, Tilman; Konau, Elisabeth; Krambeck, Jürgen (1979): Die Methodologie einer objektiven Hermeneutik und ihre allgemeine forschungslogische Bedeutung in den Sozialwissenschaften, in: Soeffner, H.-G. (Hrsg.): Interpretative Verfahren in den Sozial- und Textwissenschaften, Stuttgart: Metzler, 352–433.

Offenberger, Ursula (2016): Geschlecht und Gemütlichkeit. Paarentscheidungen über das beheizte Zuhause, Berlin; Boston: De Gruyter Oldenbourg.

Park, Robert E. (1915): The City: Suggestions for the Investigation of Human Behavior in the City, in: American Journal of Sociology, 20. Jg., 577–612.

Peez, Georg (2006): Fotoanalyse nach Verfahrensprinzipien der Objektiven Hermeneutik, in: Marotzki, W. (Hrsg.): Bildinterpretation und Bildverstehen, Wiesbaden: VS, 121–142.

Peräkylä, Anssi (2010): Validity in Research on Naturally Occuring Social Interaction, in: Silverman, D. (Hrsg.): Doing Qualitative Research a Practical Handbook, London: Sage, 365–382.

Pike, Kenneth Lee (1967): Language in Relation to a Unified Theory of the Structure of Human Behavior, The Hague: Mouton.

Poland, Blake D. (2004): Transcription Quality, in: Gubrium, J. F.; Holstein, J. A. (Hrsg.): Handbook of Interview Research: Context & Method, Thousand Oaks, CA: Sage, 629–650.

Polanyi, Michael (1990): Implizites Wissen, Frankfurt a. M.: Suhrkamp.

Pollock, Friedrich (1955): Gruppenexperiment – Ein Studienbericht, Frankfurt a. M.: EVA.

Popitz, Heinrich; Bahrdt, Hans Paul (1957): Technik und Industriearbeit: soziologische Untersuchungen in der Hüttenindustrie, Tübingen: Mohr.

Popper, Karl Raimund (1994/1935): Logik der Forschung, Tübingen: Mohr.

Przyborski, Aglaja (2004): Gesprächsanalyse und dokumentarische Methode. Qualitative Auswertung von Gesprächen, Gruppendiskussionen und anderen Diskursen, Wiesbaden: VS.

Przyborski, Aglaja; Wohlrab-Sahr, Monika (2008): Qualitative Sozialforschung. Ein Arbeitsbuch, München: Oldenbourg Wissenschaftsverlag.

Przyborski, Aglaja; Wohlrab-Sahr, Monika (2014): Qualitative Sozialforschung. Ein Arbeitsbuch, München: Oldenbourg.

Psathas, George (1995): Conversation Analysis: The Study of Talk-in-Interaction, London: Sage.

Raab, Jürgen (2008): Erving Goffman, Konstanz: UVK.

Ragin, Charles L. (1987): The Comparative Method: Moving beyond Qualitative and Quantitative Strategies, Berkeley (CA): University of California Press.

Rapley, Tim (2007): Interviews, in: Seale, C.; Gobo, G.; Gubrium, J. F.; Silverman, D. (Hrsg.): Qualitative Research Practice, London: Sage, 16–33.

Reckwitz, Andreas (2003): Grundelemente einer Theorie sozialer Praktiken: eine sozialtheoretische Perspektive, in: Zeitschrift für Soziologie, 32. Jg., Heft 4, 282–301.

Reichenbach, Hans (1983/1938): Erfahrung und Prognose. Eine Analyse der Grundlagen und der Struktur der Erkenntnis; Bd. 4, Braunschweig; Wiesbaden: Vieweg.

Reichertz, Jo (1991): Objektive Hermeneutik, in: Flick, U.; Kardorff, E. v.; Keupp, H.; Rosenstiel, L. v.; Wolff, S. (Hrsg.): Handbuch Qualitative Sozialforschung, München: Psychologie Verlagsunion, 223–228.

Reichertz, Jo (1992): Beschreiben oder Zeigen: Über das Verfassen ethnographischer Berichte, in: Soziale Welt, 43. Jg., Heft 3, 331–350.

Reichertz, Jo (1997): Objektive Hermeneutik, in: Hitzler, R.; Honer, A. (Hrsg.): Sozialwissenschaftliche Hermeneutik. Eine Einführung, Opladen: Leske + Budrich, 31–55.

Reichertz, Jo (2003): Die Abduktion in der qualitativen Sozialforschung, Opladen: Leske + Budrich.

Reim, Thomas; Riemann, Gerhard (1997): Die Forschungswerkstatt. Erfahrungen aus der Arbeit mit Studentinnen und Studenten der Sozialarbeit/ Sozialpädagogik und Supervision, in: Jakob, G.; Wensierski, H.-J. v. (Hrsg.): Rekonstruktive Sozialpädagogik, Weinheim: Beltz/ Psychologie Verlagsunion, 223–238.

Reinders, Heinz (2016): Qualitative Interviews mit Jugendlichen führen – Ein Leitfaden, 3. Aufl., München: Oldenbourg Verlag.

Reinharz, Shulamit; Chase, Susan E. (2004): Interviewing Women, in: Gubrium, J. F.; Holstein, J. A. (Hrsg.): Handbook of Interview Research: Context & Method, Thousand Oaks, CA: Sage, 221–238.

Rosenthal, Gabriele (1990): „Als der Krieg kam, hatte ich mit Hitler nichts mehr zu tun": Zur Gegenwärtigkeit des „Dritten Reiches" in Biographien, Opladen: Leske + Budrich.

Rosenthal, Gabriele (1995): Erlebte und erzählte Lebensgeschichte. Gestalt und Struktur biographischer Selbstbeschreibungen, Frankfurt a. M.: Campus.

Rosenthal, Gabriele (2005): Interpretative Sozialforschung: Eine Einführung, Weinheim: Juventa.

Rosenthal, Gabriele; Bogner, Artur (Hrsg.) (2009): Ethnicity, Belonging and Biography. Ethnographical and Biographical Perspectives, Münster: Lit-Verlag.

Ruusuvuori, Johanna, (2013): Emotion, Affect and Conversation, in: Sidnell, J.; Stivers, T. (Hrsg.): The Handbook of Conversation Analysis, Chichester: Wiley-Blackwell, 330–349.

Sacks, Harvey (1984): Notes on Methodology, in: Atkinson, J. M.; Heritage, J. (Hrsg.): Structures of Social Action: Studies in Conversation Analysis, Cambridge: Cambridge University Press, 21–27.

Sacks, Harvey (1992): On Doing „Being Ordinary", in: Sacks, H.; Jefferson, G. (Hrsg.): Lectures on Conversation, Oxford: Blackwell, 413–429.

Sacks, Harvey; Jefferson, Gail (1992): Lectures on Conversation, Oxford: Blackwell.

Sacks, Harvey; Schegloff, Emanuel A.; Jefferson, Gail (1974): A Simplest Systematics for the Organization of Turn-Taking for Conversation, in: Language, 50. Jg., Heft 4, 696–735.

Sanjek, Roger (Hrsg.) (1990): Fieldnotes: The Makings of anthropology, Ithaka: Cornell University Press.

Schatzki, Theodore R. (1996): Social Practices. A Wittgensteinian Approach to Human Activity and the Social, Cambridge: Cambridge University Press.

Schegloff, Emanuel A. (1992): Introduction, in: Sacks, H.; Jefferson, G. (Hrsg.): Lectures on Conversation, Vol. 1, Oxford: Blackwell, 2 Bde.

Schegloff, Emanuel A.; Sacks, Harvey (1988/89): Opening up Closings, in: Semiotica, 8. Jg., 289–327.

Schittenhelm, Karin (2009): Qualitatives Sampling: Strategien und Kriterien der Fallauswahl, Enzyklopädie Erziehungswissenschaften Online, Weinheim: Juventa.

Schmitt, Rudolf (1997): Metaphernanalyse als sozialwissenschaftliche Methode. Mit einigen Bemerkungen zur theoretischen „Fundierung" psychosozialen Handelns, in: Psychologie & Gesellschaftskritik, 21. Jg., Heft 1, 57–86.

Schneider, Gerald (1985): Strukturkonzept und Interpretationspraxis der objektiven Hermeneutik, in: Jüttemann, G. (Hrsg.): Qualitative Forschung in der Psychologie. Grundfragen, Verfahrensweisen, Anwendungsfelder, Weinheim: Beltz, 71–91.

Schütz, Alfred (2004): Common-Sense und wissenschaftliche Interpretation menschlichen Handelns, in: Strübing, J.; Schnettler, B. (Hrsg.): Methodologie interpretativer Sozialforschung. Klassische Grundlagentexte, Konstanz: UVK/UTB, 155–197.

Schütze, Fritz (1977): Die Technik des narrativen Interviews in Interaktionsfeldstudien. Dargestellt an einem Projekt zur Erforschung von kommunalen Machtstrukturen, in: Arbeitsberichte und Forschungsmaterialien, Bd. 1; Universität Bielefeld, Fakultät für Soziologie, Bielefeld.

Schütze, Fritz (1978): Was ist „kommunikative Sozialforschung"?, in: Gärtner, A.; Hering, S. (Hrsg.): Modellversuch „Soziale Studiengänge" an der GH Kassel. Materialien 12: Regionale Sozialforschung, Kassel: Gesamthochschulbibliothek, 117–131.

Schütze, Fritz (1983): Biographieforschung und narratives Interview, in: Neue Praxis, 13. Jg., Heft 3, 283–293.

Schütze, Fritz (1984): Kognitive Figuren des autobiographischen Stegreiferzählens, in: Kohli, M.; Robert, G. (Hrsg.): Biographie und soziale Wirklichkeit, Stuttgart: Metzler, 78–117.

Schwab-Trapp, Michael (2004): Methodische Aspekte der Diskursanalyse. Probleme der Analyse diskursiver Auseinandersetzungen am Beispiel der deutschen Diskussion über den Kosovokrieg, in: Keller, R.; Hirseland, A.; Schneider, W.; Viehöver, W. (Hrsg.): Handbuch sozialwissenschaftliche Diskursanalyse, Bd. 2, Wiesbaden: VS, 169–195.

Schwalbe, Michael L.; Wolkomir, Michelle (2004): Interviewing Men, in: Gubrium, J. F.; Holstein, J. A. (Hrsg.): Handbook of Interview Research: Context & Method, Thousand Oaks, CA: Sage, 203–219.

Shaw, Clifford R.; Burgess, Ernest W. (1930): The Jack-Roller: A Delinquent Boy's own Story, Chicago, Ill.: University of Chicago Press.

Sidnell, Jack; Stivers, Tanya (Hrsg.) (2013): The Handbook of Conversation Analysis, Chichester: Wiley-Blackwell.

Spradley, James P. (1979): The Ethnographic Interview, New York: Holt Rinehart Winston.

Star, Susan Leigh (1988): Introduction: The Sociology of Science and Technology, in: Social Problems, 35. Jg., Heft 3, 197–205.

Steinke, Ines (1999): Kriterien qualitativer Forschung. Ansätze zur Bewertung qualitativ-empirischer Sozialforschung, Weinheim: Juventa.

Strauss, Anselm L. (1978): A Social World Perspective, in: Studies in Symbolic Interaction, 1. Jg., 119–128.

Strauss, Anselm L. (1991/1987): Grundlagen qualitativer Sozialforschung, München: Fink.

Strauss, Anselm L. (1993): Continual Permutations of Action, New York: Walter de Gruyter.

Strauss, Anselm L. (2004): Analysis through Microscopic Examination, in: Sozialer Sinn, 5. Jg., Heft 2, 169–176.

Strauss, Anselm L.; Corbin, Juliet (1990): Basics of Qualitative Research: Grounded Theory Procedures and Techniques, Newbury Park: Sage.

Strauss, Anselm L. (1994): Grounded Theory Methodology: An Overview, in: Denzin, N. K. (Hrsg.): Handbook of Qualitative Research, London; New York: Sage, 273–285.

Strauss, Anselm L. (1996/1990): Grounded Theory: Grundlagen qualitativer Sozialforschung, Weinheim: Beltz/Psychologie Verlagsunion.

Strübing, Jörg (2002): Just do it? Zum Konzept der Herstellung und Sicherung von Qualität in grounded theory-basierten Forschungsarbeiten, in: Kölner Zeitschrift für Soziologie und Sozialpsychologie, 54. Jg., Heft 2, 318–342.

Strübing, Jörg (2003): Theoretisches Sampling, in: Bohnsack, R.; Marotzki, W.; Meuser, M. (Hrsg.): Hauptbegriffe qualitativer Sozialforschung, Opladen: Leske + Budrich, 154–156.

Strübing, Jörg (2006): Webnografie? Zu den methodischen Voraussetzungen einer ethnographischen Erforschung des Internet, in: Rammert, W.; Schubert, C. (Hrsg.): Technographie: Zur Mikrosoziologie der Technik, Frankfurt a. M.: Campus, 247–274.

Strübing, Jörg (2007): Anselm Strauss, Konstanz: UVK.

Strübing, Jörg (2011): Zwei Varianten von Grounded Theory? Zu den methodologischen und methodischen Differenzen zwischen Barney Glaser und Anselm Strauss in: Mruck, K.; Mey, G. (Hrsg.): Grounded Theory Reader Wiesbaden: VS, 261–277.

Strübing, Jörg (2014/2004): Grounded Theory. Zur sozialtheoretischen und epistemologischen Fundierung eines pragmatistischen Forschungsstils, Wiesbaden: Springer VS.

Strübing, Jörg; Hirschauer, Stefan; Ayaß, Ruth; Krähnke, Uwe; Scheffer, Thomas (2018): Gütekriterien qualitativer Sozialforschung – ein Diskussionsanstoß, in: Zeitschrift für Soziologie, 47. Jg., Heft 2.

Thomas, William I. (1966): The Relation of Research to the Social Process, in: Thomas, W. I.; Janowitz, M. (Hrsg.): On Social Organization and Social Personality: Selected Papers, Chicago; London: University of Chicago Press, 287–305.

Thomas, William I.; Thomas, Dorothy Swaine (1928): The Child in America: Behavior Problems and Programs, New York: Alfred A. Knopf.

Thomas, William Isaac; Znaniecki, Florian (1927): The Polish Peasant in Europe and America, New York: Alfred A. Knopf.

Tsianos, Vassilis; Hess, Sabine (2010): Ethnographische Grenzregimeanalyse als Methodologie. Von der Ethnographie zur Praxeographie des Grenzregimes, in: Hess, S.; Kasparek, B. (Hrsg.): Grenzregime Diskurse, Praktiken, Institutionen in Europa, Hamburg: Assoziation, 243–264.

Unger, Hella von (2014): Forschungsethik in der qualitativen Forschung: Grundsätze, Debatten und offene Fragen, in: Unger, H. v.; Narimani, P.; M'Bayo, R. (Hrsg.): Forschungsethik in der qualitativen Forschung, Wiesbaden: Springer VS, 15–39.

Van den Hoonaard, Will C. (2011): The Seduction of Ethics: Transforming the Social Sciences, Toronto, Ont.: University of Toronto Press.

Vidich, Arthur J.; Bensman, Joseph (1958): Small Town in Mass Society, Princeton, N. J.: Princeton University Press.

Viehöver, Willy (2004): Die Wissenschaft und die Wiederverzauberung des sublunaren Raumes. Der Klimadiskurs im Licht der narrativen Diskursanalyse, in: Keller, R.; Hirseland, A.; Schneider, W.; Viehöver, W. (Hrsg.): Handbuch sozialwissenschaftliche Diskursanalyse, Bd. 2, Wiesbaden: VS, 233–269.

Volmerg, Ute (1977): Kritik und Perspektiven des Gruppendiskussionsverfahrens in der Forschungspraxis, in: Leithäuser, T. (Hrsg.): Entwurf einer Empirie des Alltagsbewußtseins, Frankfurt a. M.: Suhrkamp, 184–217.

Waldschmidt, Anne (2004): Der Humangenetik-Diskurs der Experten: Erfahrungen mit dem Werkzeugkasten der Diskursanalyse, in: Keller, R.; Hirseland, A.; Schneider, W.; Viehöver, W. (Hrsg.): Handbuch sozialwissenschaftliche Diskursanalyse, Bd. 2, Wiesbaden: VS, 147–168.

Weber, Max (1980/1922): Wirtschaft und Gesellschaft: Grundriss der verstehenden Soziologie, Tübingen: Mohr.

Weber, Max (2004): Die 'Objektivität' sozialwissenschaftlicher und sozialpolitischer Erkenntnis, in: Strübing, J.; Schnettler, B. (Hrsg.): Methodologie interpretativer Sozialforschung. Klassische Grundlagentexte, Konstanz: UVK/UTB, 43–100.

Weber, Max (2006): Die protestantische Ethik und der Geist des Kapitalismus, München: Beck.

Welz, Gisela (1998): Moving Targets: Feldforschung unter Mobilitätsdruck, in: Zeitschrift für Volkskunde, 94. Jg., Heft 2, 177–194.

Welzer, Harald (1995): „Ist das hier ein Hörspiel?" Methodologische Anmerkungen zur interpretativen Sozialforschung, in: Soziale Welt, 46. Jg., Heft 2, 181–196.

Wenger, G. Clare (2004): Interviewing Older People, in: Gubrium, J. F.; Holstein, J. A. (Hrsg.): Handbook of Interview Research: Context & Method, Thousand Oaks, CA: Sage, 259–278.

Wernet, Andreas (2001): Einführung in die Interpretationstechnik der objektiven Hermeneutik, Opladen: Leske + Budrich.

Whyte, William Foote (1993/1943): Street Corner Society: The Social Structure of an Italian Slum, Chicago: University of Chicago Press.

Willis, Paul (1976): The Man in the Iron Cage: Notes on Method, in: Working Papers in Cultural Studies, Center for Contemporary Studies (Hrsg.):, Birmingham (GB): 135–142.

Wilson, Thomas P. (1981): Theorien der Interaktion und Modelle soziologischer Erklärung, in: AG Bielefelder Soziologen (Hrsg.): Alltagswissen, Interaktion und gesellschaftliche Wirklichkeit, Opladen: Westdeutscher Verlag, 54–79.

Wilson, Thomas P. (1982): Qualitative oder quantitative Methoden in der Sozialforschung, in: Kölner Zeitschrift für Soziologie und Sozialpsychologie, 34. Jg., 487–508.

Wirth, Louis (1956/1928): The Ghetto, Chicago: University of Chicago Press.

Wittel, Andreas (2000): Virtualisierung der Kultur? Neue Medien und ihre Produkte am Beispiel eines 3D-Chats, in: Götz, I.; Wittel, A. (Hrsg.): Arbeitskulturen im Umbruch: zur Ethnographie von Arbeit und Organisation, Münster: Waxmann, 197–212.

Wittgenstein, Ludwig (2003/1953): Philosophische Untersuchungen, Frankfurt a. M.: Suhrkamp.

Wodak, Ruth (1996): Disorders of Discourse, London: Longman.

Wodak, Ruth (2007): Critical Discourse Analysis, in: Seale, C.; Gobo, G.; Gubrium, J. F.; Silverman, D. (Hrsg.): Qualitative Research Practice, London: Sage, 185–201.

Wohlrab-Sahr, Monika (1999): Konversion zum Islam in Deutschland und in den USA, Frankfurt a. M.: Campus.

Wolff, Stephan (1987): Rapport oder Report. Über einige Probleme bei der Erstellung plausibler ethnographischer Texte, in: von der Ohe, W. (Hrsg.): Kulturanthropologie, Berlin: 333–364.

Wolff, Stephan (2000): Wege ins Feld und ihre Varianten, in: Flick, U.; Kardorff, E. v.; Steinke, I. (Hrsg.): Qualitative Forschung. Ein Handbuch, Reinbek b. H.: Rowohlt, 334–349.

Znaniecki, Florian (1934): The Method of Sociology, New York: Farrar & Rinehart.

Znaniecki, Florian (2004): Analytische Induktion in der Soziologie, in: Strübing, J.; Schnettler, B. (Hrsg.): Methodologie interpretativer Sozialforschung. Klassische Grundlagentexte, Konstanz: UVK/UTB, 265–318.

Register

https://doi.org/10.1515/9783110529920-013